海後宗臣 教育改革論集

—カリキュラム・教育実践・歴史—

海後宗臣 著

寺﨑昌男
斉藤利彦
越川　求 編

東京書籍

1962 年の写真。この年、停年により東京大学教授を退職（5月、名誉教授）

『社会と学校』二巻四号，金子書房　一九四八年四月
（本書 120 頁）

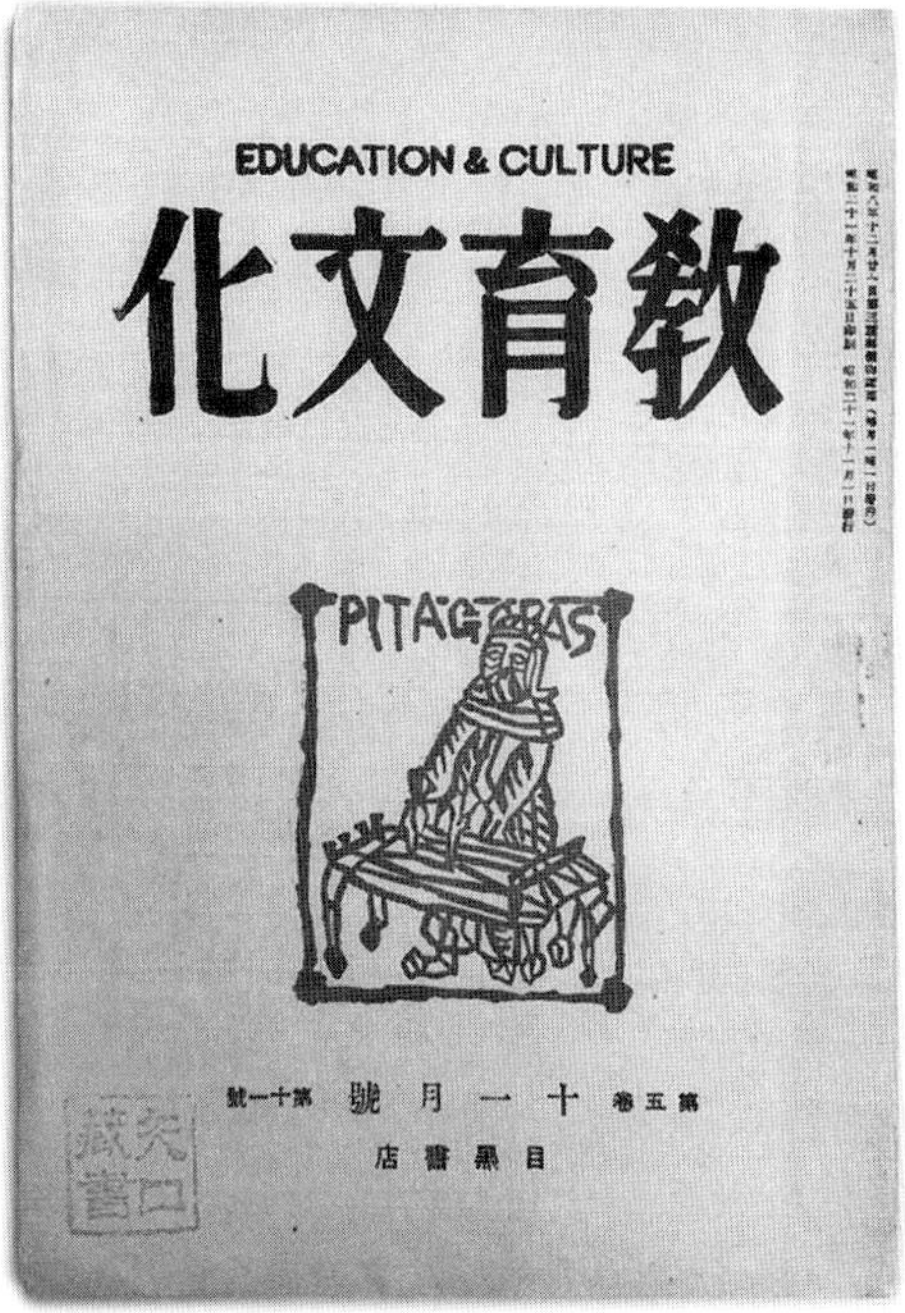

『教育文化』五巻十一号，目黒書店　一九四六年十一月
（本書 43 頁）

『社会圏』二巻二号，青山書店　一九四八年二月
（本書 164 頁）

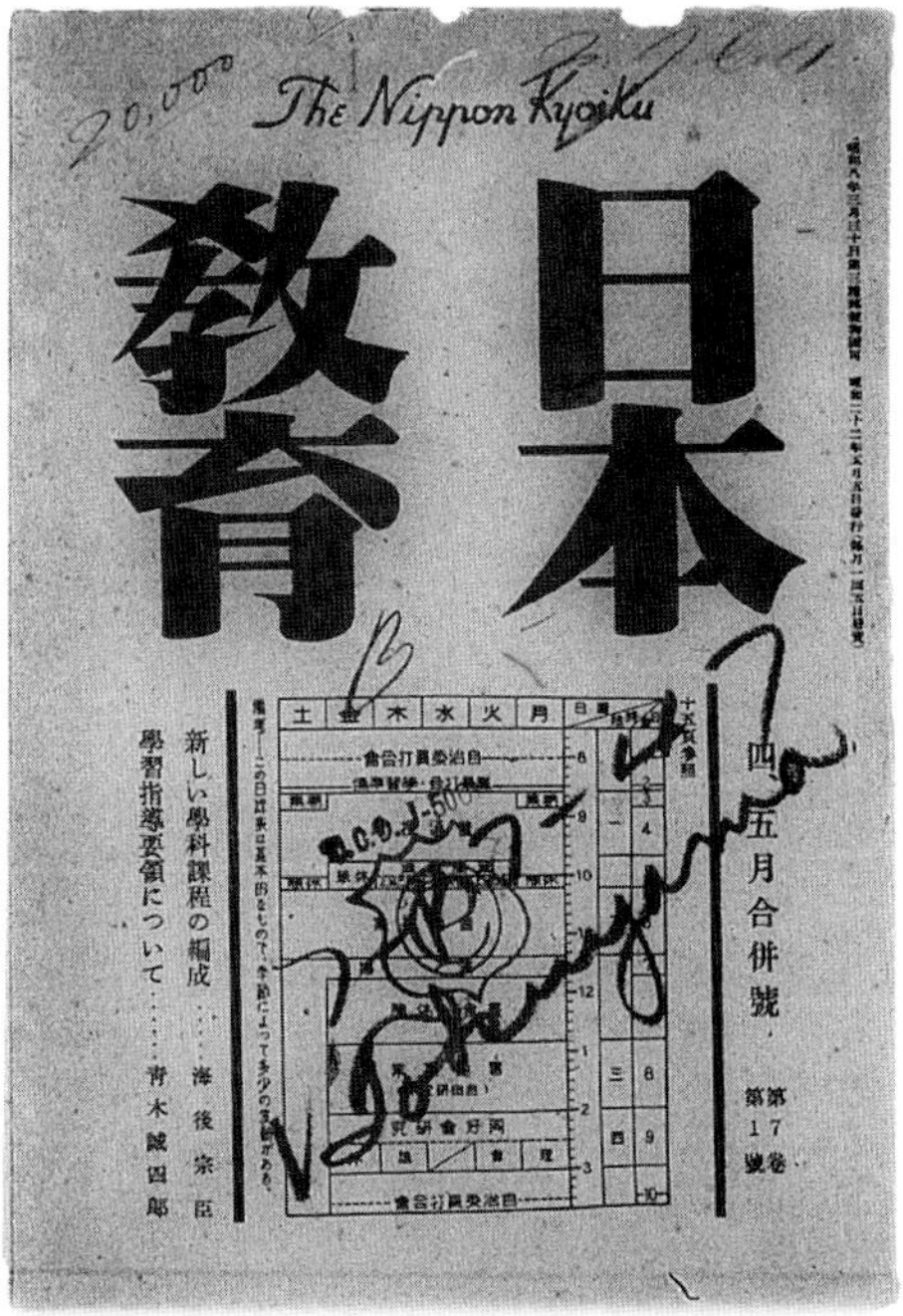

『日本教育』七巻一号，国民教育図書　一九四七年五月
（本書 70 頁）

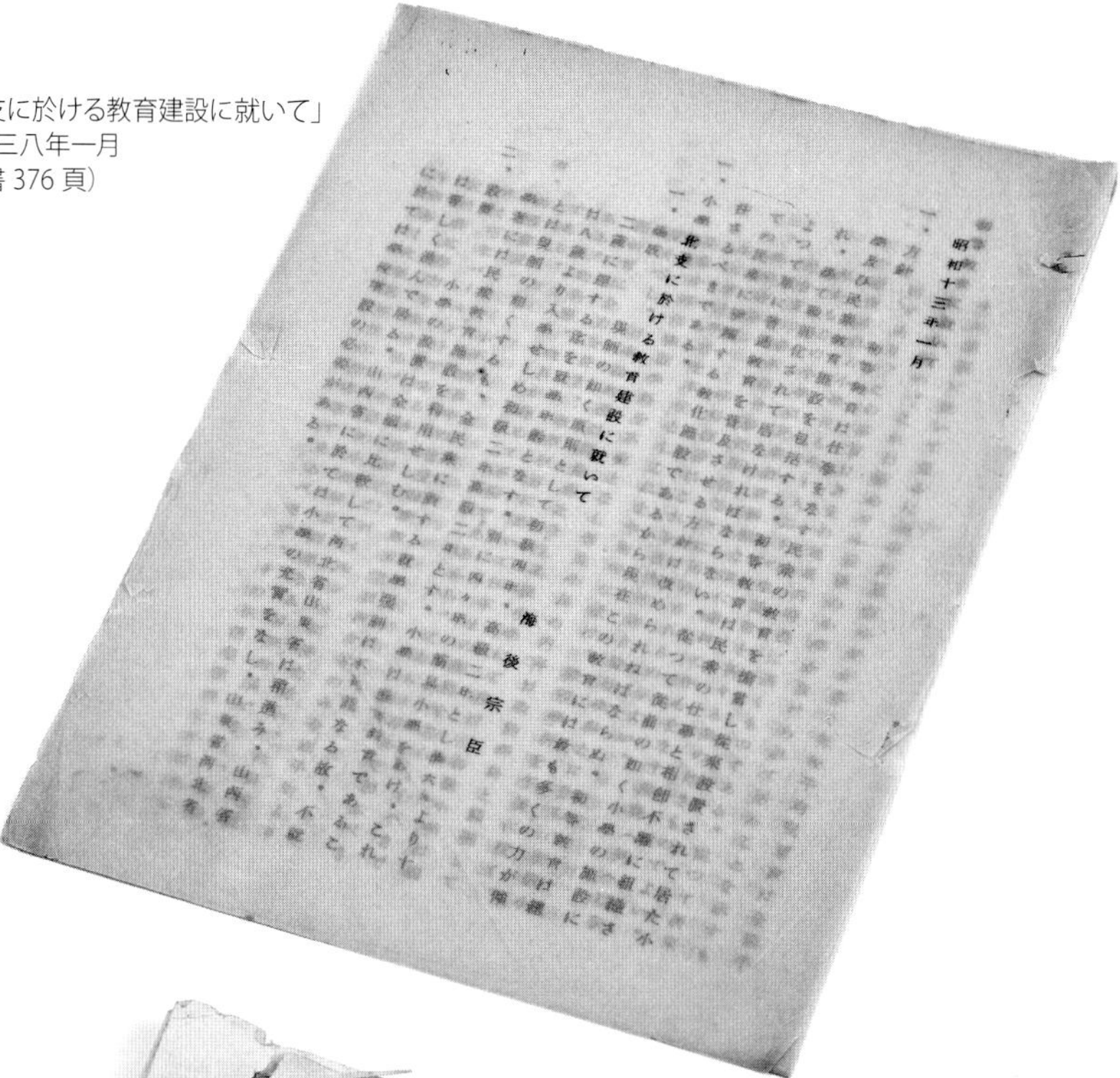

「北支に於ける教育建設に就いて」
一九三八年一月
（本書 376 頁）

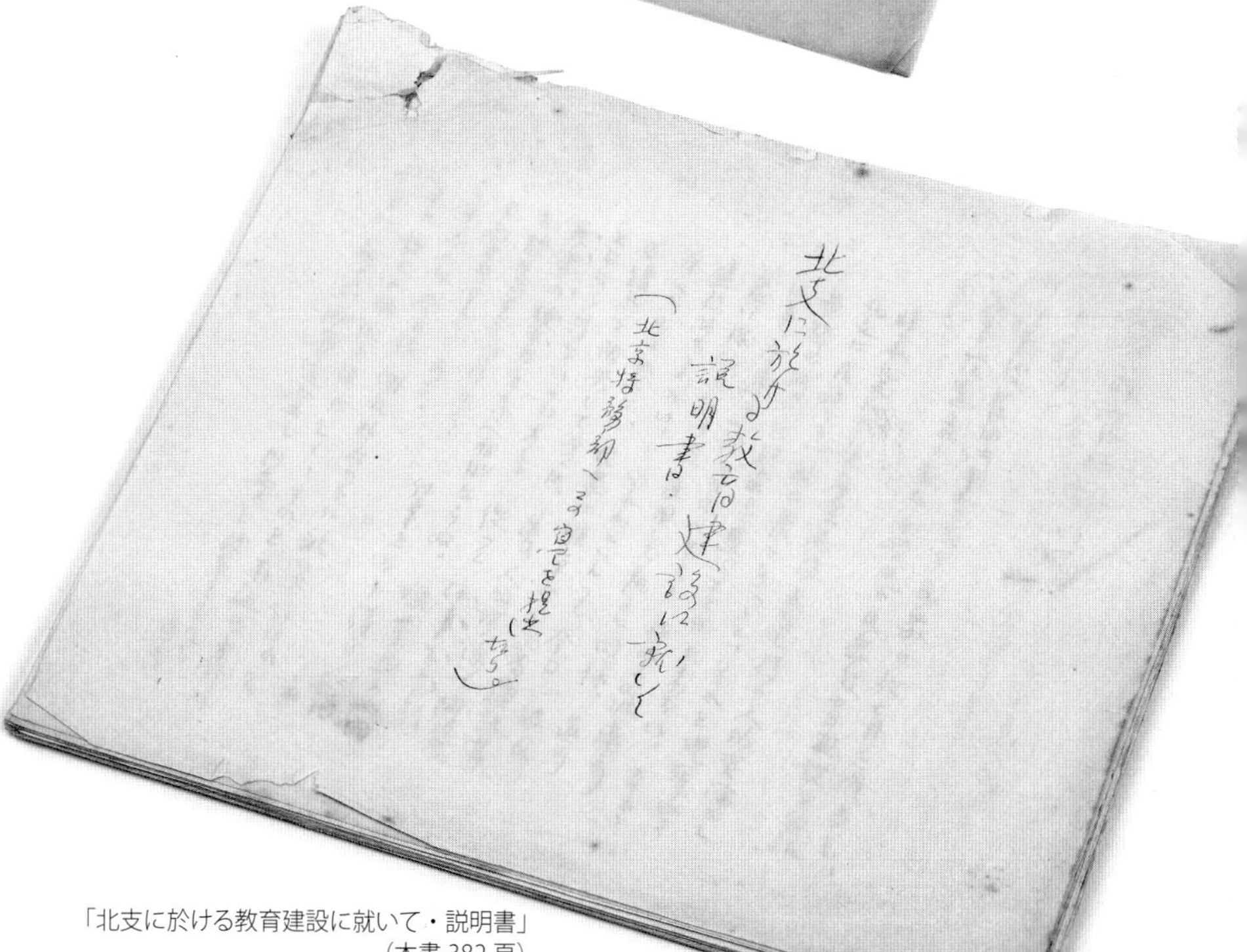

「北支に於ける教育建設に就いて・説明書」
（本書 382 頁）

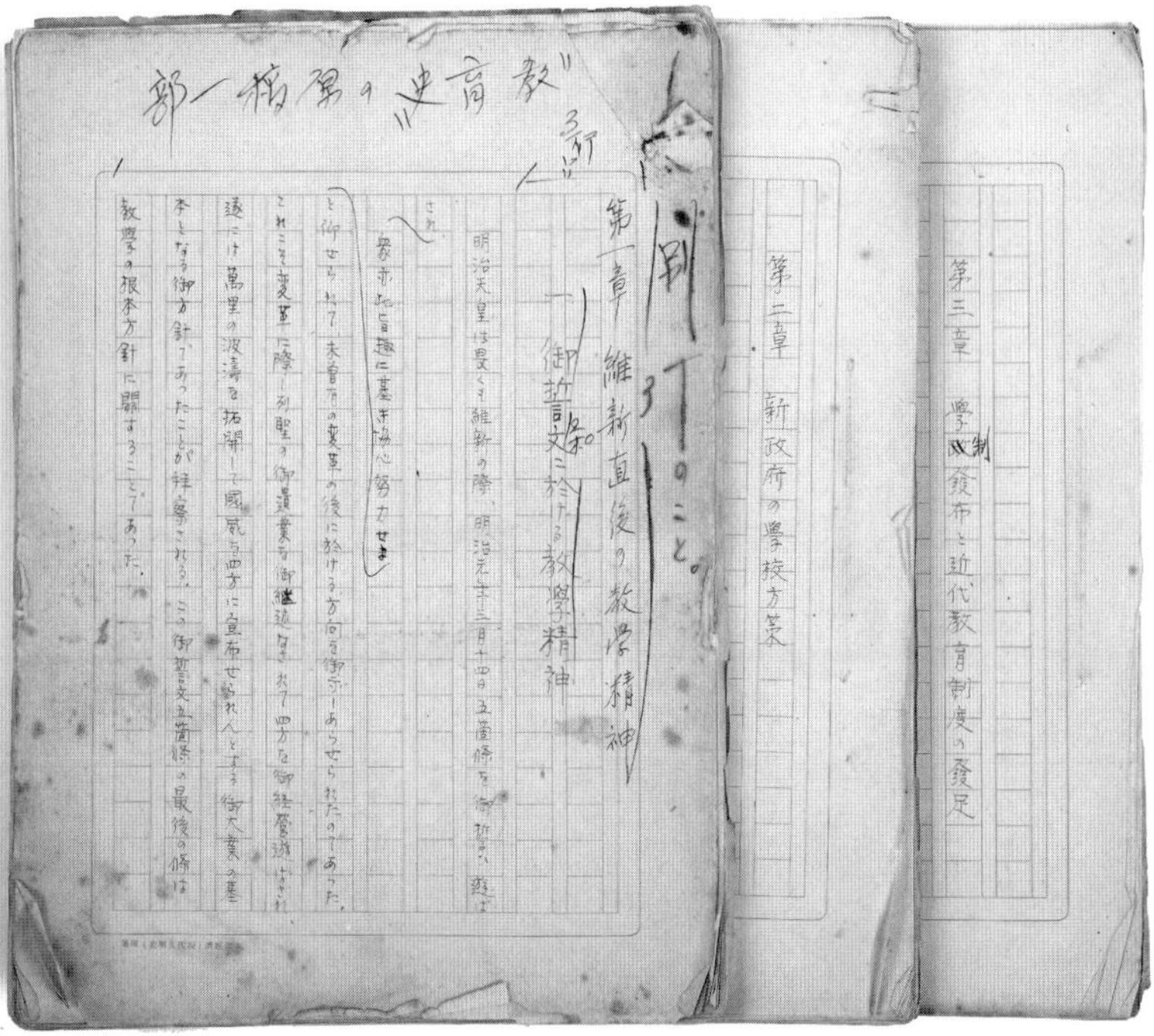

「教育史」（未公刊原稿、本書 238 頁）

東京国際軍事裁判で証言に立つ海後宗臣（毎日新聞社提供、本書 442 頁）

はじめに――未公刊原稿の発掘と今日性について――

小学校から大学まで教育のグローバリゼーションが叫ばれ、受動的学力だけでなく能動的で洞察力・構想力に富んだ子ども・青年の育成が重視されている。教育の方法、授業や教科書のあり方など、すべての面で改革が求められている。

しかし静かに考えれば、政治・経済・社会と並んで、それらとの深いつながりのもとに教育が続く限り、「教育改革」という課題が消えることはないはずである。政治・経済・社会は絶えず変転し、その変転に即応した教育のあり方が求められるからである。他方、教育は外からのニーズに応じるためにだけ姿を変えるわけではない。なぜなら教育という営みの中心部分は人間によって担われ、その人間は、どのような時代にも、個人や集団としての意思のもとにキャリアや価値観を選択し、使命感や責任感を自覚し、理念やスローガンを表明することのできる存在だからである。

そのような人間の側から、しかも教育実践の現場から発想すれば、外からの要請は本質的には何なのか、子ども、教師、親たちにはどのような能力、感受力、さらには道徳意識が育ちつつあるか、それとも何が妨げられ、どのような能力・資質が損なわれつつあるかをきめ細かに見通すことができる。その上で、未来に向かって生きる力は何であり、それを育てるにはいかなる文化内容を準備しどういう手法で教えればよいかを考えることが可能となる。言葉を変えると、一方で教育における社会的規制の本質と教育的価値の実現との間のダイナミックな関係を見透しながら、他方では、創造すべき文化と形成すべき人間像とを省察することが求められる。

本書の著者・海後宗臣《かいごときおみ》は、教育を内外両面からダイナミックにとらえることのできる学者であった。とらえるだけでなく、教育を変える作業に骨身を惜しまず参加することを厭わなかった。日本の近代教育史を振り返るときには、教育に対する国家・社会からのニーズとの関係を重視し、歴史的な認識を現代の教育実践にどのように生かすかを絶えず考えた。教育改革への参加の意識を強く持ち、戦後には新しい日本の建設に教育はいかに関わるべきかを説いた。また大学の学部づくりや研究者養成に専念するとともに、学外では学校現場のカリキュラム改革、教科書の編集というように多面的なかたちで実行に取り組んだ。戦後、社会科教育の出発と展開に当たって、有名な地域カリキュラムである「川口プラン」の中心的な指導者であったことは、今も広く知られている。

海後の膨大な著作の大部分はすでに収集され刊行されている。大学や研究所に所属していた教え子の方たちが協力して収集し、解説を加えた『海後宗臣著作集』全一〇巻が東京書籍から刊行されたのは一九八〇年九月〜八一年六月のことであった。全七〇〇〇頁以上に及ぶこの著作集で、氏の著作のすべては校訂と解説を経て世に出たと思われていた。本書の編集にあたった三名も、長らくそのように思っていた。

ところがその後三五年を経て、本書の編者である斉藤、寺﨑、越川によって、著作集にも漏れ、著作リストにも挙げられていない重要論考があることが分かってきた。

斉藤は、古書店のルートから敗戦直前に海後が記した日本教育史の未公刊原稿を入手することができた。寺﨑は古書店出品の文献に中国教育調査記録を見出し、海後を中心に設立された中央教育研究所（現在は公益財団法人）に保全することができた。また海後が東京大学を停年退職して四年後に教育学部附属学校で行った講演記録も見出すことができた。他方、戦後日本のカリキュラム改革を研究してきた越川は、敗戦直後から数年間に教育界向けの雑誌に海後が発表したおびただしい論考を発掘し、それらが『著作集』からほぼすべて抜け落ちていること、しかも戦後のカリキュラム改革に対して海後が正面から取り組んだ論考であることに気づいた。

「これらを集めれば『海後宗臣著作集 別巻』が出せるのではないか」というのが、編者たちの最初のアイデアであった。しかし集まった文章や記録を読むうちに、編者一同は、「今回発見・発掘された諸論考や記録類は、単に海後の業績を補完するものではなく、むしろ現在のような激動期における教育の内容と課程を考え、さらにその進むべき方向を省察するための重要な手掛かりとなるのではないか」と考えるようになった。前後して、東京書籍からも、「著作集別巻を目指すよりもむしろ海後による独立した著作として刊行できるのではないか」という意見が出されてきた。両者の意向は一致し、『海後宗臣 教育改革論集』という独立した単行本が刊行できることとなった。

本書はⅠ〜Ⅲの三部で構成されている。

Ⅰ部に収めたのは、海後による戦後教育改革期の雑誌論文群である。『教育文化』『日本教育』『明日の学校』『社会と学校』『千葉教育』等の雑誌群に海後が精力的に発表した論考を収めた。その多くは今回初めて発掘され、解説をともなって復刻されるものである。

Ⅱ部は最も短い部であるが、海後の東京大学教育学部附属学校での講演の記録を収録した。海後は、同校創設時に東京大学教育学部の創設に尽瘁していたが、併せて附属学校の名目上の校長役を引き受け、しかも実際には実の校長以上に創立企画を立て、発足後も運営にあたった。講演は、創立の一八年後に、あたかもふるさとの仲間に語りかけるような率直な語調で話した記録である。

Ⅲ部には、斉藤によって提供された教育史の未完成原稿、敗戦直前に執筆した雑誌論考、中国北部における教育改革の企画調査報告書、そして戦後行われた極東国際軍事裁判（東京裁判）における証言、の四種の記録が収められている。

Ⅰ部に収められたのが主として未来を見つめての論考群であるとすれば、Ⅲ部の諸記録は、日本教育の過去を見、そこから何を得るかを論じた論考群である。執筆期も発表時期も一九四〇年代前半の限られた数年間に集中し、なかには戦局の終盤に米軍の本土上陸を想定したテーマの論考すらある。Ⅲ部に収めた未完成稿や論考は、国家と戦争に対する海後の思想態度を語る記録群と言える。戦前・戦後にわたる教育学者としての存在が大きかったこともあって、今後あらためて戦争責任論が問われることもありえよう。しかしかつて著作集を編集した時も、海後は自らの著作を一切隠そうとしなかった。今回、編者たちも、かつての編集委員会の方針と海後の態度とを受け継ぎ、Ⅲ部の内容を構成した。

本書の最後には「補章」を設けて、二編の文章を収めた。教育勅語（教育ニ関スル勅語）をめぐって戦後に海後が発表した新聞論説と対話記録である。

教育勅語に対しては一九四八（昭和二三）年に衆参両院が排除・失効確認の決議を行ったが、今日でも、それが掲げる徳目には意義があると評価し、学校教育に復活させようという動きがみられる。教育勅語がどのような前史のもとに着想され誰によって書き上げられたかを解明することは、海後にとって畢生の研究テーマであった。修正案文のすべてを復刻し、起草経過研究のすべてを集成した私家版の大著『教育勅語成立史の研究』は、『海後宗臣著作集 第十巻』に収録され、第一級の教育史研究業績となっている。本書「補章」に収めた二編の論考は、同巻には収められていない。しかしあらためて読んでみると、教育勅語の歴史的性格や評価を戦後の視点から考察したものであり、著者の教育改革論を集成した本書にふさわしい文書と判断される。稀な例ではあるが、幼稚園児童に教育勅語を暗誦させるといったことが報道され話題を呼んだこともあり、緊急にこの補章を設けた。

なお頁組みに当たっては、原則として一段組みとしたが、海後執筆による雑誌論文および証言については二段組の体裁を取った。また天皇・皇室に関して海後が使っている敬語表現や「北支」といった用語は、著作集編纂の際と同様に、すべて原文通りに表記した。詳しくは「凡例」をご覧いただきたい。

本書の出版に関して、海後先生のご息女である小宮熙子氏から直ちに快諾を得ることができた。また、I部に収めた雑誌論文の発掘に際しては公益財団法人中央教育研究所所長・伊藤育夫氏、同前所長水沼文平氏、並びに東書文庫担当者諸氏のご協力を得た。ともに厚くお礼を申し上げたい。

二〇一七年　一二月

寺崎昌男
斉藤利彦
越川　求

目次

Ⅲ　日本の近代教育

凡例

一、本文組みについて
原則、一段組みとしたが、海後の雑誌論文および証言・対談については二段組みとした。

二、使用漢字について
原則、海後が執筆した当時の原文のまま書き起こしたが、旧字については、現在の常用漢字に改めたところも多い。

三、仮名づかい、送りがな等について
海後の原文を尊重し、原則、仮名づかいや送りがなについては多くを原文のまま掲載した（例：寧ろ、尚お、但し、曾つて 等）。なお、この仮名づかいと送りがなについては、執筆時期はもとより、同一論文内によっても変化が見られる（例：我国、我が国 等）が、この点についても、原文を尊重し、そのまま掲載した。

四、誤字等について
本文および文中に引用された文章の語句等に、誤りと思われる場合や意味がわかりにくいと思われる場合もあるが、原則、原文のままに残した。

五、表現について
当時の文章には、現在においては差別的で不適切と思われる表現が見られる。これらを今日的な表現に改めるかどうか議論したが、本書が過去の時代の歴史資料として、著者の当時の論文をそのまま伝える著作集であることから、できるだけそのまま掲載した。ただし、Ⅱ部の講演記録と補章の新聞論説については、一部、表現を改めた。

I　戦後カリキュラム論の出発

かすかな光が、やがて人々の歩む道を照らす灯になっていく。海後の灯した明かりは、戦後のカリキュラム（走路）を確かに映し出した。

先ず収めたのは、雑誌『教育文化』のすべての巻頭言と論文であり、海後が様々な角度から戦後の教育を再建しようとしていたかを読み取ることができる。

次に収めたのは、雑誌『日本教育』とその継続誌『明日の学校』にみるカリキュラム論のポイントを語る注目すべき論文群である。これらは海後がカリキュラム改革の先駆者であったことの証でもある。

以上のほかに様々な教育雑誌に折に触れて書いたものが、やがて『新教育の進路』（一九五一年）として再構成されて発刊される。その原拠となる論文の中で重要と思われるものを載せた。ほかにも『海後宗臣著作集』の目録に掲載されていないものが多くあり、当時の教育改革研究の進展を理解するための論稿を復刻し収めた。

最後に、「わが国のカリキュラム改造運動のために」を載せたのは、戦後海後が堰を切ったように行った活動はカリキュラム論の出発であり、進むべき方向を指し示したことを確認するためでもある。（越川）

※戦後間もない当時の文章には、現在においては差別的で不適切と思われる表現がありますが、本書が過去の時代の歴史資料として、著者の当時の論文をそのまま伝える著作集であることから、そのまま掲載させていただきました。

『教育文化』にみる戦後教育改革

教育に於ける民主的なるもの

『教育文化』五巻一号、一九四六（昭和二一）年一月

一

今日はあらゆる分野に於いて民主的なるものが問われている。教育の領域に於いても何が民主的であるかは現に問われつつある最も大きな問題というべきであろう。特に何んでも都合のよいもの、自分が主張したいもの、これから実行したいと考えているもの、これ等のものについて他人を納得させるために、それは民主的であるからだと言われている。民主的ということは我々の身辺に今日最も度々聞かれている声である。こんなに屡々民主的ということが口にせられると、民主的なるものとは一体どんなことであるのか問わざるを得ないこととなる。ここでは民主的なるものが何であるかを教育の領域から考えて見ようと思う。

教育にあって現在の意味に於いて民主的ということが言われるに至ったのはこの数ケ月来のことである。それまでの我国教育に於いては民主的なるものの探求は特になされていた訳ではなかった。これはどうしたことによるのであろうか。先ず民主的なるものが教育に於いて問われるに至ったのは終戦後の日本の情勢によるものと見ることは言う迄もない。それは終戦の現段階に於いて日本の教育がアメリカ教育との連関の中に入ったことによるのである。これは我々が現に見つつあることで、教育の如何なる方策であってもアメリカとの連関に於いて展開され、それが実践をもちつつある。婦人参政権が問題となったのであるが、それと結びついて女子教育の改革が提案せられ、女子に対する高等教育機関の解放、大学に於ける男女共学が教育方策として提出されて

いる。その中に見られるものは男女によって教育に差等なしとする思想であって、教育に於ける民主的なるものの一つをよく現しているのである。これは最近の日本に於ける女子の教育観からは直ちに成立しない教育方策であって、アメリカ教育との連関に於いて初めて展開せられていることと言われねばならない。これは連合軍、特にアメリカと日本との関係を基底として成り立つことであって、アメリカに於ける民主的なる教育の思想とそれに基く教育の実際が我々をとり巻き、同一の連関の下にあらゆる教育問題を包摂しつつあることによるのである。

現在の教育に於いて民主的なるものが問われているのはかくの如き終戦後の事態によるものであるが、教育に於いて民主的なるものが求められたのは決してこの数ケ月来のことではないのである。実は今日より八十年前から民主的なるものの探求をなしつつ今日に至っているのである。我々はこれを日本に於ける近代教育発展過程にあって見るのであって、この間に於いては民主的なるものが基本的な潮流をなしている。近代教育は民主的なるものを基調として成立しているのであって、我が国に於いてはそれが独自な形をとったとは言え依然として民主的な教育の構成につとめて来ているのである。この発展過程は何等疑いのないところである筈と思われるのに、最近の諸論中には終戦に至って初めて民主的なるものが発見せられ、これによって日本に民主的な出発があるかの如き誤りをなしているものがある。そして民主的なるものに対立するものとして封建的なるものを置き、今日に至るまでの教育を幕末維新期に於ける教育を論ずるかの如き考え方をなしている論者もある。かくの如き歴史発展についての解釈の重大な誤りは改められなければならない。

それでは八十年以来民主的なるものが求められていたのに何故今日これが時代の光明の如くに登場しているのであろうか。これには最近十数年間に於ける特殊な教育動向があることを考えねばならない。即ち民主的なるものを問うこととは異った方向から問題がなげかけられ、教育の考え方もそれによる実践も多くの場合民主的なるものとは対蹠するものが動いているのである。終戦後はこの教育が一つの終止符を打ったのであって、それと共に再び民主的なるものへの関心は二十年以前に至るまでの教育の主流をなしたものであるから、それとの結びつきが生れ、遠く考えれば維新以後の教育民主化と一連のものをつくり上げつつあるのが今日の実状である。

二

教育に於ける民主的なるものはこれを様々な方向より探求することが出来るのであって、実際には教育のあらゆる部面に民主的なるものが問われているというべきである。併しながら教育の問題としてはそのうちで現にとり上げられているところのものに考え方を集中しなければならない。そこで私は今日我々が問題としているところを次の三つの点に於いてとり上げて考えたいと思う。第一には学校教育制度に於いて民主的なるものが如何に問われているか、第二としては教育内容に関して民主的なるものがどのような課題を与えているか、第三には教育方法に於ける民主的なるものの探究である。

学校教育制度に於ける民主的なるものは先ず学校体系そのものについて言われるのである。学校制度の体制の単一系統となっているか否かは民主的となっているかどうかを判定する一つの重大な特質である。民主的なる構成がなされる以前の学校体制は二重系統の学校をもって組織されているのである。即ち大衆のための学校と指導者層のための学校とが別系統をなすものとしてつくられているのであって、両者は教育の性格を異にし教育機会の均等を許さないのである。民主的なるものはこの学校体制を破って、教育の機会は全人民に均等であるとしたのである。我が国はこの原則を明治五年学制発布の際に宣言し、四民平等の思想によって学校を解放しこれを実現したのである。このために維新以前に成立していた武家学校庶民学校の二重の系統による学校体制は崩壊し、あらゆる学校は国民全体にとって機会均等にその門戸を解放し、人によって就学すべき学校に差別を生じ、将来へ向って何等の特別な教育の系統を約束し人間を不等に規定するものであるべきではないとした。小学校はあらゆる人民に平等であって身分や地域によって差等はないことと定められ、この均等な小学校へ必ずその子弟を就学せしむることが近代日本人の一つの義務であるとされた。学校に於いてこの均等な教育を受けることによって近代人たるの資格を持つことが出来るとなされた為に、あらゆる国民層の子弟が学校の門を通過することとなった。而してこの平等な小学校の門戸を経たものが中学に入り、中学を修了したものが大学に入ることとして三段階の学校を単一系統のものとして施設する方針を立てた。我々はこの時に於いて学校体制に於ける民主的なるものの成立を見るのである。

然らば学校体系に於ける民主的なるものはこの時をもって完成せられたのであろうか。若しこの頃に於いて学校のあらゆる機会が均等に解放せられたならば、教育の様相は今日と可成り異ったと推測せられる。ところが学校解放の原則は教育の初段階たる小学校に関してのみ正しく実現せられたに過ぎない。小学校は全国如何なる場所に於いても何等の差等なく全人民に全く共通のものとなっているのである。学制発布の際の太政官布告のうちに示されている華士族農工商婦女子によって教育に差等がないという方針は今日の国民学校に至るまでの初等教育にあってその教育宣言の如くに実現せられているのである。然るに初等教育を修了したものが中等学校へ進学する際に於いては事情は著しく異って来ている。現制の国民学校初等科六ケ年の教育を終ったものは、三つの異った学校系統の何れか一つを選ばなければならないということになる。即ち中学校か実業学校か高等科、青年学校かの三つの何れか一つの学校を選ばなければならない。中学校は学校系統の基幹をなすものと見られ、高等教育機関特に大学への進学が約束されている。実業学校へ進学したものはこれをもって一応学校教育を終ってそれ以後は実務生活へ入ることとなっている。高等教育への門戸は極めて細く残されてはいるが原則としては進学せざることとなっている。第三の初等科を修了してから高等科へ進学したものはその大部分が青年学校へと進むのであって、その程度は中等教育より低く高等教育機関への結びつきは全く許されていないのである。我々は日本の学校体系がかくの如く中等教育機関への進学期に於いて重大な拘束に当面している事実を見るのである。青少年は希望する学校への進学を阻まれ、それによって将来の学校への通路が決定せられることとなる。中等学校入学試験についての問題はかくの如く民主的なる原則に合致せざるものをもっていることから発生しているのである。学校体系に於いて実現せらるべき民主的なるものは先ずここに存している。

最近十数年間に於ける青少年就学の実情によって見ると、殆んど八割の青少年は中等学校へ入るか高等科を修了して更に青年学校へと進学しているのである。高等科二ケ年の教育は公教育制度として実施せられ、中等学校の最初の二ケ年と差等なき筈である。青年学校は全日教育を施すものではないが、ここに多数が進学している現状より見て、今日では初等教育六ケ年を修了したもののために用意される学校は全青少年層に共通な教育として解放せらるべきものである。中等教育の機会均等は学校体系に於いて民主的なるものが要請せられた際に先ず第一に実現せらるべきことと考えるのである。アメリカ合衆国に於いて中等教育を全国民に授けなければならないとして、初級中学校の運動が展開せられ最近の二十年間に於いてこれが著しい普及を見せ、至るところに中等学校が公教育体系の重要な一つとして施設せられたあらゆるものをここへ進学せしめていることは注目すべき事実である。初等学校六ケ年、初級中学校三ケ年、高級中学校三ケ年即ち六―三―三の制度を実施して初等教育八ケ年、中等教育四ケ年即ち八―四制を変改したというのも、中等学校をあらゆる青少年に均等に付与して教育水準を高めなければならないとしたことによるのである。我国の学校体制はアメリカと異るものがあるのでこれを同等には考え得ないが教育の機会均等原則が国民学校初等科六ケ年修了の点に於いて適用せらるべきことに於いては何等の意義が存すべき筈はないのである。若し戦後に於ける教育拡充の方策が学校体制を再検討すべきであるならば中等教育の機会を均等ならしむる民主方策が展開せらるべきであると信ずる。私は中等教育四年を全青年に均等に与えることも決して不可能ではないと思う。既に青少年は初等科修了後数年の学校生活を営んでいるのである。唯それ等の学校が互に性質を異にすることの故をもって障壁を高くし、学校不均等の実体を成立せしめているのである。これを改めるのには今日に於いて決して多くの困難があるとは考えられない。しかし中等学校が国民全体に機会均等なりとしての完全な解放がなされるならば、教育の著しい躍進が約束せられるのであろう。

三

近代生活に於いては各人が叡智をもって互に結び合うことを必要としている。如何にして叡智を磨いた人間が育成せられるかは近代教育の重要な課題となっている。この教育目標に基いて近代教育の内容は知識をもって基準としこれが構成せられて来ている。知識の内容を整えてこれを教授するところに教育内容を構成する中心問題があるとして、ここに力を集中して来ている。このように近代教育が知識教材を中心としたことは教育に於ける民主的なるものの一面を明かにしている。民主的な人間関係にあっては一人一人が優れた理智をもって立つことが緊要であって、正しい理智の判断による生活の構成が要望せられている。優れた理智をもつためには、理に適った考え方が出来るように人間を幼い時から育てなければならないのである。ここに叡智を育てるための教育内容の構成がなされることとなる。理に適う考え方や理に基いた生活の態度がつくり上げられることが、教育に於ける民主的なるものの姿を現わすこととなるのである。

近世に至るまでの教育に於いては各人が理に基いた判断をなし、これに従って生活を組み立てて行くという求め方をしなかったのである。人間に互に相寄り相結び合って生活し、その生活を規律づけている原則に副うということを考えているのであった。その場合には一人一人が自からの叡智によって判定をする態度を養うよりもむしろ、自からを無にして大きな力に合致することをこそ求めたのであった。子供の育て方であっても全体が一になって立派に動いて行く態度の訓練に主眼が置かれていた。この場合には知識的なものは教育の前面に登場することがなかったのである。たとえ智識に訴えて何かを把捉せしめる場合であってもこのような望む態度が如何なるものであるかを記述した内容を取扱ったのである。その内容が道徳律であったり、信条であったり或はその他の生活原理であったりして、これをその身に体得するまでに把握せしめようとしていた。

従って何故にこの智識体系が成立しているかは問うところがなかった。寧ろかかる学習の内容は動かすべからざるものとして与えられているのであって、この与えられたものを把捉せしめるところに内容の展開があったというべきである。その内容は理をもって究める以上のものであって、その全体が持たなければならないものとして掲げられていた訳である。この掲げられたものを把捉するに必要な用具として種々な基礎知識内容が用いられたのであった。統一された生活のうちに人間を据えたいと考える教育ではこのような教育内容の取り扱い方をしたのであった。

このような近世にまで伝統されて来ていた教育内容に理智を基本とした改革をなしたところに近代教育内容登場の意義が存しているのである。近代教育に於いては各人に理を辿って判断をなし、この判断に基いて生活を組み立てさせる教育を施すこととなった。ここに於いて前時代の教育内容観が根本から批判せられた。人間生活に於ける民主的なるものはこの教育内容観を裏づけているのである。人民の活動を基本とし、そこから生活の構成がなされるようになるためには、各人が何によって活動しているかが重大である。拠るところがあって初めてその生活も正しさを得ることとなる。そこで拠るべきところを人間のもっている理智に於いて発見したのである。近代生活はこれによって前時代を超克したのである。教育内容に現れたかくの如き変革は明治維新以後に於いて見られることとなった。

叡智は広く深く正しいことを必要としている。教育の材料を用意して児童の叡智を磨く場合に於いても或は青年をして叡智による開拓をなさしむる場合によっても、広さや深さや正しさが求められた。維新以前に於いては智慧によって把捉する世界が限られていて発展性が見られなかったのである。明治維新以後の近代生活はこれを広くした。全世界のあらゆることは広く知られなければならないとされた。あらゆることを知っていることは人民を基本とした生活を構成するに当って正しく求めらるべきことである。人間、自然、生活に関する諸内容は知識の体制として整えられ、これが次第に深められて堆積せられることとなった。学校に於いて取扱わるべき知識内容はこれ等の集積であって、より優れた叡智に刺激せしむるが為には更に広く更に深く知の探究がなされることとなった。我が国は欧米に発展していたかの如き知識教材の集積から永い間遮断されていた為に、維新後これを急速に拡充せざるを得なかった。ここに於いて当時アメリカの教材構成と深い連関をもって、これを手本として教育内容の知識的な構成に努めたのである。近世の武家学校や寺子屋即ち庶民学校に於ける教育内容の体制は急激な改変を受けるに至った。自からの生活する小地域に限られていた地理的な知識は全世界へと解放せられ、南アメリカの奥地やアフリカ沿岸の地帯に於ける地理教材も取扱われることとなった。自然科学の成果によって構成された合理的な自然事象の探究は全く新しい理科教材を成立せしめ、道義の原理もこれを理知によって究めるに至った。知をもって教育内容を構成する方法はかくの如くにして数十年の歴史をもって発展したのである。

教育内容に於ける民主的なるものはかくの如くにして知による教育内容の組成を我々にもたらしたのである。今日アメリカとの新たなる連関に於いて民主的なるものが問題となっている際に、我々は先ず国民全般の理知を磨くことによって学として充分なるものがあったか否かを改めて問わなければならない。理を究めることによって生活の根底を築く教育内容観に徹したであろうか。未だなすべくして成し得なかったものが少なからず存していたことを終戦の現段階に於いて反省した際に民主的なるものの要望下にあって新たなる知識的内容の編成を待望せざるを得ない実情を痛感するものである。理智を究めることの弱さが、今日我々が見ている終戦の実体をもたらしている。

四

教育方法上に於ける民主的なるものは被教育者の自己活動に多くの意義を認める方式として問題となっている。元来民主的なるものが求められている人間社会に於いてはそれを構成する各人が自律的な活動を行いその働きが目的に適うことを求めているのである。他より律せられて生活を構成するというよりもそれぞれが自からに備った力量を完全に発揮することによって生活の体制が成立することを要望している。この要望に適合した人間を育成することが教育方法上に於ける問題の基礎となっているのである。各人が自律的な働きを積極的に展開する為には幼い時から自律的な諸慣習が持たせられなければならない。勿論幼少の時に於いてはより多く他よりの規律を必要とするのではあるが、この温い愛護に包まれつつも自律的な態度をとることが求められる。それが青少年期に達するならば、あらゆる方面から自律的な活動が要望せられ又自律的な自己活動による発展が顕著に示されて来るのである。この時期に於いて常に育成の方法が自律性を持つことは緊要であって、学習全般の方式として自律的なものが問題となる。教育に於ける民主的なるものの方法上に於ける課題はかくの如くにして提起されているのである。

近代教育はかくの如き自律的なるものを展開せしむることに於いて方法上の特質を明かにし、近世教育法の伝統を批判したのである。近代化以前に於ける教育方法の一般様式は授けらるべき内容が完成された形をもって教育主体に掌握せられているのであって、これが被教育者に授受せられなければならないと要請されたのである。この教育主体からの要請に基いて教育の客体も又完成されたものが構成をもって主体のうちにあるものを如何にして受くべきかを問題とし、近世的な学問の態度をつくり上げていたのである。教師は教えるのであって、生徒は教えを受けるのである。受けとられたものが次第に客体のうちに蓄積せられて教育の実績が成立するものとなされていた。勿論この場合に於いても被教育者の活動なくしては授けられたものもこれを受けとることは出来得ないのであるが、教育方法の様式としては客体を基本とするものが展開されずにこれは常に背後に隠され、教育の主体即ち教師や師匠のもっている教授の様式のみが方法問題の前面に登場して来ているのである。この教育方法の構成によって方法問題が処理せられている姿を転向させるために教育客体の側面から方法を組み立てる方法観が成立したのである。被教育者が自から何をなすかに方法問題の中心が移行した際に於いて方法の民主的傾向を観取することが出来たのである。

我国に於ける教育方法の発展史を辿って見るならば、明治十年以前より用意され、十年代にかけて発展した直観教育法の台頭はこの一つの傾向を示すものである。或は明治四十年代の初めに於ける自学主義の著しい興隆と方法観の新傾向もこれを我々に示している。更に大正七・八年以後に於ける自由教育の風潮から発した新教育の運動にあっては更に明確なる傾向を顕したのである。教育客体のもつ自律的なる学習の展開はこれ等に於いて充分に観取することが出来る。時代としてもその何れもが民主的なるものの全般的な展開を見た時であることを考えるとそれに裏づけられた教育方法運動の発展がここに於いて窺われるのである。我々はそれ等によって過去にあった教育方法の民主的なるものを明かにして置かねばならない。

最近十数年間に於ける教育方法の傾向は力ある戦時訓練を待望した為に主体の側面に於ける活動を尊重し、ここから方法の発出することが普通とされたのである。今日教育に於いて民主的なるものが探求せられ我々はそこに再び方法観の重点が被教育者の側面へと移行しつつあるのを認めることが出来る。被教育者の自律的なる諸活動特に学習様式に於ける自己活動が強調せられている如くであるが、それは戦時教育の様式と対照されつつ順次に展開しつつある。我々は今日それを興味深く見るのであって、民主的なるものの動きの一面をなすものというべきである。自律活動、自発性が尊重せられても、教育は決して被教育者の活動のみによって成立するものではないのである。教師が如何なる位置に於いて如何に生徒に結びつくかは、十数年以来の方法観の発展とも連関せしめて極めて重大である。この点は人間としての自律活動の場合に於いても同様であって、注目すべき問題の所在を我々に教えている。

五

教育に於ける民主的なるものの何であるかを学校体制、教育内容、教育方法の三点に於いて明かにした。勿論民主的なるものの様式によって現わるべき問題は上述につきるものではない。併しながら我国が今日当面している教育課題のうちに於ける民主的なるものはこれ等の三つの点をもって最も明確に示されているのである。その著しい点を各教育領域から一つずつとりあげて如何にしてそれが民主的なる要望に副うかを明かにしたのである。

この際教育の民主的なるものの様式が受くべき我国独自な限定について考えねばならない。それは今日の民主的なるものは今日までの十数年に亘る教育構造と対蹠的に示されているということである。それは十数年の戦時生活の展開を見た後に於いて教育民主化の問題に当面している事実であって、我々はこれを基底としてその上に民主的なるものの主義と性格とを明かにすべきである。それによって今日の民主的なるものの教育に於ける様式は二十年前に単にもどることではないという点をこの場合に於いても明確に認知していなければならない。新たなる教育段階にあって民主的なるものが問題となっているのである。

農村のもつ教育魅力

『教育文化』五巻二号、巻頭言、一九四六（昭和二一）年二月

敗戦日本の都市はその大部分が破壊せられたが、農村は無傷である。或るアメリカ人は日本農村が何等の障りもなく依然として生きているのを見て、ここから将来何かが出て来るかも知れないと恐れている。実際日本の農村には何かわけの解らない力がかくされていることは、良い意味でも或は好ましくない意味に於いても認めないわけにはいかない。教育について考えても、農村ではどんなことでもやられるのだという不思議な魅力があって、我々をとらえて離さない。これはどうしたことであろうか。農村

を一瞥しただけでそこには原始時代を類推させるに充分なものから、現段階の生き方を示す幾つかの見本に至るまでのものが眼の前にその姿を現している。手をもって土を掘る道具以前の手法から、簡単な農工具を伝承して展開する技術、或は畜力を利用した技法から、電力による機械技術に至るまでのものが存在している。技術によって人間を教育する様々な世界を解釈しようとするならば、どうしても農村を見なければならなくなる。農村に入るならば技法を通してなされるあらゆる人間教育が、限りない魅力をもって我々を捕えて離そうとはしない。磨かれる智恵であっても、親兄弟から農耕を仕込まれる際に何時とはなしに与えられるものもあれば、近代農学の帰結から与えられた智恵を獲得する合理的なものまで同時に存在している。これ等の何れでもとってこれを教育力とすることが可能である。我々はこれ等の何れでも直ちに農村に於いて手にすることが出来るという理由のみで農村に教育魅力があるのではない。これ等を結び合せて全く独自なものをつくり上げることが、教育によって可能であるという所に最も大きな魅力が在している。何んでも思うがままの形の教育をつくり上げることの出来るあらゆる基礎が到るところに我々の選択を待っているのである。ただこれをとって構成することをしなかったならば単なる諸相の混在に過ぎないのである。

入試制度の民主化

『教育文化』五巻三号、巻頭言、一九四六（昭和二一）年三月

入学試験によって学校進学についての選択がなされる方法は我国に於いて永い間なされて来たことで、一般には別に何の不思議もないことであるとも考えられている。ところが近頃は入学試験の制度について、これを民主化させなければならないと言われている。その場合に入学試験についての制限が撤廃せられることが民主化の方向をとった改革であるとされた。高等教育機関への入試制度特に大学への入学に関する資格を拡大して専門学校卒業者或は女子にもこれを開放せねばならないとされていることなどは、この傾向をよく示している。これは至極結構なことであって、学校の性格を入学試験に伴う特権によって決定するというが如きことは、出来る限り早く改められてよいことである。併し世間には入学試験の制度がより解放的となり、多くの受験者が蝟集して選択が激化し、入学試験による関門障壁が高くなり、これを乗り越えるのに人民が争うところに教育民主化がありともせられている。併し我々は入試問題が激化するのは学校が人民の手のうちにないからであると考える。凡そ人間が教育を受けたいと要望するのに、これが学校制度の体制によって阻止されているというところが非民主的なのである。殊に初等科を修了した十二歳の子供が中等学校入学に関して制限され、如何にしてその希望を達すべきかにつき競争し、或るものはこの線より脱落することなど許し得ない問題である。あらゆるものが希望する如く中等学校に進学し更に進んでは全青年をここへ入学せしむるため奨励する方策が成り立つことこそ民主化である。入試激化が民主化ではなく、入試制度がない学校体制が成り立つことこそ民主化である。

破って出る力

『教育文化』五巻四号、巻頭言、一九四六（昭和二一）年四月

最近或る会合の席上で曾っては社会思想運動の花形であった或る復学教授が、今日は中年以上のものの作り上げているよろしくない殻を破って出る力がなくてはならないと思う。この破って出る力は若いものから現るべきであるのに青年が全く去勢されそんな気力を示すことさえないのだから困ったことだと述懐して暫くは口をつぐんで次の言葉を発することも出来ずにいられた。今日より十数年二十年前の思想台風襲来のときを回想することの出来る人にはこれと同じ感慨が現れることであろう。この十数年間の形成力はあらゆる若者から破って出る力を奪って来ているのである。それは決して所謂教育のみが然らしめたのではなく、日本全体の構造がかくの如き形成をしたのであろう。青年に自から黙っていられない破る力が起って来て初めて一つの運動も興り得るのであろう。その運動は今日の段階に於いては自から曾ってありし運動とは方式が異るべきであろう。今日の青年運動が全くその方向もその方式もつきあてることが出来ないために、一応は十数年前にあった一つ一つの歩みを発見してそこへ立ったことにはしかるべき意味があると思われる。併し今日には今の方式があるべきで、それが現れるためには先ず殻を破って出ようとする力が湧き上らなければならない。青年運動のもつ教育文化性はこの段階にまで入って来て初めて現われるのである。

教育使節会議風景聞書

水木一郎名で執筆
『教育文化』五巻四号、一九四六（昭和二一）年四月

最近アメリカより到着してＣＩＥ文庫にある「デモクラシーへの途の学習」（一九四二年版）によって見るとこんどアメリカ教育使節団の団長ストッダート氏は彼地につくられているアメリカ教育政策使節団の最高指導者としてもあげられている。又近頃の新聞によるとＵＮＯに於ける教育部の有力な指導者でもある。

この度の教育使節会議に出席した日本側委員の一人が或る時会議の印象を語って、「ＣＩＥに来ている教育班将校はよくもこの短期間にあれだけ日本の教育事情を調べたものである。自分の知らなかったことまで細かく事実に基いて調べ上げては使節団に材料を提供している。聞いていて日本の教育はそんなことになっているのかと啓発されたのは自分一人ではないと思う。これ等の教育将校は書いた材料を集めるばかりでなく、多くの日本人を招いてはその意見を聞き、それを総合しては日本の教育の診断をあらゆる角度からしている。日本が支那や南方に行ったときにはとてもこれだけのことはしていない。唯向うの人々を呼び集めては空手でかまえ、唯号令をかける式でやっていたんだろう。」と感嘆していた。

「アメリカの教育者は如何に客観的な材料によって精細に考えているか一つ一つ驚かされる。」と何度となく彼等の働きぶりに感心していた。日本委員側の中には数年前フィリピンに教育調査班長として乗り込み一年以上比島教育工作に従事したＯ氏も居られる。始終会議の進行を見守って沈思していられる姿が会議場に毎日クッキリとして目立っているとのことである。Ｏ氏ばかりでなく文部省委員の中にはこの数年間現地の教育指導に直接手を染めた方々が

ある。これ等の一人一人はアメリカ教育班将校やこの度の教育使節団等の行蹟の一つ一つを曾つて自分が各地に残した仕事と結び合せて回想し、文化指導の企画からして相当に異っていることが一日一日と強く印象され、感慨も又一方ではないものがあろう。我国教育界にはこれによって幾つもの重大なことが正しく解らせられているのであろう。

アメリカと日本とは会議のやり方が恐ろしく異っていて、会議に出ていた或る人は奇想天外で何が出て来るのだか想像がつかないと言っていた。その日のプログラムにはそれぞれCIEの教育班将校が指導者座長となって材料提供の役割を果すのであるが、思い思いの工夫が積まれている。文部省のお役人を被告の地位に置いて壇上に座らせ、自分は座長指導者とも中間に座を占め、反対側には文教方針を批判する位置にある教育者に椅子を与えて自由に意見を言わせて、果してそうかどうかを文部省の役人に答えさせたりする意地の悪いやり方も度々あったそうだ。今迄であるとそんなことは言わせないぞと一瞥を投げかけられると小さくなって黙ってしまっていた私立学校教育者などで、ここぞとばかりこの数年間言いたくて言えなかったことを身振りまで入れてブチマケているものもあったとか。座長はそれをこともなげに操って日本教育の真相はこうであると日本の役人の発言と教育者の言葉とをつかって実証するのである。そこには何処までも事実に基いて事実を如何に改めねばならないかを知らせるアメリカ独特なテクニックが見えている。日本の会議では大臣次官局長の訓示や指示があり、課長の説明をよく聞いて一、二どうでもよい質問をしてついで自分の存在を知らせると言わんばかりの口上一くさりあって終る官僚式会議と較べて何んとしたデモクラチックな会議の進行であろうか。

会議に列った委員にはEducation in Japanという印刷物が配布されたがこれには日本教育の概観をしるために手頃な頭のよい纏め方で教育実情が説明されている。併し会議の間にはCIE教育班が用意した沢山の実物、グラフ、説明図、資料が毎日陳列され至れりつくせりに実証主義を示していて、日本側委員を驚かせている。併しこんな書いて作った資料ばかりではない。B大尉は特に文部省映写室で五日目の会議を開き、「日本の小学校」という国際文化振興会の映画をかけてこれを会議の材料としている。これは何のためかというと日本教育改造の心理、特に日本に於ける教育方法の代表的な型と姿を理解させる為だそうである。この映画は日本の小学校教育の優れたよさを外国に紹介して日本文化が如何に高いかを示すためのものであったが、使節団はこの画面から教育法の何を見てとったであろうか。アメリカのプログレッシブな活動主義教育法を目にしている教育者には、この映画に出て来る教室風景が全体として如何に静的であるかが確認されたのではないかと或る人が語っていた。そうかも知れない。H中尉は国語改善を主題とした会議をもったが、壇上には美しく晴れ着をかざった令嬢三人を坐らせそこに羽織袴の中年男子を坐らせ中央に軸をかけて日本間を思わせる趣向で会議を始めた。何が始まるのかと多くの人々は心配した。それは壇上の様子が国語改良とはあまりにもかけ離れて想像がつかないからである。ところが一通り日本の国字が如何に複雑で奇怪であり又合理的でないかを説いた後に、この難しい文字の書き方が如何に想像外であるかをお嬢さんの書字実演によって示したのである。日本文字についての実証はこんなにしてまで示されている。N少佐は日本の体育について現状報告をしたが、続いて最近の体育を一通り実演させた。初めは剣道、柔道、銃剣術、薙刀であって禁止されたミリタリズム四種目の実演である。壇の上でエイヤー、ドタンバタンで塵は立ち上るしその中に武道特有な平和的でない雰囲気さえ出て来て、使節団員は顔をしかめては恐ろしい教育をする国だと実感を深した。併し引き続いて一年生の可愛い遊戯がピアノと共に展開されたので初めて自分の世界にかえり一同割れるような拍手をしてミリタリズムの雲気を払った風景は日本教育実証法の最高潮だったとのこと。

日本人で壇上に英語で意見を述べたのは山崎次官、

田中学校局長、海後東大助教授、星野津田塾長、河井恵泉学園長等であったそうだが、河井女史の英語演述は最も巧みで総会の最後に於ける最高峰。身振りもよく話も相当に強調が入ったとのこと。その話の間に日本の女学生にチュゥインガムをかむ悪慣習はつけてもらいたくはないと注文をして使節団員を喜ばせた。この時刻はお昼も近く使節の中でガムをこっそりとかんでいた人もいたらしく、この言葉で暫らくは口を動かすのをやめてそっと何処かへ処分したとのこと、矢張り教育家は世界何処でも正直でよい。

手の教育理論

『教育文化』五巻五号、巻頭言、一九四六（昭和二一）年五月

先頃発表されたアメリカ教育使節団報告書の中には「手の訓練」という語が見えている。私はこれを読んだ時、手という文字が異様に感ぜられ、どうしてこんな卑近な語を教育観を述べる際に用いるのだろうかと怪しんだ。そしてその意味する教育内容を語感から直ぐに握ることが容易でなかった。これは決して私ばかりのことではないと思う。それというのが我が国の教育理論書の中には手という文字が欠けているのではないか。手の教育理論が出来ていないのである。手はあまりにも卑近であり末梢であって崇高な教育が問題とすべきことではないと考えるのが普通である。頭脳は最も貴く心臓は侵し得ない

深いものだと考え、ここにばかり教育理論が集中した。その結果知と情とはこれを育てるのに限りない攻究を重ねたが、手には教育がないかの如くに誤って来ている。手は卑しく汚いと断定している教育観によっている限り重大な教育の窓を閉じていることとなる。手は実践を象徴しているものであって、知る教育や感ずる教育とは別に作る教育の世界を我々に見せる窓となっている。作るためにはより鋭く知らなければならない。作るためにはより美しく強く感じなければならない。先ず手を通して頭を働かせ心臓をうたせなければ教育は出来ない。手の教育理論は卑近な日常性をもっていて然かも貴い世界を我々に見せるのである。

二年生の政治教育

『教育文化』五巻六号、巻頭言、一九四六（昭和二一）年六月

「マリーさんこのお花を私たちの白い教会へ持って行って下さいね。」

「ハイ持って行きましょう。……でもお母さん、フイルドおばさんはどうして私たちの教会へおいでにならないの。」「おばさんはこの村の茶色の教会へおいでになるのですよ。私たちのお国では誰でも自分の行く教会を選ぶことが出来るのですね。一つの教会へ誰でも全部行かなければならないということはないのですよ。それがよいのですね。皆んなが自分で正しいと考えたことをすればよいのです。これは

他の国とアメリカとが異うところですね。アメリカにはよいところが沢山ありますがこれもその一つですね。」

これは近着のアメリカ初等学校二年生の社会研究の教科書『皆で一緒に暮しましょう』の中にある一節である。それは信教の自由を取扱った教材ではあるが、どこにも信教の自由などという難しいことは書いてない。然し何の無理もなくマリーの生活観のうちには自由の考え方がつくられている。二年生の子供に自由の観念や信教というような難しい考は教えられないとする程狭い教材観では政治教育は出来ない。このマリーと母校の物語は異宗教のフイルドおばさんへ花束をもって行くところまで発展している。それでおばさんはマリーのやさしい心根に感謝して「あなたは何んてよい御近所のお嬢ちゃんでしょう」と結んである。マリーはこの言葉を考えてうれしくなりましたと書いてあるが、二年生の政治教育は日常生活の考え方と態度の実体のうちにあることがよくわかって面白い。

『教育文化』五巻七号、巻頭言、一九四六（昭和二一）年八月

教育に於ける人間

教育の最も大きな関心は先ず人間に向けられていなければならない。このことは教育に於いてあまりにもよく知られているために、却って人間を見ていないこととともなっている。今日は圧えられた力から

人間が解き放たれて、改めて人間を見なければならないと言われている。教育がそれのもつ本来の性格から人間を先ず問題とすべきであるのに、却ってこの世界では人がとりあげられていない。人間について考えることは一般思想の課題であるとは知っているが、教育の世界の問題ではないかの如くに別の世界に対象視している。嘗ってあった如くに生徒は登校し、教師は教壇で語り、父兄はこれを見ているとされている。

尤も教育に於いても或る考えをもって人間を見てはいる。戦後になって教育の新しい指針を明かにしたいと努めた際に、人間性や生徒の個性ということなどが言われてはいる。人間性はこれを尊重し他の目的の手段として人を育てることは考え直さなければならない。各人の個性は尊重されねばならないなどと書いている。言われていることは至極当然なことと聞えて来る。併しこれ等の表現が何回繰り返され、如何に説かれても、現実の教育に於ける人間は一向に見られていない。すると人間性などという教育転回のための言葉も単に言われたというだけのことに終っているのではないかと危ぶまれる。教育に於いてはまだ人間が見られていないというのは、このような現状をさしてのことである。

教育は生活や文化の総べての面に触れているというところに特質がある。それで教育に於ける人間はあらゆる角度から何度となく見直されていなければならない。宗教の一つからする人間の理解のみでは、教育に於ける人間は見つくされていない。場合によっては獣と同じ連関のうちに於いて人間を見ることが特に意識してなされてよい。人の言ったことやなしつつある姿を如何に巧みに真似することが人間に出来るかを見ると共に、人間のいまだ曾つて考え及ばなかったことをさえ考え出し、つくり得なかったものを造り上げる人間でもあることを見なければならない。街頭に人間のあらゆる欲望をさらけ出しているその人が、次の場面には勿体ぶって礼装をととのえた人間として現れることが解らなければ、教育に於ける人間は見られていないのではないか。

教育は生活の中に深く結びつけられていることから、教育に於ける人間はこれを生活のうちに於いて見られなければならない。百姓の子供はそれとして見られなければどうしてこれが育てられるだろう。鉱山夫の子供と小役人の子供とはそれぞれに区別して見られることが必要である。現に我々の前にいる生徒は単なる人間性を担ったものではなく、地つきの漁夫の子であり、疎開して来た銀行監査役の子供である。子供は単なる個性をもったものと見らるべきでなく、鍛治屋の子として、医者の子供としての個性を現にさらけ出している。それぞれの生活集団のうちに生れ、育てられ、反抗し、希望しては今日我々が見る如くになっている。教育に於ける人はこのような卑俗な人間でもある。

教育に於ける人の見かたは、人間性を高唱する一般的な人間尊重というようなことではすまされない。人には個性があるからこれを大いに伸張しなければならないと共通な教育原則は今改めて言い直してみる程のことでもない。これ等の単一な文字による人の見方が教育の弱さを作っていることは余りにも度々知らされている。人を教育に於いて見る場合には人間をそれが担っている社会的なそして歴史的な限定に於いてとりあげなければならないと言われて来ている。この考え方の必要はよく解った。併しながら教育に於いて歴史的社会的な限定のうちにある人間を見よというばかりでは教育する現実のうちに於ける人はまだ見られていない。更に一度よりなまな人間に触れる努力をしないと教育に於ける人が見られたこととはならないのである。生活集団のうちに現にうごめいて怪しい希望に喜んだり、末梢な不本意に失意したりしている人間、それは百姓であったり、熟練工であったり、遠海漁夫であったりしている人間、そんな人間の中に織りこまれている子供、若者、娘、それ等が教育のうちに見られて、初めてどう教えたならよいかが解る。これは教育が現に生きている人間にかかわる仕事であるという点から定まっていることではあるが、改めて今日このような教育に於ける人の発見をせねばならない。

集団性の再認

『教育文化』五巻九号、巻頭言、一九四六（昭和二一）年九月

今日は集団がもつ特殊な力についての認識が新たになされつつある。集団性を発揮することに於いて拙劣であった教職者もこの数ヶ月の間に集団性を様々な部面に於いて現すこととなった。この春の選挙に於いて教職員は特別な組織力を発見してこれを発動させた結果教育代表議員とも言うべき人々を選出して議会に登場させたのである。そこで教職の集団性が弱いものでないことを再認した。集団性のもつ意義を再発見することは今日の教職者にとって重大である。ところで集団の性格と目標とは特に吟味を要するものがある。何を目ざして集団性が現されているかは、教職員にとっては特別に重大である。教職員によって再認された新たな集団性が飯も食わずに何が教育だという標語以外のものを示し得ないとしたならどうであろうか。昨秋或る会合の席でこの標語の下に働いた一教職員が集団の生命について反省し、これだけでは真実でないと自己批判をしつつ語っていた。人は先ず食わなければならないが、教職員集団は食うことを強く要請する前に先ずこれからの日本を担うべき人間を育成する責任がこれで果されるかどうかを問題とすべきであろう。生活の基本的構成と文化の成育とに深く結びついてあるべき教職員の文化集団性は、労働と報償のみに傾注している集団性と異ることを改めて認めねばならぬ。これは次に来るべき集団性の再認である。

江戸方角から地理初歩へ

『教育文化』五巻一〇号、巻頭言、一九四六（昭和二一）年一〇月

寺子屋で地理の往来本として普ねく使用されたものに江戸方角がある。これで手習をしている間に地理の初歩が学ばれるように編まれている。御維新から後は寺子屋の教科書まで一新された。地理の学習書であった江戸方角は近代社会構成に基盤を置いて見直されたコーネルの地理初歩に置き替えられた。江戸の中に閉塞されて地理の学び始めがなされていた状態から全世界的な近代学の中を通って編まれたものが意味をなす教材段階へと飛躍した。それと共に教授の様式が寺子屋に於ける個別教育法より小学校に於ける一斉学級教授法へと変化した為にこれに応ずる教科書の編纂がなされた。地理初歩はこれ等の変化を担うに足るスタイルをもって現われ、新教科書の一つとして多くの人々の注目を受け、児童ばかりでなく、新しい文化内容に対して鋭い目をもつ一般人をも啓蒙した。今日は教科書成立の背景をなす社会生活の基盤も変化しつつあり、学問の性格も検討せらるべき時代にある。そればかりでなく学級によってなされる一斉教授の様式も批判せられているのである。かくの如き際に於いて教科書のスタイルが目立った変改を受けることは当然と言わねばならぬ。そこで教科書とは何んであるかを改めて根本から問題としてとりあげ、新しいスタイルをもった見本の幾つかを先ず登場せしめねばならぬ。八十年前に江戸方角から地理初歩に孵化して文化の方角を示唆した如きものが、今日生れるならば、それで子供のもつ文化の性格が改まるばかりがなく、一般の文化趨向もこれによって指標せられる。

生活化の二方向

『教育文化』五巻一一号、巻頭言、一九四六（昭和二一）年一一月

教育の内容が生活から遊離しては生きた力が湧いて来ない。このため教材は生活化されねばならないという問題が以前から与えられている。これは元来学校という施設が教育を生活から隔離して構成したことによるのである。それのよって来たる根源を尋ねると、中世末以来の伝統的学校と近代の大衆学校とが漠然と合体して運営されていることによる。ここで学校を国民生活全体の発展から組み立てようとする新たな形をもった教育内容の生活化に当面せざるを得ないこととなる。ところが生活化が提唱される際には二つの方向からのものがある。その一つは児童生活を中心とする心理的方向からの主張である。児童生活に副わないと教材の取扱は弱くなるという考えである。他の一つは国民の現実生活を中心とする社会的方向からの要請である。国民の営んでいる現実生活の基盤の中から組み立てられた教材でないと、力を発揮し得ないとする思想である。この二つの方向は教育内容の生活化と言っても全く別のこととなり、一つは子供の主観性に問題を与え、他は子供に対する客観的要望となる。この二つの方向を背反するものと考えると教材生活化の方途は分裂せざるを得なくなる。社会生活より来る要請を児童や生徒の生活や心理と結び合せて巧みに取扱うところに教育内容構成の奥秘がある。内容の構成を児童生活のうちに求めると同時に、それが社会大衆の生活課題に深く組み合わされたとき、初めて教材の生活化があり得る。

解放の次を

『教育文化』五巻一二号、巻頭言、一九四六（昭和二一）年一二月

あなたは男女共学に反対ですか賛成ですかと質ねて、どのような返答が得られるかをもって、その人が民主思想の持ち主であるか否かを判定することがなされている。これは簡便で興味ある方法である。然りと答え否と答える結論ばかりでなく、どんな気持ちでこれに答えるかを表情によって読み分けたならば答える人の考え方がよく解る。教育の機会があらゆる人民にとって均等でなければならぬことは近代教育を構成する原則として一般に承認せられている。我々はこれを拒む如何なる理由も発見することが出来ない。男女を問わず人民が教養を重ねるということは如何なる場合でも促進せらるべきで、これが拒否されたり故意に狭く阻まれていることはあるべきでない。女子が高等学校に入学してはよろしくないということが成り立たない如く、あらゆる学校は男女総べての人に門戸を解放すべきである。但し今日は学校を解放した後にこれを生活者の特質によって再編成する課題をも担っている。女子には女子特有の教育が与えられる如くに改めて構成せられなければならない。それも女子一般を対象としてではなく、具体的にそれぞれの生活集団内に於ける女子の特質に基底を置いた教育が成り立たなければならない。併しこれは今後の課題であって、今日は先ず機会均等の原則によって解放することをなし、それが出来ると同時に次の編成に入るべきである。解放が未だ完了しない段階に次の課題を提出すると解放以前の女子特殊教育思想と混乱する恐れがある。我々は解放の次を見ながら速かに教育の機会均等を実現すべきである。

これからの教育展望

『教育文化』六巻二・三号、一九四七（昭和二二）年二・三月

第一次世界戦争が終ってから間もなくにして各国の教育界に所謂新教育運動が展開された。これは戦後教育の発展に方向を与えたばかりではなく、この運動の中心に立った人々は国際的連合活動をも行った。新教育連盟はそれぞれの国に於いて機関誌として『新教育』を発刊したのである。又新教育連盟の大会も各地に開かれてその主張を検討したばかりでなく、教育実際上の試みについての報告協議がなされたのである。この新教育運動の中心となった標語でもあり又それが活力源ともなったものは有名な「児童から」の言葉である。その理由によってこの教育主張は児童中心主義であるなどとも言われたのである。こうして展開された新教育運動は一九三〇年頃に至るまでの第一次世界戦後の教育新運動として一つの傾向を世界的に代表したものというべきである。我国に於いては沢柳博士一行の戦後欧米教育視察団の帰朝を機会として大正十一年以後新教育運動の活発な展開が見られたのであった。所謂新教育としての主張がなされたばかりでなく新教育と実践する幾つかの学校が成立してこれが教育界の注目を受けたのである。これは大正末年より昭和初年にかけての我が教育史上に特記せらるべきことである。その後には世界教育運動の連関の中に入るような問題が提出されなかったことを思えば、この運動は歴史的意義をもっている。ところが今次世界戦争後既に我国には「新教育」という標語が成立し、これが教育のあり方を指示する総称として使用されている。戦時教育の体制を切りかえる意味に於いて、或は戦争終末後に於ける教育処理の方策を示唆する言葉としてこれが用いられている。特に文部省より『新教

育指針』が刊行せられ、これが広く読まれていることが、新教育なる標語を流通させたというべきである。新教育といえば第一次世界大戦後の新教育運動を連想させ、常時あった姿を頭に描いては今次の新教育運動をその方向から一応解釈することが相当に行なわれている。このような事情から三十年前の新教育実践さえも改めて今日紹介せられている実情にある。ところがそれのみでは教育実践に力となるものを汲みとることが出来ないという感を深くさせられる。勿論第一次世界戦争後と今日とでは或る意味に於いて似たものを認め得るが、簡単な類推をもって両者を結び合せることは出来ない。これからの教育展望をこのような簡単な解釈で切りをつけて終止してはいられない。

ここで最近の教育思想界を省察するに何か一つの教育運動や教育学説をとりあげてそれを論究するということが殆んど見られなくなった。これには種々の理由があると思うがその最も基本的なことは、我々が自らの教育課題を発見して、これを解かなければならない仕事としてとり直した為であると言わねばならない。或る学説や思潮をそのものとして取扱うことが出来たのは、これを対象化したところに置くことが出来た為である。ところが教育課題が主体性をもったので、誰かが立てた理論や思想をそのこととしてとり出して論じていられなくなった。例えば教育学説や思想を取扱う態度の発展は大正末年より昭和初年にかけての文化教育学理論までで一応とどめられたというべきである。それから後にはこれという思想学説が問題となっていない。自らの教育課題にとりついてこれを解決し発展させようとした。その際に或る教育思想を要するのではあるが、それは最早や対象化した何々学説というものではなく、その人の中にとけ込んだものとなっていたのである。かくして教育思想や学説は教育実践のうちにすっかり包まれてしまっていたのであって、その姿は今日にいてもそのままに動いているというべきである。教育の実践課題のうちに考え方や理論がとけ込んで、自分のものを自らの思想で推進する構造になっている。この形をとって曲りなりにも進んできたところへ、終戦後に於いて民主教育理論が教育思想として対象化された。これをもって教育理論や学説の展望を行うことを如何に強く要請されたとしても、何をどんなに対象化して理論とするのか一寸戸まどいしているのである。民主教育理論の代表者としてデュウイのあることはこの四十年来我々にはよく知られている。併しながらデュウイの教育学説を論究して行けばそれで前途が必ず開けて来るのだとは考えられない。この十数年間アメリカ教育理論と疎遠になっていたのであるから、改めてここでデュウイから辿り直すことは、終戦後の特殊な事情にも裏づけられて必要なことは言う迄もない。もう一度近代教育理論を探求し直して土台の構築をしなければならないから、アメリカばかりでなく、イギリスやフランス、ソ連その他の国のものも新しい眼で些細に探求すべきものと思う。併し如何に広く探りを入れても、唯これを対象化して誰々の教育理論であると紹介したり解説したりしてはいられないものがある。これは何々氏の教育学説をとってこれからの教育を展望しているだけにはとどまり得ないという現実の姿によるものである。

かく考えて現情を見つめると今の事態は新教育ということで一応切りをつけたり、或は誰かの教育理論で将来の総べてを展望しつくしたりすることが不可能となっていることがわかる。我々が今日取扱わねばならない教育課題はそれよりもより基本的な深いところに存するのを認めると共に、それを解決するために思想や実践を集中すべきであることを強く感ぜさせられる。それは我々が教育を組み立てて来ていた基底を検討しなければならぬということである。今日はこの基から教育全体を徐々につくり上げて行くことを基本課題としているのである。これを解くために理論を持ち、思想を培い、方法を検討し、果してその内容が適切なりや否やを見なければならない。この基底にある課題は実践者の教育を構築するということから発しているのである。今までは教育が実践の第一線より後方に構えられていた。この教育構築を改めて、新たに実践者の生きている仕事と生活そのものの中へと進み、そこで教育を組み立て直すのである。我々にはこれが実践者育成の課題として世紀的に与えられているのである。先ずこの基本となっている課題の線へと教育の考え方も方法も集中されていなければならない。これは戦争が如何なる形をもって終末に到達したとしても動かない課題成立の基底である。この基本となっている方向に副った教育実践や思想であってこそ、これからの展望を我々に与えるものである。この基底をとりはずしては如何に巧みな展望をなさんとしても、それは到底我々のものとなることは出来ないのである。教育方法についての新しい試みや教育内容の新編成、教育観の転換が如何に要望せられたとしてもこの方向に適うことによってのみ今日に於いて意味をもち、これからの実りある展望となるのである。若しも新しい教育という名称をもって正しく取扱い得るものが現段階に於いてありとすればそれはどんな末梢的なことであっても、この基底にある課題に結びつくことを必須としている。

これからの教育はあらゆる教育機能を全面的に発動させるように在来からあった様々な制約を離れなければならない。いままでの教育は学校体制を基本としていてここに教育構成の本懐を置いていたのである。教育は総べてを学校の中へと集約しつくしていた。この学校体系のみに依拠した教育構築に対する批判は既に以前からなされて来ていた。教育一般の考を学校教育観に限定された有様から解放しなければならないと提唱されている。この方向から教育観の解放があり、生活全般を場面とした教育がつくり上げられることを注目し得るようになった。学校から解放されている拡げられた教育の考え方はかくの如くにしてこの十数年に亘って問題となっている。これを解明しようとする理論的探求の態度も相当な発展を見つつありというべきである。これに教育を基底から検討してこれからのあり方に対する見通しをつけようとして成立しているものである。学校教育至上観から解放せられた場合に我々は生活のうちに広く教育を見ようとすることになる。生活上の諸技術が如何にして伝承されているかが教育問題となるが如き教育観をこれからの教育者はもっていなければならない。学校の教室内に於ける教材は生活上の実践技術と連関はもっているけれどもこれを生活そのものの中で教育内容として組み立てていない。パウルゼンが教育を広く文化や生活の発展と共に理解して、農具や伝統の中にも教育を発見しなければならないことを説いたのは注目せらるべきことである。すきやくわが農具として如何なる形をもって成立し、それによってどのような技術が伝統されて来ているかは、農耕の実践に於いて捨てていることの出来ない基本問題である。然かもこれは永い時代を通じて農耕の生活構成を決定しているものであり、実践者としての百姓がこれで教養を規定されているのである。若しもこの農具の性格に基本的な変革があるならば、これで農耕者の生活技術全般が変革されて、新たな生活教養が出来上ることとなる。かくすると農具は一見して教育とは何等の必然的な関係なきものの如くであって実は実践者としての農耕人の生活の基礎を定めているものというべきである。これを我々が農具についての一般知識を農業の教科書を用いて教室内で教授していることのみで教育が出来ると考えていたのと比較して著しい差異が存することに気付くのである。これらの教育は教室教材の組みかえに存するのではなく、生活技術を改変して行くそのことと深く結びついていると考うべきである。この教育観はこれからの正しい展望を成立させるものである。

かくすると生活の中に於ける教育は如何なる構成のものとして見られなければならないであろうか。我々は教室内の授業形態による教育の構成を頭の中に置いているのであって、それで教育の概念をつくり上げている。即ち教育は教師と生徒との間に教材がとり扱われて成立するものであると見ている。ところがこれは学校体制の中に於ける教育には適合する教育構成観ではあるが、生活の中に於ける教育には合致しない。生活の中に於いても教師が生徒に教係は又人をつくっているのである。これは見たり聞いたりして人間がつくられるのとは異っている。生活の中にあることによって互に育て合うのである。我々はかかる生活内での人間の規定関係を形成と称している。生活のあらゆる場に於いて人間は形成されているのである。職場に於いて生きて行く際にそこに集った職場の人々は生活形成をなしている。家に於いて交友関係に於いて郷土社会内の生活にあって人は形成しつつある。この人間形成の姿を我々は生活の場面に於いて充分に認めなければならない。これからの教育展望は教室を場面とした教育解釈より離れ、広くして豊かな生活の中に於ける教化や形成をも問題とすることが出来、これを充分に取扱い得るものとなるべきである。

我々は教育の場面を生活の現実のうちに余りにも深く求め過ぎたので、学校という教育の力ある場面を生活から切り離したまま置き忘れたかの如くである。勿論学校は生活の現実より隔離されることをその特質としている。学校は人々の実践生活そのものを授すると同様な形をもった教育も存在している。生活技術を巧みに体現した先達が後進の若者に技術を伝承させる際には場合によって教授の様式をとることがある。その際には学校の授業の様式をとることがある。その際には学校の授業の際に於けると同様にこれを律することが出来る。併しながらかかる教育の構成はむしろ例外であって、一般には若者が先達や同輩の生活技術に触れてこれを見習っているのである。農耕に於いてなされている「仕込み」の形態を見ればこれがよく解るのである。生活上の様々な技術に共々に入っているとそれで自ら技術様式を体得するのである。この場合には教師が講述したり指導する形は見られない。もっと自由で豊かな人間交渉が存しているのである。このためには見たり聞いたりして人間が育成せられて来る教育様式を自由に使うことが出来るようにならなければならない。生活技術の展開されている際には常に人間の相互連関が存していないのであって、或る場合には特殊な集団生活の中にある。この人間相互の直接の規定関ではないことをもって生活から区別され、そして存在の意味をもっているのである。それだからといって学校は常に生活から遠い世界にとり残されてよいというのではない。寧ろ隔離されたところであればこそ、生活の現実に入らなければならない。これを教育内容即ち教材について考えて見よう。教材は生活からは抽象され、独自の体系をなすものとして構成されているのである。これを伝統の学科課程として教授して来ているのが今迄の学校教材である。ところがこれからの教育内容は新しい展望をもって改変されようとしている。その方向は生活の現実から教育内容をつくり上げようとするものである。我々は教材を教科書の形をもったものとして受けとり、これを生徒に教授することをもって能事終れりとしていたならば、教育は容易である。併しながら今日はこの教材観の形式化から脱却して教師自らの手をもって教育内容を編成する段階に来ている。どのようにして教材を構成するのであろうか。我々は教材決定の根本が、その郷土社会内の生活に存していることを先ず認めなければならない。或る教材を決定する根拠はその土地の今日の要請と将来の発展によって待望せられるものに存している。それを見ずして単に一般の教材が存在しているということはあり得ない。そこでこれからの教育内容構成のためには先ずその土地の民衆の生活にとりついて、それを分析し、内容を規定する根基をつくり上げねばならない。これを基礎として学校教材の範囲が定められ、これを学習単位に構成するのである。かくすると各単位内の材料はこれを総べて生活の中へと帰着せしめることが出来るものとなる。生活から組み立てられた内容の中でのみ実践生活者はつくられる。生活の中に於いて初めて何を知るべきかが決定される筈である。最初から知らねばならぬものが存在しているのではない。我々にとっては或る学ばねばならぬ知識教材があるのではない。生活のうちに於いて実践を展開する際に知らねばならぬものが要請されて来るのである。それを獲得するのが教育に於ける知識である。知識と並べて我々は技能を教育の内容として来ていた。例えば様々な手技を手工教授の内容として取扱っている。併しどんな手技を内容とすべきかは、何によって決定されるのであろうか。単に一般教養として手技の内容が取扱われていた如くであるが、これは内容観として正しい土台に立つものではない。教材としての主義の性格を決定する根拠を問題としたならば、ここに於いても我々は生活の実践技術へ注目せざるを得ないこととなる。生きて行くあらゆる技術の現実が手技の内容を決定するのである。この根基より切り離された手技は決して力ある教材たることは出来得ない。これからの新しい教育内容を編成しようと意図するならば、生活の現実へあらゆる力を集中しその中から清新な教材の構成を試みなければならない。

教育の方法は内容の編成と不可分の関係にある在来の教育方法が知識集積の方式をもってその特質としていたことは、教育の内容が生活から切り離されていたことと連関している。教師は用意せられた知識的な諸内容を生徒に如何にして有効に習得せしむべきかが方法の展開される出発点となっていた。教授の形式的段階の考えが承認せられていて、多くの場合これを方法の基本様式としていた。勿論ヘルバルト派の段階論をそのままの形に於いて実施したのではないにしても、同様な思想によって裏付けられていたことは確かである。教師は正確な知識材料を先ず用意している。これを新しい観念内容として習得せしめるのであるが、それには先ず観念習得の素地をつくっておくのである。この準備が出来たところへ教授内容が提出される。すると生徒はこれを自分の知識内容と連関させ、それを纏った体系として総括構成させる。かくして習得せられた観念を現実の場面に適用するのである。このようにして正しい知識が生徒の中に集積せられることとなる。既に出来上って体系づけられた知識内容を獲得せしむる教育方法はこれによるのである。ところが生活のうちにおいて我々が内容を習得して行く方法様式はこれとは異っている。常に解決されねばならない課題に当面し、そこから内容を習得してその身につける方法が発出するものである。課題を解いて生活上に有用な結論に到達したり、求められているものをつくり上げることの中にこそ教育の方法が存していると考えるのである。教育方法が知識集積の様式から技術展開の様式へと組みかえられることが必要である。技術による方法へと転化するならば、生徒は観念を受容するのではなく、却って自ら働くことにより、様々な表現する途をとって教育を受けることとなる。生徒は何かをやることによって自らをつくり上げる方法へと進むことが出来るために、先ず今迄の方法上の規制から解放せられなければならない。教師は生活の現実に於いて仕事が進められているのと同様な方法を生徒教養のためにとらなければならない。生活は知識の単なる集積ではない。生活の中に於いては常に何かの仕事がなされては絶えざる発展をもち来しているのである。この生活技術の構成と教育方法とが正しく合致したときに教育は新しい体制となる。これからの教育方法についての展望はこの様式を探求し、それを教育のうちに実践しつつ進むものにのみ正しく与えられている。実践者を育成するに足る方法の様式はこの展望によって進展することは明白である。今日我々は先ずこの方法の端緒にとりつかねばならない。

私は教育についてのこれからの展望を各方面から探求して、その総べてが生活の現実との深い結びつきに於いてあることを認めた。生活のあり方と切り離された教育への批判は今日既に厳しくなされている。我々はこれからの教育のありかたがこの考えによって初めて正しく指定されることを疑わない。それではかかる生活現実への結びつきは何によって提起されてきたのであろうか。この生活現実への展望は新たに力をもちつつある人民大衆の動きによって基礎づけられている。これからの教育は一度生活大衆の手の中に入って、そこから独自な姿態をもってつくり上げられて来なければならないのである。その過程を経ないでは如何なる教育も新たなる体制なることが出来ない。教育の理解の仕方が拡げられるということも、大衆が生活のうちに於いて教養をもちつつある現実に与えられて意味をもっている。教育の内容が生活から組み立てられるといってもそれはあらゆる教材を実践生活者の地盤からつくり上げるということである。教育方法が技術構造のものとなる仕事を契機とするものに転化されねばならないというのも、人民大衆は生活の中に於いて仕事をもつことによってそのあり方が規定されている事情による。これからの教育展望はかくの如くにして大衆の実践生活とその技術とに基底をもつことによってのみ正しくなされるというべきものである。この重大なる規定を喪失していては、如何なる教育実践の営みがあったとしても、時代を画するに足る効果に到達することは出来ない。生活への反省と探求とは子供の生活を問題としている心理的なものにばかり限定さるべきではない。これは生活の児童心理性からする考え方であるが、我々はこの立場から生活教育へ眼を向けているのではない。先ず人民大衆の生活現実に注目してそこから教育の生活による基本構成を試みようとしているのである。心理性についての問題は第一にかかる社会生活的規定を試みた上で考えらるべきことと思う。何よりも先に大衆生活の現実態へと教育の全部を還元せしむることを努めねばならない。この基底を離れてはこれからの教育展望はあり得ない。

生活による規定性

『教育文化』六巻五号、巻頭言、一九四七（昭和二三）年五月

戦時戦後の市民生活にあって多くの非行が堆積されるということは決して今次大戦ばかりの事象ではない。特に青少年が生活のうちに於いて現わす諸非行が一般に注目せられることも戦争に於いてばかり見られる事実ではない。終戦後に刊行されたアメリカの家庭一般雑誌のルック誌上には戦時戦後に於ける青少年非行の激増を問題としてとりあげ、これの対策を読物としている。そこには街頭に於いて徘徊する青少年を保護するための婦人保護員の活躍ぶりなどが述べられているのであって、問題は非行以前の指導にも入っている有様が窺われる。唯かかる問題が戦勝国に於いては速かに常時に戻る生活の地盤が整えられつつある。又勝利という雰囲気が非行問題を視野の外へと追いやってこれを解消しつつあるが、敗戦の地域は戦時中生活を破綻へ追いやったばかりでなく、戦後のあらゆる条件は社会非行を次から次へと堆積せざるを得ない実情のうちにある。生活の全体に秩序が立てられなければ到底これ等の非行を追いやることができないと考えられている。

戦時非行の問題は生活が人間を規定しているということをよく示している。戦時中の市民生活全般が常時の姿から著しく隔ったものとなっていて、常時ではあり得ないことが容易に連日なされているのである。であればこそ戦が成立するのである。市民の生活全体が非行を成立せしむる地盤となっていて、その中に青少年も亦生きているのである。戦そのものが本来から非行の連続とも解釈されるのであって、この生活の常あらざる形が青少年生活を規定して望ましくない多くの動きをつり上げている。戦後数年続くべき常時には見られない生活の破綻は更に新た

なる生活規定となって青少年の思想や行動を決定しつつあり、我々は今その中に置かれてあるかかる生活による規定は狭い意味での教育をもってして如何ともなし難いものであると言うべきである。結局この問題は生活を改めてそこから新しい規定力を展開させること以外に方法は存しないのである。生活が改変せられ非行を成立させるが如き地盤をとり去ることによって始めて非行を掃うことが可能となる。

かくすると生活の規定にのみ依拠して教育者は手を下さずに待っていてよいであろうか。狭い意味の教育への反省はかかる生活による規定を克服し得なかったことに於いて存在する。強い性格と如何なる生活の中にあっても動くことのない態度の訓練があったならば、戦時戦後の非行問題を極めて小範囲にとどめ得た筈である。かくすると今日の段階に於いても生活によるあらゆる規定を克服する教育の実践が要請される余地があり又それが可能であると言わねばならぬ。

『日本教育』『明日の学校』にみるカリキュラム論

戦後建設への教育構造

戦の緊迫するにつれて次第に閉ざされて来ると実感させられていた教育が、戦争の終結をもって一斉に開かれた貌となった。閉塞せられつつありと感ぜさせたのはあらゆる国家機能が戦争目的完遂へと結集せられたからであって、終戦がこの閉ざされた教育構造を開展したのである。その場合教育の諸構造が戦前の姿そのままに移行すると考えるならば、甚だしい誤りに陥ることとなる。国民教育の全体制はこの戦の中にあって様々な拘束を受けつつも戦後に於ても展開せらるべき教育構造を内包しつつ次第に成熟していたのである。実はこの教育構造が終戦によって開かれた場面へと登場せねばならないのである。戦前の構造への単なる逆行であったり、全く別途から規定せられたものへの移行であったりしたならば、建設力を発揮することが出来ないばかりでなく、暫時にして変容せられねばならない。戦後教育の構造は戦時教育の次段階に位置すべきである。戦後の諸建設へと指標される教育は常にかくの如き基本構造に適っていなければならない。但し我々はこれを敗戦という戦争終焉の下に於いて見ているのである。

戦後建設へと教育が開展せられた際に先ず我々は教育によって造り上げらるべき人間像が新たな相貌をもって我々の面前に登場したと実感させられた。育て上げらるべき人間が建設に当り得る実践者の姿態を完全に具備したものであるべきことが愈々明確となった。戦の中に於いて指標せざるを得なくなっていた人間像が終戦によって実践者として浮き出され教育の中核に登場し、建設教育の諸構造を規定する基礎となっている。戦後に於けるあらゆる建設の

『日本教育』五巻一号、一九四五（昭和二〇）年一〇月

展開にあっては実践に於いて人間の価値が問われているのである。なにがやり得るかで人間が決定せられると共に、教育としてはかかる実践者は如何にして育成せられるかに専念すべきである。敗戦に於いて戦が終末に到達したということはこれを益々痛切に求めさせている。戦後建設への教育構造は実践者育成への問題へと我々を推進せしめている。これが教育構造を規定する最基底に置かれなくてはならない。

戦後の建設にあたっては教育のあらゆる機能が全面的にその働きを開展しなければならない。教育の構造があらゆる人間育成の場面を問題とする如くに開かれていることが必要である。或る一つの方式のみに閉塞されていて、これを肯定する教育観によって構造を規定していたのでは到底建設性を発揮することが出来得なくなる。我々は今後に来るべき建設生活のあらゆる場面に人間を育成する機会があって、これが豊かに伸張されていて初めて教育がなされると考うべきである。特に建設のうちに於いて実践者としての風格を備えた人間を育成せんとするならば、ますますこの教育構造へと進まなければならない。例えば児童を教育する問題に当面した場合にこれを学校内に於いてばかり処理せんとしていては到底建設の要望に副い得ない。校門より送り出された児童は既に教育の場面より退いたと考うべきではないのであって、寧ろ人間が育成せられる優れた機会はその後に於いてこそ展開せられていると見なければならない。校門外に於ける児童の教育構造を確実に把握するためには、これを処理し得る豊かな教育観をもってその構造を運営していなくてはならない。国民は総べて建設生活の全面に織り込まれて育成せられてあるべきで、一つの方式で律せられた教育の場面に登場したか否かによるのではない。

戦後日本の建設に当ってはあらゆる問題が実践の機に於いて解かれることとならねばならない。如何なる建設性が示されたかは実践の機に於いて開展せられるものによって初めて明かにされる。建設は総べてを実践の下に於いて検証するのである。教育の構造が建設へと結びつく為にはそれが実践を機として発展していなければならない。教育が知識体系のみを基本として展開されていたのでは建設へと結びつくことは困難となる。従来知識体系としてあっていたものを実践体系へと転回するところに建設性を示す根底がある。実践は技術的なものによって示されるのであるから、教育に於ける実践の発展は技術として表現されるものに主としてかかっている。教材についての考であっても、これを整えられた知識体系を背景とする内容として見る思想を破却しなければならない。殊に教材は教科書の形式以外には存在しないかの如き教育構造観のうちにあっては実践を機とした建設性ある戦後教育は成立して来ない。これを転回して教えることはやらせることの中にありという構造観に入ることが、今日現に緊要となっている。教科書のうちの教材はそのための手引をなしたり、或は結果を伝えるための用具の役割をなすものと考うべきである。我々は戦の中に於いて知っているばかりであったり、解っていると思うばかりで、これをやり得ない哀しさを様々の機会に於いて味わされた。かかる実践にあっての意にまかせぬ事態の集積が今日の戦後様相を現出しているのである。人間を建設面へと育成するためには従来の態度を一擲し単なる知としての理解を超えてこれを実践の機に於いて構成する努力をしなければならない。但し如何に実践を珍重しても決して知を低位のものとなすのではなく、却ってこれが実践に基く真知へと導くこととなる。我々は終戦の現段階に於いて建設智を求めているのである。建設を進展させるための諸智は次第に整えられて新たなる建設知識の体系を成立させ、教材の基本構造もこれに適うものとなるであろう。

建設教育の構造は実践を機とした形をとるのであるが、これを健全なものとなす為には、先ずその土台から築いて来なくてはならない。この部分を教育体系中に於ける基礎教育が担当している。技術的な実践表現の基礎をなす教育から築いて来て初めて建設性が発揮される。その場合に単なる一般の基礎教育は存在しない。如何なる建設のための基礎教育であるかが重要となるのである。従来は人間として凡そ持たなければならないと考えられるものを与えることが基礎教育であるとされていて、これが総べての人に共通であるということを主眼としていたのであった。併し戦後建設はかくの如き弱い基礎教育の築き方では重なる困難には到底堪えることは出来得ない。ここに於いて或る一つの建設部面を担当するものにはそれに適った基礎教育が必要であると夫々に適合する基礎構造の体系を築かなければならない。農耕を通じて戦後の建設に参加すべき人間を育成するためにはその基礎教育からして他の任務を担当するものとは別に構成せられねばならない。精密機械の工作に当ってその精細な技術を発揮さる人々には初等教育の構造からして独特なものが存在すべきである。それなくして如何に高度の技術を要望したとしても出来上るものには自からに限度があって戦後建設の高度な体制には副うことが出来得ないものとなる。初等教育が人間育成の初段階であることの故に漫然たる基礎教育であると考えられているのでは、将来の如何なる要望にも副い得ないこととなり、目標の喪失された基礎教育となってしまうであろう。この基礎教育観及びそれによる実践の切り換えは差し迫って今日要望せられている。国民学校教育が直ちに解かなければならない建設課題の一つはここに存している。

凡そ建設のためには一人一人の切り離された力が結集せられることを必要としている。誰か一人が限られた力量をもってそれを成し遂げるのではなく、総べてのものが協力して建設するのである。建設面に国民を登場せしむる際の生活態度訓練の眼目はここに存しているのである。ここ数年の訓練問題は集団の形を整えることに関心を深め各人の力を発揮せしむると共にこれを協力せしめ如何なる困難にも堪えしむるという態度の育成に於いて欠けていた。飛びぬけた一個の力に憧憬をもち、その益々高い表現を促す如き考え方をもって訓練に当って来た教育観が存在していたのであっては、今後の建設に適う教の教育諸問題は存しているであろう。併しながら、戦争終結に当っての外面的な教育処理はその殆んど総べての消極的な意味を持つに過ぎないのであって、ここにのみ力が傾倒されていては建設への積極性は生まれて来ない。戦後の建設に副うべき教育構造は粗造に終った日本の近代教育をこの際超克して新たなる組成へと向わしむることに存している。この基調が根本に置かれることによって建設の体制への第一歩が踏み出される。敗戦という終結が折角にして開かれた教育の構成を末梢的処理に忙殺されることによって再び閉塞せしめ、その方途に迷わしむるかに見えることは遺憾である。末梢の教育処理は速かにこれを完了し、世界全体の教育連関のうちに於いて建設性をもった教育構造を展開せしむる豊かにして将来ある大業へと進むべきである。

戦後に於いて展開せらるべき教育構造の建設性を明かにして、それを将来の要望に適合せしむるために探求して行けば必然的に教育体制全般を転回せざるを得ないこととなる。その場合に於いて転回の基本方向は我が国の近代教育構造を根本的に検討し、これを新たなる段階へと推進することである。それは最近数十年に亘って組み立てられて来た近代教育構造を一歩踏み出さしむることである。この基本課題を解くことなくして戦後教育の構成は絶対にあり得ない。勿論今日は戦後に於ける教育処理に関して直ちに着手すべき諸務が相当多く、ここに戦後当分

育構造を置くことが出来ない。この問題は人間関係の基礎から組み立て直すことであって、学校においてなさるべき訓練の構造は言う迄もなく、生活全般に於ける態度の育成がこの基調に副うものとなるべきである。

教科書の新しい性格

『日本教育』六巻七号、一九四六（昭和二一）年一二月

教科書はどのようなものであるべきかは必ずしも常に一定されているのではない。併し一度教科書の性格が決定されるとそれが一つの伝統となり、これを改めるのは容易ならぬこととなる。特に我国に於いては教科書を重視する教育内容観が存在していて、これが強い伝統観念となり、簡単にはそれを改変し得なくなっている。既に出来上った観念をもって教科書のあるべき姿を決定していて、これを基礎とし教育内容を取扱って来ている。それで教育内容とその取扱い方によって教科書を改変し、これに新しい性格を担わせることは容易になし得ないものだときめている。今日は教育の基本となる構成から検討して真実なる教育の姿を顕現したいと努めているのであって、教科書に対しても批判の眼が向けられている。そこで教科書は如何なるものであるべきかをも決定しなければならなくなっている。伝統とされている教科書の観念から離れて、自由に教科書のあるべき姿を構想する。その上で教科書の新しい性格を決定してみなければならないのである。

教科書の性格は教育方法の様式と深い連関をもっている。我国に於いては教師が中心に立つ教授の様式が採られていて、永い間に亘って学校の方法を決定している。教師は教科書の中に掲げられた教材を動かし得ないものとして受けとると共に、これを如何にしたならば生徒に授けることが出来るかと考える。生徒は教科書によって諸内容を習得することが出来ると考え、教科書教材に重点を置いている。教育内容はかくして総べて教科書に記されているものによって律せられるのである。殊にこれ等の内容を習得する方法は授けられたものを総べて記憶すると

いうことが中心となっている。教育とは教師によって講述される教科書の内容を生徒が正確に覚え込むことであると考えられ、これが教育の姿を決定する通念とまでなっている。どうしてこのような教育方法の様式が成立したかというに、それは東洋に伝承されて来た方法様式に基くと見なければならない。我国の伝統的教育方法に於いては学業の基本となる教典が先ず与えられていて、師匠は弟子に対してその内容を講釈するのである。弟子は一字一句をも軽んずることなく、最初から最後に至るまでを習得し、これを覚えることをもって学業としていた。この永年に亘っての学問の伝承形式が、今日に於いても又教育の方法様式を決定しているのである。この方法様式に於いて教科書は教師と生徒との中間にあってその媒介をなす絶対なものとして取扱われて来ている。教科書はかかる伝統的な教育方法によって先ずそれが基本となる性格を決定されているのである。

この場合教科書は教えるための材料書となっている。教科書の中には完全な知識が用意されていなければならない。更にそれはまとまった体系となっていることが要求される。又その中に盛られている内容には一貫した思想が織り込まれていて、これを公共的に承認しなければならないとする。そればかりではなく、教科書の内容に就いては定まった解釈がなされ、公に定められた思想によって意味がつけられなければならないと要請される。かくして教科書には精細な教師用書が伴われることとなる。教師は教師用書に指示されている方法により、説述された解釈法によって一定の教科書を教授するのである。かくの如くにして教科書万能の教育法が成立する。教育法が教科書をもって絶対なものであると観念させ、これ以外には学ぶものがないと考えさせた。この伝統化された教科書の観念の中に我々は入って今日に至っている。

我が教育界には現在自律教育の方法を樹てなければならない課題が与えられているのである。自律教育が展開される場合に単にこれを教育方法に関する問題であると狭く考えることは許されない。方法は教材を決定するものであるから、教材を集積している教科書も又教育法によって限定されざるを得ない。自律教育の思想に基いた方法が組み立てられるとするならば、それによって教科書も亦この方法様式に適うものとならねばならない。自律教育にあっては教師が教授する形から児童が学習する方式へと方法の重心が移行する。児童の自律活動によって学習が進められ、教師中心の教育法はその幅員が狭くなり、教師は児童の学習を刺激し推進し正しい結果へと到達せしむる役割を果すものとなる。このように教育方法の基本様式が移行すると教科書もその性格を改変せざるを得なくなるのは当然である。若し教授方式に適う形をもって編纂された教科書を自律学習方式がとられた際にそのままに用いようとしても、方法様式に適合しないために教育は混乱に陥らざるを得なくなる。そこでどうしても自律学習に合致した内容の教科書に改められねばならない。先ず教科書は教え授けるための材料書ではなく、学ぶための内容を提供するものとならねばならぬ。教える教科書から学ぶ教科書への転化が必要となる。

教えるための教科書では内容が精選され、限られた量の教材が採択される。教科書はどうしても授けなければならぬものに限定されることとなる。頁数も少く、精粋教材ばかりが掲げられ、どの一つでも省かれることなく、第一頁から最終頁に至るまで全部が講述せられるべきものとなる。恰も経典の内容であるかの如くに少しの不足もなく、かと言って一つの余分もないように組み立てられたのがよく出来た教科書となる。併しながらこのような教科教材の処理をなしているとしたならば、到底、自律学習の目的に副うことは出来なくなり、低水準の教材構成に停滞せざるを得なくなるのである。ここに於いて教える教科書から学ぶ教科書へと転化せざるを得なくなる。学ぶための教科書は自学に役立つ豊富な資料を集積した形をとることとなる。先ずこの目的のために一冊の中に盛り込まれる内容は、その分量が多くなって来る。精粋教材を数十頁集めて出来上っていた教科書の体裁は改められて、読物としての材料を集めたものとなり、数百頁の学習材料書となって来る。生徒が読んでその内容を把握するための教科書であるか、或は教師が説明して内容を習得させる教科書であるかが、外形に於いてかくの如き差異を生ぜしめる。又自律学習の教科書には様々な学習のための材料が集められていて、生徒はこれを自ら取扱うことによって内容を把握する。教える教科書では正しい知識として整えられた結論や誤りなく組み立てられた叙述の簡単な系列が見られ、それは総べて記憶さるべきものとなっている。更に著しく異る点は、教科書は単なる叙述に終るものではなくして、それ等の材料が取扱われた後には必ず自学のための課題が提供されている。この課題に正しく答えることが学習の内容を構成するのである。むしろ作業課題が児童学習の本拠となり、それ以前にある叙述はこの課題への手引きをなし或は材料を提供する役割を果すものとなるのである。かくの如きものとなったことは既に教科書が自律学習の発展によって変容したことを示すものである。近著のアメリカ教科書を見ると多くの学習課題が各章の後に提供されていて、それが自律学習の重要な手引きとなっているのである。進歩的教師はこの部分に教育の重点を置いているとのことである。このような学習作業課題に重点が移行すると、学ぶための教科書の性格は益々明白になって来る。

教科書を材料として作業をなすことに学習ありとする方法が発展すると、この作業課題をとり出して別箇に編集することとなる。かくすると教科書は作業をなすために材料を提供するに過ぎないものとなり、作業を展関させる指導書はそれ独自のまとまった編成となる。独立の作業指導書は発展した自律学習の形態にはなくてはならないものとなるのである。アメリカはこの十数年間にかくの如き作業指導書を編集してこれを進んだ形のものに仕上げたのである。最近になって到着している多くのワーク・ブック或はワーク・ショップと称せられている作業指導書を見ると、自学する生徒の学業はこの学習書に移行している有様が充分に推測せられるのである。この最近に於けるアメリカ学習指導書の発達は、教科書の性格を改変した一つのよい実例を示すものというべきである。この作業に訴えさせて学習を発展せしむる筋書きが、独自の冊子として刊行されていることを我国の国定教科書と比較したならばどうであろうか。教師も生徒も同じ国定教科書を一冊持っているのみで授業を行っている。これが読まれ、説明され、覚えさせられているのではないか。この教科書と学習指導書を分化せしめたアメリカの教科書の性格を対比した際に、両者は一様に教科書とは言うけれども、その基本をなしている性格は全く異るものとなってしまっている事実を認めざるを得ないのである。たとえワーク・ブックを使用しないとしても、教師の学習指導の筋書きによって、自律学習が推進せられるとしたならば、それだけで学習に於ける教科書の性格は著しい変化をなしていると見るべきである。

このように自律教育の形態に於いて用いられる教科書の性格が変化したならばどうなるであろうか。教科書はもや唯一種類のものとして全部の生徒に持たせられなければならない書籍ではなくなる。学習の豊富な材料をあらゆる角度から集積したものとなるべきである。一種類である必要はなく、幾種類のものが存していることの方が学習には便宜となる。ここに於いて教科書と文庫のうちに備えつけられている学習参考の書籍との区別が明かでなくなる。所謂教科書として我々が取扱って来た書籍も文庫の中に備えつけられ、児童が自由にこれを引き出して、学習の材料をその中から把捉して来る材料書となるのである。アメリカの初等学校に文庫があり、これが有効に使用されて、学習発展のために欠くべからざるものとなっていると言うのも、教科書の性格が従来と変化していることを考えて初めてこれを理解することが出来るのである。

アメリカに於ける自律学習は教科書の性格をかくの如くに変形して来ている。若し我国に於いて自律教育の方法原理が思想として承認せられるばかりでなく、実質的に教材のあり方を変化せしめる迄に進展するならば、教科書も新しい性格のものとならなければならない。如何なる性格をもった教科書が成立すべきかに就いては、教育内容の根本的な構成から吟味して、あり得べき基本性格を教科書に与うべきである。このためには教育内容の性格一般から考えねばならない。凡そ教育内容には三つの異った構成をなすものが存しているのである。最も基礎的な位置にあるものとしては、あらゆる内容を開拓してこれを習得するために必要な用具の働きを提供するものがあり、これが教育内容の一団を構成しているのである。言語、文字、数量、形体、手技等は様々な内容を把握する道具となっている。この道具をもたせる内容が先ず存在していなければならない。次にこれ等の道具を用いて内容を獲得するための基礎教育をなす教材の一団が存している。これは教材として整えられて所謂内容教科を構成している。例えば公民、地理、歴史、数学、理科、芸能科等はこれに属するものである。これは第二団の教材となっている。第三にはこれ等の内容把握の訓練によって生きた生活現実を教材として学習を進める際の総合された教育内容が存在している。例えば総合自由題材によって自由研究等を行う場合の実践的内容がこれである。これは第三団の教育内容となっている。これ等の内容は多くが教科外に於いて取扱われているのであって、第二団のものと区別せられる。我々はこれを用具、内容、生活の三つをもって総括している。この教育内容の三形態に基いて如何なる教科書が編成されるかが定められる。

自律教育であるからといって、あらゆる内容が適宜な機会に習得せられるものではない。最も基本的な用具の訓練のためには、この目的を果すに必要な訓練材料を集めたものがなければならない。この役割を果すための教科書は、精選された用具教材を集積した形のものとなる。その場合に用具の基本訓練が教師の側面からのみ展開されるものではなく、児童の自律的な用具習得の方法に適合する如くに教科書の編集がなされていなければならない。それと共に用具の練習材料書が必要である。これは教科書とは別にこれに結びついた自学作業書を持たなければならない。この両者即ち基本用具訓練の教科書とそれに伴われた作業書とは新しい教材書の性格を担うべきものである。然かもこれを編集することは、教師が毎日なす教育実践との結びつきに於いてなさるべきであると考える。第二団をなす内容教科に関しては教科書が必要であることは言う迄もなく、然かもこれが自律学習の材料書としての性格を具備しなければならない。教える在来の教科書から学ぶ教科書、即ち学習材料書として改変せらるべきである。叙述されている内容はその後に来るべき学習作業課題の材料を提供するものとならねばならない。第三団の教材である生活題材による自由学習に於いてはあらゆる材料が総合的に用いられ、それ等が内容を構成するものであるから、今迄の如き教科書はこの分野に於いては登場して来ない。唯そこには自律学習のための多くの書籍とその他の資料が必要とされているに過ぎない。教師はこれを教えようとすべきでなく、学習作業の資料として豊富に児童の周囲に提供すればよいのである。生徒はそれを自由に使用して学習の実績をあげることとなる。但し、この場合に於いては内容が所謂教科書の形式をなしたものではなくなり、もっと広い観念による学習資料となるのである。

我々は如何に生徒の自律学習を発展させたいと要望しても、教科書を今日の形に停滞させていては到底望ましい結果に到達することは出来得ない。自律学習の展開にはそれに応ずる教科書が存在すべきことを考えて、教科書のもつべき新しい性格を探求した。その結果今日の教科書のあり方とは著しい隔りのあるものを問題とした。併しながら教育の自律形態が成立するためには、教材の再編が必要であり、これを実現するためには今日の教科書のもっている性格を改変せねばならぬことを考えてかくの如くに結論したのである。この教科書の性格は唯その如くであると了解せられることにとどまるべきではない。我々の手をもってかかる新しい性格の教科書をつくるのである。殊に教職員の日々の実践を通してかかる教材の新しい集成がなされ、そのうちの如何なる部分が教科書の名称をもって取扱われるかが決定せらるべきである。教職員が教育内容の構成に関してかかる自主性を獲得することによって児童の自律学習もまた発展することが出来る。

新しい学科課程の編成

学科課程の新しい編成が当面している問題を探求して、これを用具・内容・生活の三つの主要な領域に於いて構成しなければならないことを明らかにし、然かもこれを市民生活の現実との連関に於いて編成し、生産社会のもつ要請をその根基とすべきであるとする。

『日本教育』七巻一号、一九四七（昭和二二）年五月

一

新しい学校体系が決定せられ、従来よりあった諸学校はそれぞれ位置するところが定められつつある。初等教育を担当する小学校と下級中等教育機関とは既にこの年度から新しい体系のものとして発足した。学校の体系改造がなされた次の改革はこの新しい制度の学校に於いて如何なる教育がなされるかである。即ち教育の内容及び方法をどのように構成するかが

次の日程のものとしてこれからの主要な問題となる。この点についても新しい学科の編成が決定せられ、教科書も新装をもって登場しつつある。しかし学科や教材、教育方法についての改革は教育の実体についてのことであって、一朝一夕にして改めることは容易でない。学校年限や体制を変改する如きこととは異って相当の年限に亘る倦まざる改革の努力を要する。改革がなされようとして方向が示されてもこれを実現するには永い伝統的な思想でその実現を妨げていることが少なからずあり、次第にこれを破っては次の発展段階へと進まなければならない。従って今日行われていることは決してあるべき理想的な姿を示しているのではない、その一部を示して次に来るべきものへの足場を築いているのである。新たなる内容編成の足場が次の改革へと飛躍せしむるものである。

ここで教育内容即ち教材又は学科課程の改変の段階と方向とについて考えて見たい。我国に於ける教材は画一的に決定せられていて、これが教育のあり方を甚しく拘束し、そのために正しい教育内容観の発展を妨げていることは先ず承認せねばならぬ、教育実践家は教材の提出と取扱とはかくの如きものであるとしてこれを動かし得ない前提としているが、この考え方は今後の内容編成に於いて改められなければならない。画一教材による制度は国定教科書の編纂刊行をもって実施されているのであるが、これは廃されてそれぞれの地域社会から新たな教材構成の方法が行われるように一日も早くならなければ、真の教育は実践せらるべくもない。国定教科書の制度は廃止せらるべきであるというアメリカ教育使節団の提案はたしかに教育内容を基本的に改革する方向を指示しているものというべきである。先ず国定教科書による教育内容画一化の仕来りを破らなければ正しい内容観を展開させる第一歩が築かれない。

国定教科書によって自律的な内容編成をなす妨げがとりのぞかれた後に、学科課程を如何につくるべきかという問題に入ることができる。我国では教科書が学科課程問題を成立せしめない程大きな框づけをなしていたのである。国定教科書制度が廃止されて内容は教師の自律的技術によってつくられるとなったときは如何なる編成の方法があるべきであろうか。これについては今年度から教科書のない教科の教材については学習過程がコース・オブ・スタディの様式をもって示され、これによってそれぞれの土地に於いて教師が新しい思想をもって内容の編成をするようにと指示されている。これは学科課程編成問題が次の新しい段階を築きつつあると見られる。教育内容は常に教職者の手の中に存しているのであって、学習課程や単元の構成、これの発展のさせ方、与えらるべき意味、帰結されるもの、発表の方法等も教師と生徒との努力によって立派につくり上げられなければならない。学科課程の構成はかくの如くにして完全に教育実践者の手のうちに入るべきである。

二

教育内容が自主的に編成され、その土地の人民の生活に深く根を下すようになるにはこれを妨げていた一切のものを除かなければならない。それには国定数科書の框をとり去ったり、更に学科課程やコース・オブ・スタディ、学習単元構成の画一主義や強制を撤去せよと要求する前に、教職者の新しい教育内容編成の技術を展開させることによって、自然に教科書行政や学習課程画一化の弊習が解消されるようにならねばならない。これには教育実践家が新しい態度をもって学科課程の編成問題にとりつかねばならない。

そこで第一に立てられなければならない重要な態度は教育内容、即ち教科書、諸教材、学習課程等をつくられたものとして考える伝統を根本から除くことにある。これ等はどこかで誰かの手によってつくられて来るものであって、それを受けとることによって初めて教育が実践されるという思想を捨てなければならない。教育内容を唯待望しているというのが今までの教育家の態度であって、これが自から進んで内容を編成するという考をなりたたせないのである。教材は定められたものを受けとるのではなく、自からの手をもって、その土地の生活の中からつくり出すべきものであるという根本態度が出来ていないと新しい学科課程の編成をなすことは出来なくなる。我々は先ずこの受け身の態度を改めて自律的に自からの手と頭とをもって我々の学科課程をつくり上げるものであるという考を確立し、教育内容の在り方を決定する最初の重要な礎石としなければならない。

それでは学科課程を如何にしてどこから組み立ててきたならばよいであろうか。これについては様々な考が立てられるであろうが、私はその基底を市民の営んでいる社会生活の現実に求めるのである。この生活の現実の中から一切の学科課程は編成せられなければならない。この意味に於いて生活教育の思潮をとるのである。ところが生活教育については今日二つの思想が存している。その一つは生活を児童生活と考えて、子供のもっている生活のあり方に基礎を於いて教育を組み立てようとする立場である。これは先ず第一に子供らしい生活、子供の心理に即した生活観を立ててここから教育内容を決めて来なければならないとする。所謂児童生活中心主義であって、その甚しいものは心理主義のみに拘束される弊をも生んで来ている。この立場の児童心理主義から新しい教育編成をなさんとする動向は曽つてありし新教育で、今日の段階に於けるものではないと思う。我々は生活の現実から新しい学科課程の構成を主張することからすれば一つの生活教育を立場とするが、併しこれは市民が営んでいる生活の社会的現実を問題としているのである。市民の実践生活を把えこの社会的側面から内容問題にとりつこうとしているのである。これからは国民全体が戦後日本の建設をなさんとするのであるから、市民のもっている生活の中の建設課題に触れた学習が展開せられなければならない。これを担って充分に役割を果し、苦難の多い国土生活再建に当り得る人間を育成することが新しい教育の主要な方向である。但し心理的側面を無視するのではない、先ず社会性から入ってその上で心理性を問題としなければ、教育の体制はつくり上げられない。

社会生活の現実を基底としてそこから学科課程を編成することは如何にしてなされるのであろうか。郷土社会の実体は必ずしも一様ではない。そこには様々な現実が展開されている。これを基底としてその中から学科課程を編成するのが今日の内容編成である。生徒の学習内容を全国一律に決定しようとすると在来の如き中央統一的な教育構成の技術から完全に離れなければならない。教育者は教育内容編成の専門家として、市民と協力し、児童と共に学習を発展させながら学科課程をその社会から新しい姿のものとして編み上げるのである。これは全く新しい教育経験である、教育者は如何にしてこのような教育内容の編成者として新たに登場することが出来るのであろうか。

三

生活の現実から学科課程を編成するためには先ず教育者が市民の営んでいる生活の現場を見なければならない。この生活の現場に展開されているものの中から学習すべき題材も方法も発見して来なければならないのである。その手がかりをつくるために生活を構成している実体を抽出し分析しなければならない。分析して見て初めて何を用いて学習せしむべきかが明かになって来る。これが教育する材料を決定して編み上げる土台をなすものである。抽出分析されたものは極めて多様雑多なものであるが、これの中から学習すべき内容を決定する仕事をつくり上げねばならない。この決定の基準となり、材料を選択し構成するために根本となる筋はどうして立てられるのであろうか。この基準は決して一様な原則によって決定されるのではなく、その土地の現実要求によって決められるものである。

学科内容をつくるためには単に教育者や教育指導

者の主観的判断にたよってはならない。勿論教育者に編成の根元力は存していることは自からの担当する生産業のとするためには、その郷土社会内にある人々の教育に対する要請に聞かねばならない。教育者はこれ等の市民と共に力を合わせて子弟の教育に当っているのであって、市民がこれからその郷土社会を如何なる性格のものとしてつくり上げようとしているかに基いて教材の方向も定められ、それに必要な意味がつけられ、重要性がもたせられるのである。従来教科内容が教科書や要目の形式をもって中央から一定せられて公布され、これで内容が決定されていたのと著しく異るところである。教育が市民社会のものとなるためにはどうしてもこの方式をとるようにならなければならない。誰かが教材を決定するのではなく、その土地で学習をさせながら市民社会のものとして構成して行くのである。

それでは郷土社会は何によって立ち、如何なる教育要請をなしているのであろうか。我々はこれを先ず第一にその郷土社会のもっている生産性から見なければならない。それは郷土社会人としてよき生活を組み立てるということは自からの担当する生産業を通じてなされるのである。又これからの我が国の生活を考えた場合に生産性の根元が人間のあり方を決定するのである。教育内容も先ず第一にはこの生産の根拠によって社会性を発見すべきである。市民が生産業を担ってこれを進歩的に発展させるために衣食住等の消費生活があり、健康、娯楽、厚生等の問題があり、政治、経済、公益施設等が存在の意味をもつのである。教育内容を新しく構成しようとするものはその土地のもっている生産性の要請を先ず明かにし、それにききつつ学科課程や学習題材及びその内容の編成指導をなすべきである。

かくすると我々は或る一つの郷土社会の生産的機構に足場を置いて、その中で市民の子弟を学習させ、これからの新しい社会人の風格をもたせようとするのであるが、現実の生活は極めて複雑多岐であって、この中でばかり人間を育成することは困難である。むしろ児童や青年は社会生活の現場と密接に結びつ活現実のうちに於ける自然関係を捉えるものであって、主として自然科学的な考察をなすものということができる。社会は生活現実のうちに於ける人間の社会関係を捉えるのであって、主として人文科学的考察を要するものである。技術は生活現実の中に於いて技術構成の関係を捉えるものであり、技術科学的な取扱をなすものを指すのである。生活の現実を自然として考察し、社会として見、技術として取扱うことが出来るならば、我々の生活に基いたあらゆる考え方が育てられ、これによって生活内容の基本的学習をなすことが出来る。自然は理科として教科を構成し、その初歩は自然の観察から発している。社会は社会科又は人文科として教科を構成し、社会学習となるものである。技術は芸能科として構成され、内容の主要な一部となして来ている。この三つの方向から生活現実を充分に把捉することができるのである。

これ等は内容の把捉をなさしむるものであるから、内容教科とも称している。即ち理科、人文科、芸能

きつつも、そこから一歩離れたところで基礎的な学習に当らしむべきである。この特定の場所に於いて基礎教養を受けるために学校とその他の教育施設が成立していたのである。併しこのような教育のために計画された特定の場所に於いて内容が取扱われるのは常に生活の現場を基底としてであって、それと別に内容が存する訳ではない。生活の現実場面に於いて教育内容を学習の過程に展開出来るやり方が本体である。では如何なる形をもって生活現実に於ける諸内容を体系づけ、これを学科課程にまで編成することができるのであろうか。

四

生活の現実は複雑であってこれを直ちに教育内容として構成することは出来ない。そこでこれの中から幾つかの基本となる方向を把捉して内容の主要な領域となすのである。我々はこれを自然、社会、技術の三つの方向に於いて捉えるのである。自然は生

科として編成されている。この三つの主要な内容を分けて教科を構成することは前から存在している。又これが内容を把捉させる教科をなすことは広く承認されている。併しながら我々はこれを生活現実と不可分の関係に於いて見直すのであって、生活現実による学習を豊かなものとするためにこれ等の内容教科をとるのである。曾つてロシアに於いて総合学習がなされた際にこれを三つの見地から編成したのである。それは自然、社会、労働であってこの三つの観点から学習題材を決定し、これによって総合的学習をなさんとする方法がとられた。この三つの学習視点の設定はその背後にロシアの社会思想をもってはいるが、内容を把捉させるための主要な方向はこの三つに属することを明かにしたものである。其の他各国に於いて行われている内容教科の構成に於いてもほぼ同様な考えに属するものが成立しているのである。

　自然のうちには内容教科としての理科が所属している。自然の観察から理科学習となり、更にこれが分化して生物、物象等となり、あらゆる自然科学領域を包むのである。社会科は公民、道徳、社会等を包むことは勿論、歴史、地理等も社会のうちに包含せられている。技術の中には芸術、工作等を包むものである。これは構成の技術についての内容をつくり上げている。これ等の従前より存在していた内容教科を包括して自然、社会、技術とした。このうち自然と社会とは生活現実の中から押し出される二つの対蹠した教育内容領域である。技術はこれとは方向が異り、二つの領域を足場として如何に構成するかを内容とした教科である。この三つに従来の教育内容が総括せられている。これに於いて生活現実の中に入る基本陶冶を行うのであって、自然と社会が自由に把捉することができ、更にその中に於ける技術問題を解くことができるならば、力ある実践者として生活の中に入ることが可能となる。学習はこの三つの内容教科によって展開され、生活の中に於ける学習への前段階をつくり上げている。

五

自然、社会、技術の三つの内容となる教科の学習を豊かに展開させようとするとその基礎となっているものを培わなければならなくなる。ここに於いて内容教科の背後には基礎教科が存していることがわかる。この基礎教科から培って来て初めて内容の獲得ができるのである。教育内容を基礎教材の性格をもったものにまで押し進めて諸教科の位置を明かにする方法がとられねばならぬ。従来は教科の構成がここまで進められていないために、一つの教科であらゆる任務を果させようとしていたのである。殊に国定教科書制度が実施されていた為に僅かに一冊の教科書をもって生活に触れた教材を取扱うと共に内容教科としての役割も果させそれと同時に基礎となる教材をも習得せしめようとしていた。このために教科がそれのもつ性格を明確に示すことができずに極めて低い水準にとどまっていた。これは教科編成上の重要な問題であって、これを一応分離した正しくそれの位置につかしめる新たな編成を試みなければならない。

自然の学習をなさしめようとするとその基礎をなしている数、量、形等についての基礎訓練を重ねなければならない。数についての基本となる教育を受けていないものは或はそれが低い水準にとどまっているものは自然の諸事象を精確に把捉することが困難である。数についての基本となる教育を積むのは主として自然についての内容学習のためであり、一部には社会の学習や技術の習得に対してもそれが基礎をなしている、量や、形象に就いての学習が積まれるのにも同様な意義が存している。更に自然の学習のためには自然把捉のために必要な考え方が育成されていなければならない。自然事象についての特別な考え方が磨かれていなければ、正しく自然を把握することができない。例えば因果の考え方が訓練されていなければ自然の世界に入ることが困難となる。又生物の形態とその生活効用についての基礎的直観力がつくられていて自然の観察が出来る。かくすると考え方や弁別力を正しく訓練して置くことは自然科の内容を学習する基礎となっている。

　社会の内容を学習するためにはその基礎として先ず言葉や文字が存している。言葉や文字の基礎訓練が貧弱なものは社会関係の中へ入ることが困難である。人文事象を理解するための基礎教育としての国語教科の位置がここに於いて初めて明かとなる。国語の基礎訓練は特に社会人文の学習のために欠くべからざる用具を提供している。文字の書き方読み方の学習がなされている根拠はここに存しているのであって、内容はむしろ人文や自然、技術の学習に於いて獲得されるのである。国語は社会教科への用具訓練としての性格を強く表明すべきである。又社会教科を学習させるにはこれに特有の考え方を必要とする。例えば発展の思想は社会事象の把束には欠くべからざるものであり、それは自然事象の把握に於ける成長とは著しく異っている。社会発展のためには自然の成長とは異って場合によっては急激なる変革の考えが存している。かかる社会発展の考え方の訓練があって社会学習が豊かなものとなるのである。この基礎教育なくして如何に社会人文教科の内容を精細に究めさせようとしても用具が貧弱であるために停滞せざるを得なくなる。

　技術を展開させるためにも同様にして基礎訓練を必要とするのである。技術は多く手技によって決定されている。それで技術による学習を発展させたいと考えると先ず手の基礎訓練を必要とするのである。幼い時から手技の基本訓練がなされるのはこの技術の発展によって要請されることによる。殊に今後の我国に於ては生産への諸技術が益々重要なものとなると見通されている。ところがこの基礎訓練と技術の直観なくして漠然とこれを取扱っている極めて原初的な伝統の中に今日に至るまで迷っている。これを批判して先ず手による技術の基礎教育から着手するよう教科の構成を改めなければならない。又技術の学習には技術を示す根源となる考え方が存している。その考え方の直観による教育を蓄積していなくては技術の発展がない。機械技術を獲得させたいと願うものはこのため技術と考え方とを育成すべきであり、ここから入ってあらゆる技術が目覚ましい発展をなすのである。今後の日本があらゆる方面に於いて高い技術に依存せざるを得ないこととなるのであるから、技術教育をその第一歩から確然と築いて来ることは特に重大な意義が存している。その基礎教育によって新しい学科課程で全く忘れられていた一面を伸展させることとなる。

かくの如くにして内容教科の基礎に置かれるものに対して用具教科の名称を与える。用具教科としては国語、算数、基本手技芸能等があり、これ等が初等教育に於いては特に重要な意味をもつ。基礎教育を行うことは教科構成上から見てここに主力が注がれることを言うのである。我々は用具教科の性格を明かにすると共にこの部分に如何なる内容を盛りこむべきかについて精細な考察をなし、教科及びその内容についての新しい編成に入らなければならない。

六

学科課程を組み立てている主要な要素を探求して、それが生活、内容、用具の三つに分れていることを見たのである。ここで新制小学校に於ける教科の構成と結びつけて考えたならばどうなるであろうか。新しく学科課程の上に登場して従来の公民歴史地理を総合した性格をもった社会科は内容教科としてその基本となる性格をとるのである。これと相対する位置に来て知識的な内容の他の一半を担当しているものは理科による自然学習であってこの二つが内容教科として位置している。国語、算数の中にも内容教科の占める教材と同様の役割を果しているものもあるが、これは主として用具教科としての性格をもつべきで、若しこの中に様々なものが包括されているならば、これを明確な位置につける方策が講ぜらるべきである。殊に我国の学科課程の構成は用具教科の取扱に於いて多くの弱点をもっているのである。これを真に合理的能率的にするためにも用具教科内容の再編成を必要とする。

生活の中に於ける学習が如何に構成さるべきであるかは、小学校学科課程の構成としては未だ正しく解かれていない。内容教科を取扱う場合に生活への連関をもつこともその一つである。例えば社会や自然の学習は生活の中にまで学習を展開はさせる。しかしそれは学習材料の探求が生活の中にまで入ったというので生活そのものを用いて教育を展開させるものではない。この任務を受けもつ部分は多く課外活動の領域に存している。若しこの度の自由研究が生活のうちに於ける学習の総合された構成の一部をもつこととなるならば、生活学習の一つはここにありともいうことができるであろう。併しながら自由研究が教科の方向に於いて構成され、一般教科の中ではやれないものをここで発展させるとしたならば、これは教科学習というべきである。若し自由研究をかかる内容教科の框から解放するならば、ここに生活による教育内容の編成が入ることとなる。

生活のうちに於ける学習のあり方はこれを教科として編成されたと同じ系列に置くことは適切でないのであって、この部分は教科外に於ける諸学習活動によって担わるべきである。教科の形をとらずに生活のうちに於いて内容の総合的な編成がなされるものは我国に於いては未開拓に属している。併しながら学科課程の新しい編成についてはこの領域を是非とも問題にして発展させなければならない。かかる生活の中に入って生きた問題を捉えて、用具、内容の諸教科で習得したものを総べて傾けつくして学習する領域はこれを研究活動、クラブ活動、自治活動の三つに分けて編成することができる。研究活動は実社会の生きた問題をもって学習課題としてこれが解決に進み得る総合的な研究を展開させるのである。クラブ活動は同じ興味をもったものが集って集団を構成し、その生活を通して教育内容を構成せしむるものである。自治活動はあらゆる校内外の自治生活を仕組んでその中に入って生活活動を展開させることの中に学習ありとする。

今までの教育内容観は多く、用具教科、内容教科の領域にとどまっていて、この部分を如何に編成するかに終始していたのであった。学科課程問題がかかる教科の分野以外の問題をとりあげ得ないことは、伝統的な教科を甚しく重視し、その框づけを絶対なものとしていることによるのである。これからは用具、内容の他に生活のうちに於ける学習活動をも特に重要視し学科課程問題の多くがここに存すると考えたときに、所謂課外活動の再編成が大きな問題となって我々の前に現れて来る。その場合に教科外学習としてこれを復次的に考えていた内容観が改められ、教科外ではなく教科の学習と併んで他の主要な学習の領域をこの部分がつくり上げていることを確認せねばならない。生活のうちに教育内容があるという思想は所謂学科課程の問題をこの部分にまで進展せしめることとなる。

七

以上学科課程の新しい編成が当面している問題を探求してこれを、用具、内容、生活の三つの主要な領域に於いて構成しなければならないことを明かにした。然かもこれを市民生活の現実との連関に於いて編成し、生産社会のもつ要請をその根基とすべきであることを主張した。こうして在来よりあった学科課程の框を新しく組み直さねばならないことを要請したのである。かくの如き新しい要望が起っていることは、教育全体の構造に今迄の考えでは律せられないものが現れているからである。我々はここで教育の構造全体に投げかけられている問題の根底から新しい学科課程を編成すべき基本要請を見出して来なければならない。

かかる学科課程を新しく編成する根本は教育によってつくり上げらるべき人間像が変化していることによる。我々は実践者を育成せんとする世紀的な課題を担っているのである。あらゆる教育領域に於いてこれを解こうとして教育の基本問題に触れているのである。学科課程の新しい編成に於いてもそのことは同様である。実践者を育成する教育の様式を学科課程の編成に於いて実現し、在来よりあった教材の構成を変革せんとしているのである。我々に与えられている基本課題は実践者はこれを如何なる教育内容によって育成すべきかということである。この基本となっている課題を解くために新学科課程の編成に着手している。

この問題を解くためには広く各国に於いて行われている学科課程に眼を向け同じ考が如何なる程度に発展しているかを研究せねばならない。又学科課程が発展して来た歴史を明かにして諸学科の性格とこれが教科発展史上に於いて占めている位置を決定せねばならないであろう。今日は何れかの国に於いて成立している学科課程によって既成の教科を修正するというが如きところに学科編成の問題があるのではなく、戦後に於ける生活再編の問題によって教育内容全般の組み直しが来ていることを考うべきである。然かもこの課題を解くための基本動力は新たなる人間像への教育をうち立てる熱情から発しているのである。

明日の学校への待望

『明日の学校』七巻三号、一九四七（昭和二二）年九月

今日はあらゆる分野で様々な変革がなされているので、今まで我々がもっていた考え方を改めなければならないことが度々である。その際に永い間の伝統によってつくり上げられている考え方を全く改変することは容易ならざることと言わねばならない。多くの場合にあっては既につくり上げられた観念は改められないとして、実情にあわなくなっているものでもこれを無理に押しとおしていることが少くない。これは多くの変革が根本的に進められる隙に重大なことである。

学校はどんなところであるべきかについても、我々は在来よりの学校の在り方を考えの奥に立てていて、これは動かし得ないものとして、困難に当面してしまっていることが少なからずある。我々は常に明日の学校へ期待をもっているが、そのためには学校という教育の体制は、今のままで動かし得ないとしているのでなく、これからつくり上げられつつあるものと考え、自由にそれのあるべき姿を論究できなければならぬ。であって初めて明日の学校が豊かに登場してこれからの教育体制を決定することとなるのである。かくして古くより存していた学校についての一般的な規定は、これを場合によっては全く異ったものに改めることも可能であり、或は必要である。もしこれが動かし得ないものとして論究するならば、明日の学校を問題とすることさえできなくなる。学校は閑暇のあるもののために設けられたものであるとスクールの語源から決定して、これを基本として考えるならば、仕事と結びついた学校の機能などは了解できないこととなるのである。

我々が今日もっている学校は近世の初期以来の伝

統によるもので、中世の教育形態から離れることによって成立した。新たに見出された人間のための学校教育観が、今日に至るまでの学校を成立させた。学校の主なる課題は、近世人間の要求によって、これに市民として生活するになくてならぬ知識を授けることに存していたのである。学校は読書を初めとして万般の知識、内容として習得せしむることを標識とした。この知識教授の場所として成立した学校は、永く世人の学校教育観を決定するものとなっている。この学校に於いては授けられなければならない知識を集積していて、これを定まった体系として生徒に把握させることを要求していた。このためには教科用書を必要とし、知識の体系が教科書に編成されて子供の手に与えられた。教師は如何にしてかくの如く編成された知識の内容を、教科書の媒介によって生徒に修得せしむるかを工夫し、学校の中に於ける殆んどあらゆる営みはこれにつきていた。教室に於いて定まった教科書教材が授けられる。そのような教育の場所を学校であるとした。この学校観は今日に至るまで相当に強くその根を張っている。一般人のもっている多くの学校観念は主としてこの思想に属している。

ところがかくの如き学校についての思想に対してこれを書物学校であると批判するものが現れた。これは学校は単に教科書によって教授をなすのみの場所であるべきではないと考える人々によって提唱された。この学校観は学校がどのような場所であるべきかについて新しい展望をなし、教育実践によってこれを現実のものたらしめたいと求めた。この学校観は決して新しいものでなく、既に二百年の歴史をもっているが、教科書学校の考え方に対しては常に批判的であるために、その意味に於いては新しい意義をもっている。この提唱は教科書学校に対して明日の学校を約束するものとなって登場している。この一群の教育思想家は教科書から眼を児童の方へ向けたのである。教育される子供の生活や精神の発展を中心として、学校の新しい編成を要請した。教育は児童が自から学習を発展せしむるところに、その真義をもつものであるとした。殊に児童が自からの興味と意向によって、学習を自由に発展させ、その間に自からの内容をつくり上げるところに新しい学校の性格ありと提案した。これは新しい教育としての児童中心の学校を主張したものであって、一つの思潮をなして今日に至っている。殊に第一次世界大戦後に於いて新教育運動と共にこれが力をもち、各国の教育者がこの思想によって所謂進歩的教育法をつくり上げていた。この思想による教育実践が新しい学校なりとする幾つかの新学校が登場し、世界の教育者によって注目された。この曾つてあった新教育の学校はこの三十年間に少からざる業績を残した。第二次世界大戦後の各国に於ける趨勢は如何になっているかについては、未だこれを詳細に知ることはできない。しかし諸国に於いては再び三十年前の新教育が想起されこれが明日の学校を約束するものであると考えられているのではないだろうか。

単なる児童中心教育に対する批判は既に今日に至るまで多くの教育者によってなされてきている。書物中心の学校を学習活動に富むものを基本とした児童中心の学校へと改めた多くの業績はここで確認されはするが、今日はかかる児童中心の教育から更に新しい明日の学校への展望をなさんとしている。明日の学校の性格を決定して行くものは、児童中心の教育から次の展望へと進んだものである。我々はここに明日の学校をつくり上げる原動力を見出すのである。それでは明日の学校の形態を約束している教育はこれを如何なるものとして理解すべきであろうか。我々はここから明日の学校への構想をなす基本的立場をつくり上げて行かねばならない。

教育に於いて児童の活動と心意の発達を特に重視してここから学校の性格を決定しようとするものは、言わば心理的側面を重視しているものである。これに対して明日の学校は教育の社会的側面を重要な意味をもったものとして考え、ここから教育の決定をなさんとするものである。その意味に於いて教育の組み立て方を改変し、これを新たな内容のものにつくり上げようとしているということができる。学校が社会の課題としているところのものと深く結びついて運営され、教育の全体が社会性をもつことを主張するのである。ここにいう社会性の決定は単に思想としてこれを承認するというのではない。我々が毎日生きているこの土地の社会の中から教育を組み立てようと提唱するのである。国土に根を下した学校となすことによって明日の学校の基本となる性格が付与されるのである。これからの学校はその土地に結びついた学校となることによって初めて生気を獲得して次の世代を担いうるものとする。この地域社会のもつ客観的な要請を教育の上に実現することによって、児童中心の新学校とこれから我々がつくり上げようとする学校との間に、明確な一線を画することが出来る。

我々は明日の学校が社会性をもつことによって発足し得るものであるとしたが、ここにいう社会性とは単なる教育思想にとどまるのではない。具体的にその土地の人々の結びつきによってつくり上げられて行く教育を指すのである。学校がその土地の人員と結びついたものとなるときに明日の学校たりうる。今までは教育がその土地の人々の手のうちに収められていなかった。教育の多くの施設運営特にそれ等の中核をなしている学校のそれは、土地の人々のうちに巧みに収められることがこれからの教育を決定する基礎となる。教育はお上がつくるもので、自からがその土地の発展のために企画、運営するものとなり得ないでいた。そこで学校は制度によって設定され、それが土地の要望に合致してもしないでもこれを唯うけとっていると考え、その態度で一切の教育を決定していた。これを改めて土地の人々が自律的に建てて推進する教育企画の一つとして学校が再発見されて、初めて土地の教育が成立する。明日の学校が持つべき社会性の第一の要望がこれである。

土地にある人々は自からの決定に基いて学校を充分に施設し、これを最も高い能率を発揮し得るように展開させるのである。この教育企画が人民の手によって立派に立てられるか否かは、この土地の生活を決定し、更に今後に於けるあらゆる地域社会発展の条件となるのである。今までは官によって学校がつくられ、事情の許す限り子弟をそこへ入学せしめていた。それ等の学校が入学についての制度をつくっても、それを自からの土地の問題とせずに今日に至った。明日の学校では誰でも入学したい希望のものにはそれが許される企画を立てる事である。それで学校は真に土地のものとなり社会性を獲得することができる。学校はその土地の社会のものであって、其の地域に最もよく適合して完全なる機能を果し得るように企画編成されねばならぬのである。中央に於いてつくられる学校制度は、かかる学校設定の一般的な枠をつくり上げているに過ぎないものである。これを枠としてどんな学校を如何につくるかは、その土地の責任によって決定さるべきである。それは学校ばかりではない。その他のあらゆる教育が同様の方針によって運営されて初めてこれからの教育体制がつくり上げられる。こうして先ず学校がその土地の人々のものとなることが必要である。

明日の学校がその土地のものとなるというのは、単に教育の体制がその土地の人民の意図によってつくり上げられるにとどまらない。明日の学校に於ける教育は、その土地の生活がもっている課題に常に結びついていて、その解決へと向っていなければならない。人民に自からの地域社会のうちに生をうけ、ここであらゆる経験を重ねながら、生きぬこうとして、日々の生活課題の解決につとめている。その生活の基となっている構造に学校の教育は正しく合致していなければならないのである。それであってこそ、この学校で教育をうけたものが成人となり、その土地を立派につくり上げることができるようになる。これは土地と教育とが生命をもって結び合っている姿である。ここで我々は教育がその土地の現実と結びつくやり方を提唱するが、それは決してそれぞれの土地の現状を肯定し、それを常に教育の地盤とせよと求めるものではない。むしろ土地の人々は自からの生活をつくり直そうとしているのであって、現状をより発展した形へと推進せねばやまない意欲をもっている。農村は技術の原始的停滞から次の段階階へ、更に今日の技術の最高水準へ高まらなければならない課題を担っている。そのことが生産の形を改め、それと結びついた人間関係をも改革することとなるのであって、それを待望している。明日の農村に於ける学校は例えばこうした農村の耕作技術の変革をその将来への発展を土地の人々と共に解かねばならない。社会生活の現実から教育の基本となる性格を得てこなければならないのである。全国の農村、山村、漁村、鉱山、工業都市、商業都市の学校がこうなったならば、我々はこれをこそ新しく教育が社会性を示したというのである。学校はその土地の人民が生きることとの体制と全く一つに結び合うのである。かくて明日の学校はその土地の生活集団のもつ教育機関となる。

このような学校に於いては何が学ばれるのであろうか。従来は教科書を授ける学校があり、その後には児童の活動が学ぶものを決定することを原則とする新学校が提唱された。ところが明日の学校ではその土地の生活現実のうちから採り上げられたところの作業課題による学習の発展を内容とすることとなる。学習すべき内容は課題とその解決へ向った筋書によって発展させられるのであって、予めつくられた教育内容を修得するのではない。学習の出発は常に問題提出の形をとっている。この仕事をうみ出す教育内容の性格をきめている。かかる課題が土地の実情に従って周到な手続で用意され、それが全部正しく見通されたうえで学習の完成が期せられる。

この土地から採り上げられた課題によって学習を展開させるためには多くの材料を必要とするのである。この材料が豊かに用意されることによって内容が充分に発展させられる。先ず学校のうちに出来る限りの材料が蒐集されていなければならない。教材書であり、報告書であり、実験観察等に必要な材料であり、その他多くの教具である。これ等が材料となるばかりでなく、その土地にある現場の生きた材料が用いられる。むしろ学校のうちに材料を集めるよりも、それの現実である土地の環境のうちに材料を発見する。又かかる材料は単にその村や町にとどまるものでなく、連関を辿ることによって他の市や国全体、世界へと求められて行く。こうして現実の材料を巧みに用いながら学習を発展させられるならば、ここに初めて明日の日本をつくりあげることのできる学校教育の内容が構成されることとなるのである。

これからの学校に於ける教育内容がかかる如きものとなるならば、もはや国定教科書、教授要目、教科の区分等によって全国各学校の内容を決定することは不必要となり、すべて解体してしまう。教師はこのような教科書や手引き筋書きを与えられ、これをとって教えるために苦心する必要はなくなる。その代りにどのようにして学科課程がつくられるか、そのために必要な教育上の技術をもたなければならない。今までは印刷された材料を受けとって教育したのであるが、明日の学校では、その土地から学習のあらゆる材料を編集してきて、これを巧みに運営できるような新しい技術が求められている。

このような新しい教育内容の編集をすることになればどんな方法を用いて学習を展開させるのであろうか。我々はこれ等の明日の学校の方法は総べて、その土地の人々が生活の上に示している方法という基本となる性格を一つにすべきものと考える。人々はこの土地に於いて仕事をつとめることによって生きている。この仕事に当る態度は総べて表現によるもので、何かの実践となって生活に寄与している。この性格は明日の学校に於ける教育法の性格を決定するものである。これからの学校に於ける教育の方法はすべて表現によって人間を育成することを基本方式とする。これからの学校では教室に座をとって教授されるものを聞いていて解った内容を覚えている方式の教育法によっていることはできない。やらせてみてそれで解らせる方法を特に重視する。かくするとこれからの学校では、表現させるに必要な用意をして、そこへ児童を導くことが重大な方式となる。児童はその仕事をやり上げることによって内容を修得するのであって、その方法は結局実践することとによって学ぶ形に集中される。

ところが明日の学校に於ける実践への学習は、校舎の中にばかりとどまり得ない。表現するはたらきを重んずるのは、その土地の人々が仕事によって自分をつくり上げつつあることによる。そこで可能な限り児童の表現や仕事を土地の生活の現場の中へ織り込まなければならない。仕事に参画することによって学習する方式は曾ての勤労作業などに連関をもっている。近著の書物によって戦後のアメリカに於ける教育の方向を窺うと、勤労奉仕をこれからの学校に於ける教育法として発展させ、これのもっている意義を重視している点は注目すべきである。その土地の主要な仕事との結びつきによって学習が展開させられることは、これからの学校の基本となる方法である。我々はかくの如くになった教育方法の変革を、方法が技術構造へ改められたというのである。教育の方法が、地域社会の生活現場で技術化されるときに、今までの学校では認められなかった新しい人間育成法の真実にふれることとなる。明日の学校はかかる方法上の実践的な変革を要請している。

明日の学校は仕事につとめて生きぬこうとする実践者を育成することを企画している。しかしこの教育は到底学校ばかりの力をもってなし得るものではない。学校の活動そのものが既にその土地にある人々と結びつかなければならないことを明かにしたが、地域社会のもっているあらゆる教育力によらなければ人間の育成はできない。人間は総べて生活の中に於ける人間関係と自然環境を通して人となっているのである。この人間と自然とによって土地の人々がつくられている姿をとり上げなければ、教育の重大な一面を喪失することとなる。これにはその土地に展開されている人間の教育性を培うより他に方法が存在していない。生活の中に於けるかくの如き人間関係が醸し出している教育性は、常に望ましい編成を受けていて、児童は勿論大人もこの教育的人間関係に入るのであって、そこに特有な教育法がある。かくすると土地の生活に於ける人間関係の発展的な編成を如何にして行うかが問題となる。これには土地の人々の生活を編成する中核を必要とする。これからの学校はこうした眼に見えない教育力を編成する中核的役割を担うものとなることが望ましい。明日の学校は単なる子供のための学習所としての役目を担当するにとどまらず、その土地のあらゆる人々に対する教育力の中枢となるであろう。こうして学校は真にその地域社会の人々のものとなる。

明日の学校への待望をかくの如くに通覧して、学校が土地の生活に緊密に結びついて新しい位置をとらなければならないことを提唱した。かくの如き学校の基本的な性格の変革は戦後の教育構成のために正しく必要とされている。かかる明日の学校を構想せずしては教育全体を組み立てることができない。戦後の日本を立て直すための学校の性格を究めこれを出来うる限り早く、この国土のあらゆるところに実現したい。学校がかくの如き性格のものとして改革せられ新しく位置づけられるようになるならば、或は学校という名称をもってはこれを呼ぶことができないかも知れない。その場合には他の名称の教育機関となっても差支えない。明日の学校が教育全般の構造を改変することを待望して、学校の新しい性格を提案するものである。

郷土を建設する芸能と技術

『芸能学習』七巻六号、一九四八（昭和二三）年一月

教育は人間の一般性をいかに育てるかに存するものではないことが次第に明かにされつつある。あらゆる教育は地域社会に於ける教育企画の一つとして考えなければならない点に注目してきたことは喜ぶべき傾向である。こうして教育の真実が我々の前に展開されようとしている。殊に戦後の我が国の生活を考えるならば、教育はそれが営まれている地域社会の生活と緊密な結びつきをしなければならないことが愈々明かとなる。教育はその地域の生活企画と一つになって組み立てられなければならない。この教育思想はアメリカ合衆国に於いて地域社会の学校即ちコムミュニティ・スクールと称せられる主張と共通な一面をもっているために注目せられている。こうした教育思想はその他にも存在しているのであって、それ等が一連となって郷土を建設する教育の運動をつくり上げている。

郷土を建設する教育については最近新しい教科として実施されることとなった社会科にあっては特に注目されている。社会の学習に於いては地域社会から取材してその内容を編成する原則が最も容易に承認されてきつつある。地域社会の生活建設から学習の単元も選び出されて社会科の学習展開がなされるところに進み、それについての幾つかの実践も報告せられている。理科の学習にあっても同様な原則がとらるべきであって、この新しい方針も本年からの小学校四年の理科には織り込まれることとなった。農村、漁村、山村、都会などによって理科の学習内容が独自な性格を示すようになると、これ等の学習が郷土を建設する意図によって運営されるものであることが明かとなる。教育はこうして総べてがその

土地をつくる意欲と一つにならなければならない。

社会や自然についての学習は主として知識的な内容学習に属しているが、芸能や技術は同じ内容学習であってもその性格を異にしているために、全く別途にあると考えられてきた。そのために社会や自然の学習が、郷土の生活建設のために新しい身構えをしているのに、芸能の学習はこのような動向の外にあるかの如き姿をとっている。芸能や技術の学習がかくの如くにとり残されていてよいであろうか。郷土を建設する教育企画の一環としての芸能技術学習のあり方を探求せねばならぬ。我々は今日の教育界を見て他の学習領域と比較し、その必要を特に強く感ぜさせられている。

芸能や技術にはそれ独自の内容と世界があって、他のいかなる考えによっても制約せられないと考えられてきた。或る場合には芸術至上の思想によってこれが裏付けられて、あらゆる力から隔離されることによってそれ独自の意義を発揮しうるものであるとした。殊に他の何等かの目的によって取扱われることを極力排してきた伝統がある。こうした隔離性があったために郷土を建設する学習内容の一部となる思想を排撃したのであった。芸能技術の学習は他の教科とは異った独自な領域はあるが、我々はこれが教育の一翼であって、単なる芸術や技術として考えられるのではないということを先ず確認すべきである。

特にこの思想は音楽や絵画などに於いて強く主張されてきていたのであって、それが次第に建設的であるべき工作にも及んできているのである。音楽や絵画が郷土をつくり上げる観点から教育に結びつき難いのは、これが純然たる芸術領域のこととして見られているからである。これ等の教育には芸術としての特異な内容が存してはいるが、小学校や中学校では芸術家を育てているのではない。人間生活教育としての意味で音楽や絵画が学校でとり扱われているのである。それは小学校の理科が自然科学の専門研究者を育成するために授けられるのではなく、或は社会科が地理の専門家を養成するために指導されているのではないと同様である。これ等は何れも人間教育の目標の下に成立している学習指導の一領域なのである。であるのに音楽が音楽家を育てることに、絵画が画家を訓練する如くに、工作が手工芸家を教育するかの如くに考えられて、一般人民の生活の現実から隔絶されてくる傾が強く示されている。芸術性に教育的意味はあるが、それがどこまでも、生徒が居住している社会の生活現実と離れては先ず第一に考うべき教育の基本的な意味を失うものであることに着眼せねばならない。

今日学校に於いて授けられている芸能や技術には既に定まった教材が与えられているとして先ずそれが受けとられている。音楽は教科書の教材が基本となって定められている。図画にも教材の様式が与えられているので、それによって内容の基準が立てられ、自由描画の如きものも既に出来上った方式があってそれが受けとられている。工作はどんな材料によって何を製作させるかが一つの考えによって定められ、それに順序もつけられていて、これを一通り学習させることとなっている。こうした芸能技術の教育に於いて既につくられている型は、教材を決定する大きな力となって根を張っている。我々は今日こうした既成の教材を一応は閉じて改めて芸能技術の内容のあり方を自律的に探求する考えを立てなければならない。他のあらゆる学習に於ける内容と同様にこの領域に於いても、教師は自からの探求によって学習の内容を組み立て、これを優れた方法によって展開せねばならない。これには先ず芸能技術の内容を生活のうちへ一度還元する考え方を立てなければならない。これ等も生活の根拠があって初めて学習内容として構成されるものであることは他の教育領域と全く同様であると言うべきであろう。生活から切り離された芸術や技術の何かに学習の根拠があると推測しているのは、今迄の考え方である。絵画による表現が学習される芸術はそれが我々の生活を事実に於いて豊かにするからである。又それによって豊かにされつつある生活経験を毎日もっている。ここに絵画の内容学習としての意義が存在している。工作技術の学習内容は紙や木や金属を材料として技術を展開するそのことに意味が見出されるのではない。実はそれも以前に我々の生活の中で、様々な材料による工作の技術が営まれているのであって、それに根を下して考えたときにこれを学習させなければならない基本的な意義が発見される。初等基礎教育に於ける芸能技術のあり方は総べてここへ改めて帰ってそれから生活経験としての内容の編成を受けなければならない。

我々は芸能や技術の学習内容が生活へ改めて還元されてそこから新たな編成を受くべきことを提唱した。それは生活が新たな姿をとってきている為であるが、特に我が国に於いてはこれ等の技術表現的な教育が一種独自な領域のものと考えられて甚しい生活からの隔絶をもっていたからである。我々は生活教育としての芸能技術の性格をここに著しく現わさねばならないと見るが、その生活とは単に考えられた人間生活一般ではない。学校が存立している、その土地の現実生活を指しているのである。生活経験とはその土地の人々と子供とが一つになってつくり上げているものなのであって、郷土の社会に現に成立している毎日の生活経験を指しているのである。こうした土地の生活現実は常に新しい問題に当面してはそれを解決して日々新たな展望をもちつつ進んでいるものである。その土地をつくることと芸能や技術の学習は離れ得ないものとなっていなければならない。郷土の社会が毎日進動して行く建設の姿と学校での芸能技術の学習が一つに結び合ってつくり上げられる。こうした時に初めて教育が生活経験へと還元されることとなるのである。

如何なる土地でも課題を担うことによって人々の生活はその存在の意義を現わしている。その意味でそれぞれの土地には生活企画が入れられているのである。この生活企画に従って学習の方向が定められるのであるから、如何なる内容で芸能学習をさせるかの根本は、一つにその郷土の社会のもっている生活発展の企画による。ところがこの生活企画を決定しているもののうち最も重大な機能は生産である。

郷土のもっている生産の建設性に先ず芸能や技術を還元せねばならないのである。農村には耕作や加工による生産の基本的な性格が具備されている。ここに立って見た時に、如何なる技術を学習させたらよいかが見通される。これによってこそ単なる工作の一般教材による学習では、今日の農村の技術の建設的推進に副い得ないことを明かにすることができるのである。機械を用いてなす農村の耕作技術教育に何をとったならよいかは、その郷土の当面している生産技術によって先ず礎石が決定される。単なる木工や金工ではない。もっと差し迫った農耕技術や加工生産技術が大きな課題を与えているのではないか。農村副業とは言えそれなくしては、土地の人々が生活を立て得ない手工業製品が、新しい学校の技術学習を求めている。工業都市の技術者は次の技術の発展を要望しながら苦心している。それと学校の技術学習内容が、しっくりと結びついて、初めて明日の技術者が育成されるのである。この基盤なくして単なる木工の製作が授けられるのは誤っている。芸能技術の生産性はこうして与えられる。

芸能や技術の内容がその土地のもっている生活の進展に根を下ろさねばならないことを指摘したが、これ等の新しい内容の学習は生活を営んでいるその土地の人々を離れてはあり得ないものであることを考うべきである。音楽の学習によって芸能の重要な一面が育てられてきている。これによって学校の音楽がつくられてはいるが、それが土地の人々の音楽と結び合わなくてはならない。でなかったならば如何に品位の高い音楽であっても、学校のうちに閉塞されてそれだけで終ってしまうことが危惧される。土地の人々は音楽から離れているのではなく、別に人民の音楽をもっているのである。この人民の音楽から隔離されて学校の中での音楽による芸能学習がなされていても、それは結局子供が人民のうちに入っていることによって、大衆の音楽の方にとり込まれてしまうのである。我々はこうした子供までも抱きこんでいる人民の音楽にまず入った学習をさせ、学校の音楽学習がそのままに土地の人々を優れた人問としてつくり上げる音楽となることを考うべきである。それには芸能や技術の学習に土地の人も参画せねばならない。土地の人々のもつ芸能の教養と離れては正しい学習の展開にはならない。

絵画の場合でもその土地の人々がもっている生活の中に存する色彩や形象の問題、表現の絵画的なものとの連関がつけられていて、初めて建設性が示される。町の中にある建物の色彩であっても、直ちにその土地の人々の生活に結びついていて、それが建設的な性格を現わすことによって意義をもつこととなる。室の中の壁、床に掛けられてある絵、そえられた花、それ等の構成が土地の人々の絵画による芸能生活の実態である。その中に学習指導の展開が入らなければならない。絵画の観賞は教室の中にあるのではなく、土地の人々と共に生活の中に於ける絵画的なものの観賞をなすことに、そもそもこの学習の意義がある。土地の人々と共に子供も絵を語り得るようになることが、その土地をつくる芸能教育なのである。こうした芸能学習への土地の人々の参加がなされるようになると、どんな絵の教育をなすべきかが解ってくる。

工作技術と土地の人々との連関はより密接なものがある。家の中に於ける日常生活のあらゆる技術、更にその土地を立てている生産の工作技術はその郷土をつくり上げようとする人々の毎日の生活の大部分を占めている。それと学校の工作が同じ線に乗るようになると、土地の人々の工作の他に工作学習が存在するものではないことが明白になる。実はこうした工作の技術を土地の人々と共に展開させるところに明日の工作学習の方式が存している。土地の人々も学校の生徒も同じ工作の世界に入って、次の技術への進歩を求めるのである。こうして芸能や技術が郷土に於いて建設性を発揮するためには、土地の人々との結び合った学習に入ることが必要である。

芸能や技術が郷土の建設企画と一つにあることを内容学習として考えた。しかしこうした郷土の芸能内容や芸能人との連関を豊かに示そうとすると、芸能が成立する基礎的なものの学習を如何にすべきかが問題となる。即ち芸能の基礎学習である。一般に基礎学習は郷土の生活の如何にかかわりなくより多く共通の性質をもったものであることは承認せらるべきことである。しかし基礎学習の材料は内容の如何によって決定せられるものである。共通の如くに見えるのは、それがより基礎的であることによるのであって、初めから共通なものが存在すると考うべきでない。如何なる芸能技術の基礎学習をなさしむべきかは、その土地のもっている芸能技術の性格によって決定され、意味が与えられるものである。かく考えると芸能の諸内容を成立させる基礎学習であってもそれが成立する発端は、その土地の建設課題に存する。明日の生活に求められている芸能や技術の内容が或る形をとった基礎技術の習得を求めているのである。

工業都市で機械工作生産を行っている土地の技術基礎学習は、漁村に於いて網をつくり、船をあやつっている人々が求めている学習とはそのあり方を異にしている。機械工作の場合には精細な手先きの技術の基礎学習に多くの重点が置かれる。漁村の技術基礎学習は同じ手を用いるにしても、精細であることよりも、より多く腕のもつ力を現わさしむることに注目される。手先きの訓練をなす場合を考えただけでも既にかくの如き差異が現れてくるのである。そこで基礎学習を行わせるあらゆる方法はこうした生活の建設性をもった基底から再検討しなければならなくなる。漫然と学校に手工による手技の学習が存在しているのではないのであって、これにも建設的な課題の裏付けが存している。色彩についての基礎学習であっても、生活での意味によってその展開が異ってくる。

教育は常にその土地の生活の現実がもっている課題によって編成されるという原則によることが、芸能や技術に於いても今日特に強く考えられねばならぬことを明かにした。これは芸能の内容学習でも基礎学習でも同様である。ただ内容学習に於いてはより切実な連関をそこに見出すことができるのである。戦後に於ける生活建設の課題はこの考え方を益々明白ならしめている。芸能や技術の学習にはそれ自からの領域があって生活から離れて特立することによって、特質を示すのではない。他の教育と同様にその郷土の建設の問題を土地の人々と共に解こうとすることに於いて存在の意味をもつのである。こうしたことは決して芸能を卑近にするのではなく、これからの芸能の崇高さが、この新しい基盤から築かれることを待望して学習指導につとむべきである。

生活からの内容編成

『明日の学校』八巻一号、一九四八（昭和二三）年六月

教育内容は何か定められているものから与えられてくるという考えは改められなければならない。教育内容は学習するものの活動によって常に新たな姿をもった展開としてつくり上げられてきているものである。それは次から次へと新しい課題を解きつつ進展するものと考うべきで、ここから教育内容を編成しようとする教育意識も現われてくる。出来上った教材を受けとってこれを授けるのだとするならば、教育内容を如何に編成するかというが如きことは教育者にとっては問題とはならない。教育の内容は何時でも進展しているものであると考える限り、そうした内容を如何に編成するかが問題となる。これが今後に於ける教育の実体をつくり上げる大きな問題の一つである。

今迄の教育内容観の中には教科書教材が厳然として存在していた。学習はこの教科書によって決定さ

れていたのであるから、内容をどこから如何にして編成するかの技術は僅かに十数人の教科書編纂者の問題でしかなかった。この際に編纂者には一つの考えがあって教材の編成をしているのであるが、それは常に動きつつある民衆の生活現実にドッシリと根を下したものではなかった。伝統された教科書教材観によって内容を決定していたのである。然かも一度これが決定され教科書として刊行されるならば、絶対な権威をもったものとなり、国定の教科書として強制力をもち、あらゆる学校の教育内容を統轄規定したのである。それでは教科書を使用すると何時でも生活から離れたものとなるのであろうか。この点に就いては教科書が常にそうしたものであるのではなく、これを生活に於ける機能的な教材集録として考え、それに動的な性格を担わせなかったことによるのである。

教科書を民衆生活の動きの中でつくり上げることは決して不可能なことではない。曾つて庶民が自からの生活から教育内容を編成していたが、庶民の生活そのものから教材編成する技術をもっていた。寺子屋の師匠は弟子の生活に即応した教育内容編成の方法を知っていた。弟子がどんな家の子供であってこれからどうした生活に入るものかを見通して、それに適合する教育内容の編成をしていた。百姓の子供には農耕生活の中からそれに即した手習の材料を編成してこれを習わせていた。然かもその材料は師匠の手で然るべくつくりあげられるもので、一定した内容が成立しているわけではなかった。武家が子弟に文字を学ばせようとして書簡の文字をそのまま内容としたことなども注目さるべきである。生活のうちで取りかわされている手紙の文字を教材に編成して、それで主要な教育内容をつくりあげる技術をもっていた。生活上の文字が動くに従ってより発展した教育内容が用意され、それを学ぶことによって生活がつくり上げられたのである。こうした近世教材の初発の姿は生活現実の中にそのまま入っていて、生活をつくりながら内容の発展を求めることができていたのであった。

ところが近世から近代学校の内に教材が移されるに至ると、国家が教材を統一して編成するようになり、これを体系づけて近代学校の中に流しこむ方策がとられた。その場合に教材の体系を決定する背景となったものは第十九世紀を通じて発展した近代諸学であった。これを基礎として学習の内容を組み立てることとなった。近代学科課程はこうして分科成立し、各教科の教材はそれぞれ独自な体制を備えたものとされ、それが教材の構成をきめていたのである。修身のためには近代倫理学によって裏付けられている諸徳が教材を決定し、これを一つの体系として授けてきた。自然の事象を学習するためには、これが先ず動物、植物、物理、化学、天文、地学、生理と分けられ、それぞれの学問内容の組み立て方を範として子供の学習すべきものを決定していた。歴史はこうした考え方によって年代史の解説となり、地理は本国から始めて世界の各地域の山川河海都会産物を全部体系づけてとり扱うこととなった。これが今日までぬくべからざる教育内容の型をつくっている。

このような教育内容の体制ができたことは、近代学校が所謂国民を育てるのだという考えで近代生活を営むのに必要な一般普通の知識や技能を生徒に早く簡便に修得させようとしたことに発している。国民全体に通ずる知識の内容をこのようにして集積し、これを必要に応じて生活の中で使用させようとしたのである。その際にどんな場所でも如何なる生活を営むものにも共通に使用されることを求めたので、生活の現実とは切り離されたものであって、その上共通でどこにも適用できるものをとりだす工夫をした。そのようにして知識や技能教材の一般化された体系が編み上げられる結果となった。これを生活の中から改めて編成し直すのがこれからの我々に課せられている仕事である。

そこで教育内容は民衆の営む生活の現実から編成されるものであることを教育内容観として先ず確立せねばならない。この民衆生活の現実の中に入ってそこから学習の働きを仕組むことより他に内容を編み上げる根拠がないことを確認すべきである。ここで生活現実というのは何か空に考えて構想しているものではない。一つの地域で現に展開されている民衆の生活そのものを指しているのである。その中から教育内容が編まれていて、それを学習することが直ちに生活を進展させるというのは生活の中に於いて民衆が自からもっている問題を発展的に解くことである。一つの農村の生活集団をとってみるならばそこには今直ちに解決して進まねばならぬ問題が山積している。例えば農耕の方法を基本的に改進して生産に当らなければならないという課題が担わされている。それを解いて進むことがそこに生きる民衆自からの問題であるから、子弟を教育する内容もこの線に沿うたものとなっていることが欠くべからざる要諦である。その土地の人々が何を意欲しているかということと学校の教育意図が一つになったときに教育の進歩的な形態が成立するのである。こうして民衆が一つの農村で当面している現実の生活とその中の問題を根拠として教育内容が編成されるようになったときに、教育は初めて民衆のものとなる。

民衆生活の地域に於ける現実から教育内容を編成して学習展開をさせるためには、その土地の生活上の問題そのものか或はこれに基いてつくられた総合的な生活学習を先ず成立させねばならない。これを総合された地域生活学習として生活から内容を編成する第一の足場と考える。例えば大都会の下町をつくり上げている零細な手工業生産地区にあっては健康のために住宅が改善されなければならないとする。これはその土地が現に自からもっている重要な生活課題の一つであって、それは解かなければならない。これを学習に於ける総合的な内容として編成し、土地の人々と協力して改善の方策を立て、それを実現できるように推進できたとしたならば、これは民衆の生活上の問題がそのままで学習の内容をつくり上げたということができるであろう。こうした学習の展開がその土地に改善された下町工業住宅区を新しく成立させることができたならばどうであろうか。これでこそ真に自からの生活を組み立てる学習となるのではないか。農村の民衆は今日の都会的知識階層的な新聞や雑誌に親しむことが困難である。その際にもっと平易であってその村の生活から編集された楽しいニュースが苦労なく手に入る方法はないかという課題が投げかけられているとする。その土地の人々の中から文化に感覚をもった何人かが選ばれ、学校の生徒や教師と協力して村の新聞を発行したとしたならばどうであろうか。これを学校が担当し、よい内容のものとして編集して印刷し、村の家々に配ばられたその費用が集められて経営がなされたならば、これは立派な生活学習である。その学習展開の間にはあらゆる知識や技術が集められ、新しい生活をつくり上げる意欲を如何に示すかの感覚さえも練られることとなる。これは是非とも展開されねばならない生活現実からの学習である。学校がこうした土地の民衆が営む生活そのものの中に入ったならば、そこから教育を生活そのものとする技術が出発する。

生活現実に於ける学習の本領は、ここに存しているのであるが、これを巧みに展開させて充分にその成果をあげるためには、こうした生活をつくり上げている主要な領域に於ける内容学習につとめなければならない。内容学習としては自然学習、社会学習、技術学習がある。これ等の三つの内容学習を生活から押し出して展開させることによって総合された生活学習が豊かになるのであって、生活学習の中にばかり閉じこもっていては発展がない。ここに教育の優れた技術として内容学習の三つのものが成立している。こうした三つの学習を生活現実から切り離して別箇の体系をなすものとして取扱うならば、この内容学習は従来の教科構成と何等差のないものとなってしまう。ここでは自然や社会や技術の学習を生活学習の領域から編成してくるものであることを明かにせねばならない。それであって自然の学習は単なる生物、物象、地学ではなくなる。社会の学習は歴史、地理、公民ではない新しい生活からの学習の一翼をつくり上げることとなる。技術の学習は単なる工作や図画ではなく、その土地の現実の課題とな直結した内容学習が生活学習との連関をとりながら、生活現実に触れた学習の一つ一つとなり、これを積み上げることによって生活学習の実践が充分になされるようになることこそ望ましい内容編成である。

社会学習が生活の中からつくられた課題によって新しい内容となることは、最近になって次第にわかってきている。ところが自然学習即ち理科に於いては取扱っている内容がその土地の生活から編成されていないために、社会学習の中に於いて新しい内容としての自然学習をもやらなければならなくなっている。これは自然学習を生活現実の問題から入って編成しないからである。今日の生活からして最も緊要なその土地の生活を発展させる自然学習の内容を早く編成すべきであって、その考え方は社会学習と同様であってよい。麦や稲について農村の小学校や中学校が自然学習を長期に亘る継続観察をも加えて行ったとする。これはその土地の農耕生活にあって米や麦の生産を如何にするかに問題が存在しているからである。これを優れた方式で解決せねばならないために米や麦について自然学習をするのである。であるから農村では米や麦の生産的な自然学習が成立する。ところが消費都市に於いては米や麦をどうしてつくるかに学習が集中されるのではなく、我々は何を食物として生きて行くべきかのために米や麦のもつ栄養上の意味を探求しようとする。そして果して米や麦をどのように摂取したならば生きられるか或はこれが少い場合には、どうした考え方をなすべきか、他にこれと替えられる食物を問題としつつ自然学習を指導すべきである。そこで同じ材料を用いても内容として学習される重点が異なり、従って学習の構造が別のものとなる。それは教育が営まれている地域社会生活の現実が異っているからであって、理科学習はあらゆるところに於いて共通であるというような考え方はこの際破却されねばならない。技術学習を内容をつくる教育の一部として展開させる場合にも社会や自然と同じ原則を用いてよい。生活の中に於いて現に重要な意味をもち、その技術を獲得することによって生活が進展するような内容編成となるべきである。工作の指導をなすに当って紙細工の次には木工をなさせることと決定し、教材は本立というように定められているのではない。木工を学習する場合にもそれが地域生活を進展させるために現に求められている技術を捉えてこれを学習のうちに編成すべきである。村で栽培されている果樹から生産される果物を発送するのに木箱を用いている。これを如何なる材料でどのように製作して発送に資するかは技術学習に於ける木工の内容を決定する重大な根拠である。果物の種類によって木箱の構造は異っていて、それがどのように改められるかなどを一斉に製作して工作教材となしていた教育が改められることとなる。これは新しい技術学習が編成されてくる道を我々の前に提起するものである。同様に図画や音楽やその他の芸術的な表現の技術であっても、何か全国に通用する特別な体系があってそれで内容がつくられていると見るべきではない。これ等も総べてその教育が成立している土地でこれから解こうとしている問題に結びついて、それを発展させる方向へ学習を進ましむべきである。

内容学習をかくの如くに生活から編成すると、こうした内容学習をなさしむるための用具学習も生活から編成されるようになる。これは用具が新たな生活性を具えなければならないという要望によるもので、教育内容を組み立てる共通の原理によっている。ところが、用具即ち数量の基礎学習や、文字や言語の基本訓練等になると、これは共通必要なものとして生活とは関係なしに成立するものであるとの思想が強く根を張っている。このために生活によって用具の学習が特質ある編成をなすことが容易に理解できないで、ここを旧い教育観によって護持しようとするものがあるのは残念なことである。内容学習を地域社会生活から編成する原則を承認するならばこれを成立させるためになくてならない用具が、生活から導かれて出てくることは当然である。今日は内容学習を未だ充分に生活から編成していないので、用具の地域社会生活性が見通し難い事情にある。内容学習の編成が進むにつれて、用具も順次に新しいものとなることを期待すべきである。

算数の学習は今日刊行されている教科書を用いてなさせているが、この教材はどこからつくり出されたのであろうか。生活算数思想があって教材を子供の生活の中へ導入する方法などを工夫しているが、これは与えられた教材をそのままに肯定してこれをどうしたならば生徒により容易に楽しく学習させることができるかを考えているに過ぎない。我々がここで算数の学習を生活用具として新しく編成すべしと要望するのは、既に決ったものだと見られている算数の材料が一体どこから引き出されたものかということを問題としているからである。何か算数を学習させる順序や体系がきめられているかの如くに見ると、これは他の教科の学習の場合と同様に誤っている。用具も我々が土地の生活の中からつくり上げてくるものであって、誰かが教材として決めたのを受けとるのではない。その土地の生活を発展させるためには算数の用具をもっていなければならないことが具体的に示されている。農村では生産物を計量しなければならない。これが計量に必要な用具をもった人間を育成するそもそもの出発点である。商店街では一日中に取扱われた伝票を整理して、店から売り出された品々の数量と金額とを算出しなければならない。そのために算数の学習がなくてはならないばかりではなく、これを現在行われている方法よりもより優れたものとなす進歩的な用具の用い方が、工夫される。計数は図表によって直観的に人々に示される。その図表にまで表現する技術は座標についての基礎学習を求めている。我々が如何なる数量の基本学習を積むべきかは、こうした生活現実の問題から再編成され、然かもそれを優れた方法で獲得せしむべきである。

この用具学習を生活からの学習として生命を与えることについては、算数ばかりではなく、言語文字の学習に於いても同様である。生活から言葉や文字を構成してきたならば、学習内容の最も基礎的なものであっても、生活現実から編まれたことが明かになり、それを獲得せずには生きられないのであるから、形式化に陥ることもなく、生命のみなぎった力ある学習に入れると思う。以上の如くあらゆる生活の場合に基礎となり共通必須だと前提されている用具さえも土地の生活から編成されるのであるから、他の内容学習が生活の現実から離れては編成ができないことは当然である理由も明かになった。それぞれの土地からこうして仕組んだものによって、それ等の何かにも共通なものは見出されるかも知らないが、それを学習すればよいというのではない。共通なものと見えてもその土地によってあり方を異にしている。これを考えると教育内容が真の民衆のものとなる道はその全部を地域の民衆生活から編成することに存している。我々は誰かが決定した内容で学習を固定するが如き体制にとどまるべきでなく、これ等の教材を一応は離れた上で改めて何が教育内容であるかを明かにし、しっかりとした基礎からこれを編成する努力をなすべきである。今日は正しく教育内容改革転機に際会している。

『新教育の進路』の歴史的意味

自由研究の在り方

『生活教育研究』一集、一九四七（昭和二二）年五月

一

自由研究が、教科編成の一部をなすものとして取扱われるようになったのは全く新しいことである。今までも、自由研究という名称に包括せらるべき教育内容が存在はしていた。しかし、これを今問題となっているような形においてその在り方をたずねることとなったのは、この度の新しい教科課程の編成が決定されてからである。そこで自由研究の名称のもとに今まで行われていた教科外の班別自由学習や、郷土に取材した研究学習、文化諸領域から問題を発見して学習する文化学習、自由な生活題材の選択をさせて学習を発展させる生活学習、このような多くの研究学習についての今までの、経験が集められて、いわゆる自由研究をつくりあげることとなっているのである。しかし、自由研究の在り方については、最もよい姿をとるようにこれからつくりあげるべきものであって、何か一律に定められたものに強制せらるべきではないのである。教師と生徒とが豊かな立場においてさらに発展的な結びつきにおいて自由研究の在り方をこれからつくりあげるのである。それであってこそ自由研究の本質が示されるのである。

自由研究の在り方については、これを教科の学習と密接に連関させる思想がある。教科をより発展させて自由に研究させるという意味でその在り方が説かれていることが多い、算数についてその教科学習は一定の計画に従がって行われているが、特にこれに興味をもった生徒が自由研究の時間にその天分を十分に発揮するように、例えば立体図形についての特別な研究学習を積むものであるとする。教科とし

ての社会科の教授は全生徒に対して行われるが、生徒のうちで特に社会研究に興味あるものが、例えば生産と消費の問題を捉えて学習をなすために自由研究の時間が用いられる。あるいは自然科の研究に特殊な興味をもったものが数人集って自由研究の課程において植物の生態研究をする。音楽その他の芸能についての自由研究が各自の求めるところに従ってなされる。こうした自由研究の在り方は、終戦後各学校で試みられるようになった個別自由学習の形式のうちに存在しているものである。初等教育の実践のうちには、こうした自由研究がかなりの成果をあげて来てもいるのである。これは児童のもつ自律的な学習活動の発展にはよい素地を提供しているというべきである。これを基体として自由研究の在り方を決定するならば、それは教科の構成の外にあることができないもので、各教科学習の延長としての在り方を示す以外のものではあり得なくなる。私は、この新しい学年から実施される自由研究を単にこのような教科における学習の個別的発展にはとどまらしめたくないのである。教科以上に座を占めて特別な使命を果すものとしての自由研究の在り方を提唱したい。

二

自由研究の在り方を探求するに当って、これだけを切り離して見ていたのではとてもそれのもつべき正しい在り方を把捉することは難しい。どうしても学科課程の全体、あるいは教育内容全部についての体系を問題として、そのうちのいかなる部分にいかような在り方をなすものであるかを決定すべきである。かくして初めて自由研究の在り方を検証することができ、これから実践されようとしている自由研究に対して正しい方向を指示することが可能となる。学科課程編成の全体のうちにおいて、自由研究がもっとも望ましいあり方をもたなければ、ただ単に新しい名称の教科とその時間が設けられたこととなり、決して教育内容改造の役割を果し得るものとはなり得ないであろう。漫然と学科課程の改変がなさるべきでないことは、自由研究をいかなる性格のものとしてあらしむべきかにも深い連関をもつのである。

学科課程は、教科の形をとったものと、教科の形式ではとり扱い得ないものとに二大別される。教科として組織され体系的に内容が教授されるものは、今まで、学校の伝統的内容として広く承認されてきていた。それに対して教科の形式ではとり扱い得ない内容、それは多くの場合総合的であって無体系的であるが、これも教育上重大なものであることが承認された。これを教科外活動、エキストラ・カリキュラム、あるいはコカリキュラムなどと称している。進歩的な教師は、教科外教育内容を教科に付随したものとして二次的に取扱わずに、教科外といわれていた内容こそ真実の意味の教育内容なりとして進みつつある。新しい教育内容の在り方は、この教科外といわれていた領域を主とするものであることが、次第に明かにされて来たのであるが、自由研究の在り方は、教育内容のかかる新しい編成の特質に基いても考えられなければならないものである。

さて今日学科課程の構成上、新しい注目を受けている自由研究はこの二大別のうち、どこに位置しているのであろうか。われわれにはこの度の新学科課程において、自由研究が教科として社会科や国語、算数などと並列されていることによって、それが教科として取扱われているのを、まず認めなければならない。ここでは教科としての自由研究が定められた時間配当をもって存在しているのである。それでは自由研究を教科として多くの他教科といかに並列させて見るべきであろうか。元来、教科には二つの性格をもったものがあって、これを二大別することが通例となされている。その一つは用具教科であって、他の一つは内容教科である。用具教科は内容を修得するために必要な基礎となる道具を獲得させる目的で授けられているものである。算数の基本学習や、言語文字の基礎教育内容のごときはこれに該当している。理科における学習の用具としての形象の把捉、対象弁別の能力、因果関係の発見などがあり、あるいは技能の基礎としての手技が存している。これらの教科内容は、内容ある学習の土台をなすものであって、あらゆる用具がここにおいて授けられていなければならない。この教科の性格は、基礎訓練であるから、ここに自由研究はその位置を占めることができないのである。自由研究の在り方は、このような用具教科の中には存し得ないというべきである。

われわれは基礎となるべき用具を使用して内容を獲得するのである。ここに内容教科の領域が存している。内容教科として編成せられているものは公民、社会、歴史、地理のごとき人文的な内容をもったものから、算数、理科等の自然的な内容をもったもの、さらに工作、美術、音楽、体練などの技術的な内容を担当するものが存している。これらは教科の主要なる部分を編成するものとして従来より取扱われているものである。基礎となる用具もこれらの教科学習において常に磨かれるものではあるが、内容教科は、これらの用具によって内容を修得することを目標としている。これらの内容を主眼とする教科は、総合された諸材料を包括的に積み上げることによって成っている生活の現実から抽出されたものである。生活そのものは複雑で多くの要素が総合されている為に、それらをそのままに教材として学習することが方法上困難である。そこでしばらくこれを社会、自然、技術の三つの基本となる方向へと抽出したのである。かくして三つの領域に属する教科の内容が編成されることとなる。自由研究は、このような内容教科の一つとなし、かかる教科と並列するものであろうか。われわれは自由研究をこのような内容教科の一つをなすものとは、考えることができない。自由研究は、内容教科以上のあり方をしたものであることによって存在の意義を示している。内容教科の延長であるならば、各教科においてとり扱い得るものであり、特に自由研究の領域を編成する必要がない。

三

教科の一部として自由研究を考えることが難しいとなると、それでは教科外の活動として自由研究が存在するであろうか。教科外活動すなわちコカリキュラムの分野には、あらゆる学習活動が包括せられるのである。教科としてのあり方をとり得ないものは、全部この中にとり入れられるものと解すべきであろう。かくすると、教科外の教育のあり方は、分化されていない総合的な内容の領域と見なければならない。この教科外活動の一つとして自由にさまざまな課題を設定して、この下において研究による学習を展開させるものがある。ここにおいてはあらゆる内容教科において学習した材料を総合し、一つにまとめてとり扱う方法がとられる。その意味において教科の区別などをもっていないのが特有なあり方である。しかもそこにあって選ばれる題材は、すべて生活の中において意味をもった単元であるから、生活の中にはいった学習というべきである。しかも学習が展開される場面はかならずしも学校内である必要はなく、生活の現場が用いられることが望ましいのである。このような教科外における研究活動が、存在しているのである。ここに言う新しい教材としての自由研究はこのような教科外活動としての在り方をなしたものであろうか。

この度、第四学年以上にあって課せられる自由研究を教科外活動であるとするならば、教科外活動全体のあり方が示されていなければならないはずである。そうでないならば、自由研究のみが特にとりあげられている意味を明かにすることができなくなる。ところが時間を配当した教材の学習に、これを午前中に完了して、午後は教科外の諸活動に用いられるように編成されることとなっている。かかる午後の時間の取扱いが、いわゆる教科外となるならば、自由研究に特別な時間が配当されて、教科の一部をなすように編成されている意義はどこに存するのであろうか。私はこの度の自由研究は教科のごとき編成を受けていながら、その材料は教科外の活動と同様に構成されたものと考える。形式の上から見るならば、教科に並列された在り方をなしているのでこれを教科のごとくに取扱うことができる。ところが内容の上からこれを考えると、教科外活動に属するので、どんな内容教科の教材でもそれらをここに総合しているのである。教科内容としては他の諸教科と位相を異にしていることが明かとなる。このように自由研究の在り方の一般的な性格を決定すると教科学習と教科外研究活動との中間に位するのが新しい教科構成の中における自由研究であることとなる。それではどうしてこのような特殊な在り方をしているのであろうか。

時間が配当されて教科と並べられた自由研究は、教科外の活動として展開される研究活動への前段階をなすものとして、その独自な性格を決定しなければならないのである。内容教科において学習したものを、生活題材による教育で総合統一するためには、まず教科に準じて編成された自由研究の時間内においてその方法を修得するのである。言わば総合された生活学習活動の基礎となる訓練を受けるためにこの自由研究が存在しているというべきである。生活教育としての自由研究に進む学習技術習得の訓練として、その在り方を見るべきものと思う。ここで習い覚えた研究の態度をもって、教科外の研究活動に入り、生活の中にあってさらに発展した学習活動を力強く行い得るようになることが求められているのである。かくして自由研究は教科以上の在り方を示しているとともに、さらに発展した研究活動への前段階をなすものとして特殊な存在となっている。

なぜこのような生活教育としての自由研究が、教科とともに存在しているのであろうか。生活の中における人間の活動は、全く総合的であり、さまざまな要素が複合した姿のものである。ところが教科による学習は、教授の方法技術の上から分化して編成されている。どこかでこれを総合して構成することが必要である。この総合した構成をなすためにわれわれはいかなる場面を用いるべきであろうか。在来の学科課程の構成をなす際には、この総合された内容の取扱いをなす部分が見失われている。分化した教科の学習だけで教育内容が終っていたのであった。これを総合された姿へと編成して進める内容の在り方が問題となって、これを自由研究として提起したと見るべきである。社会科や自然科や技能科でそれぞれに習得された内容は、そのままでは分化していて、なんらの総合がない。これを一つにする学習技術は、教科の在り方の次の段階に在る自由研究で初めて与えられるものである。

このような性格をとった自由研究の中で、生活に触れた学習の態度の根底が築かれるのである。教育は、生活現実のうちにおいて豊かになされるのが本来ではあるが、ここまで人間を育てるためには、その内容を分化させ、抽出して基礎となる学習訓練を施さなければならない。それによってこそ生活の中における学習が望ましい結果に到達するのである。生活教育へと内容を編成するためにこそ自由研究が設定せられたというべきである。この点は、自由研究の在り方を決定し、それのもつ特質を示し得る基本的な考え方を示すものである。

四

教科の学習においては、教材が一つの計画によって決定されていて、それに基いて学習が規定されることを、特有な性格としている。もちろんこの教材の企画には精粗さまざまなものが存しているが、組織化されていることによって教科教材の体系をなしている。これに対して自由研究は、その題材の選択において自由なものをもっている。取材が自由になされることによって、自由研究ということができるのである。生活の中における意味ある題材によって学習研究を展開させるのであるが、その方法にも何らあらかじめ規定されたものがなく、その内容にもっと適切な方法が採択されることにおいて学習上の自由が存していると解すべきである。研究はまとまったものとして整えられなければならないが、いかにまとめるかについてもまた学習者に自由な方法が与えられている。この学習が完了するまでには、ある時間を必要とするのであるが、これもまた教科の場合におけるような限定をしない。必要な時間を用いてまとめることを研究の特質としている。研究が行われる場面についても、自由が与えられている。教科は教室の中で取扱われることを眼目としているが、自由研究は教室の中でなされてもよいが、むしろあらゆる生活の場面を自由に用いてなすところに特色を認むべきである。学校の内にあるさまざまな施設が自由研究の場として用いられるとともに、学校外に出でて郷土社会の施設や諸事象が、そのままで自由研究をなす場面となるであろう。なんらの拘束なく研究の場がつくられるべきである。

研究の態度とその中からつくりだす点については、教科学習の場合と同一に見ることはできない。学習と研究とは全般としての姿を異にしている点にまず注目せねばならない。研究においてわれわれは初めてほんとうの自律活動を見るのである。研究は自から設定した課題を自からの学力をもって処理してこれを解決し正しく応えようとする態度である。この意味から自由研究には、教科学習以上に高い自律性が具備されているというべきであろう。研究の活動は高度の総合性をもったものである。あらゆる知識と技術とが集中表現せられて研究の実体がつくりあげられる。研究においては社会科の内容も、自然科の知識も技術の実践も、すべてが一つにまとめられて研究の部面に注ぎこまれている。それなくしては研究ということは成立し得ないものである。自由研究の内容はかくして教科での学習内容のあらゆるものが高度の集中をなしている形体だというべきであろう。総合された内容を高度にもったのが自由研究である。

研究の題材もその内容も自由に選ばれるものであることを自由研究の特質としたが、この内容はどこからとられるのであろうか。いかなる主題によってどんな内容を研究しても自由であってよいが、それはすべて生活の現実において有意義であることを基本とする。今日の市民生活の中において意味ある題材がとられてこれが研究の性質を決定するとともに、この研究の内容をつくり上げるものは、すべて生活の現実にその根底をもっていなければならない。ここに生活現実に基礎を置く研究の意義を強調するが、ここにいう生活は人民の生活を指すのである。子どもらしい生活ばかりをとりだして生活現実による研究を提唱するのではない。子どもの生活も人民生活のうちにあって展開されているものであると見る。人民の生活はこれらの大衆が居住している郷土社会のうちに存している。したがって研究の内容は郷土社会と人民の生活に深く結びついたものであることを必須とする。これは漫然とした思いつきの題材による研究や、生活の現実的意義から離れている道楽的な研究を排除せねばならないからである。人民の生活現実に根をおろした自由研究が取扱われることは、その在り方を決定する重要な眼目である。

五

以上のごとくに自由研究がもたなければならない性格を明かにして、それが教科以上の構成をもったものであり、教科外研究活動への前段階をなすものとしてその在り方を規定した。今までの教科編成の上にこのような自由研究が承認せられるに至らなかったのは、学習活動を教科における教授とのみ連関させて見ていたからである。定められた知識教材を正確に把捉させ、それを堆積することに教育活動の中心がおかれていたのでは、自由研究のごとき学習の在り方は意味をなさないのである。またこれらの研究活動を展開せしむべき場を見出すことができない。自由研究が存在するのは教育における自律学習の領域を開拓しようとすることによっている。この基盤なくしては研究による学習の問題を取扱い得ないのである。かくして自由研究は自学原理を承認した学科課程改造問題の中にその位置を見いだすべきものである。

自学原理を承認した方法はさまざまな姿をとるのであるが、自由研究は生活教育の体制内に位置して初めて正しくその意義を発揮する。研究のあらゆる内容は人民生活の現実にその根をおろすものである。生活の中において課題を解決しては生きようとするその方式に、自由研究の内容が相即していることが肝要である。ここで学習した研究の態度や方法をもって直ちに生きた生活現実に入り得るものでなければならない。その意味において自由研究は、生活原理による学科課程改造問題に深く結びついている。

生活原理による自由研究は、実践性を具えたことにおいてその特質を示している。いかなる研究であっても実践を契機としないものは存在しない。研究は何ごとかをなすことによって、初めてあり得るものである。最初より終まで実践を通じて自由研究が成り立っている。この方式は実践による教育の一つを担っているというべきである。われわれは実践教育の一つを自由研究の中において見出すのである。ここにおいて自由研究は学科課程改造問題における実践原理を実現せんとしているものである。

以上のごとく自由研究が今日の学科課程改造問題に対していかなる意義を担っているかを見ると、この新しい課程が重要な位置についていることを認めざるを得ない。自由研究をいかなる内容のものとして編成するかもまた自由ではあろうが、われわれは教育のかかる新たなる使命を担ったものとして自由研究の在り方を考えるのである。かくのごとき世紀的意味を完全に発揮した自由研究たらしむるか、あるいはこれを単なる一つの試みにとどまらしむるかは、一にわれわれの教育実践によって決定せられるのである。自由研究は新しい教科の一つとして提唱されるのではあるが、これを教育実践の創意あるいとなみによって、真実なものとなすべき努力が、今日において特に必要である。

教育の地域社会計画

『社会と学校』二巻四号、一九四八（昭和二三）年四月

教育を如何なるものとして考えるかは、今日でも人によって差異があり、何等統一されたものがあるわけではない。或る人は極めて一般的な教育の考え方として、凡そ人としてもたねばならない教育があるという如くに見ていて、あらゆる人間の教育全般を兼ねて律しようとしている。このような教育観に立っている場合にはここで問題にしようとしている教育の地域社会計画というようなことはとりあげられないのである。教育を凡そ人間のもっている共通な働であると考えることは、教育観に一つの重要な流れをつくって今日に至っているのであって、これには生活についての伝統思想による裏づけもあるので、単なる教育の考えだけのことではない。われわれは先ずこうした一般からする教育観よりぬけて出なかったならば、これからの教育をつくり上げて、生活を豊かなものにすることはできない。

教育の地域社会計画を問題とすることができるためには、先ず教育が極めて現実的なものであって、単なる一般の考え方で処理できるものではないということを基礎に置かねばならない。この考え方をとると教育の現実が歴史的な事情の中で見られ、それが社会性をそなえて独自な姿をとっているものであることが明かにされる。教育をこうした歴史的社会的な決定をうけているものであると見るならば、この教育をどのように仕組むかについて現実的に考えることができるようになる。教育はわれわれの手をもって今日の時代にこの土地でつくり上げられて初めてこれが存立するものであるという考え方ができるようになると、それは教育の地域社会計画に入る端緒がつくられたこととなる。教育を何時でも同じ

姿のものであると見て社会の有様によって何等の動きも示さないかの如くに考えている立場から、より現実的な考え方に移り教育の変革されつつある実情に深い関心を持てるようになることは、これから是非とも必要なことと思う。この出発点が明かにされなければ、教育の立地計画などには入れない。

最近に至ってアメリカ合衆国の教育が特に注目されるようになって、様々な教育思潮がとりあげられている。そのうちの一つに地域社会学校ともいうべきコムミュニティ・スクールのことが論ぜられている。これは教育をそれの成立している地域との連関において営まなければならないとする主張の一つを代表している。しかしコムミュニティ・スクールといわれている地域社会による教育の思想にも様々なものがあって、よく検討するとこれも異った幾つかの流れに分けることができる。例えば或る一つの土地における具体的な材料は子供の生活に深い関連をもっているので、これを用いて教育をなすことが、子供の興味にも適い生活経験にもふれた効果の多いものであると考えている。これは児童生活を尊重する立場からその地域と教育との関連を見ているのであって、多くは、児童を中心とした教育方法観によって支持されている。その源は子供の実物直観を重く見る近世教育思想の一つによるといえるであろう。この立場にあるコムミュニティ・スクールの思想ではその土地の将来を見通した教育立地計画をなして、そこから教育を編成して、われわれの生活をつくり上げようとする意欲はでて来ないのである。であるからコムミュニティ・スクールの如き思想をとっているから、教育の地域社会的な企画が立てられるとはいえない。この点で地域社会学校の思想に立つということばかりでは、ここに問題としていることに入り得るものではないと考えねばならない。

われわれは地域社会が子供に親しみのある場面を提供しているから、そこで教育がなされると、子供の要求をみたしうるとのみ見るのではない。実は或る一つの土地は歴史的社会的な決定をうけてそこに成立しているのであって、そのことはこれからの課題をその土地に担わせる根拠である。ここに生活している人々はこうした歴史的社会的な課題を解くことによって実はその土地をつくり上げて来ているのである。地域社会のつくり換えをする課題をもって、土地の人々は生活しているのである。社会生活を改造して進まなければならないとする意欲があってこそ初めて教育が編成されるのであって、人を育てたいと努める働きの根源はここに存している。教育は一般にあらゆるところに存在しているというが如きものではない。教育を土地の実態に基いて組織して、その地域社会の生活改造を進展させ、望ましい社会生活を持ち来たしたいと念願することは、直ちにわれわれの教育観を地域社会のものとする。土地の実情に結びついた方がより直観的でよい方法であるというのではない。一つの地域が担っていてこれからあらゆる困難のうちで実現したいと強く意図している社会改造の理想と結びついて教育を計画的に成立させて行くという考え方をわれわれがとった時に初めて地域社会教育計画を論ずることができる。

教育ということは本来こうした地域の社会生活改造と共に成立しているものであって、近頃新しくこうなったのではない。われわれはこうした教育の真の姿を発見し直すのである。このような教育の考え方をとることは、これからの日本をつくり上げるために必要なのであって、その方が合理的であるからというのではない。今日のわが国の有様が教育の地域社会的構造へと眼を向けさせねばやまぬものをもっているのである。それぞれの土地が自からの課題をあらゆる苦闘によって解決することによって、初めて日本を立てることができる。社会改造は考えられたり論じられたりいわれたりしているだけではない。この国の各所においてその土地に担わされている課題を解くことのうちに改造の実体が存している。この社会改革の実体と共に教育が存在しているのであるから、教育なくしては課題の解決はできないのである。このことはわれわれにとって差しせまったことであって、今直ちに着手し実現せねばならない課らぬのである。それでは教育がどこから地域社会計画としてつくり上げられるのであろうか。

教育はどこかの場所に或る形をもって成立しているのである。教育がどのような場所に如何なる形体のものとして成り立つかは、自然に発生していることではない。教育についての計画があってその場所が決定され、それに適った形体が与えられているべきものである。学校をどこかに設けるのであってても漫然と設立するのではない筈である。その場所の教育を営むにはそれに合致した学校の方式があるべきで、その学校を企画して設立し、教育の意図が正しくそこに盛り上げられねばならない。こうした学校の地域社会生活による計画を立てるのでなければ社会生活の進展に副うことはできないのではないか。或る土地にはそこの場所から仕組まれた学校の計画があってこそ教育の力が発揮できる。中央から指示される制度によって学校がつくられているのではなく、土地をつくるための学校がわれわれの手で設けられることが先ずなさるべきである。こうした立地計画が正しく進展できるように、制度化された学校が考えられるべきであろう。これは学校についてばかりではない。学校以外に教育の機能を果しつつある多くの施設もその土地の生活発展のための系統ある企画で設立運営さるべきものである。こうした教育の場所の地域計画が各地域との連関の下につくり上げられるようになって、教育機関の形体がわれわれの手のうちに入る。学校は誰かがつくったものでわれわれは子弟をそこに入れるのではなく、この土地の生活を仕組んで行くのになくてはならぬ学校を土地の人々がつくり上げるのである。学校が設けられていないから教育が与えられないのではなく、教育の地域計画をするとそれによってなくてはならぬ学校がつくられるのである。こうした企画による学校を地域の人々が自からの手でつくり上げて行くので、その土地の改造の使命を果すに足る学校教育ができるのである。これは今日速かに立てられるべき教育地域計画の一つである。

教育の地域社会計画は学校その他の教育施設のつくり方にばかり存しているのではない。むしろこうした企画による学校の中でどんな教育が行われるかに地域社会性が見出されねばならない。今迄は何を教育するかが、中央で定められた方針によったり、誰かの考えによって決定されていて、それを受けとっていたに過ぎない。例えば学校の生命ともいうべき教材は教科書の方式で決定されているばかりでなく、これが中央で統一的に刊行され、これを受けとって授ける慣習が成り立っていた。こうした教科書教材を受けとって、それを授けている場合には、教育方法の地域社会性などは見えてこないのである。ところが自からの教育を成り立たせている土地の生活課題によって教育を計画し、それを解決することに教育ありと考えるようになると、教材であってもこれを唯つくり上げられている教科書として受けとっておれなくなる。その土地の社会改造の道程上における学習問題として教材をつくり直さねばならなくなる。こうした際に中央から一律に提出されている教材が変革されて、その土地の人々の手に渡されるのである。国定教科書の制度が崩壊するというのはこうした教育改革を指しているのであると考えねばならない。

今日は学習を展開させる教育技術の一つとして単元学習の方法が提唱されている。これは一般の傾向として喜ぶべきことであろう。しかし単元はどこかで決定されていて、それを受けとって学習が成立していると考えられているならば、これは単元学習の真義よりほど遠いものである。或る学校の単元学習が決定されるのは課題が存しているからである。何等の課題がないところからは如何なる学習も展開せられないのである。ところがこの課題はどこからとられているのであろうか。すべての課題は現実にその地域社会の中に見出されるものである。土地の人々がそこの社会改造を推進しようと意図するところから課題が成立し、それを解くことが生活であると共に、子弟を教育する内容の出てくる根源ともなっているのである。大人も子供も一つになってこの課題にあらゆる力を集中して生活をなり立たせているのではないか。

学習のために単元をつくろうとするならば、誰かが用意している単元表にとりつくのでなく、先ずその地域の社会生活の現実の課題を見なければならない。その課題から単元がつくり上げられるのである。こうなれば青少年のつとめている学習の総べてが、地域社会のとっている生活計画の中に入るのである。こうした事情で地域社会生活の改造計画と学習とが一つになっているのである。学習が深く進められることは、直ちにその土地を改革していることとなるように単元とその内容が立案される。このためには学習企画が、その土地の生活と改造に関する基本的な考察によらねばならなくなる。今迄の教育の内容や方法はこうした地域計画の新たな編成を受けなければならなくなっている。こうした単元学習の地域社会からの計画はわが国においても熱心な教育者によって既に着手されている。この新しい試みの進展はこれからの教育内容観を根本からつくりかえるものとなることを確信し、その展開に深い関心を示すべきである。

単元が地域社会のもっている課題と共に構成されると、この単元における学習の展開もその地域の現場で行われるか、或は現場においてつかんできた材料によって毎日の学習が進められることとなる。現場において学習がこのように組み立てられることによって、それぞれの地域がもっている生活の企画と勉学とが一つになるのである。学習の内容は書かれた教科書ではなく、生きた生活問題を基礎にしている。生活から編成された教育の実体はこうして、一人一人の生徒の学習の中にあって、成立するのである。食物についての学習をするのは、これが生きている人間一般に必要であるという理由によってではない。実は一つの地域に食糧の困難が起っていて、それを解決しなければならないと日夜苦心しているそのことが食物についての学習を成立させるのである。そこでわれわれは何を食べて生きられるかという一般的な人間生活の問題によって学習を展開させるのではなく、その土地の食糧の生産や分配や消費その中における課題を現場の材料によって学びながら、これが解決の考え方を立てるのである。そのことは学校のある地域の現場における生きた今日の迫られた課題であって、然かもそれが解けるような人間の育成が今求められているのである。食糧の地域企画は教育の計画及び展開をも同時に求めているのである。こうした考え方によるならば学習はすべてその土地の現場のこととなる。

このように教育の方法や内容も社会生活の現場で計画されて編成されるようになるためには、現場における土地の人々も又こうした教育観に立たなければならない。土地の人々は生活の課題をその土地において解きながら、同時にその考え方や意図するところをもって次の世代を育成しつつあるというべきで、土地の生活者であると共に青少年の考え方や態度をつくり上げて生きているのである。教育はこうした土地の人々との結びつきによって成立しているのであるから、教育計画が地域社会から提起された場合には、その総べてが土地の人々との深い連係においてあるべきであろう。現に活発な建設の意図を示しつつある土地の人々は、その課題を教育と結びつけながら解きつつある。地域社会計画としての教育が進展する場合には、こうした土地の人々即ちその教育が営まれている現場の人民との、離れられない結び合いが成り立つのである。学校がその門から人民を閉めだして教育している今日の一般の有様では、新しい地域生活改造の計画は到底進められない。

われわれはこのようにして教育の地域社会生活による企画が活発に展開されることを待望するのであるが、その結果として教育が一つの狭い土地に閉塞されて、お国自慢のようになるのではないかとあやぶまれる。しかし今日の地域社会の見方は決して一つの町や村や市や区域内を問題としているのではない。近隣との切り離し得ない関連に立ち、大きな地域計画や更に国の計画、更には国際的な生活企画にも結びついたものであることを考うべきである。地域社会計画に実際手を触れたものであるならば、こうした大きな地域企画にまで結びついていることがよく解ってきている。ここで地域社会というのは最初からこうした性格のもので閉鎖された郷土主義に立つことではないのである。今日教育の新しい編成が問題とされこれが地域社会計画としての教育を改めて見させている事実は注目せらるべきことである。これが日本に新たな生命をもたせ生活の基盤を築く重大な仕事であることが明かにされてきている。教育の改革は上からの指示によって形式的になされるべきものではなくして、こうした地域の生活に根ざす生きた教育が、全国至るところにおいてなされることに存すべきである。教師はこれからの学校をこうした地域社会の課題の中から新しく発見せねばならぬ。学校と社会とはここでわれわれの前にある改革の課題にあらゆる力を集中することができるようになる。

生活経験からの学習

『教育復興』二号、一九四八（昭和二三）年一〇月

アメリカにおいてどのような学習指導がなされていて、その傾向の実態が今日如何にあるかは、他の国々における学習形態と共に、是非ともつきとめたいことである。その際余りにも進歩的なものがとりあげられ、それで全体を律したり、保守的な部分を見て別に変ったところがないなどと、簡単に批判し

にわたっているのは望ましくない。しかし、一つの国が現段階にあって示している教育の実践を、正しく把捉して、その傾向を論定することは、決して容易なことではない。アメリカの教育はこうであるということが最近はよく言われているが、それはどんなところを捉えてのことか反問した上でないと、すぐに感心して総べてが優れていると羨望して後には失望することともなる。成る程アメリカには進歩的な教育を実践している多くの教育家がいる。しかしそれ等の人々は如何なる国でも同様で決して教育家の全体ではないのである。全体が既にその如くに進歩的であったならば、進歩的教育の役割はなくなっていると考うべきであろう。戦後日本に来ている教育学者にアメリカの教育者の中で生活経験から学習を仕組んで自信をもって実践しているものの数をたずねたところ、約三分の一であろうと言われた。そして残りの教育者のうちで三分の一が教科書を用いて古い型の授業をしていると答えていた。この回答が正しいか否かはアメリカの教育界を詳細に分析した上でないと決定できないであろう。しかし私がここで注目したいのは、アメリカに於いて古い型の教育法によるものと注目すべき進歩主義の方法とがそれぞれに全体を三分した一つをもっているという事実である。アメリカであっても教育が古い型から新しい方式へと移行しつつあり、現にその過程に置かれているという事実である。

アメリカの学習指導だけが世界における学習様式の系列から別に孤立して存在しているのではない。学習法改善の発展する系列の中の如何なる位置についているかということが問題である。そこで一般に学習指導の様式が今世紀に入ってから切り換えられつつあるという事実を見る。教材を教科書の形でまとめていく、それを生徒に教授しようとしている教育者の一団によって古い型が代表されている。この学習様式が固定しているところへ、新しい学習指導の石が投ぜられた。それは一九一〇年代になってから、多くの教育者に注目された新しい教育の主張である。この主張に共鳴している多くの教育者は全世界界的な新教育運動を行うこととなり、学習方法の革新についての警告を発した。この一団の教育改新家は教科書から離脱して子供の生活に学習の本拠を置かねばならないと主張し、ここへ学習の課題を集中させたのである。このためにかかる新教育を児童中心学校の教育などとも称していた。チャイルド・センターなどという標語が改革される教育法を最もよく示していると見られた。これは児童の生活の中に入ってそこから学習を仕組まねばならないことを主張するものである。

このような進歩的な教育の運動に対して更に新しい主張がなされ、子供の生活の中にのみ没頭した教育に批判を与えたものがある。それは社会生活の課題から学習を組み立てようとした思想である。この考え方は学習指導を子供の生活から社会生活の基底へと転回させたものである。これは児童中心学校のもっている学習の主観的な奔放性を客観的な基礎によって立て直そうとしたものと解することができる。かくの如き方向が加えられたところに最近のアメリカにおける学習指導を決定している動きがあると解釈すべきである。こうした動向は一九三〇年以後に見られるものであって、今日に於けるアメリカの学習指導様式の発展系列を決定している第三のものとしてとりあげて誤りないであろう。この点については最近のアメリカの教育実践をとり扱った書物のうちに、教科書中心から児童中心へ移り、それから社会生活中心へと展開した傾向を基本となる序列としてあげていることから、かくの如き趨勢の判定をなして誤りないであろう。しかしこのような大きな進歩の序列はアメリカばかりのことではなく、恐らくは全世界の教育動向を示すものということができることと思う。

生活経験からの学習をここに問題としてとる場合にも、これを教科書万能様式から離脱する児童からのみ考えた生活経験による学習とは解釈しない。学童が子供としての生活の中で示している生活経験によって学習指導をしているならば、それは児童中心の生活学習であると断定せざるを得ない。これから離脱して次の段階に達した生活経験による学習指導は、社会生活経験から児童の学習を組み立てようとするものである。そこで社会生活が重要な基底として注目されることとなる。我々は児童の生活経験というが、それは子供が社会生活を営むものとして、その社会生活から獲てきている経験であるべきで、それ以外に子供のみの世界があるのではない筈である。そこで子供の経験もこれを社会生活のうちに入れて、その中で学習の基礎となるものを立てようとする。生活経験からの学習というのはこの点についての考えをめぐらしたものを指している。

さて社会生活の経験から学習をするというが、これは実体なくして考えた社会生活ではない。アメリカでは自からの生活経験から学習を展開させることを指して生活学習というのである。アメリカでなされている進歩した教育の一つとしての生活学習は、アメリカの社会生活の実態からつくり上げられたものである。そこで生活による学習指導をするアメリカ教育理論家は最初からアメリカの社会生活の今日の課題から学習の発端を見つけて、それで学習を展開しようとつとめているのである。そこで今日のアメリカが当面している生活の基本問題が提起されていて、そこから学習の指導がなされる。これは学習の進歩的様式を決定する大切な考え方である。そこでアメリカの社会生活が今日もっている主要な生活の課題を先ずさぐりあてて、そこから学習の基礎をつくろうとするのである。こうしたアメリカ生活の課題による学習をさせるならば、教科の区別や、教科書教材の古い体系が崩壊して新しい学習の筋書がつくられることとなるのである。アメリカの生活経験による学習方式はかくの如くにして成立する。

アメリカは今日衣服の生産やその様式の決定において全世界を支配する力をもちつつある。世界市場に於ける衣服原料の支配から、その消費に至るまであらゆる衣服の分野に大きな支柱を立てている。これはたしかにアメリカの生活をつくり上げる重要な課題である。又あらゆる人々が各自の生活において衣服からは離れることのできない重要な関係をもっている。衣服をどうするかは朝起きたときから子供が既に問題としていることである。大人は勿論のこと衣服の問題に何等かの苦心を重ねつつ生きているのである。そこで衣服を生活経験からの学習を立てる中核とする。衣服という学習問題の設定の仕方は、従来の教科であれば、その原料については地理のうちにあった綿や絹やその他化学的な処理による新しい繊維の産地の学習が先ずとり出される。衣服の材料の科学的な学習については理科に於いて取扱われていた教材がここで学習されることであろう。更に衣服の歴史については、歴史教科の中で授けられることになっていた内容がここで学ばれることとなると思われる。こうして今迄多くの教科の中に分けられていた内容が生活のうちにおける衣服を中心としてまとめられ、それが生活として学習されるのである。衣服についての生活問題から入るために如何なる教材で何を教えるかということは最早や問題ではなくなり、アメリカ生活における衣服の問題を解決することに向って学習が統一され全体が一つの有機的な構造となるように仕組まれる。

生活経験から学習するこのような方法は、今迄成立していた教科のつくり方とその教科の中における内容の体系を破ることとなる。教科の内容体系として綿があるからこれを学習させるのでなくて、衣服の問題を解くために綿について学習せねばならないように指導される。ニューイングランドの植民をしたアメリカ初期の開拓者はどのような衣服を用いたのかは、単に歴史教材の手に於ける服飾史の一部として教授されるのではない。今日の衣服の課題を解く際には、どうしてもアメリカ初期の衣服から現在に至るまでの発達の系列を学習しなければならないのである。それをなさずしてはどんな衣服をこれからつくるべきかも十分に決定されない。そこでニューイングランド開拓者の衣服から古くは原始時代の人々が使用していた衣服にまでさか上ることともなるのである。これは歴史の教材として学習する方式から離れてしまって、生活のために歴史をどうしても探求しなければならなくなった有様を示して間にあらゆる生活問題の歴史を語ることができるようになるならばこれが本当の市民のもつ歴史認識となる。

このようにしてアメリカ生活全般のうちに存在している生活経験とその問題から学習の指導をなすこととなれば、今まで各教科にあった学習内容が、生活経験へ編成されて全く新しいものとなり、最も重要な意味をもつ生活の中で学習が決定されることとなる。こうしてつくられた学習内容が真に市民のための学習体系となるものである。教科においてつくられていた内容の体制は崩壊するが、それと共に新しい内容が今迄に見られなかった体系をもって成立することとなるのである。アメリカ教育の理論よりするならば、生活の中で課題となり意味をもっていることであればこそ学習されると考える。しかもこれは市民の生活から組み立てられるとする。学習の内容やそこに出来上る体制はこのようにして常に新しいものとなるのであって、それ以外に学ぶべきものはないこととなる。こうした思想によって生活経験からの学習が成立する。ところがこのようなアメリカの生活からする学習は未だ一般的であって、もっと具体的な実生活を見なければならないという新しい主張がある。それは社会生活を自分たちの住んでいる郷土地域社会とする考え方である。

教育方法において郷土の地域社会生活に根を下さなければならないとする思想は古い時代から存在している。ここで生活経験から学習を発展させると主張する際に、この生活経験を更にその教育の行われている土地へ結びつける考え方がとられている。殊に初等教育の低学年に於ける学習にあっては、子供が自からの経験の範囲を極めて限られたものとしている。そのために子供がどのような社会生活の経験をもっていけるかは、子供が毎日生活をしている地域社会の外に出ることはできないと考えて、生活を地域社会に特に深く結びつけて学習させている。又低学年の児童ばかりでなく、上級の生徒であっても生活の問題は自分の住んでいる土地から発見できるものであると考えると、ここにおいても地域社会生活が新しい意味をもってとりあげられる。このようにして生活経験による学習が地域における独自な性格を現わすようになるのは必要なことと解すべきである。

アメリカで社会科の学習をなさしめる場合に、例えばカリフォルニア州においては州に独自な学習指導の大綱をつくっている。それに基いて各地方がその土地特有な生活による学習指導をさせることとなっている。こうした学習指導の計画はそれぞれのカウンティ毎に設けられている。それであって初めて一つのカウンティの内における学習内容をつくり上げることができるのである。州ばかりではなくカウンティにおける生きた材料によって学習できるようにと生活経験の原理に基く学習が組織されているのを見る。このようにして一つの地域をつくり上げてきたタウンやカウンティの生活経験による教育を成立させている。このようになると州によって共通な部分もあるが、多くはその州に独自なものが現われてくる。カリフォルニアとバージニアとでは市民の生活が異なるように、生活経験が異なり、それによって生徒の学習に独自な意味がつけられるのである。そこでバージニアの学習計画をカリフォルニアと比較したならば、両者は異なるのである。これは生活経験によって学習を展開させる場合に特に重要な考え方である。早く開けた東部の地域であってもそれぞれに特質があり、南部と北部とでは異なった構造となる。かくの如くでないとアメリカに於ける生活学習も成立することができないのである。

これは単に生徒のもっている地域的な生活経験によるばかりではない。実は生活学習をなす際には、その土地の市民が教育の目標の設定や、課題の発見、学習計画のつくり方などに参加するのである。殊に現場において学習をなすような場合には、その土地の人々が生徒の学習の一部を指導したり、材料を提供したりする。このようにしてアメリカの地域社会生活と学習とは深い結びつきをもつものとなる。これは生活経験による学習の特質を示すものであって、その特質によって又これを進歩的であるということができるのであろう。

最近我が国において生活経験による学習を展開させようとする努力が各方面においてなされている。文部省の戦後における新しい教育指導にはこの主張も加えられている。その場合にアメリカに於けるこのような生活学習が参考材料を提供している。生活経験による学習についての永い経験を重ねているアメリカ教育界の実践に参考を求めることは正しい。その中には多くの指示を与える考え方や、実際が盛られているので、今日のわが国に対して与える意義は特に大きなものがある。その場合にアメリカにおける生活経験から発する学習指導の筋書はどこまでもわが国の生活学習にとっては示唆を与える材料でなければならない。それがそのまま或は殆んど同様な形でわが国の実際を決定する力をもつと考えることについては問題がある。それはアメリカの社会生活とわが国のそれとが余りにも著しい距離をもっているという事実による。アメリカはヨーロッパから新鋭の態度をもって移ってきた人々によって開拓された新しい国であり、限りない資源をもって若々しい生産を展開させ、それが巨大な力をもっている国である。従ってこうしたアメリカで組み立てられた学習の企画はそのままではわが国の学習の筋書とすることができない。無理にこれを行うとするならば、それは正しい学習の効果には導かれ難いこととなるか或は成立せずして捨てられてしまうこととなる。例えばアメリカの西部開拓地では自分たちの祖先がこの土地をどのように開いたかは、決して大昔のことではなく、最近七、八十年又は百五十年間のことであろう。そしてその開拓が現在に於けるその土地の性格を決定していて、それはあらゆる学習の基底をなす問題である。そこで西部の諸州ではこれが生活学習の基礎として意味をなすのである。ところがこれをもってきてわが国の或る府県の学習計画の中へ、我々の祖先はこの土地をどのようにして開いたかと質問しても、それはただ大昔のことであるとなり、正しい材料によってこれを研究することできないのである。さえ十分に分に許されない時代のこととなってしまうのである。アメリカでは極めて切実な生活学習の課題であっても、今日の日本にとっては決してそれと同様に切実だとは言えないばかりでなく、学習のための課題とならない場合が少なからずある。

こうした土地の事情による差異があるため、単にアメリカの或る州の学習指導の筋書をそのままとってきては到底わが国の生活学習を育てる道とはならないことが明かである。こうしたアメリカと日本との差異が学習の課題を異にするところがあるのは言うまでもなく、実はこうした差異ある日本の生活現実の課題に触れてそこから学習を体系づけることは必要なことである。我々は生活経験による学習指導をどのような体系でなすべきかについて、この方法で特色を示しているアメリカについて知ることは必要である。しかしそれは常に考え方や指導の方法、態度などを学ぶためになすべきことで、そのままの形を移すということではない。こうした事情は明かな如くに見えていて実は明かでないことが多い。アメリカの教育者で考え方の立っている人々は、日本はアメリカと同じでないから、アメリカでよいことが必ずしもよい効果を現わすとはいえないと言っているが、これは正しい考えである。われわれはアメリカの教育界の実践研究が如何なるものを成立させているかを見ることにおいて消極的であるべきではない。許されることであるならば、各国の教育実践を広く探究してそこから生活教育の考え方や、基本となる学習方式をとって来なければならない。しかしそのままの内容を実践することではないのである。

教育において生活経験から学習を展開させる原則は我が国においても次第に理解されるようになっている。これは喜ぶべき教育実践の傾向である。その際に生活経験とはこの国土における子供の生活経験であり、又青少年の生活そのものを問題としているという事情を忘れるべきではない。生活経験から学習を仕組むということは、われわれがこの島国において永遠に亘って積んできたものと、現段階において築き得た生活を指している。この生活の現実の中から課題を発見して学習を組み立てることが、我々にとっての生活学習である。このためには先ず我々が教育をつくり上げげつつある生活の基盤を探求しなければならない。科学的な方法をもって地域社会生活の研究を重ね、そこから生活による学習を展開させる足場をつくらなければならない。今迄は生活をより所としないで、中央で一律に決定された教科とその教材、教科書による教育をなすのが学校であったから、土地の社会生活の実態を究める必要はなかった。

教育が生活から離れない形をもって成立しているということは、貫ぬかねばならない改革の原則である。アメリカがこの原則で教育改革特に学科課程の改造につとめていることは注目すべきである。教科別学科課程から生活経験の学科課程へ進むということは一般の動きとして受けとられる。この方向から教育内容や学習を改革することは、あらゆる生活者がなすべきことであって、アメリカのみの問題ではない。アメリカにはそれに特有な実践があり、それにも土地によって様々異なったものが展開されている。われわれがこれからの国土を担いうる人間をつくろうとするならば、どうしても生活に覆いかぶさっている幾重もの課題を一つ一つ科学的な考え方で解くことのできる学習の指導を幼い時から始めていなければならない。

人間は如何に形成されるか

『人間形成』一巻一号、一九四八（昭和二三）年一〇月

　人間はどのようにしてつくり上げられているのであろうか。これはあらゆる人々が自分の生活のうちで経験してきていることであって、然かも明かにすることのでき難いものである。生れてきたときに既にその子供が入らなければならない環境があって、それによって大きな影響をうけている。こうした自然や人間がつくり上げている環境の中で人としての形成をうけ始めている。場合によってはこのような生れ落ちた世界で形成されたものが抜くべからざる力をもってその人間の一生を特色づけている。しかし人間は他の生物と異って生れ出てきた世界から決定されているばかりではなく、後になってから考えをつくったり、態度を訓練したり、物を創造したりする力をつけるために様々な方法を加えている。方法を施した如くに全部がつくられるのではないけれども、こうした方法によって生活ができるように仕立て上げられている。このような教育は生活している一生を通じてなされているのであるから、どのような方法でどう形成されたか、その一切をとりあげてこれを明かにすることは容易にできない。複雑極まりない生活のうちで人間としての育成をうけてきたものであると見なければならない。生れてから生涯を終るまでの間に自から形成したり、或は他の人々を形成したりしているのである。

　人間がどのように形成されたかは、個人についても容易に究め得ないことであると共に、凡そ人間はどんな方法でつくり上げられたかというようなことになると、簡単にはこれを言い現わすことができ難い。ところが我々が今日もっている人間形成の考え方はこのように難しいものを単純な形にして片付け

てしまっているのではないだろうか。一般に人間はどのようにして形成されるかという問題に対してであっても、或は自分の子弟はどのようにして教育すべきかについても、簡単にこれを学校に入学させればよいとしている。この考え方はわが国のように学校が普及している場合には特に著しく現れているのである。我々はそれを気付かずにいるが、これは抜くべからざる力をもった考え方として成り立っている。多くの人の教育についての通念がこれでつくり上げられてしまっているのである。これは人間形成の問題をとり上げる際に重大なことというべきであろう。

あの人は教育があるという場合に、どれ位学校に在学していたかで決定している。長い期間に亘って学校生活を送ったものは、それだけ高い教養をもっていると判断している。この考え方が力をもっていて、世間の人々の常識となっているので、私は学校に学んだ期間が短かいから、教育がありませんなどと言い、それを聞いた人も別にこれを不思議とも思わないのである。このような人間の形成と学校とを結びつける通念があるために、人はどのようにして教養をその身につけ一人前の人間としての働きをなし得るであろうかということを、学校への進学のみで計っているのである。教育があるかないかは、その人が生活の中で形成されていることにあると広い考え方をしたならば、単に学校在学の年限ばかりでは到底決定できないことを知るのである。であるのに尚お学校が人間の形成を決定するかの如くに見られるのは何によってであろうか。われわれは教育を広く考えて、結局人間は生活の中で形成されるものが基本となっているのであって、学校はこれと結びついて僅かの時期を占めた教育に過ぎないものと見ている。しかしこうした人間形成の思想は今日未だ力をもっていないのである。であっても尚おその考え方からでないと人間は如何にして形成されたのかをつきとめることができなくなる。

このような学校ばかりを重視する思想はどこから現れてきたのであろうか。昔はこのように学校の高さで人間の形成を計ったりすることをしていなかった。こうした学校万能の考え方は近代教育が成立してから、強くその根を張ったのである。近代の国家は自からの手で教育の一切を運営する方針をとった。その場合に教育はこれを学校の方式で計画し、学校の中に子弟を入学させることから教育を始め、結局は学校を次第に下方から上方へと発展させた。そして、上級の学校へは選ばれたものが入学を許されたものにのみ与えられるとした。国がこうした方針で教育を組織した為に、国民一般の教育についての考え方もこれによることとなって、人間形成と学校とを結びつけ、それ以外の形成の世界が見えないようにつくり上げてしまってきた。それであるからこうした学校で教育を律する思想は、日本の場合には最近の八十年間にでき上ったものというべきであろう。

近代以前にも学校はあったけれども、それ等は国家が経営して国民を全部その中へ入らせようとしたものではなかったから、今日われわれが見ているような特殊な力をもったものではなかった。ところが今日では学校の方式だけで人間の形成を見られるかの如くに誤ってきているので、この点を考え方として先ず改めなければならない。子供はこれを学校へ入学させて置けばそれだけで充分に教育できるものであるとして、子供を学校以外の生活で形成することにより大きな問題が存在していることを忘れている父兄が多いことは残念である。人間を形成するためには青少年の間に学校に在学していたことが意味をもつことを認める。しかしそれと共に学校の外により大きな人間形成の働きが存在していることを認めないではいられない。こうした考え方で近代以後の学校による教育万能の思想は根本から検討を要するものがある。私は人間がどうして形成されるかという問題を学校以外へ拡大して豊かな人間形成観を立てたいと考えている。

人間は学校の中ばかりで形成されてきているものではないと考えると、当然に我々が営む生活のうちに教育ありと見なければならなくなる。これは学校に就学する以前の幼児を考えるとよく理解できるのではないだろうか。幼児は家の生活の中にあって育てられてきていて、別に特別な教育の施設に入ることによって成長するのではない。子供の仲間ができたり、兄弟や姉妹との生活の間に於いてつくられてきている。幼児が生活の中で人となってきている有様は、人間が如何にして形成されつつあるかを明かに示している一例と見られる。又学校を卒業してから後に世人が受けている教育が如何に大きなものであるかは言うまでもないことであろう。学校で習得したことは基礎とはなっているであろうが、全く新しい社会生活での経験を積んでは、人間としての形成を受けている。実はこうした学校卒業後の生活の中でつくり上げられたものが、その人間の実体を示しているのであって、この事実は、生活そのものが人間を決定していると言わねばならない。そうしてこの生活での人間形成はそれから後の生涯を通じてなされていることは言うまでもない。そこで学校方式以外の教育を探求しようとするならば、生活の中に入ってそこからどうして人が形成されてきたかを明かにしなければならなくなる。

生活の仕ぶりが異ると、その生活を営んでいる人々の考え方も態度も異ってくる。これは生活の特質によって人間が形成されている事実を示すものである。同じこの日本でありながら、今日から百年前には武家が上に立って世の中を治めていた。百姓や職人、町人は武士の下にあって生活していたのである。多くは大名が一つの領地をもってそこに政治を行っていたので、生活する場所も代々一定していた封建社会では人間がその秩序に合うように形成されていたのである。この動かすことができない秩序の中に人間が閉じこめられて生活した事実を見ると、今日の我々の生活と如何に異るかが明かになる。その場合は時代によって生活が異るとその生活の中に入っている人間も自から異って形成されていることを認めざるを得ない。明治維新の際に、四民平等を掲げて生活の改造を行った。この場合に武士は士族となり、農、工、商は平民となったのであるから、封建時代のあるものは残されはした。しかし四民によって人間に差等をつけてはならないという考え方で生活が如何にその中にある人々をつくりかえたか、これは驚くべき急激な変革であった。若し明治以後の日本の生活を中世の武家時代や公家が上に立った時代と比較したならば、更に甚しい生活の差異があり、それによって人間の形成された有様もこれを同日に見ていることはできない。

生活の中で人間が形成されてくる事実は、単にこれを昔と今との比較から理解するばかりではない。現代にあっても国によって生活の仕組みが一様ではない。アメリカ合衆国に於いては著しく高い近代性が示されているので、人々はこの中で生活を営んでいる。それと我が国の生活とを比較したならば異るところのものがある。それでこうした異った生活の中で形成された人間も決して同一とは言えない。考え方も仕事の運び方も非常な違いをもっている。その他の場合も同様でソ連や中国と日本とを比較した場合には又著しい差異を見出さざるを得なくなる。こうした異った国生活をつくり上げているものが、子供の時から異る形成をうけて人間となり、それぞれに自からの生活の改革につとめて苦心している。その間に人間を形成しつつあるものと理解すべきであろう。こうした国による差異を見る考え方を更に一国のうちにとると、国内でも生活している実情は甚しく異っている。農村社会での生活と大都会下町の小工業地帯の生活をとって考えると、それぞれに生活のつくり方が一様でないために、農村の子供と大都会の下町の子供とでは、ものごとの考え方も同じではない。これは職業の集団によって生活を通しての人間形成が異ってくることによる。商家の子供と官庁につとめている事務官の子供とでは生活の考え方や態度が余程異っているのである。こうした人間のつくり方が既に生活の中ででき上っているのであって、これを基礎として学校の教育もなされているのである。商家の子供の考えと役人の子供の考え方とは結局同じにはなり得ないものがある。これは人間がどうして形成されているかという問題を考える際に、土台に置かなければならない重要な事実である。これをとりあげないで、人間を一般に立派に仕立てようとしていたのが今迄の教育観である。これはどうしても改めなければならない。生活の中で既に異った人間ができ上ってきていることをしっかりと考えねばならない。

われわれは生活の中で人間がつくられるという考え方を立てて、ここを形成の本拠とせねばならぬと主張する。しかし生活の中でどのようにして人間が形成されているのか、その有様を究めなければ、これをどのように仕組んで行くかもわからない。何時とはなしに人間が生活で形成されていると見られてきているところを更に細かく分析して考え、どうしたならばより望ましい人間がつくり上げられるのかを述べて見たい。生活は様々な働きが複合してできているもので、そこには決して単純な一つの教育が成立しているのではないのである。そこで複合されている人間形成の働きを暫く分析してそれぞれの構造を明かにし、そこから複雑な現象を正しく把捉する道具をつくり上げて見ようと思う。

生活の中に於いて人間がつくられている事実について最も大きな力となっているのは人間関係が直接に人をつくっているということである。凡そ人間が集っているところには互に他人を決定する働きがある。この力によって直接にお互がつくり合っているのである。こうした影響で人が形成されている事実を見ると、人を育てるという働きは先ずこのような人間関係へと求められて行かなければならなくなる。人間がどのようにして互に他の人間をつくり上げているのかこれは目をもって見ることのできない教育の世界である。誰がどのようにして如何なる人をつくっているのか知らない間に形成されているのがこうした教育の世界のことである。そしてこの人間形成はあらゆる場面に存在しているものであって、到るところに於いて発見することのできる働きというべきである。そこで人間と人間とが接触し合うあらゆるところに人を育て上げる力があるので、この教育力は生活の全面に存していると考うべきである。

生活の中に或る風格があってそれでもってこの生活のうちにある人間が育てられて同じような風格を示しているというのはこうした形成の作用である。

例えば一つの職域の中にはそれに適った人間の風格がつくり上げられているのであって、動かすことの出来ない力をもってきている。商家には独特な商業的気風がつくられていてその家に生れた子供や、仕事を見習うために住み込んでいる若い者などの性格を決定するようになっている。これは恐らく店舗に於いて商品がとりかわされ、如何にして利潤をあげることができるかについて苦心する人々の間に立ちまじって生活している間に、商家のもっている特有な気風に化せられていると解されるのである。商家としての人間形成の力があらゆる生活の部面に現れていて、その中に入ってくる人間をそれ等の店の人々の力によってつくり上げてきているのである。幼い時からこのような店の気風によって形成された人間はこれが物ごとの考え方を決定したり、態度をつくり上げたりする根拠となっているのである。そのようなことは別に誰かに教えられたとか、書かれたものを読んで解ったとかいうことではないのであって、何時とはなしに形成された生活の中で人間が育てられ、それによって備ったものであろう。凡そこのような生活に入っている人々は好まずともその風に何時とはなしに化せられてしまっている。

これは職域の中で人間が目には見えない形成を受けているという事実である。このような職域によっての人間形成はあらゆる職域生活に存している。それによって職域に特有な人間の風格ができ上ってしまう。様々な職域に独特な人間を見出すことができるのはこうした形成によっている。役人と商人とは異なり、漁人と機械工員とは同じではない。人柄を異にしているのである。こうした職域の差異によって人間ができているが、一つの地域はこのような職域人の集ってつくり上げているものである。そこである職域の人々が多く集っているところには、特有な地域人の風格ができている。大都会の下町に見られる小工商業者の集った地域と、純農村とではそこに集団をつくっている人々の差異によって特徴のある土地柄をなしている。農村地域の人々と下町の人々とでは、物ごとに対する感じ方がちがうばかりでなく、これをもって組み立てる生活そのものが別箇になっている。地域社会生活はこうした独特な人間の形成をなし、これが教育の確定的な基盤をつくり上げてしまっている。これは地域生活からする人間の形成というべきである。我々は一つの地域に住んでいるが、その地域のもっている形成に注目しなかったならば、人間を如何に育て上げるかについての重大な基底を見失うこととなってしまう。

人間の生活に於ける結びつきは、職域や地域ばかりではない。実はこの中に更に様々な生活の構成がなされている。先ずあらゆる人々は家をもっている。家生活の中に於いて形成がなされているが、家では生れた子供から成人に至るまで、更にその一生を終るまでに様々な人間関係が結ばれていて、その中で家族は人となっている。この場合に家のうちに成立している気風によってつくり上げられているものがあって、これがその人々にとって動かすべからざる生活の土台となり如何に形成されるかはその基本となるものをここからえてきている。家風を問題にしたり、家の伝統を重く見たりするのはこれによるのである。又家生活の他に友人生活があって、如何なる人間と交るかはその人間を決定することともなる。昔から朱に交れば赤くなるといったり、水は方円の器などというのはこうした人間交際によってつくり上げられるものを指しているのである。これ等の生活の中でえられている人間形成は何れも同じ姿をとったもので、何かを見たり聞いたりしてその内容を把捉するというものではない。人と人とが共にあることによって互につくり合うという形成の姿である。これは人をつくり上げる働きとしては最も重大なものであって、限りなく広い領域に展開されている。われわれはこれを人間形成にとって最も基本的なものと考える。教育はここから先ず着手されねばならない。それは教育が生活の中に成立していることを正しく見たときに得られる教育の基本的な考え方である。

人間が生活の中で形成せられる姿は、広い人間関係を基礎とはしているが、それとは別に世の中に於いて様々な媒介に触れて自からをつくり上げている。この媒介を通して内容を把捉する様式は日常生活のあらゆる機会に度々示されているのであって、人間が世間の生活で知見を広めたり、技術を獲得したりするのは大部分がこの形をとった人間の形成によるのである。この際には別に教育者の如きものの登場を必要としていないのであって、各人が自から人間の形成をなしているというべきである。従来はこのような形をとった人間の形成を自己教育などとも言った。それは別に他人から教えられる形をとらずに教育が自からの力によってなされているからである。こうした自己教育の世界をわれわれは生活の中で多数もっている。例えば読書をすることによって教養を高めているというのは、書籍を媒介としその中に盛られている内容を把捉することによって自らをつくって行く姿である。読書はこのような人間の形成をするのに大きな力となっている。我々は書物によって人間が形成せられるという事実を認め、これを教育の重要な一面とする。この他にも同様な形をとった教育が存在していて人間を形成するのである。

読書によって人間が形成される様式をここでとりあげたがその他にも読みとることによって教養をつくり上げるものがある。新聞や雑誌がもっている形成の力は大きい。毎朝手にとる新聞紙によって国内の動向を理解することができ、これを通して世界の情報に触れている。われわれはこうした新聞をもって社会を見る眼をつくられているので、新聞の記事が筋となって世事についての考え方が組み立てられている。新聞はこのような意味で人間の形成される過程に於いて至大な働きをなしているのである。雑誌はまとまった形をもって時局下の問題をとりあげたり、重要な科学上の傾向を論定したりするものである。新聞程の速報はできないにしても、最近の傾向をまとめて取扱うことができる特質をもっている。これによって読書人を形成しているのであって、こうした読物による人間の教育を重視せねばならない。

　読みとることによって人間がつくられる姿とは異って聞きとることによって教育を受ける世界がある。最も多くの時間を聞きとることによる人間形成に役立っているのは他人との談話である。談話によって読みとることの出来ない多くの内容に触れ、それで人間をつくり上げてきている。人間の生活を考えると話すことによって諸事に通ずることが如何に多いか。世間ではこうした聞きとることによって結論を簡単に把捉することを耳学問などと称して正規の学習と較べてこれを軽く見ているようである。しかし耳学問によって充分にその内容を習得することができるならば、これは聞くことによる教育として重視すべきである。聞く形をとっているから一概に望ましくないとは言えない。聞くことに特有な意味は伴っているであろうが、それとしてこの形成力は尊重さるべきである。聞くことによる教育を近代の機械技術に乗せたのが放送である。従って放送は独自な性格をもっているが、今日では人間を形成するための力をもつ一つの教育形式として重要である。放送によって如何に人間がつくられつつあるのかは今日の文化教養の問題として重大である。

　読みとる方式や聞きとる形の他に何かを見ることによって内容を捉え、これで人間をつくり上げる教育がある。例えば絵画を見るとするならば、それによって美術についての教養を重ねることとなる。絵のもっている文化はこれを見ないものにとっては何等の力をもち得ないのである。見る人にとっては優れた絵に親しむこと即ち絵を見ることによる重大な形成を受けてきている。他人の実践を見ることによってその人間が工夫して修得したものであっても、一見しただけでそれをつかみ、自からを形成する力の一つとなすことができるのである。名人というべき高い技術者が多くの苦心をもって積み重ねてきていた作業の技術も、他人に見せて同様な方式で何回かやらせることによってそれを習得せしめることができる。現に世間ではこうした高い技術の伝授が広く行われている。これを人間の形成される一つの様式として正しく認め、更にこの方式によって教育の拡充につとめなければならない。

人間の形成はここに掲げたような多くの文化教養の施設に於いて行われている。この施設のうちには人間をつくり上げるための材料が集められていて、それを読ませたり、聞かせたり、或は見せたりしている。これは人間を形成する材料を集積しているものであって、例えば図書館、博物館、美術館、食堂などである。このような施設が豊かにつくられていることによって人間の形成に資することができるのである。もしこのような文化施設が見られないならば、それによって人間を形成することもまた行われなくなる。音楽会が開かれてそこで美しい旋律の演奏がなされるならば、それを聞くことによって多くの市民が形成される。もしこのような施設が存在しないならば、それだけ音楽についての教養を低いものとするのである。われわれは人間を形成するための媒介を出来るだけ豊かに提供しなければならない。これは人間をつくり上げるそれの方法を立てる一つの途となる。

このような教育の材料を相手の人々の周囲に用意しておいてその人を形成しようとする方法の他に、直接相手の人間を教える様式がある。丁度学校の教師が生徒を教えるように、或は職長が新しい工員に技術を教えるように、直接に相手の人と向い合って教授する方式が存在している。われわれはこれを教育の基本となる様式であるとして永い年限に亘って取扱ってきているために、これのみが人間を形成する方法であるかのようにさえ見てきている。それ程この方式には特殊な意味がつけられ、一般に広く認められてきているのである。これは人間を育てるための方法としては最も強力なものとなりうる。強力でありうるというのは教えようとする相手の人間を自分の前に置いて、これに考え方や知識の内容を徹底的にたたき込むことができるからである。そのために必要とする場所が特に用意され、設備がなされたものが学校である。学校には教師がこの教育方法技術を展開させる人間として任命され、教材や教具を用意し、それを用いて生徒を教えようとしているのである。生徒が入学してこの教師に就くならば直ちにそこで教育方法の展開がなされ、生徒は形成されるようになる。どのように形成するかについては教師に或る計画が立てられているのであって、その企画による教育が進められている。こうした計画教育は学校を次第に組織化することとなり、初等教育、中等教育などの学校体系をつくり上げてくる。この学校体系の中に於いて生徒がつくり上げられつつ次第に高次の学校へと進められ、高等機関や職業学校などに於いては更に細分された専門による教育が用意されていて、あらゆる人々の要望に応ずることのできる形成を与えている。

この教育様式は学校ばかりでなく、職場に於いても存在している。一つの職場に於いて高い技術をもったものが、未だその技術を修めていない若い人々に対して、技術を練磨しようとするならば、単に見習わせておくだけではならない。進んでその技術を説明したり、或はその技術の原理を講義しなければならない。こうした技術を理解する基礎をつくって置いてそれから技術そのものについて手をとってこれを授ける方法をとることができる。このような場合には学校に於いて教師が生徒を教えるのと全く同一な人間の形成方法がとられている。従って教育の様式としては学校と同様なものと考えてよい。家庭の中にあってこれと同様な教育の方式がとられているのであって、親はその子を、兄や姉は弟妹を教えている。その際には親や兄姉は教師と同様な働きを示しているのである。これ等の様式は相手の人間を如何にしたならばよく形成しうるかを問題としているもので、人を育てるために特に大きな役割をもっている。

人間はどのようにして形成されているものかについて、あらゆる形成の様式を探求した。こうした様々な方法が組み合わされて人間をつくっているのである。従って人間はどうして育てられているかを正しく理解するためには、ここにとりあげたような教育の方式のあらゆるものを見渡さなければならない。

そして如何なる働きによってその人間が形成されてきているかをつきとめるのである。若しこれからわれわれの前にある人間を形成しようと考えるならば、ここに示した多くの様式の総べてを用いて相手をつくり上げる工夫をしなければならない。それによって初めて人間の形成ができるのであって、その何れか一つをとってこれのみで形成しようと如何に努力しても決して人間をつくり上げる途とはならない。あらゆる教育方式に通じ、これを巧みに展開できる技術を担ったものとならなければ、人間を形成する位置につくことはできない。

教育改革研究の進展をめざして

学校の新しい体制

『新教育』一巻二号、一九四六（昭和二一）年八月

学校の体制が如何になるべきかに就いては所謂学制改革問題として論ぜられて来ている。その際に教育は学校の体制を改めるばかりでは決して変革せられないということも以前より度々言われている。それであるのに教育を如何に改革すべきが議題となるときには常に学校の体制がこれでよいかどうかがとりあげられている。この度アメリカ教育使節団が来朝してマツカサー元帥に今後の日本教育改造についての提案をなした際にも学校の新しい体制によって民主教育の実現を求めている。そうすると学校の体制についての改革問題は依然として現在とり扱われなければならないことを示しているというべきではないか。殊に教育を民主化する仕事の一つとして新しい学校の体制が提案されているのは注目すべきことである。

アメリカ教育使節団は学校の新しい体制についてどんな問題をとりあげたであろうか。私は使節団報告書を通覧して学校の体制を改むべき提案は、中等教育体制の改造に集中されていると思っている。その他の部分に於いては学校の構成をつくり直すほどの提案になっているものを認め得ない。中等教育体制の改革に就いては先ず初等教育の改編より着手されなければならないとしている。我が国の初等学校は国民学校の制度をもって構成されているが、その学校体制には不明確な部分があると指摘している。それは初等学校が六ケ年をもって一応完成された如くであって然かも二ケ年の高等科が付け加えられている。この高等科には中等学校へ進学しなかった青少年大衆層が入学している。この二ケ年の教育は民主教育の原則に従って正しく取扱われなければなら

ないことが指示されている。即ち袋小路的な学校の体制となっている高等科二ケ年を他の中等教育機関と同じ編成の中に入れなければならないとする考えである。学校進学について青少年の希望に副わずにこれをはばむことを許し得ないとしたのである。中等教育が機会均等に解放せらるべしとするのは民主原則による学校の新しい体制の基底をなす思想である。

使節団はこの部分に該当する学校を再編成して初級中等学校の体制を実現すべしと提案してある。初級中等学校は国民学校、高等科、青年学校、中学校、高等女学校、実業学校を再構成して成立するものであるとしている。即ち初等学校六ケ年の教育を修了したものがここに入学し、修業年限三ケ年、男女共学、無月謝制であって、義務教育制度として取扱う方針が示されているのである。この提案によって既に大正末より学校体制改革の試案の中に見えている「総べての青少年に中等教育を」という思想が素直に示されている。中等学校が選択性をもっていて人によって学校が区別せられる思想に基礎づけられた学校観はこれを旧い形としてこの際放棄すべきものであることが指示されていると考えられる。ここに中等教育を青少年全層へ解放する新しい学校体制観が認められる。

使節団は更にこの初級中等学校の後に高級中等学校の制度が立てらるべきことを提案してある。これは男女共学で、修業年限三ケ年であるが義務制ではない。併しこの学校へ入学したいと希望する生徒を全部収容せらるべきであると要請されているのであるから、ここにも特別な選択性が織り込まれていないこととなる。かくすると中等学校の体制は使節団の提案によって改革されるとして六、三、三制となるのである。この六、三、三制による学校体制はアメリカ合衆国に於いて最近の数十年間に次第に各州に普及して来ている新しい学校体制と年限を等しくする編成である。今日アメリカの学校には八、四制とこれを改造した六、三、三制とがあるが、このうち六、三、三制を考えの中に入れて日本の学校体制を改むべきことを提案したのが使節団報告である。高等科は八年制初等学校の如くであって実は初等科六ケ年から、中等学校への連絡がついている為に、普通に見られない特別な性格がそこに伴われている。この点を指摘して中等学校の新しい体制を示唆したというべきであろう。

今日のアメリカに於ける学校の体制はその全部が六、三、三制となった訳ではないが、六、三、三による初級中等学校の設置が、学校の民主化に寄与したことは極めて大きいものが存している。八、四制に於いては八ケ年の初等教育を修了してから後に更に四ケ年の中等教育へ進むことは多くの青少年にとって決して容易なことではなかった。その為に八年の初等学校で学校が一段階をなし、それ以上に進学する機会を妨げていたのであった。このときに初等学校を六ケ年で切り、その後の二ケ年と中等学校の下の一ケ年をとってこれを合せ三ケ年の初級中等学校を設ける体制とし、この学校を如何なる田舎にでも設けることが出来るようにしたことは、学校体制の大きな変革であった。これによって今迄中等学校への進学を断念せざるを得なかった、多数の青年に、八ケ年の教育の後に更に一ケ年を付加することによって兎に角中等教育を受け得ることとしたのである。総べての青年に中等教育を授けなければならないという理想を初級中等学校制に於いて実現し得たと言うべきである。これで中等教育の下級を完了することが出来れば、それで実務に就いてもよく、更に三ケ年の学業を受けて、中等学校教育を完了することも甚しい困難なくして出来るのである。このことが高級中等教育の普及にもなったのである。学校の体制を改めることは教育改革の外形的な一方策に過ぎないけれども、これが教育全般の水準を高め、国民をして教育による新たなる希望をもたしめることとなるのである。

それでは我国の学校体制に対して六、三、三制が指示されたということは如何なる意味をもっているのであろうか。若し使節団報告書の中に提案されている如く初等教育は六ケ年をもって完了する学校によって行われることとなり、その後に来るあらゆる学校が総べて中等学校であるとされるならば、中等学校の観念が重大な変更を受けることとなるのである。我国に於いては中等学校が選ばれたものの入る学校であると考えられている。事実に於いて入学試験が行われていて、初等教育を修了した生徒の中から中等学校進学者が選ばれている。この結果として一般青少年大衆はここに在学すべきものではないという考え方が常に背後に存している。実際に中等学校へ進学している男子は青少年の約一五％である。他の八五パーセントはこの中等教育機関へ進学する機会が与えられていない。この事実は我が国の中等学校が十二、三歳の線に於いて、青少年を二つの途にふり分けて考えていることを示している。ここに於いて問題は青少年に与えられる教育が二つの異った性格の学校即ち中等学校と中等学校として承認されない低位なものに分たれていてよいかということとなる。

教育近代化の原則よりすれば、国家は国民全体に公立の学校を施設してここへ青少年を機会均等に入学せしめなければならないのである。この目標をもって公立学校が設けられて来ているのであるが、国によって教育の伝統を異にする為に、様々な形をもった学校体制がつくられて来ている。殊に中世的な教育の伝統をもっているところに於いては、この学校体制を純粋な形に於いて実現することが出来ずに今日に至っているところが少くない。中世的な教育の伝統は学校を二つの形に分けるのである。即ちその一つは高等教育にまで発展する学校であって中流以上の子弟のために門戸が開かれている。他の一つは庶民子弟のための学校であって、これは前者とは別にその門を大衆に開いていて、両者が異った学校として成立している。この二重学校の体制を如何にして改めて学校の近代化を行い、教育を民主主義の原則に適ったものとするかがこれ等の国に於いて問題となった。第十九世紀末より今世紀に入って各国に於いて展開された統一学校運動なるものがこれを我々に見せている。統一学校は教育民主化の要望によって成立しているものであって、二重学校の観念を改め教育の機会を均等にし、あらゆる青少年に学校の門戸を平等に開くことを求めるのである。この学校体制についての考えが発展するならば、我々はここに単一学校即ち初等、中等、高等の三段階の学校があらゆる青少年に差別なく与えられる体制へ到達することとなる。

我国の学校体制は原則として明治初年以来近代学校の観念によって構成せられている。初等教育はこの原則によって全国一様に全くの単一学校体制をとっていて、機会は完全に均等となっているのである。ところがこの初等教育を終って中等教育段階に進む際に事情は著しく異って来る。一応学校は近代化の原則によってその門をあらゆるものに均等に開いているが、実はここに様々な選択が加えられている。青少年は自からの選ぶ如何なる学校の体制へでも自由に進学することが出来るのではない。入学したいと希望する学校の体系があっても進学は入学試験によってせき止められて、断念せざるを得ない有様が一部の学校に於いて見られている。ところが同じ段階にある同年齢層の子弟の入学する学校であって、青少年の来るのを求めても進学して来ない学校が存している。これは一方で進学が拒まれ他方に於いては求められてもここに集まらないということである。これは近代化の原則を真に実現しているものとは言うことが出来ない。その実情を学校の種別によって明確にするならば、中学校と実業学校と国民学校高等科、青年学校の三つが初等科六ケ年の教育を修了したものを受け入れている。このうち中学校はその門戸を国民の前に最も狭く開いているのである。然かもこの最もせまい門が高等教育機関への進学を約束している。若し高等教育機関にまで入りたいと希望するならば、先ず中学校の門を如何にでもして通らなければならない。従ってこの学校は最上位につくこととなる。その次にあるのは実業学校である。この学校は中等教育のみで学校を終りその後は実務に就く子弟を在学せしめているのである。従って実務の種類によって分れここでは中学校の如き専門教育を将来に待望した普通教育を行うことが出来ない。ここでは中等実務学校として専門化された教育が施されているのである。ところがその次に位する更に一つの学校体系がある。これは国民学校高等科とここを卒業したものの大部分が入学している青年学校である。青年学校は男子にとって義務制となっているが、高等科と合せて七ケ年の教育を受けていても、これは中等教育機関としては取扱われず、ここを卒業しても中等学校を修了したと同じ資格は与えられない。

公立の学校であってかくの如き三つの異った性格をもったものが門を開いているのである。高等教育に連絡する中学校、中等教育で終っている実業学校、中等学校としては認められない青年学校である。然かも第三の青年学校の学校体系へ青少年層の八割五分が進み、中等学校を完了し得るものは一割五分に達しない実情にある。青少年大衆のための学校が永い年限を要しながら、正しい学校体系としての位置を占めることが出来ずに今日に至っているのである。

同じく国家の学校体制の中に存していながら、三つの異なった性格をもった学校が分立していることは、教育の機会均等の原則よりして決して望ましいことではない。国民は自からの希望する学校の体制へその子弟を進学せしむることが出来なければならない筈である。これは単に教育の平等を求めるからばかりでなく、その原則によらないと国家の発展が期待されないのである。国民の学校進学の希望を促進するために努力するのが当然でこれを阻止し中途に於いて挫折せしむるが如き学校の体制は改めらるべきであろう。

アメリカ教育使節団が指示した日本学校体制の民主化方策の一つはここに存しているのである。国民学校初等科を修了したものが、全部無月謝の初級中等学校に進学しここで三ケ年の教育を受けるということは、在来深い根を張り、永い歴史をもっている中等段階の三種別された学校を一つの形に統一せよということである。これは一種の統一学校方策の実施を要請したものと言わねばならない。この使節団の学校体系改造の精神が実現せられるならば、国民学校六ケ年修了をもって全青少年が中等教育へ進むこととなり、教育の機会はこの点に於いて均等化される。学校体制を民主化の原則によって改造することはこの点から着手すべきであると指示されたのである。そこで我々は学校の年限を六、三、三とせねばならないという年限に意味があるのではなく、機会均等の原則が学校の新しい体制として実現されているか否かに問題が存していることを考うべきである。年限は四年でも五年であってもよろしいが、青年大衆を中等教育の体制の外に放置している体制を改むべきである。新しい学校の体制は先ずこのところから建設せらるべきことは明かである。

この中等教育に関する新しい学校体制が成立するに至ると、民主化の方向よりする学校改造が漸次実現されることとなる。今日必要なのは民主化学校体制の何等かの方策を踏み出すことである。初等教育と中等教育との連関に就いての民主化がなり立つと、中等教育と高等教育との関係も民主化されることとなるであろう。原則はこの場合全く同一であり、それが上位の学校に於いて問題となるに過ぎない。然かも我が国に於いてはかくの如き学校の体制をつくり上げることが既に遅かったというべきである。この遅滞をとりもどす為にこの際速かに基本方策を決定してこれを実現すべきである。尚お我が国の学校は、民主化の原則による新しい体制を実施した後に、更にこれを再編成しなければならない課題をもっているのである。新しい学校の体制はかくして我々に二重の問題を与えているといわねばならぬ。

教育歴史性への探求

『教育社会』二巻三号、一九四七（昭和二二）年三月

今日の教育実践は、極めて複雑な規定をうけている。これを簡単に如何なるものであると断定し得ない情況にあるといわねばならぬ。最も大きな力をもっているものは、現に教育が占領下にあるという社会性の規定である。この基盤の上にあらゆる教育実践が位置させられているというべきである。この基盤に於いて、全教育に意味が与えられている。しかも、この社会性の規定は、連合国家間の関係によって、国際性をも備えているのである。先ずここに着眼しないと、現に行われている一切の教育の性格を把捉することができない。教育社会性への探求は、かくして、至重な意義をもっている。しかし、教育社会性の正しい把捉がそれの歴史性を見ずしてあり得ないことは、教育の本来もった性質によって、明らかにされている。歴史性の裏づけがあって、社会性もまた将来への方向を見出すことができる。これでは、社会性と離るべからざる教育歴史性への探求は今日どうなっているのであろうか。

終戦後の教育では、歴史性を探求することに於いて、本来の如くではならないという特殊な性格決定を受けている。殊に、戦時教育体制の中に於ける極端な国家主義・軍国主義・神道主義を清掃する指令が発せられてから、全体として、歴史性の探求が圧服された姿になった。何となれば、これらの思想は、すべて歴史的な背景によって裏づけられていたからである。かかる戦時教育体制の切りかえと共に、歴史性そのものもたち切られた感を示している。歴史は言えないという一般的な決定がどこかにただよっていて、それで全体の性格が決定されたと受けとられている。この傾向は、今日に至るまでの戦後教育

の性格をきめている一の特色である。それでは歴史性への探求は、全く喪失されていてよいであろうか。われわれは教育歴史性への問題をどうしてもここで一度正しくとり直す必要があると思う。それなくしては、教育の正しい発展が望めない。

終戦後は一般に教育歴史性への探求がたち切られたとはいえ、なお特殊な形をとった歴史の探り方が現われている。それは戦後生活及び文化の基本となっている民主主義と教育歴史とを結びつける思想である。この思想は、わが国の教育歴史のうちには民主主義が存在していたとして、これを探求するものである。これは、日本に民主主義教育の思想が存在していたのであるから、それと今日の民主教育とを連関させようという考え方である。そのことには、封建的或は全体主義教育を歴史性によって裏づける際にとり上げられたと同じ史上の人物を捉え、その教育思想が民主的であったとして、今の思想主流に乗せようとすることさえなされている。これらの史的人物のある人々は時代の転変によって自分があらゆる思想の基礎づけに用いられていることのために、何れを向いて位置すべきか混迷しているものもあると思う。かくして、日本にも昔から、民主教育が存在していたのだという簡単な結びつけ方で、今日の教育歴史性の探求に答えようとするならば、これは決して正しい歴史性を展開させることにはならない。そればかりでなく、かくの如き探求は、教育の中に於ける真実の発展に何ら寄与するものではないと思う。あるべきものはこれを正しくその位置につけて、それの担った歴史性を語らしめねばならぬ。

われわれはここで、教育歴史性の問題を正道にもどさねばならない。そこでまず第一に、今日の教育は著しく基本的な課題をもっているために、それの歴史性を探求せざるを得なくなっていると考うべきである。この数十年来、教育の基本構造から検討して、それのもっている歴史性をつきとめなければならない事情に立ち至っているのである。教育歴史性の世紀的課題に当面していることが、世界的な教育問題によって明らかにされている。われわれには実践者育成の方式を提出すべき課題が与えられているのであるが、これを正しく解くためには、先ずそれがもっている全般的な歴史性を見なければならぬ。次には、近世以来の教育主流が如何に実践者育成と異なった方式をもっていたかを、歴史的発展を跡づけながら把捉せねばならない。それとの対照がなされることによって新しい教育方式が明確にされる。更に、教育史上には実践者育成の基本方式を古い時代に於いて実現したものが存することを認めざるを得ない。これを教育歴史の上に求めて浮き上がらせ来るべき方式と連関させて展開せしむる方法がとられねばならない。この時代を画すべき教育発展段階の規定をした後でなければ、どんな教育であっても、これを実践の世界へもってくることはできない。

今日は、教育に於ける民主主義が問題となっている。ここにあらゆる教育改革が根を下しているのである。民主教育が如何なる特質をもったものであるかは、それが発展して今日に至っている歴史を辿らなければ明らかにならない。現在の日本に於ける教育民主化は、アメリカ民主教育と特に深い関係をもっているのである。アメリカに於ける民主教育の発展を見ないでは、現にわれわれが教育改革の基本原則としている民主主義の如何なるものであるかを把捉することができない。アメリカ民主教育を探求すると、これはヨーロッパ近世教育との連関をもっていることが明白となり、ここでヨーロッパ近世教育発展史との結びつきによって、日本の教育改革が原理としているものを明瞭になし得るのである。欧米近世教育の歴史性を背景として見た民主教育によって、われわれが問題としている教育原理の正しい性格を認知することができる。かかる意味に於いてアメリカ民主教育史が探求されているであろうか。更にアメリカ近世教育よりヨーロッパ近世教育の歴史性まで問題としているであろうか。かかる教育歴史性の探求なくしては、民主教育がどんな役割を果すものとして世界に登場しているかを正しく見ることができなくなる。歴史によって裏づけられない民主教育の理解は、根をたち切られた樹木の如く、危いものをもっている。日本の民主教育も、世界民主教育史の一環としてみて、始めてそれの占める位置が明らかとなり、担うべき役割も決定されるのであろう。

民主原理によって日本の教育を変革せんとする際に、民主教育の世界歴史性を見るばかりでなく日本の教育は果して如何なる歴史性を担って今日に至ったかを確認せねばならない。このためには日本の教育発展を跡づけて、その性格を決定すべきである。ここにも新しい教育歴史性探求の課題が見出される。殊に、近世以来の日本の教育はどんな構造のものであったかを仔細に探求せねばならないのである。それを単に一般性に於いて捉えて、すべて今日までの教育が封建的であったなどと簡単には処理できない。事実によって教育の性格を見るならば、江戸初期以来、庶民の生活が発展するにつれて、教育が武家のものから庶民のものへと転移したことを見る。そこには、封建武家社会の教育でありながら、多分に市民性を示したものが存していることを認めざるを得ない。明治維新後はどうであったろうか。四民平等の標語によって、教育の階層による構成を打破した。しかも、この教育実践は、アメリカとの結びつきに於いて展開された。一八七〇年代のアメリカ教育が大きな力となって、明治初期に於ける日本教育の近代化を促進している。その後事情は変化して、ヨーロッパ教育伝統思想が入ったとはいえ、日本の教育は単なる封建教育ではなかった。複雑な形ではあるが、今日に至るまでの教育発展があっている。この教育発展の系列を精細に辿ると共に、それの歴史性と連関させて民主教育の意義を把握し得ることとなる。今日アメリカ民主教育の性格には関心があるけれども、日本の教育がもっている歴史的な性格を細かく検討していない。これなくしては、民主教育が単なる標語に終り、何等の実践力とならなくなる。かかる日本教育の歴史性探求については何ら他を顧念する必要がない。われわれの見る如くに、教育歴史性を語るべきである。

これからの教育を形成するためには、優れた教育先人の思想を見直さなければならない。今までは、多くの人々に承認される考え方をもって、大教育思想家や、教育実践家を取扱っていた。然るに今日は、教育の基本方式が転換されつつある。この際に、新しい立脚地から、多くの教育家が歴史上に残した思想や業績を跡づけてみなければならない。彼らの残した言葉や、著書や、事業の中には、貴い珠玉が含まれている。このような教育歴史典籍を掘り起す仕事を早くしなければならない。それによって獲られた内容が、これからの教育を進展させる力となり、教育構成をなす血とも肉ともなるのである。かかる教育上の先哲を通して、これからの教育の基礎がしっかりと築かれる。では、今日かくの如き教育古典がどれほど手にされているであろうか。嘗てあった教育思想家についての解釈や著作の解説などは、どこかに積み上げられていてよい。然しながら、これら先人の残した典籍や業績は、われわれの手をもって新しく取扱われ、今までとは異なった意味を与えて位置させねばならない。それがあって教育建設の道が開拓される。教育古典を手にして、ゆっくりとこれを解釈し直すことは、われわれ教育者に求められている教育歴史性への一探求課題である。

教育は、歴史的背景をもって今日に至っている。現在の段階に於いて、今までの教育の或ものが批判されて消滅し、或ものが肯定されて発展させられようとしているのである。この際、あらゆる角度から、教育歴史性探求の手をさしのべる必要を痛感する。その正しい理解なくしては、戦後教育のどんな建設もあり得ない。今日の教育社会性を重大視すると共に、それの歴史性が見えざる根源力を培うものであることを再認識すべきである。

社会科教育（上）

『社会圏』二巻二号、一九四八（昭和二三）年二月

社会科は最近における学科課程の改革に際して採用されることとなった新しい教科目の一つである。この社会科はアメリカ合衆国の新しい学科課程の一つをなしているソーシャル・スタディスと深い関連をもっている。アメリカではこの教科目による教育が進歩的な学校において実施せられ既に三十年の歴史をもっている。今日では決して全部の学校がこれを採用しているのではなく、依然として限られた学校ではあるが、しかし新教科目の一つとして広く承認されている。こうした新しい社会の学習と連関をもって我が国の社会科は成立したものである。昭和二十二年度からこの新しい教科目を全国の小、中学校が一斉に実施したことは、教科構成の問題からして注目される事実というべきである。

社会科は今まで授けられていた歴史、地理、修身、公民等の数教科を集めて一つに編成したものとは言えない。しかし教科全体の構成から考えるならば、これらの伝統された教科が担当していた教育内容の領域を、新しい教科の性格によって編成して出来上ったものといって差支えない。こうした新しい編成によってまとめられて登場した教科であるために、アメリカのソーシャル・スタディスにあっても、今日依然としてこのソーシャル・スタディスの下に歴史、地理、公民と記して社会学習がこれらの領域を担当していることを明かにしているものがある。これらは社会科が新しい教科目でありながらその内容は従来の教科構成と連関してその特性を備えていることによる。我々はこの新しい教科の性格を考える際に、教科全体の構成を明かにしてそのうちにおいて社会科の教育は何をなさんとしているのかをよく

考えなければならぬ。漫然と社会科教育にとりついても決してこの新しい教科の正しい発展に寄与することはできない。

社会科は内容教科の一つであって、自然にその学習をなす理科、技術についての学習をなす芸能等の他の内容教科と共に成立している。理科が自然科学と連関してその内容を構成し、芸能が技術学と結びついて成立していることとならべて考えると、社会科は広く人文諸科学との関係をもった教育を施すものであると、見るべきである。従って社会科が内容教科の一つとして担当すべき分野は歴史、地理、政治、経済、社会、道徳等に亘るのである。これらの諸人文科学の内容をまとめて生徒に学習させようとしていると解釈してその教科の性格が明かにされる。もちろん社会科は人文科学によって成立しているものではないが、諸科学と連関させてその内容の領域を理解するならばかくの如くに言うことができる。

さて社会科はどのような教材によって学習をなさしむべきかについては既に文部省より社会科の学習指導要領が公にされ、また教科書も数冊刊行されるに至ったので、これによって内容を明かにすることができる。これらは社会科教育を成立させるための重要な基準であって、大綱はここに定められている如くである、と言うべきである。この基本方針によって社会科の教科内容を明かにすることができるので、どのような社会科学習がなされるかはこれらによって決定され、それ以上探求の必要はないとも見られる。しかし社会科教育はこうした指導要領や教科書ばかりでは実践できない。実はこれらの基準や教材書を使用するだけの教育基盤をつくって置かねばならないのである。これを築いて置かないならば、社会科で如何なる問題によって教育し、どんな教材が用いられるかの見通しも立たず、結局、教育方針の明かでないまとまらぬ学習に生徒を追いこむこととなってしまう。

それでは社会科教育を成り立たせている基盤をなすものは何であろうか。我々はこれをまずその学校の存在する地域に展開されている社会生活の現実に手を触れなければならないことを知る。ここを出発点として社会生活を展望し、生活の発展に寄与することのできる社会科教育たらしめねばならない。我々は社会科の教育が地域社会の生活現実を基底としてそこから組み立てられねばならないものとして確認すべきことを特に主張するのである。それは社会科の教育をこの国土に根を下した真実のものたらしめたいからである。また指導要領のうちにあるどんな問題をもって社会科の教育をなすべきかは、土地の社会生活、生徒もその中にあって存在している生活現実と結びついて初めて決定できるのである。

我々が営んでいる社会生活にはさまざまな問題が存している。その問題を解決しては、より優れた生活へと進みつつある。どんな生活上の問題が存在しているかが明かにされたときに初めて社会科教育の学習問題が設定されるのである。教師は生徒や土地の人々と共にまずどんな社会生活上の問題が存在してそれを我々が解決しなければならないかを究める。この生活課題に従って教育の筋書きである単元がきめられるのである。例えば我々は食糧についての問題をもっていてこれを解決しなければならない。そこで何を食べて生活すべきかという食物についての社会科学習の単元がつくられる。或は進んだ機械を導入して生産を発展させなければ、生活をこれ以上進展させることはできないという問題をその土地がもっている。そこで生徒も機械が生産を如何に発展させるかを単元として学習を進めることとなるのである。従って社会科教育の基礎となる単元の設定はこうした生活上の基本となっている課題によって決定されるというべきで、このためにその土地の社会生活を正しく見ることは社会科教育の重要な土台づくりである。

単元が決定されてそこから教育内容が編成されるに際してはこれまたその材料を土地の生活内容と結びつけて発展させることが教育方法として望ましいこととなる。それであって生徒の学習が真に内容を身につけるようになるのである。その際に教材は決してその土地に限らるべきではなく、その土地のある地方から、国内へ、さらには世界へと進めらるべきではある。しかし社会生活の具体的な内容はその土地に存在しているものでこれを豊かに取扱うことができるのであって、抽き出された社会生活の知識を内容として教授するものではないことを明かにすべきである。社会科教育をなそうとすると、どうしてもその土地の生活に触れてそこから材料をとって来るのでなければ充分でないことが、この教科を取扱ったものにはよく理解できるのである。このことをもって社会科の教育はその土地の生活の中から問題を発見し、その土地の材料を用いながら、次第にこれを強く展開させるものであると考うべきである。

こうした社会科の性質からこの教育を行うのにはその土台をなす社会生活の実体についての調査をしなければならなくなる。これは社会科の学習単元をつくったり、その単元の内容を発展させて充分な学習をさせるための基礎としての社会実体調査を試みなくてはならない。この社会実体調査の結果によって問題が構成され、学習指導がなされるようになることは望ましいことである。今日、社会科の教育を熱心に行っている学校では、みなこの社会実体調査の問題に当面している。そしてこれをやって組み立てなければ、よい社会科の教育ができないことを知るに至って、各地でこのための実体的な研究がなされつつあることは喜ばしい。このためには教師と生徒特に小学校上級から中学校生徒が社会調査をおこなって生活の実体に触れてきている。これはよい傾向で、社会調査をして社会科教育の基礎をつくりながら、その調査が貴い学習となっている。これで生徒が社会調査のよい指導をうけたならば、社会生活に対する考え方が改められることともなる。

社会調査によって握った内容をもととして社会科の教育を行う際にまずこれを単元につくり上げ、学習の課題表を構成しなければならない。このためには社会生活上の基本となる課題を充分にとり上げ、これを余すところなく教育内容として編成することを考えなければならない。この目的から社会生活の基本となる機能をあげて、これで学習課題をつくり上げる領域の決定をなすのである。どのような社会生活の基本機能をあげるかは人によってさまざまな考えが立てられているであろうが、次の如くに試みてはどうであろうか。生活を決定している基本は生産によるので、これをまず第一に掲げ、これと結びついた流通・消費の機能をあげる。さらにこのためには交通運輸や通信がある。人間に関しては教養、娯楽、保健の機能があり、こうした生活を完全に展開させるために保全や政治があると考えるならば、ここに十の社会機能をあげたこととなる。こうした社会の機能によって教育内容がつくられる領域が定められる。アメリカの社会研究ではさまざまな社会機能をスコープとして教材を編成しているのであって、教材の構成にはこうした基本となる框を必要とする。我々は社会科教育を行うためのスコープを決定しなければならないのである。これなくしては教育の組織ができない。

社会生活の基礎をつくっているこれらの主要な領域のうちで、どんな課題が存しているかを実体調査から明かにすると、社会科の教育ではどんな材料によって、如何なる単元で学習させたならよいかが明かにされる。こうした内容は社会生活上の要請によって、学習すべきものが示されたのであって、これを何学年で如何に教育するかは未だ決定せられていない。こうした順序を決定する基礎となるものは生徒の興味や要求さらにはこれを処理し得る能力である。これらの生徒のもっている力によって、何学年で如何に取扱うべきかが定められるのである。この順序を決定するためには生徒の研究を必要とする。社会科の学習においては、生徒がどんな社会生活の認識をしているのか。或はこれを如何なる態度で生活のうちに処理しているのか。または社会生活を展開する如何なる技術をもっているかが調査研究されていなければ充分でない。これらは被教育者の社会生活の研究である。これが究められていて初めて社会実体調査による課題に順序がつけられて編成がなされる。

社会科の教育を完全に行うためには、こうした内容を容編成の基本となる研究や調査が必要である。これによって学習の指導をする大綱がつくり上げられて教育が開始される。これは社会科教育への基礎を築いて行く努力であるが、これがあって単元が明かになり、学習作業が決定されるのである。また教科書やその他の参考書や、生きた多くの学習材料が使用されることとなる。新しく出版された社会科の教科書にはこの教科書を順次に説明したり、暗記させたりする教育法をとってはよろしくないと記されてある。教科書は生徒が、社会生活上の生きた問題に触れて学習をなす場合の手引きとなったり、材料を提供したりするもので、この教科書を読ませたり説明したり、覚えさせたりするものではない。もし今までの教科書観によっていたならば、せっかく新しい希望をもって登場した社会科も旧態依然たるものとなってしまうであろう。社会科学習の要旨はどこまでも、我々の社会生活の発展に結びついたものとなることにある。決して既成の社会生活の組織を教授するものではないということを考うべきである。

（次号完結）

『社会圏』二巻三号、一九四八（昭和二三）年三月

社会科教育（下）

社会科の学習は、内容を構成する際に今までとは異った方針によらなければならないが、これら内容を教育する方法においても特別の工夫を必要とする。全く新しい視点から教育内容を組み立てたのである

から、いかに学習させるかの方法も革新されねばならない。従来は地理、歴史、公民という教科の教育法には一つの型がつくり上げられてきていたのである。これらはいずれも教科書が教材とされていて、教師はこれを読ませたり、説明したりして、その中に盛りこまれている内容を理解させ、それを覚えさせようとしていた。こうした記憶を主とした学習法をとっていたために、生徒はこれを暗記ものなどとも称して他の教科と区別していた。教科書による教授の方法を或る意味で最もよく示していたのが、これらの人文に関する教科の教育法だというべきである。いわゆる教科書教材の注入教育法である。従って生徒は教科書に書かれてある内容をよく理解してそれを覚えるための勉強をしていた。こうした伝統的な教育法が普く全国の学校を支配していたのである。

このような伝統的な教科書教授法が行われているところへ社会科が新しく登場したのである。この際どんな教育法をとったらよいかは、新しく考え直さなければならない。既に前回に明かにした如く社会科の内容は土地の生活の中から編まれてくるものであって社会生活の経験を基礎としたものなのである。であるからこうした内容を学習させる場合においても、その方法には内容に即応した新しい形態を必要とするのである。ところが、学習指導要領のほかに国定教科書も新たに編纂されて出版せられるようになった。この新教科書が刊行されると以前に行われていた地理や歴史の教授方法がそのまま踏襲されて、この教科書を順々に読ませて説明し、その内容を覚えさせる式の教育法に陥っているものが少からずある。それで漸くここまで進んできた進歩的内容の社会科が教育方法の点で後退してしまうのは残念なことである。これについては小学校の六年生の社会科教科書として編纂された『土地と人間』の巻末にある父兄や教師への言葉のうちに、この教科書は順次に説明したり覚えさせたりしては困ると特に記してある。社会科の教科書はこれを読ませてその内容を覚えさせるものであってはならないことが決定されたならば、我々はどんな教育法を社会科においてとったらばよいであろうか。ここで新しい社会科の教育法即ち学習のさせ方を探求して見たいと思う。

社会科の教育法は教科書の教材を教授する型からこの際どうしても脱却しなければならない。これはこれからの社会科教育法の重要な出発点である。教師が教授することを主体とした教科書中心法から離脱するためには、まず生徒の学習を基本とする教育法に第一の足場を置かなければならない。これは社会科のもっている教科としての新しい性格から当然にとられなければならない一つの性質である。社会科は事実の知識を集積することを本体としたものでなく、生徒が社会での生活経験を積むことによって学習ができることを目指した教科である。生徒が生活の探求をなし、社会の現実に触れたり、或はその中に入ることによって内容を自からつくり上げてくるのである。もちろんその間には教師や土地の人々の指導を受け、知識もその間に与えられるのであるが、幹をなしている方法は生徒が生活の中で学習するということに存している。こうした意味において社会科の教育法としては、教師が本体となった教授法様式を、生徒の研究が中心となった学習法様式のものに転回させねばならぬ。アメリカ合衆国ではこれをソーシャル・スタディスと言って、社会生活を学習するところに特質を認めて、これを教科の名称としているのである。社会についての知識を授けるのではなく、社会生活の中で学習することを方法の基底としている。それで社会科の教育法は常に学習法の様式をとったものであることがまず承認せられなければならない。これは教科書を教えた教育方法の姿を改変する第一の基礎をなすものである。書物中心の教育法から社会生活の中での経験を基礎とした学習による教育法へ転換されてくることが、この度の新しい社会科の教育において待望せられているのである。

社会科の教育は生活経験の中における学習によって決定されることになると、従前の教育形式の中で用いられた教科書の性格は改められることとなる。

一つの教科書を決定してこれを教授する様式によって教育を行っていた場合の教科書は、学習様式の際には新たなあり方をしなければならなくなる。即ち生徒が学習をすることに教育の本体があると見るのであるから、教科書として編纂された材料は学習のための参考資料の一つとなるのである。そしてこうした学習参考材料はなるべく多く集められていることが望ましいのであって、一種類の材料ではその材料の編成に支配されて、別の角度から探求することが難しくなる。いわゆる教科書として一種類のものを持たせて学習させる方法は不適当で、社会科学習のための参考文献が充分に蒐集されて、教室に文庫が備えつけられるようにならねばならない。このように学習するための参考書の一つとして今までの教科書の性格を改めてしまわないと、よい社会科教育法が立てられない。現在の我国の社会科では未だ教科書万能の考が強く支配していて、社会科を教科書の教授として取扱っているものが多いが、これはまず第一に反省されねばならない。殊に中学校の社会科においてこの傾向が著しいのは残念である。中学校こそ生徒の生活のうちで社会関係の生きた学習がなさるべきである。それを教室の中で社会科教科書の座学に終始しているのはよろしくない。

社会の学習をするのにどんな方法をとったならよいかは、各方面から探求されなければならないが、まず生徒の自律的な学習の展開をさせるには、それに方向が指されていなければならない。別に教科書の第何課を学習するというのではないのであるから、学習を如何に発展させ、どのようにまとめるかという見通しがつけられていなくてはならぬ。この学習の企画がたてられて、まとまった学習の形態が出来上るようにするためにとられている方法が単元による学習計画である。これを単元学習というのであって、社会科はこうした単元による学習としてまとめられるものでなくてはならない。単元学習の企画はどうして立てたならよいであろうか。これについては教師や土地の人々や学科課程構成の専門家によって学習課題の構成がなされることは既に前回に述べた如くである。この課題によって単元の輪郭は出来ているのであるから、その中でどんな学習の展開をするかについて教師と生徒とが詳細な学習の計画を立てるのである。この学習企画を発展させることのうちに社会学習に入る生徒の活動の初歩があるというべきで、ここから生徒の仕事が始められる。生徒は集って討議し、学習の全貌を決定し、これによって適確な学習活動を展開することができるようになる。学習計画が生徒によって立てられないで、単元による教材が教科書で既に決定されているかの如くに考えるのは誤っている。

学習を展開させるためには、問題が設定されねばならない。何か学ぶべき材料が生徒の前に提出されるのではない。生徒が当面しているのは学習のための問題なのである。その問題を解くことによって、学習が成立するように指導されることが肝要である。そこで一つの単元には問題が設定されていて、それが目標や方向を明かにして、学習に系統を与える根源力をなしていると見なければならない。この問題が生徒の生活している土地からとり出されたものであることは、内容の構成で述べた如くであるから、その土地の生活現実の課題をこそ問題として提起するのである。従ってその問題を解決しようとすると、自からに土地の社会生活上の生きた問題に触れることとなり、こうした現実の問題を用いて学習の展開をなす結果となる。社会科の学習はこうしてどこまでも問題を解決する方法をもって進められねばならない。単元による学習はこのような一連の問題解決の学習のまとまりである。

問題を解決しようとすると、そのために必要な材料を蒐集してくる必要がある、この材料を集めてさまざまな考を展開させたり、今まで考え及ばなかった世界に入ったりすることができるようになるのである。材料は書物の形をなしたり、研究報告となっている文書によるものがまず用いられる。このために社会学習には、そのために用意された豊富な材料がなければならない。学校全体としての社会学習文庫や、一つの学級のための学習文庫が設けられることが必須なことである。いかによい問題が提出されたとしても、それを解くための材料がないところでいくら自律学習を求めたとしても、それは決して充分なものということはできない。こうした材料は何も一つの学校や学級で整えなくても、幾つかの学校が共同でこれを設備して、社会学習資料館のようなものをつくって、各学校の生徒がここを利用してもよい。こうした社会学習のための材料の集められた場所ができて、自由に必要な材料をここに求めるようなことが出来るならば極めて便利である。しかしこうした学習材料の蒐集には今日多くの困難があって、容易につくることが出来ない事情にある。こうした場合には、その土地の役所や、会社や工場、病院、商店その他多くの人々の家にある材料の提供を求める方法もある。それぞれの仕事を進めている専門の場所には何かの材料があって、これを生徒の学習材料に提供してよいことがある。その場合にはここを訪問して写しとるとか、しばらくその材料を借用して用い、必要な内容をとって学校の社会学習資料の一部に加える方法も存在しているのである。こうして材料を充分に揃えて問題の解決による学習法の基礎をつくらねばならぬ。このような材料の探求はすべて生徒の考と努力によってなさるべきで、材料をたずねることそのことの中に既に重要な学習が存在しているのである。材料を自由に引き出して自分の学習問題展開の基礎となし得るようになるならば、それで社会事象の取扱い方を学ぶこととなる。

最近の社会科学習法は何かの問題についての材料を集めてきて、これを整理して発表する方法ばかりが甚しく尊重されていて、統計表をつくることが社会学習であるかの疑問を受けるほどである。社会事象についての客観的な材料を集めることには、それとしての重要な意味はあるが、問題を解くことに学習法の中心は存しているので、材料はそのために用いられるものに過ぎないのである。従って材料を整えることにばかり教育がありと、一面的に考うべきではない。むしろ我々は問題が解かれつつあるその実体を拠りどころとして、そこで学習ができるように指導せねばならない。問題の解決はその土地の人々の営んでいる生活の中にこそ存在している。そこで社会学習の方法としては、生活の現場で仕事がなされている。その現実を用いて学習をなすべきである。これを社会科の現場学習というのである。現場で生きた材料とそれが動いている中で、実践的な理解をその身にしっかりとつけるようになると、初めて学習が社会生活の現実と一つになる。例えば或る土地において農産加工が一つの重要な産業として成立し、新しく工夫された生産場をもってその土地は営まれたとする。そこで今までの農産物の加工を新しい形態のものに改変して、土地の発展に資しつつあるとしたならば、この現場に教師と生徒とが入って、仕事をすすめつつある工場の人々と共に考案し、更に新たなる方式を工夫することがなされたとしたならば、これこそ本当の生産社会学習というべきである。現場の学習はこうして何処にでも展開させることができる。保健、衛生、治療等の問題は、病院や医者や保健所や保健技師の現場での仕事と共に学習が進められる。政治は町村会や市会の見学とも結びつき、流通消費については土地の金融機関や商店、配給所や家の台所との関連において現場学習をもつようになる。こうした現場学習の方法が加味されることは、社会学習を教室の中での教科書授業から解放する一つの大切な方法である。

現場学習を社会科の教育の一面に織り込むこととなると、社会生活の現場で重要な仕事を自から担っている人々や、その仕事の専門家と生徒や教師が結びついて、行動の問題の解決に当る端緒をもつくり出すこととなる。またこうした現場の人々は今までその土地の子弟の教育から隔絶されていたのが、自からを教育に責任をもった人として新たに認識することとなる。社会科の学習は教師だけの手によるものでなく、土地の人々との連関によってなされていた、いかなる人でも教育の一部に参加しうることが理解されるようになるのである。現場の人々はこうしたことから、単に自分の仕事場で社会学習の指導の一面に触れるばかりでなく、学校のうちにまで入って学習の補助者となる。このような現場人と社会科学習の結びつきはよい結果をつくり出すのである。例えば或る市で消防署について社会保全の学習の一部を行った際に、消防署を訪れたばかりではなく、消防署長や司令が生徒に、より正確な材料を提供し、正しい学習を展開させるためにと、学校にまできて学習のよき協力者となっていた実例を見たが、こうした土地の人々と社会科学習の深い連関は今までの学校を次第に新しい形式に切りかえる一歩をなしている。社会科の学習は、その土地で社会生活全体をつくり上げているあらゆる職能者との連関を緊密につけながら進められることを望まざるを得ない。

こうした現場の人々とも結びついて行う社会学習にあっては、生徒が一人一人で自分に与えられた材料を取扱っているという如き形では充分に学習を進展せしめることができない。そこでどうしても共同学習の方式をとらざるを得ないこととなるのである。実は学習の企画を立てる時から共同学習の原則がとられなければならない。一つの学級或はその中の幾つかの班が共同で学習の企画をなし、あらゆる学習法の立案をするのである。このような共同計画から出発するのであるから、学習は多くの場合、数人或は数十人の共同学習となる。その共同学習の方式の中で各人がそれぞれに自からの役割を果すようになると、学習の社会性が示されることとなる。事実、新しい社会科の学習をさせるのには、どうしても何人かの生徒が共同でこれを進めなければならないのである。その材料の集め方でも現場学習の方法でも、一人が自分の知識を坐って磨いて行くような方式ではとてもやり得ないのである。共同学習を本体とし、互に他の生徒と結び合い研鑚し合う方法がとられて、よい結果があげられる。生徒にはそれぞれに特質があって、これを共同の学習で正しく認め合い、その優れた点をどこまでものばすことのできる教育に入ることが必要である。社会生活そのものもこれと同じ方式でつくり上げられることが要望されるのであるから、学習もまた共同方式になっていなければならない。

こうして現場の生活に触れて共同の力で問題を解決するところに社会学習がありとすると、学習の結果をまとめて成果を示す際にはこれに適合した方法がとられなければならなくなる。我々は、社会科の学習が問題を解決して、その間に学習し得た内容を表現する方法で、これを共同にまとめるのがよいことを認めつつある。そのためには学習の技術化をしなければならない。技術化された学習の展開があらゆる社会学習に要請される。問題を解くことが既に技術的なものである。解くためには単に考えるのではなく、これをやってみることがその本領である。何かをやったりつくったりしながら社会生活の技術化された体得をするのが方法として最高のものである。これは出来あがった社会生活の知識を集積する方法とは異るものである。我々は、教室での坐学では到底よい社会学習ができないことを考えると共に、どうしたならば技術表現によって内容をまとめることができるかを探求せねばならない。

このようにして社会科の学習形態は社会の現実に結びつきながら生徒の自律活動を促進しつつつくり上げられるのである。我々はこうした社会学習の効果を見る場合にも、どれほどの社会事象についての知識が得られたのかとばかり求めてはならない。もちろん生徒に正しい社会認識をなさせることは、この教育の重要な仕務の一つではある。しかし単に社会生活上のことがわかったというだけでは足りない。社会の認識ができるよりも、優れた社会生活ができるようになることをこそ求めるのである。そのためには社会生活を営む態度がつくられ、生活の実践性が備えられねばならないのである。この着眼によって社会学習を実践的なものとして指導することが忘れられてはならない。こうした社会学習の実践性は生徒の毎日の生活の中に存在しているものであって、それを磨いてつくり上げることにこそ最も大きな効果を期待すべきである。社会学習の効果を見る場合にも社会生活がどれだけ解ったかを考査してその判定をなすばかりでなく、社会的な態度や、社会生活の実践技術をどのくらい備えるようになったかを検査すべきである。こうした効果の判定を考えて社会学習を進めるならば、よい結果をもたらすことができるであろう。

社会科は今日、新しい教科として問題となっているものである。その内容をいかにして構成し、どのように発展させるかは、今後の教育の実践に存しているのである。我々は社会科学習の正しい展開のために、内容をつくり上げる原則や方法を決定する考え方を確立して、これを筋金として立派な社会科を成立せしむべきである。そのためには新しい教科としてまだ形の決まらない今日、充分な検討を加えねばならない。こうした検討も単に社会科教育の思想としてなされているのでは不充分であるから、教育の新しい試みを実地に行いつつ進展させねばならないであろう。既に諸所において社会科の実践研究が始められているので、これらの将来の発展と社会科教育への寄与に対して希望をもつ。社会科の教育はこうした実践を通しての探求によってこそ、その真実なものを示すこととなる。

研究資料　川口市実態調査による社会科教材編成

『社会調査の理論と実際』一九四八（昭和二三）年七月

一、社会科教材構成の理論的基礎

我々は今新らしい人間像を描き出して教育全般を組み立てて直さねばならない。将来の日本をになう実践者を育成し得る教育を構成するのが課題である。今日新しく学科課程を編成する根本の立場はここに存している。これからの学校に於ける学科課程は実践者の入っている生活の現実を基盤として、そこからつくり上げられなければならない。

従来、教育の社会的性格についての理論、或は、その応用のテクニックは全く顧られていなかった。本当に教育を組み立てるには、先ず第一にその社会的性格を考えなければならない。教育の目的は自ら進んで社会生活に入って行く人間を育成することにあり、今度の六・三制はこの点を狙っているものであるが、いままで、この点が殆んど考慮されていなかった。

社会科教材編成のための川口市実態調査は、中央教育研究所と川口市との協力で実施され、その計画は昨年の春から着手され、私が中心となってこれを進めてきている。

社会科は人間の社会生活の現実を理解させ、且つこれに適応する能力を与える教科である。その目標は社会の現実について十分な理解をもち、諸々の社会的活動に対する賢明な態度と実践的能力とをもった人間を育成することにある。それ故、社会科の内容はまず郷土社会の生活現実を基底として編成される。このために生活現実を細かく分析し、それによって得た素材をもって内容を構成する。この場合、特に生活の現実において重要な意義をもち、生活の中軸をなすものは生産であるから、社会科の場合に於いても、これを主要な基底とし、諸多の内容はここに集中されて意味をなすように編成さるべきである。

社会科では生活現実からとった課題を解決することによって実習を展開するのであるから、常に郷土社会内に於ける生活の現場と深く結びつく。現場から材料が与えられ、これを取扱いながら、考え、判断し、指導されて学習の課程が成立発展する。この意味で社会科は現場学習をもととすべきである。

社会科学科課程の目的が右のようなものであるとすれば、その性格の内容は次のように分析される。第一に社会の基本構造及び機能に関する理解を与える。第二に歴史的発展を学ばせることにより、社会の現実への理解を一層深める。第三に社会の地域的連関の事実を理解させる。

以上の立場から、社会科教材の編成のための調査を行い、それに基いて小学校から中学校に亘る学習課程表をつくり上げたのである。

二、調査の方法

1. 調査の準備

調査地域として川口市を選定したのは、同市は人口約十二万、大きさが手ごろであり、且つ農耕地帯と工業地帯に分れていて、農村的性格と都市的性格を比較して窺うことが出来るからである。第二に川口市当局が教育に極めて熱心であり、我々の調査に積極的援助を惜まれなかったからである。

2. 調査の準備

第一の仕事として教員が主となって調査に当るのであるから、教員に理解してもらうことから始めた。

まず教員集会で川口市の実態調査に基いて教材が編成されなければならないという原則を説いて啓蒙したのであるが、これだけでは一応了解するにとどまり、実際にはやれない。そこで川口市新教育研究会という熱心な教員から成るグループを構成し、これに市の小学校教員を参加させ、更に中等学校の有志教員も加えたのである。この研究会を通じて教員自身が調査に当り、調査によって教員自身を教育する方法を採った。また生徒の参加も許し彼等にこれからの学習は自からの地域生活の現実から発展されねばならないことを教えていった。このような準備段階に於て、教員にまた生徒に、教材は生活現実の基盤からすべて出て来なくてはならないことを自覚させ、このような教材で学習をなすことがこれからの教育であることを理解してもらったのである。

3. 調査の方法

一、素材の蒐集

第一段の仕事―全市域に亘る生活構成基体の抽出。川口市は十学区に分れ、それが全市を蔽っているから、各学校区分担により、勉強の種になるものを採り出す仕事をしたのである。委員が中心となって児童生徒の協力により次の十一項目によって市内の施設物を抽出した。これは地域生活を構成する施設物によって教育を組み立てるという原則に基いてなされたのである。

（1）公共施設　（2）交通通信運輸関係　（3）農業関係　（4）工業関係　（5）商業関係　（6）接客業関係　（7）文化施設　（8）宗教関係　（9）娯楽機関　（10）健康衛生関係　（11）名勝古蹟

第二段の仕事—抽出した生活構成基体の類別整理。第一段の過程から六千以上の生活構成基体が抽出された。これを分類整理して四千六百枚のカードを作製、町会別項目（十一項目）に整理し、学区別に一覧表を作製した。また整理の結果を教材の構成に適用する目的から機能によって次の九項目にまとめた。

（1）生産　（2）消費　（3）交通通信　（4）健康　（5）保全　（6）政治　（7）教養　（8）娯楽　（9）家庭

第三段の仕事—主要な生活構成基体の分析。次の五つの項目別に分析調査用紙を作製した。

（1）生産関係（工業）（2）生産関係（農業）（3）物品販売（商店、問屋、配給所等）（4）公共施設　（5）史蹟　自然物

これも委員が中心となり、教師児童生徒の協力によって実行されたことは前段階と同じである。

二、以上の三つの過程から素材が一応整理されたのであるが、この素材に意味を与え、目的に適うように配列編成しなければならない。この目的を設定するために目的設定委員会が構成された。

委員会は左の如き人々によって構成された。

一般市民、各界各層の代表者（市の発展に熱意を有する者、教育に対し理解と熱意を有する者）、市行政の担当者

これらの市民、各界代表者の意見を聴取し、それを参考として川口市社会科の教育内容を決定するのである。この目的委員会に於ける諮問討議事項は（1）川口市の産業構成はいかにあるべきか、（2）

この課題表に基いて川口市の学校の教員が生徒に社会学習をなさしめることをすすめたのであるが、熱心な教員は昨年中に既にこれに基いて授業を行っており、本年一月から三月までには各学校数名の教員が、少くとも一つの題目について、現場で学習させることを開始したのである。

以上は簡易な社会調査によって社会科の内容を構成した一つの試みであって、批判を乞いたいと思う。我々は更に本格的な社会調査を実施し、他方には生徒の社会意識の発達についての研究をなし、両者を合せて発展させる必要があると考えている。本年はとりあえず以上の案をもって発足し、実際の教育によって修正し、今後五ケ年間ぐらいに学習の全体制を完成して行きたいと望んでいる。

最後にこのような方法による児童の教育が市民にどのような効果を与えているかを一言したい。生徒が現場で生活の現実と接触しつつ学習することから、各職場の専門家が刺戟されて、積極的に学校の教育へ参加して来るようになった。例えば学習結果の報

それらの産業の企業形態はどんなのが適当か、(3)川口市の都市計画はどうか、(4)その他交通、通信、衣食住、保健衛生、教養、娯楽、家庭生活、政治等に関する諸問題

である。かくして得られた結論は次の二点にあった。(1)川口市は文化的産業都市として発展させるべきである。(2)鋳物工業は最も重要な産業である。

三、次に目的設定委員会に於ける収穫を整理し、川口市における社会科の教育内容を決定し、教材の重点を考慮しつつ、ユニットを構成するために構成委員会を設定した。構成委員会の役割は右に述べた諸点からユニットの教育的意義を明らかにし、児童生徒の心理を考慮してユニットを各学年に配置するのである。かくして社会科課程表の作製が行われ、一方には社会的要求を考え、他方に児童の心理発達過程を考慮して学年別に生活に即したユニットが配分された。

以上の諸段階を経て学習課題表＊がつくられた。

告書で生徒が討論する時、各専門家が出席し、専門事項について、生徒の疑問に答えて学習の発展につくすような事実が現れて来たのである。また市民が自分の住む市内の社会機能について無智であったことを、或いは自分の住む地域を知ろうと努力しなかったことなどを自覚するようになったことも、大きな効果であると信じている。

＊学習課題表の一斑を示せば、「生産」の項目では、学年に応じて課題は次のように配当されている。

1学年　町の工場
2学年　い物のいろいろ
3学年　い物工場
4学年　鋳物の材料
5学年　鋳物工場で働く人
6学年　鋳物工業
7学年　川口と鋳物工業、川口の産業
8学年　鉄工業、鋳物工場の経営
9学年　鋳物工業の将来、川口の産業政策

以上は工業地帯における課題表であるが、農業地帯では、同じ「生産」の項目でも次の課題表が用いられる。

1学年　たんぼ（はたけ）
2学年　田畑で作るもの
3学年　お百姓の毎日、植木やさんの仕事
4学年　米麦の出来るまで、見沼用水
5学年　農業と技術、種子と肥料
6学年　農産物、副業と農産加工
7学年　蔬菜と植木、川口の産業構成
8学年　都市と農業、織物工場（食品工場）
9学年　農業の将来

「生産」以外の消費、交通通信、健康、保全、政治、教養娯楽、家庭の八項目についても同様方針で、社会生活の実地学習ができるように編成してある。

教育の地域社会計画

『千葉教育』二号、一九四八（昭和二三）年一一月

わが国の教育体制が中央統轄の方式をとったものとなっていたことは極めて明かな事実である。凡そ一国の教育が成立するためには、これを国全体としてまとめるものがあるべきことは言うまでもない。然しいかなる方法をもって如何にまとまった体制とするかが国によって異っているのである。教育は国家の意図をもってその全体が隅から隅まで統一された方式にならなければならないと求める方法は今までのわが国に於ける教育方策の立て方であった。この場合に於いても正しく人民の意向をこの教育方策の中に盛ることができるならばそれであっても成立し得ないことはないであろう。ところがこうした国家統轄の方策によると中央に於いて決定された方針が全国を画一的に律するために、誰が如何なる方策を立てたかが重大なることとなる。若しここに一つの傾向をもった考え方がその根を下すこととなるならば、それによって全国が一つの体制に律せられて仕舞うのである。これは教育の体制に対して常に多くの危険感をもたせるものである。何がなされるかが予測されないので次から次に提出される方策を推測しては待望せざるを得ないのである。たとえこうした統一的な方策が危険な性質のものでないとしても、教育を実践するものは、常に中央からの指示を待っているのである。すべては指示された如くに成立するのであるから、自分から進んでこれを決定せずに、中央に向って方策を要求する態度となる、こうしたところから中央統轄が行れている教育の体制にあっては、教育者に他律的な態度が自からにつくり上げられてきているのである。

わが国に於いては永年に亘って官治の生活が営ま

れてきた。そのために人々の生活は中央の政治指導者の意図する如くに決定されているものであると考え、これ以外に方法がないものとしてきていた。この伝統が我々の生活感のうちに強くその根を下してきている。これは容易にとり去ることのできない生活感である。この伝統の下に於いて近代国家をつくりその行政を組織しているためにあらゆる行政は中央の統轄の様式をとることとなったのである。教育もまたこれと共に中央統轄の方策によったのであって、全国を画一的に行政してきていたのが今までの教育体制であった。この教育体制がわが国の教育実践を統一はしたが、これをその真実に徹せしめる途を遮っていたのである。教育は民衆の手のうちにあるべきものであるのに、これを一部の人の手のうちに止まらしめ市民の意図とその表現を抑えてきていた。教育はこうした力によって現実から遊離して、生活のうちにその根を下すことができなかった。これは教育の重大な欠陥である。こうした生活から離れた教育を民衆生活の手に収めなければならないとする思想が、中央統轄の方策に対して批判をなしてきていたのである。教育をその地域のものとして計画し、その土地に居住する人々のものとして発展させようとする努力がなされてもきていた。

教育の中央統轄に対して批判が加えられて、これを地域社会のものとして構成するという意欲の根源は、教育をその土地の人々のものとするということに存している。土地の人々が自から意欲する如くに教育の計画が立てられた際に、初めてその土地の生活を改造する教育の成立を見ることができる。教育は社会生活の基本となっている機能であって、生活の進展とその土地の人間教育とは分つことが出来ない深い関連をもっているのである。教育の構成によってその地域の社会生活の形が定められ、社会生活の現実形態によって教育の性格も決定されているのである。これは教育のもっている根本的性格であるから、我々はこの基本となる性格をもって、教育を先ずその地域のものとして見なければならないことを主張するのである。教育がもつ地域社会生活性は、このような意味に於いて教育の本義から要求されている考え方である。教育はこうした地域社会性をもつことによってその真実性を示すこととなるのである。われわれは教育のその本義を現すために地域社会の計画となることを主張するのである。

然るに今日では教育行政の体制を改変しようとする方策がとられている。即ち教育行政の中央集権か地方分権かの問題である。中央集権の方策は地方分権へと切り換えられようとしているのである。そのための方策として教育委員会による地方教育行政への切り換えがなされつつある。教育委員会は府県の教育行政機能を或は市や町村が府県から律せられた体制を、その地域から選出された人々の手のうちに収めようとしているものである。土地の人々が自からの手をもって教育の全般的な運営を立て、地域生活と教育とを一体のものとして組み立て直そうとしているのである。現に各地に於いて教育委員会の成立を見ている。この教育委員会こそ教育を地域社会のものとする重要な方向を我々に示しているのである。教育委員会とその事務局とがつくろうとする教育こそ、地域社会の教育を展開させる基本的な行政組織である。これが活動するならば、中央からの教育方策は今までとは全く異ったものとなるのである。その第一歩が既に踏み出されている今日、我々に求められている問題はこの委員会によって如何なる教育の体制が成立するかということである。教育をその地域社会のものとして展開させる基盤はこれによって既につくられたのであるから、ここで如何なる方策進展が見られるかということが、これからの問題なのである。教育の地域社会における計画が立てられるための基本となる体制が成立したる際に、教育の本義によって地域による教育体制の性格を究めなければならなくなる。この事情の下に於いて教育の地域社会計画はわれわれに新たな観点を与え、教育による社会改造を展開する足場となるものである。

教育が地域社会のものとして計画され、それがもつ本来の機能を発揮せしむるためには、地域の現実に根ざした教育であるという原則に従って、先ず教育計画の基礎を置かねばならない。この土台づくりをするのが地域社会の実態調査である。これはその地域のもっている性格を客観的なる方法で把捉させるための方法である。地域の実情によって立案されることは教育地域計画の生命である。この場合に地域のもっている実情をわれわれの常識や全般的な観察によってなしていては充分でない。今日既にかかる如き実情の調査についての学問的な方法が立てられているのであるから、この科学的な方法を用いて実態調査を重ね、それが示す資料によって教育を計画するようになることは必須の方途である。この基盤を欠いた教育の企画には多くの信頼をもつことができない。教育委員会が府県や地方で教育の立地計画をなす場合にはこの基礎調査は第一になさねばならないことである。地域の実態を客観的に分析したところから、如何なる教育の体制が置かれねばならないかが見通され、そこから教育の企画を実現しようとする態度も決定されてくるのである。教育の地域社会の正しい認識はこうした方法によって成立するのであるから、漫然と伝統的な思想によって一つの地域を律し、これを前提とした教育計画に閉塞されているようなことは充分に批判されねばならないと思う。動かし得ない事実に基いて教育を仕組むことはこのようにして先ず第一に地域の教育者に要請されている。

教育の計画はあらゆる教育領域に亘るものであるが、その基盤の決定するところのものは教育のための組織である。どのような組織がその地域社会に置かれなければならないかということである。近代社会に於いては教育の基本組織をつくっているものは学校である。学校の組織とこれに結びついた様々な社会教育の施設によって教育の組織が決定されている。教育計画の第一着手はどのような教育組織をもったならばその地域の教育を充分に仕組むことが出来るかということである。このためには国が全体としての学校や社会教育の体制をつくり上げる方式を立てている。学校については六・三・三・四制によるべきことが基本方針として定められているので、これで組織の基礎が置かれていると考えてよい。学校の体制を如何にするかについてもこれを地域社会に於いて決定することもできるが、わが国の如き国情の下にあっては、学校体制の基準が一つ立てられていて、それによって適合した学校年限で構成するのがよろしいであろう。六・三制はこうした国としての学制の基準を立てたものであるから、これをもととし如何なる学校を設けることによって実施するかは、各地域の学校体制についての方策が決定するのである。このようになると各地域においては独自な学校設置の方針を立て、その土地に設けらるべき学校の種類や場所、連絡関係等を地域の企画としてもたなければならない。従来は学校の設置が政治勢力や県の方針などによって決定され、各地域の人民の要請をそこに織り込むことに於いて不充分なものがあったのである。土地の人々は学校の設立やその構成を他人のことであるとしていたので子弟を入学せしめる学校がその地域に充分設けられていない時でも、これは致し方のないことであるとして断念していたのが実情である。学校は地域社会の発展のために設けられるべきものであって、誰がこれを決定してそれによって就学の要求が充たされないようなものではないということを明確に認識すべきであろう。

学校の設置計画が如何になさるべきかについては、これまた客観的な基礎から組み立てられねばならない。地域社会の生活構成が確然と把捉されることによって初めて学校を如何なる場所に如何に設けるかを決定しうるようになるのである。このための基礎的な地域社会研究を必要とする。我々はそのための試みを昭和十三年に於いて千葉郡白井村に於いて実施して、この方面に於ける教育の基本企画が如何なるものであるかを示したものであった。これは「農村に於ける青年教育」という著作として発表してあるので、千葉県に於いては既に読まれていることと思うが、これは単に白井村のためのものではなく、同様な調査方法によって如何なる学校が企画され設けら置せられるかを広く各地に於いて検討して欲しいと考えたからである。村の生活とその発展のために如何なる学校が如何にして設立されて村民の要求をみたしうるかを計画することが今後は各地に於いてなさるべきである。学校は中央からの決定によって成立し動かし得ないものではなく、人民が自からの生活計画の一部としてこれを自律的に企画すべきものであることを明かにせねばならない。学校の設置と同様に社会教育の施設や社会教育のためになされる様々な活動を如何に組織編成するかはこれ又地域社会生活に於ける文化の進展に決定的な力をもつことなのである。それを自律的に構成し運営することはこれ又その地域社会に欠くべからざる教育計画である。殊にかくの如き社会教育の機能をもった活動は学校の如き施設となっていないものが多いので、これを教育として立案して実施するためには特別な企画が精細に立てられていなければならないこととなるのである。今迄この領域が放任されていたのであるから、これに正しい教育上の位置を与える為にはその地域計画に重要な意義が伴われるのである。

教育は他の力によって制約さるべきではなく、その地域社会の生活から決定される原則によるならば、教育の内容や教材もまた地域社会企画の一部をなすこととなる。従来は学科課程が全国一様であって、そこには何等地域の差等がないものであるとしていた。そして共通なことを同じに学習させるのが教育であると考えていたのであった。これは中央統轄の方策が立っている際に成立する考え方なのである。今日は教育が地方に於ける生活から編成されることとなったのであるから、教育内容もまたその土地の生活から組み立てられるようになさるべきである。この問題は学科課程の地域社会からする構成として即ちカリキュラム構成のこととして取扱われてきている。学科課程は学習指導要領に記してある如くにそのままこれをとるのではない。要領は常に一つの基準を示したに過ぎないものである。これによって如何なる学習を成立させるかは、その土地のもっている性格によって一様ではなくそれぞれに特質をもっているのである。この特質による教育内容の編成をしようとした際に初めてカリキュラムの地域社会生活からする構成は如何になさるべきかが問題となるのである。漁村と山村とでは異り、工業都市地域と商業都市地域とでは教育内容が異ってくるのである。ここで地域生活からした学科課程の構成問題へと入ることとなるのである。今日各地に於いて地域社会の生活から学科課程を仕組むようになってきているのは注目すべき傾向である。一つの地域にはそこに特有な教育内容が存在していて、これでその土地の子供の生活経験に結びついた学習が成立するのである。地域社会の性格を実体調査によって把捉してそこから教育内容を構成することについては、川口市が先年来着手してきている。これは一つの試みであるが、それを更に発展させた方法が各地でとられるようになってきているのは喜ばしいことである。千葉県では市原郡の西北部に於てこの方法をとって実地研究がなされている。広島県豊田郡に於いては一町八ヶ村が共同してこの研究を積み可成りの成果をあげてきているのは注目さるべきことである。この方法が各地に起らないならば健全な教育内容の発展は望まれない。

教育内容が地域社会からとられるばかりではなく、生徒の学習はその地域に材料を求め、これを広く展開しては進むものである。そこで生徒の地域社会に於ける生活や学習が重要なものとなる。地域社会の人々と親しみ重ねて学習することによって、子供は正しい成長をすることとなる。学習に結びつくものはかくして教師ばかりでなく、地域の人々全部に及ぶのである。こうした地域社会人との結びつきに於いて学習が成立することは、地域性に徹した教育の重要な姿である土地の人々はかくの如き方法によって学校の中にまで指導のために入ることとなる。こうした土地の人々との結びつきができることで、教育には真の力が備るのである。又生徒の展開する教育がそれで力あふるるものとなる。われわれはこうした土地との結びつきを、生徒の学習に於て最も強く見出すのである。

このように地域社会の人々が教育に結びついてくることとなるならばかくの如き土地の人々が教育の編成のうちに入らなければならないこととなるのである。このためには各地域に教育のための民衆組織がつくられる気運になる。地域の人々はすべて教育への深い関心をもち、ここで学校と一つになった教育編成のうちに入るわけである。この民衆の教育編成がつくられていないと学習の展開に支障があるばかりではなく、土地の教育計画もこれを樹立することが困難になる。若しこうした教育編成が土地の住民の間に成立して、あらゆる教育計画に参加するようになれば、教育の地域社会企画はより完全なものとなるであろう。このための土地の人々の組織が各地に於て始められているのは注目すべきことである。

これがよくできてくるならば、初めて学校の教育と社会生活とがこのような人間の結びつきをもって進展することとなるであろう。地域社会の教育は単にその土地の材料をとって教えるのではなく、土地の人々と力を合せてその土地の生活を改善してより進歩的な段階へとこれを推進せしむるものである。こうした新らしい教育的な人間関係の成立を待望するものである。

地域社会から教育を編成することを私は強調してきているが、これは具体的な問題であって、それぞれの土地で如何なる教育が成立するかを現場で問題にしながら発展させらるべきである。地域社会教育は単なる教育思想ではなく、実践の形態であることを明かに認むべきである。

わが国のカリキュラム改造運動のために

わが国のカリキュラム改造運動のために

――『日本カリキュラムの検討』序文――

終戦後わが国に於ける新教育運動は様々な形の新しい教育実践を成立させている。それらの中で早くから問題としてとりあげられたのは討議法や生徒の自治活動などであった。しかし最も多くの教育者の注目を引き、教育科学の研究者に研究問題を与えたものは、昭和二十二年頃から提唱されたカリキュラム改造であった。カリキュラム改造の主張は今日に至るまで多数の実地に於ける試みを成立させ、これ程多くの教育学者や教育家を引きつけた問題は見当らない。その意味でカリキュラムの問題は終戦後の新教育運動を一身に背負ったという感をもたせている。こうした最近三ケ年に亘ってのカリキュラム改造運動も近頃その進み方が停滞するようになり、暫らく流れの外に立って反省したり、その傾向を批判することができるようになった。今日は日本のカリキュラム改造運動が残した実践の進歩の主要なものを再検討すべき時期にきている。然かも静かに回想した最近三年間のカリキュラム改造が何を産み出したかが明かになれば、それによって今後のカリキュラム運動に対して正しい方向を与える足場を築くこととともなる。

カリキュラムについての新しい運動は、わが国の学科課程史に時期を画するに足るだけのことを既に残してきていると思う。わが国の教育界に於てカリキュラムの問題がとりあげられることによって、日本に於ける一般教育者の教育内容観が改められることとなった。その改革の著しい点は教育内容はこれを自主的に編成することによって初めて学科課程本来の性格が示されるということを啓蒙したことにある。曾つては教材が文部省から与えられていて、教師はそれを受けとって、生徒に授けるものであったのが、カリキュラムはこれを教師やその他の専門家の手によって様々に編成することができるものであるという原則を発見することとなった。これは教育行政上からも明確にされたことで、学科課程はこれを教育委員会が編成すべきものであることを明示した。これは未だ実施されてはいないが、この教育行政上の方針が、カリキュラムの自主的な編成に大きな後だてとなっているのである。

カリキュラムはこれを自主的に編成しなければならないものであることが、広く教育界に啓蒙せられた結果、ここに様々なカリキュラムの改造計画が現れるようになった。それらの中には、単なる紙上の立案に過ぎないものも存したが、進歩的な実践をなしうる能力ある学校は、この新しいカリキュラム計画を実際に試みるようになった。昭和二十三年からこうした新しい実践が多くの学校で試みられるようになったが、それが何々プランと称せられるものである。これらの多数のプランは改造の目標が必ずしも一つではなく、そのために多様な実践となって成立している。これらが果して如何なる業績を現しているのかは、詳細な検討を要することである。それらのプランの内容はあらゆる角度から分析され、そこに示された思想や実践が果して健全な方向をとっているものであるか否か、全般的な探求の結論による評価がなされねばならない。これはカリキュラム改造の現段階に於て特に必要なことである。

カリキュラムの問題については、曾ってその全権を完全に握っていた文部省はどのような方針で何をなしているのか、これは現在の各学校に於ける教育内容に大きな力となっているのである。先ず新教育の実践を決定する基準として学習指導要領をつくったのである。これに基いて学習が進められるようになっているので、今日指導要領は大きな力をもってカリキュラムを決定している。学習指導要領の性格はこれをそのままに実施するのではなく、学習の指導をなす際に手引きを与えているのであり、然かも総べて試案に過ぎないとしてあるので指導要領が拘束力を示すことはないと説明せられている。それは現在の指導要領が当然もつべき基本的な性格であって至当なことである。各学校はこれによってよい手引きをうけ、それぞれにカリキュラムの計画を自律的に立てなければならない。

しかるに学習指導要領はその如き試案として手引きを与えているものではなく、これが絶対的な力をもって全国のカリキュラムの形を決定しているのである。殊にその要領に示した単元と全く一致した教科書を国定として出版している学科にあっては、国定教科書が要領の裏付けによって、大きな力をもって教育内容を支配している。その際に各学校は指導要領を単なる試案であり、参考であると考えずに、これに書いてある通りの学習指導を行えばよいとしているため、カリキュラムの形体は甚しく画一的となる。例えば新しい学科として登場した社会科はどのようなカリキュラムで指導されているであろうか。そこには指導要領に書かれている一つ一つの内容が大きな力をもってカリキュラムの体を決定している事実が見られる。このような画一的な傾向は社会科の学習にとっては大きな問題である。

かかる画一的な傾向が現れているのは、文部省が全国のカリキュラムに対して決定的な支配力をもっていることによる。これは永年に亘るカリキュラム、教科書の中央統轄方策に影響されているのであって、戦後の新しい教育方策の原則には合致しない。それのみではなく文部省の官吏がカリキュラムの構成について述べた意見が、大きな力をもって教師を支配し、その見解によって決定されているものが少くない。これはカリキュラム改造運動にとっては、外部に現れていない一つの支配力の根源というべきである。新しい試みが成立していても、それを文部省の一官吏が指摘してこれを批判しそれらのカリキュラム改造の傾向の進展を喜ばないとの意見を述べれば、その地方では直ちにその官吏一個人の思想が力をもち、これが決定力を示すのが実情である。これはカリキュラムの運動に対して影響力が大きい。それらも併せ考えて文部省が日本のカリキュラムの現実に対してもっている力がどれ程であるかは、批判的な検討を要するものがある。これはカリキュラムの最近に於ける実情を見通そうとする際に是非ともとられなければならない探求方法の一つとなる。文部省はカリキュラムに対して実際に如何なる力をもち、何をつくり上げているのであるか。これは是非とりあげられなければならない問題である。

文部省がこのように大きな力で中央から支配しているのは、これに代るべきカリキュラム編成の主体が未だ登場していないことによる。これは文教行政の地方分権化の目的から、教育委員会がカリキュラムの決定をなすように定められているが、これは一体どうなっているかの問題である。日本のカリキュラムは教育委員会が、これを決定してその実践を指導することとなっている。然るにカリキュラム編成の実情によると未だ教育委員会がこの重要な任務をよく果し、その府県内のカリキュラムを生活の実情に即して立派に編成しているという例を見出すことができない。新しい教育行政に於ける教育委員会の機能が未だ充分な発動をしていないのであろうが、このために文部省のカリキュラム行政の力が強大なものとなり、各学校の学科内容が中央の統轄に依存せざるを得ないようになっている事情をつくり上げてしまった。この点は各学校のカリキュラム改造が中央と結びついて、教育委員会の計画や指導によって成立しているところが少ないという状況からも明白である。この点については各学校のカリキュラム計画について検討せられねばならない。この分析を通して中央統轄の力が如何に強いかを察知することができる。

このような事情の下にあって果して如何にして優れたカリキュラム実践を成立させることができるであろうか。われわれは空しく府県の教育委員会にカリキュラムの編成を期待していることはできない。実は府県のカリキュラムが編成されるためには、その基礎をなしている府県内の小地方区に於けるカリキュラムの実践研究が活発に展開されていなければならない。それが基礎となって、初めて府県のカリキュラム基準がつくられることとなる。従って小地方区の幾つかの学校が協同で行っているカリキュラムの研究は、こうした事情の下で基礎的な工事をしているものと見るべきである。これはどのように進捗しているのか、今日までの材料によって検討されなければならない。

わが国のカリキュラム改造は社会科の教育内容を編成する問題として先ず着手されたのである。これは社会科が新しい学科であるばかりではなく、その性格が地理、歴史、政治、経済、道徳などを総合した学科であり、然かもこれらを一つに結び合わせるために単元の構成を試みなければならない。このためには各学校がその地域の社会生活の中から単元をつくり上げ、課題を設定して学習を進める工夫をするようになった。このような事情でカリキュラムの問題は多くの学校で社会科に集中したのである。そこでわが国のカリキュラム問題は社会科の内容をどのように構成してきているかという点について特別な考察を必要とする。若し全国の各学校が社会科をどのような方法で学習させているかを調査したならば、カリキュラム改造の大勢はそこから決定できるのである。新しい教育を建設するために、カリキュラムについて何か考え、実践し、研究発表したものがあるかと学校へ質問するならば、その回答は先ず社会科となる。その意味で社会科はカリキュラム改造運動の花形であった。それではこの社会科に於てはどのようなカリキュラムを成立させたものか、特にとりあげてその傾向を精細に検討しなければならない。

社会科から着手された単元によるカリキュラムの改造は、単にこの学科にとどまらず、理科にも及び、その他の内容教科にも同様な考え方で再編成を加えるようになった。この動向はどうなっているのか。更にこれらを併行してコア・カリキュラムの主張が強くなされるようになり、近年ここにカリキュラム問題が集中したのである。コア・カリキュラムは総合学習を誘い、特に小学校低学年に於ける総合全一学習を成立させるようになった。こうした傾向は昭和二十三年になって極めて明瞭になったのであるがこれはどのような結果をわが国のカリキュラム編成に与えたのか。それは今日の段階に於いて正しくとりあげられなければならない。昭和二十四年秋からコア・カリキュラムに対する反省が現れてきて、この運動は方向を転換しようとしている。この時にコア・カリキュラムが何をもたらしたのか、それの残した望ましい影響と共に、如何なる欠点を現したか、カリキュラム改造の着実な歩を果して混乱させなかったかという点などは、厳重な批判を要することである。

コア・カリキュラム運動は中心総合学習と、周辺基礎学習の考え方を成立させた。これについては曾つての新教育に於いて総合学習の多くの試みが、基礎学習の弱点をもったことが一つの欠陥となり、ここから批判されて総合を中止したものもあったので、特に大きな問題としてとりあげられた。これは至当なことであるが、基礎学習の問題は何を成立させたのであろうか。ここにどのような研究がなされたかは、特に重大である。更にこれが昭和二十四年になって能力表や要素表の作製へ向わせているのであるが、この基礎能力の考え方は何を求めているのか是非とりあげねばならない。これが総合学習とどのように組み合わされて何をつくり上げているのか。ミニマム・エッセンシアルなどと称しているが、それをどこから導き出しているのかは検討を要することである。国定教科書の材料や指導要領に示されている能力をとりだして、これをエッセンシアルなものであるとしているならば、それは重大な誤りを犯している。この点については基礎となり必須の学習内容が何であるかという困難なカリキュラム問題の解決によらねばならないものがある。それが安易な方法で処理されているのではないか。これを批判しなければならない。

カリキュラムは生活経験を基礎として編成されねばならないものであることが、これ又新教育の主張として普及している。それらの中には教科カリキュラムから生活経験カリキュラムへという考で、教科の枠をとり去ることのみに問題を集中しているものもあるが、生活経験を基礎とするためには、生活の実態をつかまなければならないとする思想も存在している。それらの思想は生活の実態についての研究を重ねてきているのであって、社会生活や児童生活の実態調査によってカリキュラムの基礎を築いている。この実態調査を行って学習の土台をつくろうとする方法が、カリキュラムの改造と結びついて如何に発展しているのか、これも検討せらるべき一つの問題である。これらの実態調査が何をもたらしているのか、それを究明することは是非とも行われる必要がある。最近は実態調査とその利用について多くの疑義が投げかけられているので、これが何故カリキュラム改造に結びついて出てきているのかが再確認されなければならない。それによってこそこの科学的な方法の意義が明かにされるであろう。

カリキュラムの改造は永い年月に亘っての絶えざる努力によって初めてその成果を現わすことができるのである。これは教育内容編成の基本的な性格によることであって、一朝一夕にして何かをつくり上げるようなことではない。殊に戦後のわが国に於けるカリキュラム改造の如く、何かこれが一つの流行の風潮をつくり上げているのを見ると、それが不健全な教育問題のとり上げ方であることを痛感する。一つの問題が数ケ月で次の何か新しい提唱へ眼を転ずる傾向にあるが、これではカリキュラムの堅実な構成は望みうべくもない。教育内容を如何に編成するかは、既にその構成の理論によって明かにされた定石がある。この定石によって改造を進めることは、新しいカリキュラムに到達するためには必須のことである。それを忘れてカリキュラムは一つの流行であるとして、何か一つの形式を模倣して簡単にできるとしているならば甚しい誤りである。これはカリキュラム問題の現情を見た場合に感ぜられることである。新しい幾つかの試みがなされたとしても、それらをもってしては到底、日本のカリキュラムをつくり上げることとはならない。これらの新しい試みが望ましい方向をとって進展することこそ、欠くべからざることである。そのためにも最近に於ける日本のカリキュラムの諸傾向は精細に検討せらるべきである。

わが国のカリキュラムのかくの如き傾向を批判して正しい発展を希図しているのでここに全国から多くの

調査資料を集めそれらを材料としてカリキュラム問題の研究に資したいと考えた。その結果の一つとしてこの書が成り立っている。多くの問題や疑義がこの材料によって判断され、教育課程の改革が正しく発展しうるならば、この書に於ける研究はその存在の意義を現わすこととなる。この研究に全国から寄せられた心からの協力を感謝すると共に、健全なカリキュラム研究に今後永く努力を傾けたいと考える。

昭和二十五年春

海後宗臣

II　教育実践研究と附属学校

大学附属学校の独自の役割は何か。

かつて国立教育大学や教育学部の大部分は師範学校であった。そこに附属学校が併設されたのは明治初期であったが、そのころ以来、附属学校固有の役割への問いは続いている。もっとも、当初は、まず模範的な小学校がつくられ、そこに新時代の教師を目指す者が集まって授業の技法を学び、その後諸方に散って新しい教育を広めた例が多い。つまり教員養成機能を持つ学校がつくられ、それが師範学校を生んだ。このプロセスは医師養成と似ていた。幕府や藩、のちには府県、そして患者の求めに応じてまず病院が生まれ、そこに医師養成のコースができ、やがて医学校に発展した。

戦後、教員養成のあり方が問いなおされ、加えて「附属学校は日本の教育界に何を提示することができるか」さらに「教育研究者の養成にどう貢献できるか」という新しい課題が問われるようになった。東京大学教育学部を開くのに苦労した海後は、新しい問いにどう答えただろうか。学部附属学校開設の約二〇年後の講演に、答えを探ってみたい。（寺﨑）

※この講演は昭和四二（一九六七）年に行われましたが、現在においては差別的で不適切と思われる表現があります。一部、表現を改めましたが、本書が過去の時代の歴史資料として、著者の当時の講演記録をそのまま伝える著作集であることから、原則的にはそのまま掲載させていただきました。

東大附属創立の意味（講演記録）

（一）俗称「校長代理」と「附属学校」の構想

私は、この東京大学の附属学校をはじめたころ（昭和23年から約3年間）、「校長代理」ということで、関係をしていました。校長は実際はいたんですから、代理をする必要はないんですけれども、校長代理という、まあ俗称かもしれません、正式に総長から辞令をもらったわけではないんですけれども、俗称校長代理ということで、私がここへ来まして、この附属学校の創設の時から、いろいろお手伝いをしましたり、何かお役に立つことがあれば、私の考えも申し上げて、この附属学校の創設を進めたいというふうに考えて、仕事をいたしておりました。そういう関係で、附属ができますころの話を、今日は、してほしいということであります。

どういうふうにしてできたかというようなことは、ただいま、附属中学校・附属高等学校の略史のこういうプリント（※本書では略）もございますから、これらを御覧いただくことにいたしまして、私は、今日、どういうふうな考えで一体、附属学校というものをはじめたか、また、何をしたかということを申し上げたいと思うのです。

附属学校ができましたことは、東京大学に教育学部が開設されるという、そういうことと非常に深い関係があるわけなんです。で、教育学部が、東京大学のなかに、新しく創設されるということは、かつて、文学部のなかにありました教育学科が、文学部から離れまして、一学部を構成するというふうになってくる状況であります。

そういう時に、新しい東京大学の教育学部は、教育の実際と申しますか、実践とも密接な結び付きをもった研究をやっていかなければならない。従来のこれまでの東京大学の文学部教育学科というそこでは、まだ、十分にはそれらのことができなかった。文学部の教育学科では、人数も非常に少なくて、教授が3人しかいないという、そういう状況でありましたから、とても、そういうことはできません。けれども、学部になり、講座数も相当ふえてくるならば、そういうこともできるし、また、新しい教育学部として、ぜひ、そういうことをしていかなくちゃならんというふうに、そういう話が出ていたわけなんであります。しかし、それには、どういうふうにしてつくるかということになりますが、これは、なかなかむずかしいことであります。

教育学部さえ、いままでなかったところへ新しくつくるということが、なかなかむずかしいというのに、その上に、附属学校というそういう研究学校を新しくつくるなんていうことは、幾重にも、大学としては、むずかしいことであります。

しかし、教育学部をつくることは、文部省によって、承認されるというところまで行きましたんで、ぜひこの際、一気に、附属の学校ももちたいと、こういうふうに要望いたしました。

(二) 東京大学と東京高等学校との関係

ちょうど、そういう要望をしておりました時に、第一高等学校と東京高等学校(いずれも旧制高校)が東京大学と一緒になるということになりました。そういう一つにまとまる話し合いが進んだ時に、東京高等学校は7年制（尋常科4年・高等科3年）で、上のほうの高等科の生徒は、第一高等学校の生徒と同じように、中学校（旧制）を出たものでありますから、上のほうで、大学のほうの新制度に編入して動かして行くことができるけれども、尋常科をどうするかということが、問題になりました。東京高等学校の尋常科というのは、そのころ（昭和23年度）、3年生に2組だけ生徒がおりました。尋常科は、中学校（旧制）の生徒であって、中学校の生徒を東京大学の学生にすることはできない。段階は一つ下なんですから、できないというので、どういうふうにしたらよいか、そういうことが、東京大学として、問題になりました。

そこで、ちょうど、そのことと、教育学部が研究学校をもちたいということが、一つに結び付きまして、それでは、東京高等学校尋常科を附属の学校に編制して、研究学校とし、運営したらどうかというふうになってきたわけです。それで、はじめて、附属学校ができ上がることの可能性がわかりました。

で、それが、いよいよ、生徒募集をはじめるまでには、いろいろ、文部省から、あるいは、大蔵省との折衝とか、いろんなことがありましたけれども、それは、いまは、時間がありませんから、そういうことは、申し上げません。

それで、附属学校がいよいよできまして、入れます際に、いままであった東京高等学校尋常科第3学年は、そのまま置いておいて、中学校（新制）の3年生にし、その下に1年生・2年生を募集して入れると、そうすると、新制中学校の1年から3年までのところが一そろいできるわけです。

そういうことを、まず、最初の年にやろうということになりまして、それをやって、それから、だんだん、上のほうへ押し上げて行くと、そうすれば、高等学校（新制）の段階のところも、三か年ずっと埋まるようになってくるから、将来を目ざして、下から入れて上のほうに押し上げると、こういうふうにいたしました。

(三) 教育学部と附属学校の両方の創設プランを、東大は考えた

大体の構想は、そういうことで着手しましたが、それでは、附属学校は、どういうふうな学校にするかということ、それが、なかなか、むずかしいことであります。それで、教育学部の創設を、一方では相談し、一方では附属学校をつくらなくちゃならないと、並行して両方から出てきておるわけなんです。両方とも、形がはっきりしないといえば、しないような状況です。

そういう時に、実は、文学部の教育学科の先生方が非常に少なかった関係と、私が3人しかいない教授のうちで一番若かったために、使い走りやなんかさせられて、いろんなことをやっているうちに、ほかの先生方は、みんな、海後にやらせろということになっちゃって、私が「校長代理」を引き受けるようになりました。「いやだ」って言えば、やらないでもよかったんですけれども、私は、そういうことを頼まれると、「ぜひ一つ、やってやろうかなぁ」なんて、こういう気持ちになるんです。そういうのは、あんまり、よくないんですけれどもね(笑い)……。

それで、私が引き受けるようになったのです。で、その時に、引き受けたというのは、学部のほうのプランも、私が引き受けちゃったわけなんです。それから、附属づくりも引き受けちゃったんです。二つとも、実質的に引き受けちゃったわけなんです。3人の教授のなかでは、もちろん、私が、一番すそにいたんですから、教官としては、一番下でした。上のほうの先生は、おられたんですけれども、上のほうの先生は、あまりおっしゃらないで、御両人とも、いまは、なくなってしまいました。一番若い私だけ残っているわけですけれどもね、御両人は、あまり、おっしゃらないのです。それで、私にまかせるともおっしゃらないのです。御相談しても、「ああ、君、やっておいてくれよ」なんて言うんで、しかたがありませんから、私がやった

ようなわけなんであります。それで、学部のプランも、附属学校のプランも、いわば、私が、中心になってやっていたようなことなんです。

ほかの先生にも相談しました。あるいは、その後（昭和25年）教育学部ができる予定なので、高木（貞二）文学部長が、教育学部長を兼ねておられました。それで、高木先生にも相談して、やってきたわけなんです。

（四）「全国附属廃止論」の出ていた情勢なのに東大は「附属学校の創設」を言い出した

そこで、附属を、一体、どうするかということなんですが、その当時の情勢は、戦後の教育改革で、教育の体制を民主化しなくてはならぬ。そういう民主的性格のものに、学校も、して行かなくちゃならぬ。その際に、附属というのは、日本の学校体系のなかにおける一つの、あまり大きくはないけれども、小さいガン（癌）みたいなものであって、あの附属を、何とか、やはり、この、民主化の線において考え直して、解消すべきじゃないかと、こういう意見が出ておりまして、新学制出発の当初は、「附属解消」ということが、相当強く出ていたんです。附属を改造するとか、そういうことじゃないんです。「全国の附属を全廃しろ」という論なのです。

どうしてその全廃というような意見が起こったかと申しますと、結局、附属というものが、日本では、学校の非常に特別な地帯になっている。普通の学校と別に、あすこだけ、特別な生徒を入れて、そうして、自分のところに、ほかの学校よりもすぐれているというそういうトップに立つような構想に、各府県とも、なっている。そういうことはいけない。附属の学校といえども、そういうことなく、同じ線のところに立つべきではないかと、こういう意見が一つあったわけです。

もう一つは、新しい制度で、教員養成機関が、大学のなかに入る。そうすると、附属学校というものは、一体どうなるのか、それで、およその見通しとしては、研究的機能を果すために、附属を使うということ。それから、教員になろうとする者のために、教員養成を大学がやるから、教育実習に使うという、こういう目的を、附属は果たすことができるということが言われていました。

しかし、当時あった附属では、非常にぐあいが悪いというわけです。たとえば、成績の非常にいい者を入れておる。あるいは、家庭の状況のいい者を選んで入れておる。そういう場所へ学生をやって、実習をさせるというようなことは、日本の将来の教育のために、決して望ましいことではない。非常に悪い結果を、いつまでたっても、除くことができないというわけです。そういう附属全廃論というものが、相当出ておりました。

そんな全廃論が、どこから出てきたかということは、こんにち、きわめることはできませんけれども、まあ、占領軍当局のほうから出ていたと、私は思います。文部省が、そういう附属全体《ママ》〔全廃〕の案を立てたのではなくて、司令部のほうと申しますか、そのころは、ＣＩＥ（民間教育情報局）が中心になっておりましたが、ＣＩＥのほうから、そういうことは出てきた考えだと思います。

そういうふうに、附属解消論が出ておるさなかに、東大は、附属をつくるんだということを言い出したわけなんです。そうすると、一般の受け取り方は、どういうことだったかといいますと、東大は、いままで、附属学校なんてなかった……と。ここで、新しく附属学校をつくるということになるならば、そこでは、必ず、ほかの附属と同じように、東京都内から、優秀な生徒を、ここで、６年間育てて、そうして、大部分は、東京大学へ入学させるんだと、そういうふうになってくるに違いないと見ていたんです。そういう学校が日本にできるということは、附属全廃が論ぜられるさなかにおいて、まさに逆行であるというわけです。そういうことで、東大が附属をつくることに対しては、文部省においても、あるいは、そのほかにおいても、特に、ＣＩＥにおいては、絶対に、これはいけないということになってしまいました。そういうけしからんことに、また、輪をかけて、いま、なくそうとするのに、つくろうとは、何事だという批判です。日本で一番大きい大学が、そんなもの（附属学校）をつくって、そこで育てた生徒を、全部自分のところへ抱きかかえて行くという、そういう特別な地帯をつくろうとしていると、そういうふうに批判されたようであります。そういう話が、どこからどう出てきたかは、外におりますんですから、詳しいことは、私は知りませんけれども、文部省なり、ＣＩＥなりでは、そういう考えがあったんです。

そこで、この話が出ました時に、私は、ＣＩＥから、面会を申し込まれました。そこで、行きましたところが、向うから、係官２人ばかり出ました。それは、前から顔見知りの人でしたけれども、「東京大学は、附属をつくるそうだけれども、どういう考えでやるのか、自分達に説明してくれ」ということなんです。それで、「なぜ、そういうことは、あんたを呼んで聞くかというと、いま、あんたの知っているように、日本全国の附属をやめようとしているんだ。そういう時に、また、新しく、附属をつくるというのは、そう簡単に認可なんかされないんだ。そういう考えは、承認できない」ということなんです。

それで、私が、説明しなければなりませんから、その時に、はじめて、この附属学校というものは、どういう姿のものにするかということについて、話しました。私と、向うから来た２人の係官とで、ＣＩＥの建物のなかでしゃべったわけです。

（五）「実験学校、研究学校の構想のため、東京大学は附属学校をもつ必要がある」と説明した

その私のもっている構想は、まだ、教育学部ができてないんですから、十分に練られたものとか、そういうものではないんです。学部長の高木先生には申しました。「こういうことを言ってきていいですか」と言うと、先生は「けっこうですから、そういうようにおっしゃい」とおっしゃるものですから、言いました。

その第一の非常に重大なことは、「東京大学の新しくできる附属学校は、研究学校である」と高木先生も、そう、おっしゃったのですが、向うの人にもそう言いました。エクスペリメンタル・スクール（Experimental School）と、こういうふうに、言いました。高木先生は、たびたび、エクスペリメンタル・スクールと言われました。「そのエクスペリメンタル・スクールをやるんだということは、そこで教育の実験研究をする、教育実践を通しての研究をしていく、その研究の結果を、日本全体の教育の進歩発展のために役立てていかなければならない。そのためには、教育学部の研究も、そういう日本の教育の発展に努力する、附属も、また、実践を通して、日本の教育の発展のために努力をする、そういう研究学校にしていくんだ」と、こういうことを申しました。

申しましたけれども、向うは、「そういう一般原則は、お前の考えているように、われわれもそう考えているのだから、それはあたりまえのことで、外国の研究学校だって、みなその通りだ」と言いますが、「しかし、具体的に、どういうことをしようとするのか、それぞれ、一、二の例を出してくれ、そうすれば、もっと具体的にわかるんだが……」と言います。

（六）学習遅進児や双生児を入れる構想（「本気でやるなら、東大附属の創設を承認してよい」と言われた）

その当時、全国の附属学校を廃止すべしという論の高まっていた情勢でしたから、東大が附属の創設を言い出すからには、具体的に例をはっきり出して、従来の附属学校が批判されていたような、いいところの生徒ばかり集めようとしているのではないことを、よく説明しておく必要があったわけです。

そこで、私が説明いたしました構想の一つは、学習遅進児を入れるという問題です。学業の遅れておる者を入学させて、どうしたならばこれを進ませることができるかということを、この附属学校でやって、その結果を、全国の学校における学業の遅れておる生徒の進歩のために寄与させることが必要です。こういう方法でやると、救っていくことができる、あるいは、学習を発展的にもっていくことができるのだということを、具体的に、実践を通して示そうというわけです。そういう構想をもった附属学校が、東京大学としては必要なのだということを話しました。

もう一つの構想として、双生児を入学させて、その双生児を通して、教育の方法なり、あるいは、教育の内容を改善するというようなところまで、やっていく。あるいは、人間の性格と申しますか、あるいは、人間の形成を、双生児を通して研究していこうという、そういう話もできているんだと申しました。

その二つのことは、高木先生ともお話ししていきましたから、両方とも、高木先生も御承知だったわけです。そして、「ほかにも、いろいろあるんだが、まあ、それは置いておいて、たとえば、この二つのようなことをやるんだ」と申しまして、この具体例を二つほど出したんです。

ところで、ＣＩＥの係官は、私の話したのを聞きまして、「それは、非常にけっこうだが、ほんとうに、そういうことをやる考えがあるのか」と言いますから、「ほんとうにやるんだ」と言いましたら、「ほんとうにやるなら、やってみてくれ。そういうことをするのなら、東京大学に、附属学校があってもよいけれども、日本にあるいわゆる『附属学校』のようなことをやるのならば、それは、考え直してほしい。ことに、東大が、いままである附属のようなことをやるのだったら、これはもってのほかだ」とこういうふうに言われました。

それで、まあ、向うの係官は、附属学校が、いま、改造されようとする、あるいは、廃止されようとするこういう時に、東大が、そういう実験・研究学校として、こういう考えでもって、もっていきましたから、向うでも、まあ、承認したと申しますか、それならばいいという態度になったわけです。そして、CIEの係官は、「もし、そういうことができるならば、われわれは、必要とあれば、いろいろ、助力してもいい、協力してもいい」と言いました。

あとで、やった時には、別に、CIEに、協力なんて頼みませんでしたけれども（笑い）、その係官は、協力していいと言いました。そういうことで、CIEの話が済みました。けれども、別に、CIEが、どうこうするということじゃないんですけれども、CIEが、附属を解消しようとするそういう時に、東大が附属をつくることは何ぞやというそれに対する考えを、やはり、固めようとしたに違いないと思うのです。

（七）東大附属の編制と学習遅進児学級設置の意義

昭和23年度のはじめにおける東京高等学校の尋常科は、前に申しましたように、3年生だけあって、1、2年生と4年生がないという状況でした。

東大附属としては、その尋常科の1年生と2年生のところがあいているんですから、そこへ入れなくちゃならないわけです。それで、生徒募集は、1年生と2年生と、それぞれ、2クラスずつ、二つの学年4クラスを募集することになりました。

そこで、どういうふうな性格の生徒をここに募集して入れるかということについて、そのなかへ、学習遅進児学級の問題も組み入れようと、私は、考えました。そこで、1年生の一つの組を、学習遅進児学級にすると、こういうふうに決めました。

それで、1年生のもう一つの組は、普通学級で抽選で無選択。希望者が多かった場合は、抽選で入れる。もし、少なかったならば、全部入れる。何も条件もつけなければ、選びもしない。

学習遅進児の学級の募集というのは、普通知能を備えた者であって、学業の進歩が思わしくない者と申しますか、学業遅進の者、そういう者を募集すると、こういうふうに、申しました。そのころは、学区なんていうことは、ありませんから、全都に募集しました。しかし、応募する者は、非常に少なかったわけです。それで、検査をしました。学習遅進児であるかどうかを、確認しなくてはなりません。ちょうどこちらで研究しようと思うワクのなかに入っているこどもであるかどうかということを確認しなくてはなりません。

（中略）

私が考えておりましたのはね、中学校というものが、はなはだしく開放的な制度になって、義務制度になったが、学業成績の劣っている者を、一体どうするかということが、小学校でも問題があるけれども、中学校ではますます問題になるということが、もう、目の前に見えておる。その問題を、日本は、研究しなくちゃならない。ところが、その当時の附属学校は、そういう差し迫っておる問題に対する研究をやろうとする学校もないし、あるいは、そういうふうなプランも聞こえていないので、われわれは、ここで、進んでやろうということなんです。それらのこどもを、普通学級と同じ勉強ができるように、どうしたら促進してこれを押し上げていくことができるのかと。中学校を終わって、高等学校の段階まで、もし入ろうとするならば、入ることのできるように促進するには、どういうふうにしたらよいかと、そういういろいろな努力や苦心を重ねていって、そういうことを、日本全体の中学校のなかにいる膨大な学習遅進児を、どうしたならば、普通の学習ができる線にもっていくかということのために、寄与したいと、そういうことを、東京大学の附属学校がやってみて、そのやり方なり、考え方なりを、普及させようと、そういうことをエクスペリメントをするというふうにしたわけなんです。

そのころ、中野区内のこの近くの公立中学校の生徒との比較をいたしたことがあります。こちらの学習遅進児学級の生徒と同じ学力と知能検査を、公立中学校の1年生のあるクラスについて、やっておきまして、3年たってから、どれくらい、それらのこどもが違ったか、あるいは同じかと、そういうことを実験的に見ようとする研究です。公立学校でも、ちょうど、学習遅進児学級に入ったと同じ知能の高さで、同じ学業成績の状況の者が幾人もおるわけなんです。それはテストした結果、マークしておきまして、だれ、だれ、だれとマークしました。それで、3年たった卒業の間近になった時に、そのクラス全部の生徒に対し、学業成績のテストをしまして、そのうち、1年生の時に、だれ、だれ、だれとマークしておいたそのこどもと、この東大附属に入った学習遅進児学級のこどもとを比較しました。

どういう違いが出るか、同じテスト問題でやったんですよ。そうしましたらば、東大附属の学習遅進児学級のこどもは、ほとんど、中以上のところへ上がりまして、中より下に行ったのは1人しかいないんです。そのほかは全部、上へ上がったんです。ところが、公立で、マークしておいた同じ学業成績の状況で、知能の高さも大体同じこどもは、依然として中以下です。そういうことをやりましてね、３年間の学業の結果、そういうふうなことが見えてきているというわけです。

東大の学習遅進児学級に入っておれば、これだけ、中以上に、とにかく上がっている。入らないで公立学校にいたら、向うでもりっぱな教育をやってはいるが、とにかく、中以上に上がることはできない。大ざっぽに、そういうふうなことが、見通されたんです。

そういうことは、学習遅進児というものは、それが、できないからといって、クラスのなかで下積みにして、「お客さん」と言いますけれども、お客さん扱いにしておくのか、お客さんを主人にして育てるかということの問題だと、私は解釈しているんです。

そういうことを、東大の附属がやって、できないこどもであっても、手をかけて、いろいろ、くふうし、努力すれば、これくらいのところまで行けるんだ。それを、できないできないと言って、放っておけば、ある程度以上にのびることはできないということを、明らかにしたつもりで、やりましたんです。そういうことが、実験・研究学校だというふうに、私は、思っているのです。ただ、やった結果を、学術的に公表すればよいというそういうことじゃなくて、その結果が、日本全国の学校に役立つように、これから、なってくるということが、やはり、大学附属の研究学校の果たすべき重大な役割りだと、こういうふうに、思っておりますんです。

（八）双生児を入れた東大附属

東大附属学校では、創立の最初から、双生児を入れました。東大における双生児の研究は、世界の最高水準のものだと、私は、思っておりますけれども、ああいう研究は、ここの特色です。これは、はじめは、医学部の脳研（一九三六年開設の学部附属脳研究室。一九五三年からは学部の附属脳研究施設として官制化された）との協同みたいなところから、やっていったわけです。

脳研は脳研の考えで研究を進めて行き、他の研究者も、それぞれ、いろいろな考えで、やっていったわけですが、私の考えていたのは、教育の方法、あるいは、教育の内容にもよりますが、教育の内容、方法の違いを、双生児を使って、いろいろ、研究したらどうかということを考えました。

その非常に小さい一例として、普通学級のほうへ入った双生児のなかに、学習遅進児学級のほうの知能と学業成績の者に、大体、見合うペア、が入ったんです。そのなかの一人を、こちらのほうの学習遅進児学級に入れたらば、どういう変化が起こってくるのかということを研究しました。いままでは、二人とも、できないできないと言われていた双生児だったんですが、そのうちの一人を学習遅進児学級のほうへ入れるという意味は、学習遅進児学級のほうが学習遅進児は自分たちのペースでもって、先生がいろいろ苦労されて、彼等を引き上げようとして、いろいろ努力しておられて、いままでと、こどもの学習の態度とか、考え方が、非常に変わってきているんですね。変わってきたというのは、特別な手を、先生方が加えてくだすったから、そういうふうになってきたわけです。生き生きしてきたんです。そういうことのために、教室のなかで活気ができて、輝いた目をするようになってきました。教室の雰囲気も、非常に違ってきた。それで、そこへこの双生児の一人を入れたならば、こちらの普通学級のほうにいた場合と、どれくらい変わるかを見たわけです。

そうすると、双生児を使って、一人をクラスを変えたことによって、その雰囲気なり、あるいは、学習指導の仕方や何かが変わると、普通学級にいた者と、学習遅進児学級に入った者とは変わるんだということを明らかにしたのです。そして、学習遅進児のクラスに入ったほうが、時々は、普通学級のほうの子に教えるというような現象があらわれました。そうすると、このような実験研究の結果、双生児によって、特別学級の性格が立証でき、いろいろなことがわかってくるんです。

（九）中等児で編制した特別学級

次に、2年生のほうの二クラスのことを、ちょっと、申します。2年生のほうの一つのクラスは、中くらいの成績の者を入れて、ホモジーニアスな、大体、能力をもったグループを一クラスつくったわけです。そのホモジーニアスというのは、抽選で入れるんですから、ある幅をもった者が入ってくる。幅をもった者が入って来ますけれども、日本全体の教育の問題を考えていく場合には、その中くらいのところを相手にして、どういうふうにしたらいいかということを、明らかにしていけば、カリキュラムあるいは学習指導の問題を研究するのに役立つというわけです。中くらいの者に合ったようなカリキュラムなり、メソッドというものが、形成されていく。そういうものは、日本全国には中くらいの者が多いのですから、割合に、適用ができると考えられましたんです。

そのために、このクラスの生徒の選抜に当たっては、学業成績の計算も、また、ちゃんとしました。そして、できる生徒は、切りました。できない生徒も、切りました。ちょうど、まんなかぐらいのところを、ホモジーニアスのグループとして、40人採りました。この学年は、そのホモジーニアス・グループと、もう一つ、普通学級がありました。その普通学級というのは、非常に幅の広いところで、別に選択も何もしないで、入るわけです。この二つの組でもって、教育の、主として方法およびカリキュラムの構造を比較しようというわけです。

どういう着眼かと申しますと、ホモジーニアス・グループのほうで、その当時、問題になっておりました課題的な学習を、自学自習的にやらせる。それを、ホモジーニアス・グループで、どれくらいできるか、こちらはこちらでやっていく。そして、普通学級のほうでは、そういう課題学習ではなくて、在来的方法で、一方は、学習を指導していく。この二つを比較するということのために、そういう学級編制をしました。それ〔ホモジーニアス・グループ〕は、いま申しましたように、課題設定によって、カリキュラム構造をつくって、こどもたちに、自主的な活動をさせながら、進めていく学習形態と教育内容を、そこに打ち出していこうという考え方でやっておる。

そういうふうに、生徒募集のはじめから、何をエクスペリメントするかということをもって、こどもの編成をやっていくということを、入学する時から、考えているんですから、できる生徒をはずしたりなんかもするんです。そういうことを、研究の必要からやるわけです。ただ入ってくる者をなんとなく入れるという、そういうことじゃないんですよ。特別の学級というものはね。

(十) クレリカル・ウワーク(速記・タイプその他)を教育課程に組んだ特別の学級

実務的、事務的な仕事に携われるような基本的能力を、中学校にいるうちに伸ばすような構想を考え、創立の翌年、昭和43年度の1年生に、「特別学級」を1クラスつくりました。これは、川崎さん〔附属学校・川崎明教諭〕の担当でしたが、職業コースじゃないんですよ。教育全体のなかに、実務的性格を織り込んでいくという考え方なんです。ですから、タイプを打ったり、そろばんに力を入れたり、速記を使ったり、そのほか、いろんなことをやったんです。こういうことを、中学校のカリキュラムのなかに入れて、そういう技能を十分に伸ばすような方法をとるべきものであるというわけです。

そういう構想を発表して、そういうクラスに入る希望者を、抽選で採って、「特別学級」を編制したんです。学業成績やなんかには、全く関係なく、抽選だけでつくっていったクラスでしたが、もともと、そういうことをやることを希望した生徒で編制したこともあり、ここの卒業生は、就職しても、割合に、評判がよかったんです。会社に入っても、附属中学校で、事務的能力を学習していた間に、そういう才能が伸びていって、ここの教育を受けた者が、実績をあらわしているんです。

生活の基本的技術で、何か、伸びる者は伸ばしていったという、そういう人間の側面というものがあるということ、そういうことがわからくなちゃダメなんじゃないかという、そういう意味において、やったのです。

（十一）附属学校は、文部省のより進歩した教育課程を実施

いま申しました「特別学級」の場合で、おわかりのように、教育課程は、必ずしも、文部省で決めているとおりのものによってはいません。附属学校は、文部省の決めている教育課程によらなくともよいと思います。もっと進歩したよい教育課程を、実験によってつくり出す。そういうふうなソースであるというふうな考え方が、附属学校でできればいいんですよ。なにも、それはソースじゃないでしょうな。学校が、いろいろな実践をしながら、お互いに集まって共同研究をやったりね。あるいは、発表会をしたりして、それをつくり上げていくというようなことができれば、附属の存在意義があるわけです。

それには、あまりにもカリキュラムの内容が一本であって、一本がまた、細か過ぎてね（笑い）、あれに書いてあることは、みんな、やらなくちゃならんというようなね、いままでの扱い方しかできないというこ

とになってくると、附属の存在というのは、だんだん、わからなくなってくる。文部省の決めた以外に、なにもできないというようなことでは、附属学校の解消論が出てきますよ。もっとも、それは両方に問題があるのですけれどもね。

(十二) 抽選入学の方針

東大の附属学校では、抽選入学ということをいたしました。そのことは、現在でも、やっぱり、同じように、問題になることでありまして、日本全国の附属の学校が、ほんとうに、抽選入学で、こどもを集める考えがあるかというと、現在でも、ないんですよ、大部分の学校はね。まあ、特別にそういうことを、似たことをやっている学校はありますけれどもね、足らないんですよ。わずかに、名古屋大学が、抽選でやっているようなありさまでしょう。ほかの大学は、抽選なんて、たいして、やっていませんですよ。

この間、福岡教育大学の附属小学校で、入学者選抜に伴うスキャンダルのことが、新聞に出ていましたね。真偽のほどは、私、よくわかりませんけれども、ああいうふうなスキャンダルが起こってくるのはなぜか。そういうことができるような家庭、まあ、どれだけお金をもっているか知りませんけれども、新聞に書いてあるのでは数十万とか書いてありますが、数十万の金をつぐことのできるようなそういうこどもが集まってきている。まあ、全部じゃないにしても、そういう者も入っている。そして、また、試験をして、成績が思わしくない者は、断わられておるというようなことも、多くの附属では、あるようです。詳しくは一々、調べてありませんけれども、そういうのが、現在の附属の常識です。そういう考え方は、終戦後もあったんですよ。だから、先ほど申しましたように、全国の附属を廃止しろというような意見も出てきたんです。

そういうふうではダメじゃないかということを、スキャンダルが起ってから、気がつくようでは、日本の附属学校のあり方にとって悲しむべきことであります。いまごろ気がつくようでは遅いですよ（笑い）。終戦後のあのころに、東大附属では、そういうふうな考え方を直す意味でも、抽選ということを主張もし、また、実際にやったんです。

それで、抽選をしますのに、抽選器を使ったんです。はじめのころは、普通学級で、千何百人も来たと思います。公開抽選ですから、みんなの見ている前で、抽選器を回します。あの抽選器は、ガラガラという音はしないいんですけれども、だれかが、ガラガラという音がすると思って、こんにちでもそう言う人がありますがね、東大附属はガラガラ学校（笑い）だなんてね……。

しかし、抽選のもっている意味というものは、こんにちにおいても、決して、私は、なくなっていないと思います。日本全国の附属小学校が、もし、抽選でやったら、どういう生徒組成になるかということは、やはり、こんにちでも、問題を提供しています。私は、問題を提供するために、抽選をやったんです。

成績の思わしくない者も入れて、ねんごろに育てていくような愛情を、全国の附属はもつべきだと思います。成績の思わしくない者は入れませんとか、あるいは、家庭の状況があまり思わしくない、低い者は、お断わりしますとか、そういう考えはなしにしなければいけませんね。

そういう考えなしに、だれでもやってくるということは、抽選というものが、こんにちの附属に対して、非常に意味を与えているというふうに、私は、考えております。

（十三）金のかからない学校にする方針

そのほか、この学校が、ほかと少し違う考え方のものがあります。ここは、始めた時には、金のかからない学校にしたいという考え方をとってきました。

よそで、寄附をとる学校が多いが、ここは、寄附をとらない。なぜかと申しますと、国立で、校舎があって、やっているんですから、みんな、校舎の建築費なんかとらないんだという考え方をしてきたんです。多少きたないところがあっても、みんな、がまんしてやろうじゃないかというわけです。そこに、父兄からお金をとって、教室をりっぱにするというようなことは、われわれは考えない。これを、国費でもって、修理しながらやっていこうと、こういうふうな考え方でやってきたわけなんですよ。

だから、この学校が、国立学校であって、国費でやっていく学校なんだから、寄附をとらないというのが、ほんとうなんですよ。

ですが、近ごろは、とっているという話ですけれども（笑い）、とるべきじゃないんですよ。寄附をとらないでもできるように、努力するということが、こういう附属学校に課せられた重大なことでね。公立学校も、私立学校も、どんどんとっていますけれどもね、やはり、この学校は、とらないでがんばりながら、とにかく、いい教育をやっていくという考え方でやるべきであると、私は、考えます。

私はね、私立学校で、思うような財政的サポートができていてね、そうして、いい先生が、そこへ集まってきて、気持ちも合ってね、そこでもって、あるプランでやっていくというそういうふうになってきたら、いいんじゃないかという気は、するんです。それは、なにも、金持ちを入れるとか、そういうことじゃないんですよ。授業料なんかとらないでね、ほんとうに、そこで、いい教育をやってみるということができたら、いいんじゃないか、そういう考え方があるんですね。

（十四）「海後構想」を実践する教官組織

それで、私は、校長代理として、いままで申しましたようないろいろなアイディアを、自由につくって、みなさんに相談したら、けっこうですというから、やったんです。

しかし、私が、この学校を、校長代理で来ていたって、私が教えているのじゃない。まあ、私も、少しは、やりましたですよ。学習遅進児学級へ行って教えたり、あるいは、社会科の授業ももったんです。しかし、私が、全部やることは、とうてい、できないのです。結局、附属にいる先生方が、みんな、そういう気持になって、この研究学校を育てていくという仕事をしなくちゃならん。

それには、いままでおられた東京高等学校の先生方もいらっしゃる。また、私のアイディアでやっていただくために新しくおいで願った先生方、川崎君、関屋さん〔附属学校・関屋教諭〕など、都内の中学校や高等学校から、こちらに見えた方もあるが、それだけでは足りないし、しかも、定員も足りない。

そこで、東京大学の助手をしている人とか、あるいは、若い研究者とか、そういう人を、教育研究の助手〔スタッフ〕的、あるいは、協力者として、附属に入っていただいて、そういう方が、この附属でもって、研究をしながら、自ら教えて、いろいろ、教育の実践に当たっていただくことにしたんです。

そういうふうに、附属と学部とを一体にするようなこと、これは、現在、うまく、できないですね。全国、できないですよ。私は、それを、ほかの学校ではできないでいるから、できるようにするには、こういうやり方をするよりほかないじゃないかと考えて、これをやったわけなんです。

なにも、将来教授になる人を選んで、やるとか、そういうことじゃないんですよ。学部のほうにいる若い研究者を、附属の学校に入れて、そこで研究し、場合によって、そこの専任者になってしばらくやって、数年して、また、東大に帰って、研究をするなり、あるいはまた、東大の教授職につくなり、いろんなことができるようなふうにやっていきたいと、こういうふうに考えまして、それで、若い方を入れたんです。

そういう方は、その当時は若かったんですけれども、いまはもう、りっぱな大先生になって（笑い）おられますよ。それは、名前を申し上げると、皆さん、おわかりと思いますけれども、それぞれの方が、みな、ここへ関係していたんですよ、最初の時はね。

ですから、たとえば、山内〔太郎〕助教授が、学校教育学科におりますけれども、山内さんは専任者で、附属に入ったんです。それから、助手として来ていた人に、岡津守彦教授も、附属に来ていました。早稲田の大槻健教授は、附属に専任として入った人なんです。いま國學院に行っている村田忠三、青山学院大学に行った木下法也、東大教育学部の教授の大田堯、仲新などの諸君、みな、いま各所でいろいろな働きをしていますけれども、そういう人も、附属に手伝いに来ていました。まあ、手伝い（笑い）ということばは、悪いですけれどもね。制度（定員）もなにもないんですね。行って、とにかく、みんな、若い人は、附属で勉強しながらやるんだという、そういうことをレールを敷こうと思って、私、やったんです。

（十五）附属学校と学部との関係

附属学校と学部との関係ということは、いろんなことを発展させるのに非常に大事なことなんですよね。ただ、単に、ここにいて、孤立しているのではダメですよ。学部の附属でしょう。学部と附属が、もっと一つにならなくちゃならない。仲よくなんていうことの以上のことなんですよ。気持ちの上でもね、一つになってやるというふうになることは、私は、成功させる非常に大事なことじゃないかと思うんです。

学部の先生は、向うのほうで、ただ、教育の講義をしている、附属は附属で、こっちでやっている、これではダメですよ。全国、そうなんですけれども、これは、やっぱり、いけないんじゃないかと思います。そういうことも、成功させない原因です。何かやろうとしたことも、実らないという一つの重大な欠陥の一つじゃないかと思います。

はじめのころ、附属へ手伝いに来ていた人たちのなかには、あるいは、もう、附属に行ったことなんか忘れて（笑い）いるような人もいるかもしれませんが、行ったことは、非常に大事なことなんです。ここで手伝ってね、研究というものは、こういうふうにするんだということがわかって、そうしてこそ、研究をすることができるんです。あるいは、教師として働くと、そういうふうになることが、非常に、重要なんです。

だから、いま、教授になっているような人が、もう少し、附属でね、長いことやってね、まあ、5年くらい経験を積んで、そうして、ほかの学校へ行き、また、大学へ行って、研究もし、教授をするというようになってくることが重要であることは、先ほど申しましたとおりです。

また、大学のほうの先生も、ただ、研究室で本を読んで、みんなと話しているというそんなことじゃなくて、やっぱり、中等教育の問題だってね、どういうふうにやるのかと、はっきり、ここへ来てやらなくちゃダメだと、私は、思うんです。

あのころ、もう少し、根をおろしておけばよかったんだけれども、根のおろし方が浅くて、不十分でした。いま、教授になっている人は、もとは、先ほど申したように、ここに最初は、私が入れたんですから、それで、もう少し、根をつくって、自分の学校のようなつもりで、附属へ来てね、それでまた、お互いに協力してね、一緒になってやっていくというふうにできたら、いまの教授の人たちだって、もっと、えらくなっているんですけれども(笑い)、もう少ししっかりしなければと思っているんですよ。もう少しいい研究もできたんじゃないか（笑い）と、そういうふうに思うんですよ。足場さらわれたカラ回りの教育理論というものは、もう、限度に来ているんですよ。もう、それじゃ、ダメなんですよ。もっと実践のなかに飛び込まなくちゃ、ダメですよ。それができないと、ほんとうの教育の研究も、教育の講義も、できないと思いますよ。何か、そこらに書いてあるものを読んで、しゃべるなんていうことは、だれだってできますよ。なんでもないんですよ。そういうことじゃ、ダメですね。

また、附属の学校の先生として入られた方でも、学部へ行って講義をするということが、重要です。いまは、教職課程（教科教育法）なんかやっておられますが、教職単位だけもって、イントロダクションをやるとか、そういうことじゃなくて、ほんとうに、もっと、いろんなことをしなくちゃいけないんですけれどもね。もっと、本質的にね、ちゃんとやれるように、皆さんで努力していくし、研究も重ねていかなくちゃならないですよ。

実践をしている人が、もっと研究のほうへ行き、研究している人が、もっと実践のほうへ行かなくちゃね、ダメですよ。こちらの先生も、学部へ行って講義をするし、学部の先生も、ここへ来て、自分の家のようにしてやっていく。いけるように、だんだん、若い人から、育てていこうと思ったんですよ。年とった人から、急にやったんじゃあ、なかなか、そういうことはできませんから、若い人を育てていって、附属と学部とが、こう、一体になっていく、そういう環境をつくり上げようと、こういうふうにしたわけなんですよ。

（十六）「海後構想」の中断

附属と学部とが一体になってやっていったらというのは、私の出したアイディアだったんですが、まあ、それもダメでした。失敗しました。うまくいきませんでした。結局、中断したわけです。

私は、最初に出したあのアイディアでもって、どこまでもね、がんばってやって、若い人は、附属に、一ぺん、いかなくちゃダメだくらいに、教育学部の卒業生を、やっていったら、かなり、私は、違ったと思うんですよ。正式な教員じゃなくても、助手で、あるいは、先生のお手伝いということで、ここへ来て、しばらく一緒にやってみると、そういう経験も積み、問題も考え、それから、教育の研究も、それを土台にしてやるようにしたならば、ほんとうに、両方が一体化することができるのではないかと、まあ、そういうことで、いたしましたんです。

しかし、こんにちは、なかなか、そういうことは言っておられません。それは、御承知のとおり、いろいろ、問題がありましてね。私も、その後、校長代理をやめまして、学部長になりまして、学部長を何年もしておりましたけれども、そして、やろうと思って、いろいろ努力しました。やっぱり、なかなか、うまくいかないです。また、私は、足場がなくなっちゃったんですよ。教育学部のほうだけになっちゃいましたものですからね、なかなか、思うようにもいかんで、結局、なにかこう、しっくりうまく一体には、なかなかなれないで、ここまで20年、まあ、来てしまったわけなんです。

しかし、最初は、そういうことを、私は、プランしてやったものなんです。そういうことを申し上げましたが、そういうことを言うと、なんだ、お前は、プランしてやったと言うけれども、みんなダメじゃないか（笑い）と言われるかもしれませんがね。なぜダメになったかということについてはね、私は、私として、言いたいことはたくさんある。しかし、出したアイディアというものは、あるものは、根をはやしているのですね。

けれども、いろんなアイディアが、ここで、必ずしも、根をはやしていない。根をはやさなかったものがこんにち、20周年を振り返ってみると、多かったと思うんです。

そうすると、私が出したアイディアというのは、まあ、あまり価値のないもののように見えまして、私自身も反省しますけれども、しかし、日本全体の教育あるいは、日本の附属のあり方というものについても、やはり、相当に、私のやったプランというものが、問題を提供しております。そうして、また、そのことは、そのうち、私も、論文を書いておこうと思うのですがね。

（十七）附属学校のあり方の再検討と、附属の使命

しかし、そういうふうなむかしのことを振り返っただけでは、しかたがないです。そうして、現在、附属というのは、なにをするかということについては、原則は、私どもが最初考えました考え方を、ずっととっていただきたいというふうに、私は、考えておる。そうして、そのとっていただきたいというのは、いままで申したような私のアイディアの基本になっていることです。

具体的に、こういう組をつくったとか、生徒をこうしたとかいうようなそういう技術的なこと、それも重大なんですけれども、そういうことばかりじゃなくて、その基本になっている考え方をくんでいくべきじゃないかというふうに、附属のありかたについては、考えているのです。

最近、文部省がほんとうに出したかどうか知りませんけれども、新聞に出ておりましたけれども、附属の学校については、いままでの附属のあり方じゃダメじゃないかということが出ていました。そのとおりです。旧態依然としているのですよ。福岡の附属のようなスキャンダルの事件は、附属学校のあり方にとって、悲

しむべきことであります。附属学校の悲哀ですよ。附属学校の全体として、再検討を要する時期に来ていると思います。

そこで、何を再検討するかということは、ほんとうに、大学に附属する研究・実験の学校として、成長するには、どうすればよいかということを考えなければなりません。そのことが、やはり、現在の附属にとっての一番基本的な問題だと思うのであります。

かつての師範学校の附属は、それは教員になる者の実習をする場所だと、こういうふうに考えました。まあ、それ以外のこともありますけれども、実習する場所だと、第一に考えられていたわけですが、こんにちではもっと広く、大学の教育研究に役立つと同時に、実習の場でもあると考えられております。また、研究の場であるからこそ、その実践が実習に役立つようになってくると、そういうふうに考えていって、教育実習の問題も組み合わせて、何等差しつかえない。私は、教育実習をやらないなんて、そういうことは、言いません。教育実習も、非常に重要であります。しかし、その教育実習が実るためには、附属学校のそういう研究的性格ができているということが、将来、教師になる者にとって、非常に重大なんです。

日本全国の附属学校が、そういうふうに、研究的体制になって、実験学校としてのプランももち、そのために努力もし、いろいろ、話し合いもして、進んでいくというようなことになりますならば、これは、私は、日本の教育全体に対して、非常に大きな影響を与えていけるようなふうに、思っております。

この間、新聞に出ましたものを見ますというと、文部省がいろいろ計画しているカリキュラム改造の問題では、新しい指導要領なんかをそこで、実験してもらうというようなことが書いてありましたけれども、それもあるかも知れない。しかし、私は、あの文面を見て、大学の附属というものは、文部省の決めたカリキュラム、指導要領を実験してみて、これでいいかどうかということをテストするようなそういうことではなくて、カリキュラム改造を提案する場所であると、こういうふうに、私は考えています。

でありますから、先ほど申しましたようにね、できない生徒をどういうふうにしたらいいかという問題に対して、文部省は、基本的に、必ずしも、答えているとは言えない。それは、いろいろ、努力してくれますですよ。しかし、それは、基本的な態度とは言えないと思うのです。

だから、附属学校において、その方法なり、あるいは、カリキュラムの構造なり、そういうものに対する研究をやらなければなりません。それから、中学校の生徒は、いまのカリキュラムはむずかしいと言うが、そうなのかどうか、あるいは、時間が込み過ぎて、あんなにたくさんできないと言う。あるいは、高等学校のなかには、こういうふうに、高等学校が大衆化してきた。私が、最初、考えているように、できない生徒が、高等学校に、どんどん、入ってきている。そのできない生徒が、18才まで、学校生活をしている。そういう者に対して、何としてやるのかということは、私が、最初に、20年前に出したプランをちゃんとどこかで、やっておけば、そのことは、決して無意味じゃない。ある意味をあらわすに違いないというふうに考えておるわけです。

だから、文部省のつくったカリキュラムをやってみる。それもありましょうし、それよりも前に、文部省が、いかなるカリキュラムをつくるかということについて、全国の附属学校が、実験の結果から、提案をする。あるいは、その材料を提供するというふうに、附属学校のあり方が、変わるべきではないかというふうに思うのです。

そういうふうに、附属学校が、カリキュラム改善に対して、積極的、主体的な役割りを果たすことができるようになったならば、これは、なにも、附属学校のためばかりでなく、日本全体のために、非常に、附属学校が役目を果たすことになるわけであります。

そういう意味で、附属学校というものは、幸いに、文部省が、検討しろなんて言っていますから、附属学校が、やはり、研究学校、実験学校としての性格をあらわす。同時に、教育実習にも関係しますけれども、研究・実験の性格を、十分に出せるように、考え直していくべきじゃないかというふうに思うのです。そういうことのために、私が、最初にここでプランをしたアイディアのあるものは、もし、御参考になればと思って、申し上げたわけです。

〔速記反訳　川崎　明〕

出典　東京大学教育学部附属中高等学校『東大附属論集』第十一号（創立二〇周年特集号）、一九六九年三月刊

Ⅲ　日本の近代教育

近代日本教育史研究の開拓者とされる海後宗臣は、一九三一（昭和六）年に最初の体系的な著述「明治初年に於ける教育の調査研究」を発表した。同時にその年は「満州事変」が勃発し、一五年に及ぶ戦争が開始された年でもあった。その後海後は、『日本近代学校史』（一九三七年）、『日本教育小史』（一九四〇年）、『学制七十年史』（一九四二年）等の実証的歴史研究の成果を積み重ねながらも、「大東亜戦争」と「教学刷新」の国家政策の下で、その論稿には時代への葛藤と矛盾が表れるようになっていく。そして戦時下の最末期に、ここに収録した「教育史」が執筆された。未完に終わったこの著述は、戦前における海後の教育史研究の総決算ともいえるものであった。戦後七〇年の年に期せずして発見されたこの著述の中で、日本近代公教育の成立と展開はどのようにとらえられているのか、それは戦後における海後の教育改革論の基底にどのように位置づくのか、ここで問おうとするのはまさにその点である。また、「北支に於ける教育建設に就いて」（一九三八年）等のその他の新発見の論稿も、戦時下における海後の教育史研究の動向を明らかに伝えるものである。

（斉藤）

※戦時下に書かれたと推察される当時の文章には、現在においては差別的で不適切と思われる表現がありますが、本書が過去の時代の歴史資料として、著者の当時の論文をそのまま伝える著作集であることから、そのまま掲載させていただきました。

「教育史」（未公刊）

第一章　維新直後の教学精神

一　御誓文に於ける教学精神

明治天皇は畏くも維新の際、明治元年三月十四日五箇条を御誓い遊ばされ、衆亦此旨趣に基き協心努力せよと仰せられて、未曾有の変革の後に於ける方向を御示しあらせられたのであった。これこそ変革に際し列聖の御遺業を御継述なされて四方を御経営遊ばされ、遂には万里の波濤を拓開して国威を四方に宣布せられんとする御大業の基本となる御方針であったことが拝察される。この御誓文五箇条の最後の条は教学の根本方針に関することであった。

智識ヲ世界ニ求メ大ニ皇基ヲ振起スヘシ

と仰せられて、文教の根本となる精神を簡勁に御宣示あらせられたのである。我々はこの条によって、明治以降の文教全般を一貫する教学精神を明確に拝承することが出来る。この文教の根本方針は我が国未曾有の変革を爲んと遊ばされた際の御宣示であり、これを拝承した総裁公卿諸侯は「勅意宏遠誠ニ以テ感銘ニ不堪今日ノ急務永世ノ基礎此他ニ出ベカラズ」と叡旨を奉体したのであって、永世の基礎たるべき教学の根本方針は実にここに発している。

この御誓文の中に御示し遊ばされた教学の根本精神には二つの眼目が存するのであって、然かもそれが結び合って一つになったところにこそ我が文教の構成せられる原則があると拝承し得る。即ち智識を世界に求めねばならないことと、大いに皇基を振起すべきこととの二大眼目が示されてある。若し明治時代の文教の方向がこの二大眼目中の前者にのみ重点を置いたとするならば、その帰趨すべきところを喪失することとなるのである。帰趨すべきところは第二の眼目たる大いに皇基を振起するという点に存している。ここに帰趨することにこそ我が教学精神の独自な性質が存している。若しもこの皇道に帰趨するの眼目が喪失されて仕舞うが如きことがあったならば、全世界に亘って隈なく求められた智識も所詮は生命を失わざるを得ないこととなるのである。文教の新しい企画はこの未曾有の変革に際して先ず第一に解放的であり、全世界のあらゆる文化にその門戸を開き、無礙な抱擁力を示さなければならないことは当然であった。そのためには全世界に向って迸出する解放力の急速な展開が不可欠である。然し全世界のあらゆる分野に解放的な探求の態度をもって登場しても、ここに求めて獲得した内容こそは総べて皇基を振起するの眼目に帰着せしめられねばならない。世界に求めた智識は総べて皇道に帰向すべきであるとの根本方針がかくして明らかに宣示せられたことによってこそ、この後の文教の大綱たるべきものが確然と据えられたのであって、現代教育文明の歴史はここより発している。

皇道に帰一する教学の綱要が、五箇条の御誓文に発し、更に維新直後の文教方策が総べてこれを根軸として展開せられた。この根本方針はその後明治十二年の教学大旨による文教の振励作興となり、更に明治二十三年の教育に関する勅語として拝承せられ、その後の教学刷新が常にここに革新の大綱を据えて以って今日に至ったことは特に注目せらるべきことである。かくして御誓文に於ける文教についての御精神は明治以降の教学史を大観する際に常にその根源をなすものと言わねばならない。

維新直後に於ける教学の精神は智識を全世界に求め近代文化及び生活の全内容を採択しつつこれを皇基の振起に帰趨せしめんとした御誓文にその根源を発し、新政府のあらゆる文教方策がここより展開していた。

皇道に帰趨するの教学精神が如何なる内容をとりつつ展開したかを東西両京に於ける大学創設に際して次に小学校教育の振興に当って、更に民衆教化方策としての大教宣布運動に就いて考察したい。これ等総べては五箇条の御誓文に於ける文教の基本精神に基いたものであり、維新直後に於けるそれが実内容を我々に展示するものである。

二　京都大学校の教学精神

明治維新の際に於ける新政府最初の文教方策はこれを京都に於ける大学寮創設の計画に於いて見ることが出来る。この大学寮は単に学術の最高府として創置せんとしたのみでなく、ここを変革の際に於ける文教方策の中枢たらしめんとしたのであって、新たな教学精神も先ずここに於いて闡明せられ、全国の学校はこの学風を仰がねばならないとした。新政府は単にこれを文教方針を顕示する中心機関たらしめんとしたのみでなく、ここに西日本一帯の教育機関を統轄する行政権能をも与えようとしたのである。かかる様々な役割を果すべき京都大学校創建の計画を詳細に検討すると、これが極めて遠大な計画に基くものであったことが知られるのであって、維新直後に於ける文教の推進はここから先ずなされていたのである。併しここではそれが学校として如何に運営されたかは措いて、先ず京都大学校の教学精神に注目し、それが如何に展開せられたかを探求し、維新早創の際の教学の基本方向を明かにしようと思う。

明治新政府は速かに文教の中枢を布置するために先ず京都に於いて学習院を復興した。政府はこれを将来大学寮創建へ到達するの出発点となし、更に全国の諸学校に対してもこれをその中心機関たらしめる考えであった。即ち明治元年三月十二日学習院復興を仰せ出され、同月十九日より開講と定められて発足したが、四月十五日にはこの学習院を大学寮代となす旨の達があった。この大学寮代という名称によって当時の復古思想に基き往古を顧みてその制に倣い大学寮を創建せんとする計画が進められていたことを確認するのである。往古の大学寮とは学令の規定に基いて奈良平安の時代に亘って都に設立されていた学校であったが、維新に当りこれにならって都に学問及び文教の最高機関を設立せんとしたものと解せられる。かかる上代の大学寮にも比すべき教学の本拠を構えねばならないとした計画の内容は、三月二十八日内国事務局より廻付された「學舎制」を参照することによってこれを詳細に見ることが出来る。それによると当時の情勢下にあって本教学その他五分科制に基く大学を創建せんとしたのであることが知られる。併しかかる大計画は維新草創の際到底直ちに実現し得べくもなかったのであって九月に到って漸くにして皇学所及び漢学所を設けるという達を発することが出来得たに過ぎない実情であった。かくして「大學校御取建被遊天下ノ人才ヲ集メ文武共盛ニ被爲度思召」(明治元年九月十六日達)の一端をここに実現することとなったのである。併しながらこの京都に於ける大学寮創建のことは車駕東行のこともあり、新政府の有力者や学者が東京に移った為に、大学校としての発展とその整備を見ることは出来ずに終ったのである。併しこの大学寮創建計画に当って教学精神の著しい高揚を見たことは注目すべきであって、この際に御誓文の中に示された皇基を振起する学問の如何なるものであるかが闡明せられた。維新直後の京都に於いて既に皇道による文教方針が確立され、その教学精神が当時の文教諸文書に示されたことは、この後に於ける近代教学精神の開展を攻究する第一歩をなすものとして特に重視せねばならぬ。

京都に於いて大学寮を創建する際の基本方針が奈辺に存したかは、前述した「學舎制」のうちに於いて、皇祖天神社を大学寮の中心として祭祀し、学問は本教学を首位に置くことを定めたことに既に現れている。本教学を授ける機関に於いては「上神聖之大道ヲ奉シ修身齊家及ヒ顯幽分二ノ微旨天地ノ大義ヲ學生ニ教授スル事ヲ掌ル」としてあることによっても、この学問所が成立の頭初より教学精神の根本を確立せねばならないという点に注目していたことを知るのである。明治元年九月十六日に政府より公にせられた皇学所漢学所開講の達には規則として七ヶ条を掲げたが、その中に次の如き条項がある。

一國體ヲ辨シ名分ヲ正スヘキ事
一漢土西洋ノ學ハ共ニ皇道ノ羽翼タル事
　但中世以来武門大權ヲ執リ名分取違候者許多ニ付向後屹度可心得事
一虚文空論ヲ禁シ着實ニ修行文武一致ニ教諭可致事
一皇學漢學共互ニ是非ヲ爭ヒ固我之偏執不可有之事

右の規則は国体に基き皇道を基本とする教学の根本方針を宣言したのであって、漢土、西洋の学はこれを皇道の羽翼たらしめて初めて存立の意義ありとした如きは、維新草創の際にあって既に学問の自主性を確立せんとした思想の存することを示すものであり、学問は総べて国体を根源とすべきことを明確にしたことと併せ考えて、維新に際しての皇道教学精神を極めてよく表明したものと言うべきである。

京都の皇学所は明治元年十二月十日太政官布告をもって開講のことが達せられるに到ったのであるが、その際の文書には「近來皇國ノ學相衰ヘ外國ヘ對シ候テモ不都合ニ付今般更ニ皇國學盛大ニ御振起遊度思召ニ候」とあって、ここを皇国学の中心機関たらしめる方針がよく示されている。更にこの時の皇学所規則に於いては、皇学所の構成を詳細に定めたのであって、其処から当時の教学思想を適確に窺うことが出来る。即ち教学の本末に就いては「少年子弟先ツ皇國ノ道ヲ學ヒ開闢以來今日迄ノ大綱領ヲ辨ヘ然シテ後漢學洋學ノ學ニワタリ廣ク知識ヲヒラキ學術ハ其人ノ禀性ニ本ツキテソノ得意ノ業ヲ勉勵セシムルトキハコヒネカハクハ膠柱守株ノ弊ナカラント思フ婆心ナリ……其曾テ聞ク西洋人ノ學タルヤ先自国ノ史記ヲ讀ミ次ニ輿地航海他國史記ヨリ凡百ノ窮理ニ至ルト實ニ感スヘシヒトノ皇書生ノミ自國ノ故事不知シテ可ナランヤ是本學ヲ主張スルノ大意也」、「尊皇ノ道ヲ辨ヘ君臣父子ノ大倫ヲ明ニシ皇國ノ政治大道ヲ知ルノ後他邦ノ學術モ考究シテ皇國ノ爲ニ足ラサルヲ補フハ則チ益ナリ。皇國ノ事理ヲ辨ヘスシテ他邦ノ學術ニ泥ムハ彼ニ心ヲ奪ハレテ損ナリ。」と述べている。又同様の精神を学生の心得として「明詔之御聖旨を能々奉體認達材成徳して異日國家の御大用に可相成日夜刻苦勉勵勿論之事。近くは人習て綱常倫理を明にし修身治國の要務を精察して遠くは神習うて神聖の閑奥幽顯の玄妙を窮極可致事」としている。教師に就いてその心得としては、教官局之掟に於いて「先聖の靈話に博士助教は惟學業のみならず徳行を兼取とも古の王者は教學を先とす世を教え風を垂るゝに此によらざるはなしとこれある明詔を深く服膺し奉り内は我躬を修め外は其長短高下に從い材徳を生育發達せしむるを首務と可相志事……大氏列聖の御鴻業を歴敍して古を稽て風猷を既に頽たるに繩し、今を照して典教を絶むと欲するに補い給うとも神理を設けて俗を進め英風を敷て國を弘め給うとあるを祖述憲章して教化を篤く敷き風俗を淳美にし大政を翼賛し皇風を四海に雲行雨施し八表の規準楷式と相成候處に着眼専一之事」と述べて教育精神を鼓吹表明している。我々はこれ等の皇学所に於ける教育の精神を見、これが京都に於ける大学寮の中核となるべき計画であったことを知ると共に、近代の教学史が如何なる基本精神を闡明して発足したかがこれ等の資料によって充分に窺われるのである。この皇学所が祭祀を中心とし、これを通じ皇道教育に当った有様は後述する学神祭に於いてこれを明かにしたい。

維新の際京都に於いてかくのごとき教学の振作に当ったのは矢野玄道、玉松操、平田鐵胤等の皇道学者であった。これ等の学者は既に明治元年二月二十二日附をもって学校制度についての取調を新政府より下命せられているのであって、夫々に学校掛として新しい教育の方策を岩倉具視等に建策しつつあったのである。

これ等の人々によって京都に於ける皇学所が構成せらるるに至ったのであるから、これ等の学者の活動が皇道教学精神の淵叢をなしていたことは言う迄もない。これ等の学者その他の教学思想家の教学思想及び文教刷新の方策に就いてはこの章の終りに述べてその役割を更に詳細に究めることとする。

三　東京大学校と学体

東京に於いては京都とは別箇に大学校創始のことが企画せられこれが維新直後に於ける新政府の文教策の一つとなっていたのである。この方策は明治元年六月二十九日に先ず布達を発して昌平学校を復興したことをもって展開せられたのである。この昌平学校復興は「大政御一新大義名分ヲ明ニシ人才御成育被在候ニ付」(六月二十九日達）と記されている如く、御一新によって大義名分の存するところを明かにするために、旧幕府教育の総本山ともいうべき昌平坂学問所の根本的な改革を要望したものである。これより後に昌平学校に対しては引き続いて様々な方策が示され、終にはこれを中心として東京に於ける大学校を構成し、以って両京に学術の中心機関を施設すると共に、ここにあって教学精神を宣揚して府県諸藩の教育に対して方向を指示し、これに基く文教方策を広く展開せしめんとしたことが窺われる。当時昌平学校は国漢学を教授する学校であったので、これと共に幕府の機関として洋学を教授していた開成所及び西洋医学を授けていた医学所の二つの機関をも復興し、これ等を総合して東京の大学校を構成する方針であった。この総合企画が実現し、明治二年六月十五日政府は布達を発して昌平学校を大学校とし、ここに開成学校、医学校、兵学校の三校を附属せしめて大学校の形態を整え、ここに前年以来の文教に関する諸企画に一時期を画することとなった。この後明治三年二月にその制度が改められて、ここに大学規則及び中小学規則の公布を見たので、これが大学南校及び大学東校となって運営せられ、文部省が明治四年七月に創置せられる迄は、全国府県の諸学校に対する文教統括の権能をも附与せられていたのである。従って東京に於ける大学校が如何なる教学精神のものであったかは、京都の大学寮代以上に重要な意義を全国の教育に対してもっている。殊に新政府は東京にあって一切の方策を決定しては全国に号令したのであるから、東京の大学校に於ける文教の精神とこれを具現する方策には注目せらるべきものがある。然らば東京の大学校にあってはその教学精神が如何に闡明せられていたであろうか。

東京に於ける大学校にあっては、明治二年六月の制度確立に際して教学の根本精神を闡明し、これによって学問の本義を指示すると共に、文教方策の根源たらしめ、以って変革の時代に於ける教学の振作に当らんとした。この方針は後にその表現が改められ学体として公にせられ、維新直後に於ける教学精神を全国に提示するものとなったのである。これによって見るに先ず初めには学問教育は道を講じ知識を広め才徳を成し以って天下国家に実用を奏するところに存するとして、この道をば「道ノ體タルヤ物トシテ在ラサルナク時トシテ存セサルナク其大外ナク其小内ナシ乃チ天地自然ノ理ニシテ人々ノ得テ具ル所其要ハ則チ三綱五常其事ハ則チ政刑教化其詳ナルハ則和漢西洋諸書ノ戴ル所學校者乃チ斯道ヲ講シ知識ヲ廣メ才徳ヲ成シ以テ天下國家ニ實用ヲ奏スル所者ナリ」としたのである。而してかかる学問を和漢西洋の諸書に於いて見たのであって、先ず国書に就いては「神典國典ノ要ハ　皇道ヲ尊ミ國體ヲ辨スルニアリ乃チ　皇國ノ目的學者ノ先務ト謂フヘシ」として、先ず皇道教学の精神を樹立するに努めた。それと共に更にこれをあらゆる文教の坤軸たらしめたことが、皇国の目的学者の先務なりと規定した表現に於いて窺われるのである。漢洋の学に就いてはこれに次いで、「漢土ノ孝悌彜倫ノ教治國平天下ノ道西洋ノ格物窮理開化日新ノ學亦皆是斯道ノ在ル所學校ノ宜シク講究採擇スヘキ所ナリ」としてある。而して「如此ナレハ舊來ノ陋習ヲ破リ天地ノ公道ニ基キ知識ヲ世界ニ求メ大ニ皇基ヲ振起スル　御誓文ノ旨趣ニ不悖是乃チ大學校ノ規模ナリ」としてある。我々はこの大学教育の精神を表明した文書によって維新直後の東京に於ける大学校が如何なる教学精神のものであったかを知ると共に、これが京都に於いて展開されていた大学寮創建の精神と全く同一の基調に立つものであることが確認せられる。従ってこの教学精神に引き続き大学校の本質を次の如くに規定しているのも当然である。

大學校

一　神典國典ニ依テ國体ヲ辨ヘ兼而漢籍ヲ講明シ實學實用ヲ成ヲ以テ要トス

これが大学校の精神であってこれに属した開成、兵学、医学の諸校にあってもその学問が皇国に於ける教学の目的に叶うべきものであることは確然と要望せられたのであって「分局両校ニ入ル學生固ヨリ皇國ノ目的ヲ外ラス可ラス」と定められた。尚お学生に対しては堂規として、「明詔ヲ奉戴シ聖旨ヲ体認シ以テ材ヲ達シ徳ヲ成シ異日國家ノ大用ニ供スルヲ志トシ夙夜刻苦其業ヲ勉勵セヨ」と指示してある。

この教学精神を宣言した文章が簡勁な形に改められて明治三年二月の大学規則の初めに掲げられた学体となったのである。

道ノ體タル物トシテ在ラサルナク時トシテ存セサルナシ其理ハ則チ綱常其事ハ則政刑學校ハ斯道ヲ講シ實用ヲ天下國家ニ施ス所以ノモノナリ然ハ則孝悌彝倫ノ教治國平天下ノ道格物窮理日新ノ學是皆宜シク窮覈スヘキ所ニシテ内外相兼子彼此相資ケ所謂天地ノ公道ニ基キ知識ヲ世界ニ求ムルノ　聖旨ニ副ハンヲ要ス勉メサル可ン哉

学体に引き続いて示された学科課程によって皇国学の研究を見ると、当時は大学五分科制の一つとして教科を設ける方針であった。この教科は他の四科、法科、理科、医科、文科より一段と高く取扱われ、その内容は神教学と修身学とに二分され、これが欧州に於ける大学の神学部を参照したものであることが推測される。併し教科の必読書としてその頃掲げられたものを見ると、古事記、日本書紀、万葉集、古語拾遺、祝詞、宣命、孝経、大学、中庸、論語、詩経、周易、礼記とあり、特に孟子はこれを省くと記されている。これによって大学の一分科としての教科の内容を明かにすることが出来ると共に、国典神典によって教学の根基を培うことが、あらゆる学問の基礎であり、皇国学者の先務なりとし、これを特に各科の頭初に掲出した意味も、これを容易に認めることが出来る。尚お国学を本体とした学問を樹立せねばならないとした大学の方針は大学別当の名をもって提出された集議院の議題に次の如く記されていることによってもこれを窺うことが出来る。

皇漢學合併被　仰出候ニ付テハ、博士共合議ノ上、略規則相定メ、奉仰朝裁、綱領如左

一　皇國學神ヲ祭リ、孔廟釋奠御廢止ノ事

一　漢籍ヲ素讀スルコトヲ廢シ、専ラ國書ヲ用ヒ候事

句讀籍目如左

初級

玉鉾百首、山常百首、新採百首、祝詞正訓、童蒙頌韻、紀記歌集、神皇正統記、本朝三字経、童蒙入学門、神徳略述頌、古道訓蒙頌、皇國千字文、稽古要略、古史成文

中級

古語拾遺、熱田縁起、懐風藻、荷田氏啓、保建大記、古學二千文、國史略、皇典文彙、中興鑑言

上級

内裏式、凌雲集、都氏文集、田氏家集、皇朝史略、日本外史、菅家文集、本朝文粋、令義解

右

一　講義質問席ヲ設ケ、學業ヲ四科ニ分ケ、皇漢學博士教授ヲシテ、各其一科ヲ司リ、生徒ニ授ケシムル事

講義質問籍略目

明経科

古語拾遺　神代正語、孝経、論語

明法科

百寮訓要抄　金玉掌中抄、唐律疏義、唐六典

紀傳科

百錬抄　神皇正統記、易知録　鋼鑑補之内

文章科

古今集、土佐日記、文章軌範正編、文體明辨抄

臨時命題課試其業

右初級ノミヲ記ス　中級上級ハ之ヲ略ス

一　孟子ハ名分ヲ論スル處ニ於テ國體ニ不合條アリ　正科ニ入ルコトヲ許サズ

自己講習ハ禁ナシ

右大綱ヲ掲ク小目ハ別冊ニ記シ追テ可乞官裁事

大學別當

革新の時に際して学問の本義を闡明する方策が如何に示されたかは、東京に於ける大学校創建の際に於け

る これ等の資料によって最も詳細に窺われると思う。新日本の建設に向って発足せんとした大学校の教学精神はかくの如くに闡明されていたのである。これあってこそ知識を全世界に求めてもそれを大いに皇基を振起するとの焦点に帰趨せしむることが出来たのである。文教は常に帰趨するところあって、力を附与せられるのであるが、特に革新の断面に於いてかかる教学精神の闡明がなされ、これを皇国体の根源に於いて確立したことは、明治以降の教学を展開せしむる上に極めて重要な発足点となったものと言わねばならない。

四 学神祭と教学思想

京都に皇学所が開設せられるに至った際に皇祖天神社を祭り、学神の祭祀が行われたことは既にこれに触れた。然るにこれが明治二年七月東京の大学校に於ける学神祭となり、それが漢学者と国学者との抗争を引き起す問題の端となった計りではなく、集議院の議題ともなって論議せられ、維新直後の教学問題として注目せられた。ここでは学神祭を成立せしめたことの背後に存する教学思想を探究して、維新直後の大学に於ける教学思想に関する動向の一面を窺うこととしたい。

抑々京都に於ける学神の祭祀はこれをもって旧来の諸学校に行れた釈奠に代るべきものとし、以って教学の根柢を確立したいという要望より発し、更にはこの祭祀を通じて教学精神を闡明せんとしたものであることは極めて明瞭である。これに就いての思想を示すものとしては、明治元年四月に弁事局に提出した本居豊頴の建議中に示されている。

中古ニハ漢學ヲ事務ト被遊候付、大學寮中ニ皇國之神祇先賢ヲ不祭シテ只釋奠之法ヲ嚴重ニ被立候へ共、是甚主客ヲ違候事ト奉存候、……依テ此度大學寮御造立相成候ハヾ、學祖トシテ思兼命ニ、舎人親王、

太朝臣安麿ヲ合祀シ、春秋ニ御祭式有之度、釋奠之儀ハ可為御無用ト奉存候

とある。皇学所設立の際は皇祖天神大宮を祭ったのであって、祭神はこれを中央、左、右に分ってそれぞれに定めるところがあった。而して「大宮の禮祀春秋朔望無懈怠崇奉可致事」と指示しているのを見る。かくの如くにして京都に皇学所が創建せられるに至った際より学神の祭典が行われていて、教学精神を明かにし、これによって学生を薫陶し、学問の本義を明かにし内外本末の弁を立てんとしていたのであった。

これが東京に於ける大学校開講に際してもとり行われることとなったのであって、明治二年七月二十九日太政官よりこれについての布告が発せられたのである。その布告には、

八月五日大學校御開黌ニ付明後二日辰上刻御祭典御執行相成候間諸官員非役華族並諸官人参拝可為勝手事

とある。この日に仙石大学大丞が学神を護って神祇官より大学校に著到し、綾小路従四位が勅使として参向し、ここに祭典が執行せられ、勅使は幣物を捧げて宣命を奏したのである。この祭典に於ける宣命によって学神祭に当って示された教学思想を明かにすることが出来る。当時の事情についてはその頃学生であった高橋勝磨の『昌平遺響』に次の如く述べてある。

本校初めは漢學を主とせしか中頃皇學を根本とし漢學を補翼すと云うことになり平田博士の來れる頃學神祭あり姉小路殿勅使として來學せられ學校は殆んど神社の如くなれり此の頃の事なりけん當時尊攘家を以て世に鳴りたる某來り儒官と激論し四書中孟子を廢して三書とせり其次第は孟軻は周の世に在りながら王道を齊梁の君に説きしは乱臣賊子にて名分を誤るものなりとの事なり斯かる勢にて學科は皇典を主とせしかば古の聖堂は変して和學所の如くなり余も平田も古史徴、古事記傳、又は神皇正統記、西籍概論など様々の和書を讀めり時に何人とも知れす左の詩を作り黌中にもてはやされたり。

儒生可抗書可焚、難滅天下人心公、源氏物語枕草子
本科奉之代六経、地下美人應一笑、針情遊戯寫治情
狂風暴雨滿天地、一痕残月茫不明、君不見昇平橋頭妖鳥叫
青竹三重鎖孔廟

昌平大學は素と舊幕にて主として漢學修業の爲め設けしものにて維新後も初めは同し方針なりしか間もなく王政復古の勢にて儒學又は皇學と云へる一派の者當校に入り教官に平田鐵胤相州大山の神官權田直助なとの諸氏博士となり榊原芳野氏及黒川眞頼氏なと助教となりしより此派の勢甚盛にして遂に皇學を以て根本とし漢學を以て補翼となすと云へることを庚午學則の首に掲くることゝなり大成殿の聖像は蛛網に鎖され顧る者もなく學の神を祭るへしとて明治二年七月三日其式を行ひ八心思兼神《やごころおもいがねのかみ》を新築大講堂に祭り朝廷よりは姉小路殿を勅使として遣はされたり時に平田博士は白髪鬖々として衣冠を著けいと悦はしけに之を迎へ學官一同青絹の長袖を著け大少丞以上はいかめしく出立ち供物を三盆に盛り之を捧くるときは皆白紙を以て口を蔽ひ席上を膝行して相授受する様いと異様に見えたり學神の大前には荒莚を敷き上には締縄を引渡せり此の如くにして古來の漢學校も俄に社務所の如くなり何故なるか教官十二名講堂に机を控え居れとも誰も質問に出つる者もなく頓て本校は廢せられたり。

その祭典に当っての宣命に於いて、今日栄ゆる御代にあって外国の学術も広くこれをとらせられるのであるが、その根本には神髄なる大道が存しているのであって、これに基かねばならないとしてその教学思想を明確にした。尚お祭祀は万の政事の基であるので、ここに学神を祭って、皇神の道は言う迄もなく、外蕃諸国の学問もそのよろしき程にこれをとり入れて、朝廷の御趣旨に基く学問を立てなければならない旨が示されている。我々はこの学神祭が教学の要を確立する精神に基いたものであることを充分に知ることが出来る

と共に、その背後にある教学思想が大学創建の際に東京及び京都に於いて示されたものと全く同一であることを見るのである。

この学神祭に於いては釈奠を廃止することが漢学者側より問題となった為に、政府は明治二年九月十二日大学別当の名をもって皇漢学の問題と共に、これを集議院に附議したのである。その議題として「皇國學神ヲ祭リ孔廟釋奠御廃止ノ事」とある。これに対して、「皇國學神ヲ祭リ孔廟釋奠ヲ廃スルナラン是千古ノ卓識ト謂フヘシ臣敬服ス」と唐津藩が答えた如き意見もあったが、多くは従来学問の首座を占めた漢学を従として皇学を主とし釈奠を廃して学神を祭ることには賛意を示さなかったのである。この会議に於いて様々な意見の陳述を見たのであって、議員は互に論駁したが、学神祭が当時の学者に与えた問題は極めて重大であったと考えられる。かくて教学思想に基づく学問の振作方針がここに闡明せられ、漢学本位の思想を、皇国学へと転向せしめんとしたことが認められる。我々はこの学神祭を単なる維新期の復古運動であるとのみ解釈することは出来ない。この学神祭が問題となったことに就いては、当時文教の基本精神に於いて直ちに一つに帰し得ない立場が存していたことを認めるのである。学神を祭祀することによってのみ教学は確立される訳ではないが、これを機会として教学思想を確然たる基礎の下に展開させんとしたことに於いてその意義の重大なることを見る。今これを京都の皇学所及び東京の大学校創建の事情と結び合せて見たときに、これが正しく革新期に於ける教学の動向を示したものであることが理解される。

五　小学校の教学精神

以上京都及び東京に於ける大学創建の企画の中に於いて如何に教学の精神が覚醒せられるに至ったかを概

観したのであるが、この精神は単に大学にのみ限られたことではなく初等教育に於いても要請せられたのである。我々はこれを新政府の維新直後に於ける初等教育政策に於いて見ることが出来る。当時にあっては小学校の設立に就いて二つの方策がとられていたのである。その一つは大学校への予備教育機関として考えた中学小学制度に於ける小学校である。この小学は、中学より大学へ進学する者のための基礎教育を施す機関であってその教学精神に就いては特に叙述されていないが大学校と同一であったことは言う迄もなかったと解釈せられる。他の一つは府県に対して設置を指示した小学校であって、これは近世初頭以来の庶民教育機関たる寺子屋を改造して新時代の初等学校として再構成せんとしたものである。この小学校は未だ上級学校への連絡も制度上は立てられていなかったものであって、その教育方針の如きも大学校に連絡した小学校とは別途に指示されていた。我々はこの府県小学校設置の方針書のうちに当時の教学精神を充分に窺うことが出来るのである。

新政府は明治二年二月五日府県に対して施政順序を指示した際にその一項として「小学校ヲ設クル事」を加えたのである。而してこの小学校の性質に関しては次の如くに説明している。

専ラ書学素讀算術ヲ習ハシメ願書書翰記牒算勘等ソノ用ヲ闕カサラシムベシ又時々講談ヲ以國體時勢ヲ辨ヘ忠孝ノ道ヲ知ルヘキ様教諭シ風俗ヲ敦クスルヲ要ス最才氣衆ニ秀テ学業進達ノ者ハ其志ス所ヲ遂ケシムヘシ

右の小学校設立の趣旨によって見ると、小学校に於いては読書、習字、算術を学ばしめて日常生活の必要に応ぜしめる他に時々講談をもって国体時勢を弁え忠孝の道を知るべきように教諭して以て国民の風俗を敦《とん》厚《こう》ならしむることを求めている。我々はここに小学校に於ける教育が単に読書算術の基礎教育のみでなく、我が国体が如何にあるかを充分に弁えさせることと、維新以後の時勢が如何に変化したかを充分に会得せしむることに努めなければならないとしたことを認めるのである。更にこれ等と共に忠孝の国民道徳を知り得るように導き国民の風俗を敦厚ならしめねばならないとしたことに注目せねばならない。ここに国体時勢を弁えるようにと記したのは言葉が極めて簡単ではあるが、明治二年前後機会ある際には特にその宣揚に努めていた皇道教学思想に基くものであることは言うまでもないのであって、これはその頃に於ける大学校の教学振作と相連関して展開された方策の一つである。政府はこれによって国体精神に欠くることがあっては一般人への初等国民教育であっても決して充全なるものとはなり得ないことを明言したのである。我々はここに於いても維新直後の教学精神の顕現を見るのであって、小学校を単なる読書算の学校へ堕せしめず、これを国家の教育体制として巧みに構成し得たのは正しくこの精神が確立されてあったからである。庶民教育機関としての寺子屋は一般人の日常生活の必要に応じて読書算の基礎教育を施したが、これを国家教育の体制として編成し、この機関によって教学精神を振励する思想は認めることが出来なかった。然るに小学校はこの寺子屋を改造して近代学校の一翼として編成したのであったが、この小学校に於いて国体に基く教学精神を顕現せしめ以って新たなる皇国教育機関としての性格を具備せしめ得たのである。この思想が新政府の提起した府県小学校設置に際して既に明治二年より顕現せられていたことを認むるのである。

かかる府県施政順序に基いて全国の府藩県に於いて小学校の設置が勧奨せられたのであって、京都府の如き明治元年より小学校創建に著手し翌二年には既に六十四の小学校を設置した。京都府の小学校に於いては「各町組合ノ児童手跡算術讀書ヲ修業セシメ日ヲ定メテ儒書講釋心學道話ヲ以テ教ヲ施シ」とその建営趣旨に記されている如く、読み書き計算による基礎教育の他に儒書を講釈したり心学道話を行うこととしてある。この徳育のためには特に心学師を各学校に任命することとしている。この徳化のための教が忠孝の道徳に基く皇国精神の振作にあったことは言う迄もなく、新政府の「小學校ヲ設クル事」の中に指示された教学精神と全く同一の趣旨によるものである。我々はここに於いても又、小学校に於ける教学精神を窺うことが出来るのである。更に東京府にあっても小学校の建営に努め、明治三年より六小学校の開設を見ることとなった。東京府は小学校設立の趣旨を次の如くに記している。

方今更始之御盛典専ら人材御養育　思食《おぼしめし》に付東京府内外のみ別紙之通小學御取建八才より十五才迄は勿論青年有志之輩に至る迄日々出席勤學被仰付候間孰も厚き　御趣意を奉體し浮華瑣末の弊習を不襲著實緊要の學に基き日夜研究可致候事

これによって小学校の施設は人材御養育の思召によることで、この厚い思召を奉体してなさるべきであるとしている。人材を育成しもって皇国の発展に寄与せしめんとして小学校の施設に著手している。特にこれを厚き思召によるものと明記している点は小学校を通じての教学精神の振作を明らかにしているものである。又大阪府に於いても小学校の計画があり、明治三年九月小学校設立の伺を提出している。その中に於いて小学校設立は幼童就学の途を開くものであって、これが開設を見た際にあっては単に府の為になるばかりではなく、「第一皇國ノ御爲筋風化ノ一助ニ可被成」とその意義を明記している。この大阪府の方針書に於いて小学校の設立は皇国のためであることを特に明言したことは、京都東京に於ける教学精神と同様なものを指示したと解釈される。

府県は新政府の文教方策に基いて直ちに小学校の開設に著手したのであるが、これ等の趨勢は諸藩にも及んでいる。即ち諸藩も新たに宣示された学校施設の方針に倣うものが多く、全国各藩にあっても小学校設置の気運が動いたのである。その際に新政府が指示し更に府県に於いて実施せられた小学校の構成に従ってこれ等の小学校が経営せられたのであった。かかる各藩小学校の教学精神も朝廷御一新後に於ける御趣旨を奉承するものであって、この趣旨が次の久居藩の明治二年九月藩中への達の中によく示されている。

人材教育ノ義ハ國家ノ急務ニ付前々厚世話有之候處此度　朝廷御政教一新之御旨趣奉承更ニ學政擴張大小學寮取建候孰レモ御趣旨ヲ奉體シ若年ノ面々ハ別テ入精《にっせい》行々《こうこう》成立致シ候様厚可心掛候

これは久居藩が維新後大小学寮を設ける際の達であるが、人材教育を国家の急務なりとして考え、更にこれが施設運営にあたっては御趣旨を奉体してこれに基くべしと達したのであって、新政府の方針はそのままで久居藩の小学校建営の方針になっているのである。小学校に於ける教学精神はかくの如くにして藩の小学校施設にも顕現せられる趨勢に入ったことを認めることが出来る。

六　大教宣布と民衆教化

明治維新直後に於いては大学校小学校等にて教学振興の諸方針が実現せられたばかりではなく、学校とは別に国民全般に皇道精神を宣布する思想運動に着手したのである。この革新期に於ける皇道思想宣布は神祇官の下に管掌せられ特別な機構を通じて展開せられ、明治二年七月八日の官制改正の際に、開拓使、按察使と共に宣教使が任命せられ、その思想啓蒙を担当することとなった。而してこの宣教は文教行政と分離して神祇官がこれを管掌したのであって、宣教使の職権は大教を宣布することを掌ると規定したのである。この宣教使の任命によって展開せられるに至った皇道思想宣布運動に於いて、如何なる教学精神が宣示せられたかを明かにし維新直後の社会教育的な思想運動を概観したい。我々は大教宣布に於ける皇道思想が前述した大学校その他の皇道主義教育方策と一連のものであることを認めるのであって、これ等をも併せて考えて維新期の教学精神の顕現を見ることが出来るのである。

宣教使の官制は明治二年九月二日に神祇官へ達せられたのであって、長官、次官、副官、大宣教使、中宣教使、大主典、少宣教使、少主典、大講義その他が任命せられ、ここに宣教使の陣容を整えたのである。この宣教使が如何なる仕事を担当するかに就いては、明治三年一月三日の大教宣布の詔に於いて詳細に御示し遊ばされたのである。我々はこの詔に於いて大教宣布による皇道思想宣揚の御精神を拝承することが出来るのである。

朕恭シク惟ミルニ天神天祖極ニ立チ統ヲ垂レ列皇相承ケ之ヲ継キ之ヲ述フ祭政一致億兆同心治教上ニ明カニシテ風俗下ニ美シ而ルニ中世以降時ニ汚隆有リ道ニ顯晦有リ今ヤ天運循環シ百度維シ新ナシ宜シク治教ヲ明カニシテ以テ惟神ノ大道ヲ宣揚スヘキナリ因ツテ新ニ宣教使ヲ命シ天下ニ布教セシム　汝群臣衆庶其レ斯ノ旨ヲ體セヨ

この詔は治教の精神を御宣示なされたのであって、これによって祭政一致億兆一心治教上に明かにして風俗下に美しいという我が国教学の本義を御示し遊ばされたのである。この治教を明かにして惟神の大道を宣揚するの任務をこの度新に任命せられる宣教使に担当せしむるという詔である。かかる重大な皇道に基く教学精神の宣布に当るのが宣教使であるから、神祇官は宣教使が如何なる精神をもって大教を国民に布くかについて、詳細な心得書を明治三年四月二十三日に達したのである。この心得書の中に於いても維新後に展開された教学精神が明かに宣示せられている。その中で皇道思想を示している点を次の如き条項に於いて認めることが出来る。

己ヲ修メテ然ル後ニ教フヘク己ヲ正クシテ然ル後ニ人ヲ正スヘシ是故ニ其身ニ於テ真ニ皇道ノ大道ヲ昭明ニシ眞ニ皇祖ノ大教ヲ尊信シ死生不惑神明ニ依頼シ我カ言行ヲ敬慎シ身ヲ以テ天下衆庶ノ先導タラン事ヲ志願ス可シ

教官タル者第一大教ノ御趣旨深ク其心ニ理會シ説諭之際意義失誤無キ様誠實懇篤ニ誘導シ大ニ教化ヲ

宣布スルヲ以テ要トスヘキ事

としている。かくのごとき精神をもって皇祖の大教を宣布するのが宣教使の任務であるとしたのである。その当時大教とは如何なることであるかについて、太政官より各藩に達が発せられたのである。この達によって皇祖の大教として将に宣布せらるべきものが明かにされる。今その達の全文を見るに次の如くである。

大教ノ旨要ハ神明ヲ敬シ人倫ヲ明ニシ億兆ヲシテ其心ヲ正クシ其職ヲ効シ以テ朝廷ニ奉仕セシムルニアリ教ノ以テ之ヲ導クコトナケレハ其心ヲ正シクスルコト能ハス政ノ以テ之ヲ治ムルコトナケレハ其職ヲ効スコト能ハス是教ト政ト相須《まつ》テ行ハルヽ所以ナリ今ヤ更始ノ時ニ方リ　神武天皇鴻業ヲ創造シ玉ヒ崇神天皇四方ヲ經營シ玉フ　御偉績ニ基カセラレ時ニ因リテ宜キヲ制シ大ニ変革更張被遊候處大教ノ未夕浹洽《しょうこう》ナラサルヨリ民心一ツナラス其方向ニ惑フ是レ宣教ノ急務ナル所以ナリ夫人ハ萬物ノ靈神明最モ惠顧シ玉フ所ノ者ナリ天孫皇大神ノ勅ヲ奉シ斯土ニ君臨シ之レヲ撫字シ玉ヒシヨリ列皇相承亦皆太神ノ心ヲ以テ心ト爲シ玉ハサルハナシ然リ而シテ太政ノ変更スル所アルモノハ世ニ古今アリ時ニ汚隆アルヲ以テノコトニテ元ヨリ斯民ヲシテ其心ヲ正シクシ其職ヲ効シ以テ昏迷ヲ解キ終始仰テ依ル所ヲ知ラシメント期シ玉フハ前聖後聖其揆一ナリ故ニ大教ヲ宣布スル者誠ニ能ク斯旨ヲ體認シ人情ヲ省テ之ヲ調攝《ちょうせつ》シ風俗ヲ察シテ之ヲ提撕《ていせい》シ之ヲシテ感発奮興シ神賦ノ知識ヲ開キ人倫ノ大道ヲ明ニシ神明ヲ敬シ其惠顧ノ洪恩ニ負カス聖朝愛撫ノ盛旨ヲ戴キ以テ維新ノ隆治ニ歸向セシムヘク候是政教一致ノ御趣意ニ候事

ここに大教の旨要として述べられてあることは神明を敬し人倫を明かにし億兆をして其心を正くし其職を効し以って朝廷に奉事せしむるにありとしている。かくの如くして維新の際に民心をこの大教の一点に帰趨せしめ、もって教学の振興に当らんとしたことが窺われる。

神祇省が明治五年三月廃せられて宣教使も消滅したが、引き続いて教部省が設けられるに至って、同年四月に教導職が置かれ、これが宣教使と同様な任務に著き、引き続いて大教の宣布に当ったのである。この時嵯峨実愛が教部卿に福羽美静が教部大輔に任ぜられ、全国の神官僧侶を教導職に補任して大教を宣明し、以って国民教化に当らしめた。そのため東京に大教院を設け地方には中教院小教院を設けて教導職の統括機関たらしめた。これと同時に大教宣布の目標となる三条の教憲を示したのである。この教憲は教義、教則、大教、神教などとも称せられ、教の基本をなすものとして掲げられ、これ等の教導職が大教について説教する際にその眼目たらしめた。即ちその三箇条とは、

一、敬神愛國ノ旨ヲ體スヘキ事
一、天理人道ヲ明ニスヘキ事
一、皇上ヲ奉戴シ朝旨ヲ遵守セシムヘキ事

であって、これを骨子として宣教をなさしめたのである。当時この三条が説教の題目となったのみでなく、この趣旨を説いた解説書も多数出版せられ、非常な力をもってこれが全国民層に普及したのである。これ等の著書中で最も広く読まれたのは田中頼庸著の『三條演義』(明治六年刊)であって、その他佐原秦岳の『三則私言』(明治六年刊)、鴻春倪の『三條要論』(明治七年刊)、服部嘉十郎の『教義新論』(明治七年刊)、矢野玄道の『三條大意』(明治八年刊)等がある。これ等は何れも三条の趣旨を説いたものであるが、ここにその二、三のものから教学精神を如何に表明したかを明かにし、民衆に対する思想啓蒙の内容を窺うこととしたい。田中頼庸の『三條演義』の序に於いて、世間には教は多いけれども我国にはその基本となるべき教が存していて、ここに教学の手本ありとして次の如くに述べている。

天下に教はしも多にあれども其基本とする大旨は人を導きて善を勧め悪きを懲さしむるより他なし。然れども其説に深き浅き至り至らぬ種々の差あるを、我神教は尊く奇く玄《くろ》く幽《かそけ》き道の極にして、一日片

時も無くて得あらぬは此の教になむ有ける。抑天地の初發の時天祖造化大神の伊弉諾伊弉冉大神に天瓊《あめのぬ》戈《ぼこ》を賜いて、この國土を修固めなせと詔給えるは即ち神隨の本教にして、天神の太兆《ふとまに》に卜へて教給うとあるぞ、教という語の神典に見えたる始なりける。其他神祇の詔を載られたる條々は悉に教に洩ること無し。況て皇祖天照大御神に高天原を依給いし詔と、皇孫瓊々藝尊《ににぎのみこと》に寶祚《ほうそ》の隆を萬世かけて祝給いし詔との類は、有るが中にも高く貴き眞訓なれば、天下の人民は最も能辨え居らでは合わぬ理にこそ。されば皇國の教は直に天国より傳わり来し法にして、天皇の歴世無窮に變ること無く、動くこと無く、今の現に行われ、物知らぬ山樵賎女さえも幽世かけて神を頼む心の具われるは、謂ゆる不言の教の自然に存れること言まくも更なれば、其統の學に志せる者は特に誠を盡して神習うべき理には有れども、其流の弊互に派を分ち各門を異にし、己がむさ〳〵其法を推弘めむとして、終に青人草習う所爲の無きにしも非ざるを、去年の春更に三條の規則を定めて、教官の授給えるは、支流をして水源に歸けしめ給わむの叡慮と竊奉られたり。

この本教を敬神愛国、天理人道、皇上奉戴として述べているのであって、皇上を奉戴し朝旨を遵守せしむべき条項については次の如くに教説を結んでいる。

天皇の御職は永世不朽に天神の御託を受て人民を撫育し給うべき御定なり。然ども人文の開るに隨て、時々の制度の損益なき能わず。殊に方今の御政體の如きは、海外の政刑兵陣天文地理律歴度量權衡器械醫藥等の藝道を交取て皇猷《こうゆう》を潤色し、天下を經綸し給う所なれば、今日朝廷より出る御政令は皆天皇の叡慮にして、天神の御託の任に天下に君臨し人民を撫育し給う所なり。故に時勢の變に隨て制度の損益はあれども、天地の大道は終古一理なれば、當時の朝旨を遵守するは、皇上を奉戴する所にして、神明を敬する所なり。神と皇との恩徳は、天地の大も、古今の遠も比すべからざれば、教官たる者は殊に此理を能辨えて、天神地祇の恩徳を述べ、祭政一致の旨を發して、風を易へ、俗を正くするの教法を宣布し、天下士民の智識を開きて、皇統一系の國體を明辨せしむべきこと、説教の要務なり。

佐原秦岳の『三則私言』は敬神愛国章、天理人道章、皇上奉戴朝旨遵守章の三章に分れ、その中を敬神篇、愛国篇、天理篇、人道篇、皇上奉戴篇、朝旨遵守篇に分って説いてある。天理人道を説くに当って次の如くに要旨を述べてある。

夫天理ハ自然、人道ハ當然ナリ、自然ハ即天心ナリ、當然ハ天心ニ順フヲ謂フナリ、昔者（ママ）
天祖丕《おおい》ニ民命ヲ重ンジ、肇テ蒼生衣食ノ原ヲ開キ玉ヒ、位ハ即天位、徳ハ即天徳、以テ大業ヲ経綸シ玉フ、細大ノ事一トシテ天ニ非ザル者ナシ、乃徳ヲ玉ニ比シ明ヲ鏡ニ比シ威ヲ劍ニ比シ、天ノ仁ヲ體トシ、天ノ明ニ則トリ、天ノ威ヲ奮ヒ、以テ萬邦ヲ照臨シ、天下ヲ以テ（ママ）
皇孫天忍《おめのおし》穂《ほ》耳尊《みみのみこと》ニ傳フルニ迨シテ、手ヅカラ三器ヲ授ケテ、以テ天位ノ信トシ、以テ天徳ニ象リ天王ニ代リ、天職ヲ治メ、然シテ後、之ヲ千萬世ニ傳ヘ玉フ　天胤《てんいん》ノ尊、嚴乎トシテ其犯スベカラズ、君臣ノ分定マル、而ノ大義以テ明カナリ、天祖ノ神器ヲ傳フル、寶鏡ヲ執テ祝シテ曰ク、此ヲ視ルコト猶吾ヲ視ルガ如クセヨト而シテ萬世奉祀、以テ天祖ノ神トス、聖子　神孫寶鏡ヲ仰テ而シテ影ヲ其中ニ見玉フ、見ル所ノ者ハ、則天祖ノ遺體而シテ視ルコト猶、天祖ヲ視玉フガ如シ、其遠ヲ追ヒ、孝ヲ申ベ、身ヲ敬ヒ徳ヲ修ス、亦豈止ムヲ得ンヤ、父子ノ親、敦フシテ至恩以テ隆ンナリ、天祖既ニ此忠孝二ツノ者ヲ以テ、人紀ヲ建テ、萬世ニ垂訓シ玉フ、夫君臣ヤ、父子ヤ、天倫ノ最モ大ナル者ニシテ、至恩内ニ隆ンニ、大義外ニ明ラカナリ、忠孝立テ天人ノ大道昭々乎トシテ其著ルシ

人たるの道はこれを忠孝によって把捉したばかりでなく、その基くところを国体に於いて明かにしたのである。説くところ簡単であるが、教学の基礎をこれによって明示している。服部嘉十郎の『教義新論』に於

いては先ず皇国国体論より始め、敬神論、愛国論と順次に三条を説いているが、その皇国国体論に於いて左の如く述べている。

　夫レ吾邦者神ノ國ニシテ　皇孫継デ此國ヲ御シ玉フ故ニ　皇國ト云フナリ　天照皇大神者惟レ祖惟レ宗尊キコト二ツ無自余ノ誰神《すいしん》ハ乃チ子乃千臣孰レカ能ク敢テ抗ヘンヤ而テ　今上天皇ハ乃チ　天照皇太神ノ皇孫也故ニ　天照皇太神ヲ　天祖ト称スルナリ是レ　今上天皇能ク祖神ヲ敬シヌ能祖神ノ遺令ヲ守リ至誠ヲ主トシテ以テ我　皇國ヲ平定安撫セント欲シ玉ヒ以テ我國民ヲ御シ玉フ所以ナリ而シテ我臣民ノ祖ハ尽ク皆　天祖ノ臣神ナリ故ニ此國タルヤ普天ノ下王ノ地ニ非ルナシ卒土《そっと》ノ濱《ひん》王臣ニ非ザルナシ此邦ニ生ルヽ者各能其祖神ノ　天祖ニ臣トシ事フルガ如ク　皇上ヲ敬戴シ至誠ノ道ヲ守リ忠ヲ尽シテ國ニ報ヒ能ク　神ヲ敬シテ國ヲ愛スルノ志無クンバアル可カラズ而敬神愛國ノ志アル者ハ教エズシテ自ラ其家齊ヒ身修リ又能國躰ヲ維持スベシ

かくの如くに論述して敬神愛国の論に入っている。これ等を通覧するに三条を説くに当って常にその教の基本となるものを我が国体に置き、そこから説き起こしていることに於いて内容を一つにしている。これ等の多くの著書に導かれて教導職は民衆に対して三条教憲を説いたのであるが、これが国民思想教化運動となって全国に展開せられたのである。我々はここに於いても維新後に我が教学が振作せられるに至った実情を認めることが出来る。

かくの如く大教宣布の運動を通覧するに、これは大学校創建に於ける皇学精神の闡明とは異って、民衆に対する皇道思想の啓蒙であった。前者は知識層に対する教学精神振作のことであり、後者は大衆層に対するものであって、両者が異った方策によって進められたが、その基本精神は全く同一であった。革新期に際しての教学振興は様々な方式によるものではあったが、それ等が帰嚮《ききょう》するところを一つにしていたことは注目せらるべきことである。

七　皇道教育思想家とその役割

我々は維新直後の学校に於いて、更に大教宣布の運動にあって、皇道教学思想が如何に展開宣布されたかを概観して来たのである。然らばかかる教学振作に如何なる思想家が参画したか、更にこれ等の皇道思想家の懐いていた教学思想は如何なるものであったかを一瞥し、維新直後に於ける教学精神の究明に資せねばならぬ。当時教学振作の運動に参画しこれを促進せしめた教育家は少くなかったのであるが、これを代表する者として、矢野玄道と長谷川昭道との二人に注目し、その教学思想と維新の際の文教に対する寄与を採り出してここに考察して見たい。矢野玄道は京都の皇学所及び東京の大学校創設に関係深かった学者として考え、長谷川昭道は京都に於ける政府の文教施策に就いての寄与と特に大教宣布の運動に基本思想を提供し、民衆への皇道思想による啓発の根源を据えたものとして考えたい。

矢野玄道は伊予の大洲の皇学者であって、維新後に於いて新政府の着手すべき政策の基本となる意見を整えてこれを主として岩倉公に建じたのである。後にこれ等の建言をば『献芹詹語《けんきんせんご》』として纏めたが、ここに矢野玄道の教学精神がよく示されている。今これを主として彼の教学思想を明かにしようと思う。この建言の最初には本教の三綱領を掲げこれより発した新政の条目三十六ヶ条を列挙したのである。その最初に列聖常に皇祖天神の本教に基いて治教を敷き給うた旨を明かにし、次の如くに施策の基本となるものを表明した。

恭みて古典を相稽へ候に、御大祖神武天皇を始め奉り、歴聖は万事皇祖天神の本教に因襲し給ひ、惟神の大道を以て、治教を六合《りくごう》に遍く御敷き遊ばされ候御事、歴々相見え申し候。

この惟神の大道より発して三綱領を樹て、祭祀、仁政、威武となし、維新後の庶政はここに述べられた思想によって進められねばならないとした。三十六ヶ条の諸施策についてはその一つ一つに就いて具体的に論じているが、そのうち大学を設くべき方策については、「皇都に大學を建て公卿大夫庶人に神皇の大道を教え、又武徳殿を建て武道を奨励すべき事」を条目として掲げている。この条目に基く大学校の建立については次の如くに述べている。

且つ又大宮中に大學校を御造立にて、中に公卿大夫以下庶民等を三等或は四等位に階級を分かたれ、先づ苟くも生を兩間に得て視息する者は、神皇の大道の須臾も離るべからざる所以然をも、身前身後の事をも、委曲に御教誨これ有りたく候。官外の又一部に、武徳殿をも御再興ありて、時々教練を天覧遊ばされ候はゞ、則ち上世文武無二の御制にも相協ひ申し候。

矢野玄道が京都に創建した大学が如何なる教学精神をもって成立したかは既に明かにした如くであって、維新後の文教趨勢を極めてよく示している。併し彼は大学の教学精神及び設立運営に就いては既に幕末より明白な思想をもってこれが企画に努めていたのであって、それが維新の際の献策となり、京都及び東京に於いて実現したのである。彼が大学に関して長州藩に献言した文書には、皇道中心の学校を設立すべき精神を明かにし、更に語を次いで、畏れ多きことながら天皇を師匠と仰ぎ奉り、我等臣下は常に弟子であると心得べき思想を次の如くに述べている。

さて我天皇命は即ち其御正統に御生遊ばされ候て其尊さは天地間に又比ふ可きもの無く、御即位の後は、即ち太神官御同体と仰ぎ奉るべき御事にて天皇命は其祖先より數万年の大君主也本親也教師也と相心得、我人は御臣也子孫也弟子也と心得させ申すべく、さて皇國にも蕃種是れ無きにては御坐なくは候へども、元の元を探索仕り候へば、十に八九は世に源平藤橘とて口實と仕り候通り、我天神地祇聖皇明王の御子孫ならぬは御坐なく候事故、よく此處を自反猛省仕らせ候て、父祖のよく忠誠に仕奉りし法を以て、長く勤勞して仕奉る可きことにしあれば、畢竟忠孝一有って二なき由を諭教しとして、天皇を師と仰ぐところに教学の基ありと明記している。維新後早創の際に於いて先ず京都に学校を設くべき必要とその意義を明治元年二月の上書に次の如く述べている。

此度皇政御一新、萬事大祖御創業に御本づき遊ばされ候由の聖諭を恭みて拜誦奉り、實に曠世《こうせい》の御盛徳偉業と重々感佩《かんぱい》の至りに存じ奉り候。就いては漢人も人能く道を弘むとも、政は其人を俟って行はるとも申し候如く、皇祖天神を始め奉り、列聖天子にも、能く人神を御選用御器使遊ばされ候を、御先務と遊ばされ候義と存じ奉り候故に、古来華夷萬國共に專ら黌舍に於て、人物を化育仕り候事に御坐候を、武断の政と變じ候て後は、赫々たる我が皇都及諸國に士庶人の學館の御設けも御坐無く候は、前脩も國光を相損じ候やう歎嗟仕り置き候通りに御坐候間、何卒斯の時に乘じ、黌舍早々御建立あらせられ、先づ皇祖天神の本教を祖述し、神皇無二、祭政一致の御基本を建てられ、華夷今古の情實を参伍斟酌し、神祇の祭祀、朝野上下の制度典禮を定めさせられ、天業を無窮に鞏守維持し給ひ且つ其中にて、天下の士庶賢不肖となく遊學從事せしめ、近くは綱常の彝倫より、遠くは裁成輔相、治國安民の道を講究討論せしめ、大に人材を鑄冶化育遊ばされ、天下國郡大小の学舍も從って階式を取り候様御坐有りたく、かの千里の行も足下に始まると申す古語の如く、神洲を以て金湯に比し、皇道を窮天極地に恢廓《かいかく》し、稜威を八紘萬國に御炫耀遊ばされ、遂に天祖の聖徳を御對揚遊ばされ候も、此より相興り候御事歟と存じ奉り候。

この上書は矢野玄道の教学思想をよく示しているものであって、人物を化育することの重要性を認め、先ず京都に設けるべき学舍に於いてこれに著手すべしとした。この学舍に於いては皇祖天神の本教を祖述して

て、

神皇無二祭政一致の基本を立て、更に華夷古今の情実を斟酌して祭祀や制度典礼を定め、ここに多くの人々を遊学させ、人材を育成すると共に全国にある大小の学校もここに於ける教学精神をもって統一せんとしたのである。ここより我が国の発展が将来せられるものであることを明かにし、かかる学校を設けることが維新後多端の際に迂遠であるという考えを俗論なりとして退けている。大学寮の設立に就いては布令案に於い

近世外藩の學盛に相成り却て皇國の學振わざる段不都合の至り、これによって今般皇朝の學盛大に御擴張遊ばされたき思召に候間、各御趣意を奉じ、御國體を熟知し、尊内卑外の道理を辨え、王政復古万世不抜の皇道を翼賛し奉り候心得にて出精致すべく候

としている。矢野玄道は次章に述べる如く京都に於ける大学寮の創建に就いて献策するところがあった学者であって、その方策の背後に存した教学思想は右に述べた如く国体を基としたものであった。この基本思想を明確に述べたことに於いて維新直後の文教思想を代表するものである。

維新直後の教学に於いて皇道思想を確立せんとして参画した代表者の他の一人として信濃の松代より出でた長谷川昭道を考えねばならない。長谷川昭道は既に文久元年に『皇道述義』を著作したのであるが、その中に於いて神皇の大道に就いて詳述したのであって、維新後はこの皇道精神の顕現につとめ、教学の振作に寄与するところがあった。彼が如何なる教学思想によったかに就いては、明治元年七月五日軍務官判事試補として岩倉公に上った建言があるが、その中に於いて教学に関する思想を次の如くに叙している。

大ニ學校ヲ興サセラレ、大ニ御教學ヲ立サセラレ度義ト奉存候、學問ノ道ハ、中上候迄モ無御座、大ニ人ノ人タル道ヲ學ビ、大ニ己ヲ修メ人ヲ治ムルノ道ヲ明カニスルユヱンニ御座候ヘバ、乍恐大ニ神皇ノ大道ヲ明カニセラレ、大ニ神皇ノ御大法ヲ詳カニセラレ、大ニ神皇ノ大學ヲ講明セラルルヲ以テ、標

的大眼目トセサセラレ度御事ト奉存候

として神明の大学を講じて闡明することに学校教育の眼目を置くべしという彼の教学思想を闡明している。又、

大ニ皇道ノ本體ヲ明ニセラレ、皇法ノ實體ヲ詳カニセラレ、皇學ノ全體ヲ大成セサセラレ、大ニ天下文武ノ學術ヲ御一新御一定アラセラレ、大ニ學校ヲ御興建アラセラレ、大ニ學校ヲ御興張《こうちょう》アラセラレ度御事ト奉存候

とある。以って彼の皇道教学思想の一端を窺うことが出来る。長谷川昭道はこの皇道思想による学校意見を再び整えて、明治元年八月五日岩倉公に建言した。彼はこれによって軍務官試補より学校掛に任命せられて、皇学所漢学所の創立に当ったのである。この建策は『學政建言』として残されていて、彼の教学思想をよく表明している。その中にも皇道の学を特に学問教育の根本としたことが見えているのであって、大学院又は皇学院を特に設立する方針もこの中に見えている。これは維新後の大学寮計画に於ける本教学に当るものであって、当時の教学に基く文教方策の共通な帰結であったことが知られる。尚おこの皇学院には皇学官を任命して教学精神の確立に当らしめ、ここに各府県より選抜した学生を入学せしめ成業の上は各府藩県の学校に於ける教頭教授となしてその子弟の教導をなさしめ以って教学思想の樹立に資せねばならぬとした。かくの如き教学の確立は単に国内の文教に方向を与えるのみでなく世界万国をして皇道を尊戴敬奉せしむるものであるとして次の如くに述べている。

故ヲ以テ無用ナルモノヲ排斥セラレ、其邪悪不正ナル物ヲ拒絶セラレ、大ニ世界ノ衆智ヲ集メサセラレ、大ニ世界ノ衆善ヲ取ラセラレ、大ニ世界第一ノ學校ヲ御興建在ラセラレ、大ニ　皇道ヲ天下ニ明カニセサセラレ、大ニ　皇法ヲ天下ニ詳カニセサセラレ、大ニ　皇學ヲ天下ニ講修セシメサセラレ、其餘

光四夷八蠻《ばん》ニ被ヒ、世界萬國ヲシテ、悉ク　皇道　皇法　皇學ヲ尊戴敬奉セシメ、宇内ヲシテ、大ニ至治ノ徳澤ヲ蒙ラシメ玉ハヾ、天日モ爲メニ光輝ヲ増シ、大地モ爲メニ厚徳ヲ益シ可㆑申義ト奉㆑存候。

長谷川昭道は単に学校創建によって皇道教学思想が普く及ぶと考えたのみではなく、国民全般の心にこの思想が通ぜねばならないものであることを考えていたのである。この思想は岩倉公に対しての建言の中に既に明白に示されていることであって、次の如くにこれを述べている。

　天下ノ人、大ニ　皇國心ヲ存養シ、大ニ　皇室ヲ尊戴シ、大ニ　皇道ヲ崇奉シ、大ニ　皇法ヲ敬守シ、大ニ　皇風ヲ確持仕候風俗人情ニ趣キ候様、厚ク御先導被㆑爲㆑在度御義ト奉㆑存候。是レ　皇國御維持、醜夷御膺懲《ようちょう》ノ御大基本ト奉㆑存候。上ミ好ムモノアレバ、下是ヨリ甚キモノアリトモ申シ、君子ノ徳ハ風、小人ノ徳ハ草トモ申候エバ、上位ノ御先導次第ニ、下々ハ如何様ニモ靡キ随ヒ候義ニ御座候間、御在上ノ御先導、乍㆑恐第一ノ御義ト奉㆑存候。居ハ氣ヲ移シ、養ハ體ヲ移スト申シ候エバ、洋物ヲ弄ビ、洋言ヲ習ヒ、洋事ニ心酔仕候トキハ、知ラズ知ラズニ其心腸モ亦洋心洋腸ト相成、義ヲ忘レ、利ニ走リ、遂ニ　皇國心ヲ失ヒ、天朝ヲ蔑視シ、君父ヲ軽慢シ、其終リ爲サザルコト無キニ至リ可㆑申義ハ、實ニ前《ぜん》鑑《かん》尤明白ナル義ニテ御座候。

かくて上に立つものの先導にて下は如何にでもなると考え、上に立つものが先ず皇学の根源を立てたならば、これをもって民の心に移して化さねばならないとした。ここに於いて政道と教学とは常に一つになるのであって、教学はそのまま民治の政道になるとして次の如くにその思想を表明している。

　御政道ト御教學ト、是亦御一體ニ無㆓御座㆒候テハ、遂ニ　御政道御教學共ニ難㆓相立㆒義ニ御座候間、御政道ハ即チ御教道ト相成リ、御教學ハ即チ其儘御政道ニ施サレ候様、御政教御一體ノ御趣意、是亦貫徹仕候様、御規制被㆑立候義、是レ尤モ御要道ニ御座候義ト奉㆓存上㆒候。

彼は政道と教学の一体を思想として述べたのみでなく、学政建言中の教学思想をもって民心を帰一せしめ政治の地盤を築かねばならないとした。これが実現せられたのが大教宣布であって、大教宣布の詔についは次の如くその草案を彼が整えたのである。

朕《わ》レ恭シク惟ルニ　皇祖天照皇太神　大ニ極ヲ立統ヲ垂レ玉ヒシヨリ、列皇之ヲ紹ギ之ヲ述べ玉ヒ、皇統維一、君臣一定、上下一心、祭政一致、治教上ニ明ニシテ、風俗下ニ美シク　皇道昭々、天下安寧ナリ。中世以降、外教ノ入リシヨリ、彼レニ惑ヒ此ヲ變ジ　皇道陵夷、國家多難、政教明ナラズ、風俗亦頽敗ス。世運循環、今日維新ノ秋ニ及ブ。然リト雖モ、紀綱未ダ張ラズ、政教未ダ洽《あまね》カラズ、是レ皇道ノ未ダ昭明ナラズ、教典ノ未ダ擧ラザルニ由レリ。朕レ深ク之ヲ憂フ。朕レ不敏ト雖モ、今日ヨリ大ニ　皇道ヲ恢弘《かいこう》ニシ、皇教ヲ振興シ、祭祀ヲ愼ミ、政治ヲ新ニシ、億兆ト共ニ　皇祖神明ニ敬事シ、本ニ報ヒ始ニ反リ、上下一心、君臣一体、方向ヲ誤ラズ、外誘ニ惑ハズ、以テ　祖宗ノ天位ヲ敬守シ、以テ　祖宗ノ天下ヲ敬持シ、以テ　祖宗ノ人民ヲ敬保シ、大ニ　皇國衛護ノ道ヲ盡サント欲ス。斯ニ於テ、大教官ヲ設立シ、以テ大ニ　皇道ヲ天下ニ明ニシ、大ニ　皇教ヲ億兆ニ宣布セントス。汝ヂ群臣衆庶、深ク此意ヲ體認シ、億兆心ヲ一ニシ、志ヲ齊クシ、謹デ　皇道ヲ尊戴シ、皇教ヲ遵奉シ、大ニ　皇祖神明ヲ畏敬シ、國體ヲ辨マヘ、大義ヲ詳ニシ、人倫ヲ明ニシ、職分ヲ修メ、夙夜《しゅくや》勉勵、朕レ一人ヲ輔ケ、以テ汝ノ君父ヲ愛護シ、以テ汝ノ子孫ヲ保全シ、大ニ國光ヲ輝カシ、家聲ヲ昌ニシ、國家益隆盛、億兆彌康寧、日地ト共ニ究リ無カランコトヲ欲スルニ在リ。是レ　祖宗立極ノ神意ニシテ、即チ人ノ人タルユヱンノ大道ナリ。夫レ勉メヨヤ。

大教宣布に就いては既に述べた如くこれによって広く民衆に皇道精神を普及せしめんとしたものである。その詔書草案の成立に当り長谷川昭道が自からの思想によって筆をとったことは、既に掲げた詔書によってこれを認めることが出来る。又昭道も自からこの文書に「大教宣布ニ付詔書草案」と記しているのであるから、この大業に奉仕した一人であることは確かであると共に、彼が宣教使の制度についても関係をもったであろうということが推測される。民を治むるには教学の精神を学問のうちに樹立すると共に他方にはこれを治道の源に置いて、民衆に対しても普く発動せしむることの必要なることを考えたのであって、その思想が昭道の教学精神によることは注目すべき貢献である。

第二章　新政府の学校方策

一　維新直後の学校方策

維新直後にあって皇道に基く教学精神の著しい振作を見たのであるが、この教学精神に適った教育を如何なる学校に於いて実現すべきかは維新の際に於ける教育の重要な課題であった。問題はむしろ差し迫ったこの学校方策に存していたのであって教学精神は成立すべき学校によってこそ顕現せられなければならなかった。事実皇道に基く文教の基本精神を振励するために全力を傾注したかに見える多くの教学思想家は、教学に関する根本観念を如何なる学校に於いて如何なる道によって確立すべきかについて常に努むるところがあった。その間の事情については既に前章に於いて触れて来た如くである。然るに如何なる学校を新政府が設立するかについては皇道思想家よりも寧ろ洋学思想による多くの学者が専念していたことであった。両者の学校思想が結び合って維新直後の新政府の学校方策となっていたのである。かくして次第に欧米の学校制度もこれを参照して施策の根本を立てた為に、ここに欧米の学校と同様な考により我が国にも近代学校を急速に設置せんとし、これに緊要な方策の樹立へと向うことになったのである。この数年間の趨勢は我が国の学校体制を決定したのであって、その方策の展開を詳細に考察しなければならない。

皇道精神によって教育の諸方策を展開させようと努めた学者の学校方策には復古主義の思想が存していた。この復古思想に裏づけられて先ず上世に於ける大学寮の制度を参照し、これを復古し更に時勢に適うが如き体制の大学を東西の両京に設けなければならないとしたのである。かかる思想に基く学校方策を展開させた学者としては前章に述べた矢野玄道を始めとし、玉松操、平田鐵胤等があった。これ等の皇道思想家が岩倉具視を中心として大学寮創設による学校方策を纏めて来ていたのである。我々はこれ等の人々の結論とも言うべきものを明治元年三月二十八日学校掛より内国事務局へ提出された次の学舎制に於いて見ることが出来る。

學舎制

○皇祖天神社　寮中ニ請奉テ大學別當神主ト成リ給ヒ四時ニ一度長官以下學生以上盡其祭祀ニ仕奉ル

○都堂院一宇　講習ノ處

○東廳一宇　大學別當以下ノ就給フ處

○西廳一宇　博士以下ノ就給フ處

中ニ各役所臺所アルヘシ

○学黌五宇　七局下ニ注ス

○諸倉三宇　書物雑物米穀

○大學別當一人　親王此ニ任シ給フ寮中ノ長官ニテ學生ヲ簡試シ皇祖天神宮ノ祭祀凡テ寮事ヲ總判シ給フ御職ナリ

○大學頭一人　公卿此ニ任シ給フ職掌ハ別當ニ同シ

○大學助一人　職掌大學頭ニ同シ

○大學大允《じょう》一人

○大學小允一人　寮内ヲ糺判《きゅうはん》シ文案ヲ審署シ稽失《けいしつ》ヲ勾《とら》ヘ宿直《とのい》ヲ知ル事ヲ掌ル

○大學大　屬《ぞく／しょく》　一人
○大學小屬一人　上役ヨリ事ヲ受テ上抄シ文案ヲ勘署シ稽失ヲ検《しら》ヘ公文ヲ讀申ス事ヲ主《つかさど》ル
○史生若干人
右助以下ハ内外士庶人ノ中ヨリ廣ク撰補スヘシ
○大學博士一人　公卿大臣以下内外士庶人ノ中ヨリ精選シテ其器ニ當ル人ヲ任スヘシ下皆此ニ倣ヘ
○大學助教四人
○史生四人
○明法博士一人
○同助教二人
○同史生二人
○文章博士一人
○同助教二人
○同史生二人
○五宇　寮中ヲ割テ此ヲ七局トス
一本教學　一宇二局
大學博士以下此ヲ管轄シ上神聖之大道ヲ奉シ修身齊家及ヒ顯幽分二ノ微旨天地ノ大義ヲ學生ニ教授ル事ヲ掌ル
此ヲ分テ五科トス
神典　皇籍　雜史　地志　経傳

○得業生五人
　一科中ノ長ト成テ非違ヲ検察シ學生ヲ教導スヘシ
○學生若干人
一経世學二字
　明法博士以下此ヲ管シ禮儀律令武政及治國安民ノ要務ヲ以テ學生ニ教授ル事ヲ掌ル
　此ヲ分テ四科トス
　禮儀　律令　兵制　貨殖
○得業生四人　掌上ニ同シ
○學生若干人
一辭章學一字　方伎局ヲモ一局トス
　文章博士以下此ヲ管シ其課試考課ヲ掌ル
○得業生七人
　歌辭音韻詩文書畫等ヲ學生ニ教へ授ル事ヲ掌ル
　此ヲ分テ四科トス
　歌詞　詩文　書法　圖書
○學生若干人
一方伎學一字
　大學助教此ヲ管轄シ學生ノ課試考課等ヲ掌ル
○得業生七人

各其方ヲ學生ニ教授ル事ヲ掌ル

此ヲ分テ六科トス

天文　醫術　卜筮　音樂　律歴　算數

○學生若干人

大學助教此ヲ管轄シ學生ノ策試考課ヲ掌ル

一外蕃學一宇

○得業生七人

四海萬國ノ形勢時務及窮理火技航海器械等ヲ以テ學生ニ教授ル事ヲ掌ル

此ヲ分テ七科トス

漢土　魯國　英國　佛國　阿蘭　天竺　三韓

○學生若干人

○使部《しぶ》十人

食貨監殿丞門ハ此中ニテ補スヘシ

○廝丁《かしわで》二十人

給仕炊夫知更洒掃《せいそうし》使ハ此中ヨリ補スヘシ

この学舎制を一覧するならば、その構成が大宝令中の学舎及びその後平安時代を通じて都に設けられていた大学寮の制度を基礎としたものであることは明白である。唯孔子廟に於ける釈奠を廃して皇祖天神社を祭祀することとした点などは教学精神を確立せねばならぬとする思想に基くものであって、上世の大学寮には見られないところであるが、大学別当を始めとし大学頭、助、允、属等を任命する方針、大学博士、明法博士、文章博士を任命する方針など往古の大学寮とその官命をも全く同一にしている。而して学科についてはこれを当時の諸情勢を考慮して学校五宇七局とし、五分科制をもって構成することとしている。即ち本教学、経世学、辞章学、方伎学、外蕃学の五つをもって構成し、その中に数科を置いてこれを編成せんと企画している。本教学の中に於いては、神典、皇籍、雑史、地志の四科を授け、経世学にては礼儀、律令、兵制、貨殖の四科、辞章学には歌詞、詩文、書法、図書の四科、方伎学にては天文、医術、卜筮、音楽、律暦、算数の六科、外蕃学にては漢土、魯国、英国、佛国、阿蘭、天竺、三韓の七科を授けることとなっている。この大学寮に関する学校企画を見るに、往古の制度に復帰するという思想はこれを充分に認めることは出来るが、果してこの五分科制とそれに依る諸学科の構成をもって新日本を築き得るや否やに関しては疑義なしとしない。この方策による大学は近代日本の躍進に副い難いと見られるばかりでなく、それが都に設けられる中央の学問所の構成を示すのみで、全国の学校を如何に編成せんとしているかに就いての計画が見られない。当時京都にあって文教に関係をもったこれ等の皇道思想家は、都に於いて基本となるべき学問所を構成したならば、これによって全国の諸学校が自からにその風によって教学の刷新をなし、整った体制となる如くに考えていた。かかる学校方策への態度については矢野玄道、長谷川昭道等に於いて既に見た如くである。かくの如き学校方策に関する基本思想をもち、これによって学舎制を提出する如き態度に止っては、全国の学校を運営してこれを国民教育制度として編成するが如き方策には到底到達し得ないと思う。皇道教育思想家は教学の大本を維新早創の際に樹立して、その方向を指示し、本末を是正するには多くの貢献をなしたのであるが、それと共にこれ等の思想家に全国民に対して様々な学校を用意するが如き学校体制思想とこれが実現への企画力とを同時に待望することは困難なのであろう。

この点については維新直後に於ける京都の学校方策の現れ方によって実情を明かになすことが出来る。即ち京都にあっては復古主義によって企画された大学寮を如何に施設するかにのみ関心が払われ、全国の学校制度を企画してこれを直ちに実施する施策は遂に見出すことが出来ずに終ったのである。その実情を京都に成立した学校の有様によって窺わなければならない。先ず新政府が学校に関しての第一著手を行ったのは学習院についてである。学習院は明治元年三月十二日の内国事務局達をもってその開講を指示したのである。この学習院をもって大学寮たらしめる方針であったことは翌四月十五日の内国事務局総督達によって明かであって、これを仮りに大学寮代と改める旨達せられた。往昔の大学寮を復興してこれを都に創設せんとする政府の思想はここによく示されている。然るにこれは直ちに実施せられず八月十七日の達によって梶井宮へ移すことと、学校の規則を建替えて近く開校の運びになる旨が公布せられた。翌九月に愈々開講となった時には大学校を設ける方針を改め、皇学所及び漢学所を設置することとなったのである。ここで京都に於ける大学寮創建の計画は修正され、皇学所漢学所の設置となって実現を見たのである。その間にあって新政府の方策は大学寮の創建という考にのみよっていたのであって、未だ全国に如何なる学校を施設すべきかという方策は京都の学校計画及びその実施に於いてはこれを見ることが出来なかった。この事情に就いては明治二年に出版された加藤榊陰著『大小學校建議』がよく示している。加藤榊陰は当時漢学所小史であって、京都の漢学所に勤務していたが、都に於ける大学寮の施設方策を見て自からの学校方策についての意見を提唱したのがこの著作である。加藤榊陰の学校企画は大学校と共に小学校を設立せねばならないとしたのであって、この書には特に「小學校御創建草案」と併記されていることによって明かな如く、小学校の創建に力を注いだ意見である。彼の学校施策に関する提案は支那の学校制度を基礎としたもので、都の大学校と諸藩の国学と府県の小学に関する施設方針がここに示されている。然るにこの建議の中に於いて京都には大学校を設置する計画ばかりあって、小学を設ける企画が存していないことを指摘してこれが設立の必要を述べている。

明治二年京都に於いてかかる建議書が出版せられたことによっても、都には大学校以外に如何なる学校もこれを施設する積極的な計画がなかった事実を窺うことが出来るのである。この点について「乍恐我神洲ニテモ郡縣制ニ相成リ候テ京師ニノミ大學寮ヲ被爲候事ハ全ク漢唐ノ弊習ニ全ク形勢粗準擬仕候ヨリノ御事ニテ候得共」とあり、大学寮の復興を批判している。「大學校王城ノ下ニ被爲開候儀ハ先経綸経營ノ御順序ニテ王政ノ要決シテ他ニ有之不可」として、大学校開設の意義を認めると共にこの大学校の基をなすものとしての小学校の必要を説いている。かくの如きことは京都に於ける学校方策が大学寮による教学精神の振作にのみ集中されていた事実を示しているものと言うべきである。然るに当時の我が国にとっては、単に京都に大学校を設けるにとどまらず、全国のあらゆる学校を統轄してこれに新政府の方策を実施し新日本建設の基を開くべきことこそ正に緊要な課題であった。かかる学校方策はこれを東京に於いて見ることが出来る。

維新以後東京に於いて展開せられていた学校方策には京都にあって著手されていた大学寮復興とは異った思想によるものが存していた。先ず新政府は明治元年六月二十六日医学所の復興を宣言し、引き続いて同月二十九日昌平学校を復興する旨を達してここに東都に於ける学校方策の第一著手をなした。この医学所及び昌平学校は幕府の学校として江戸に経営せられていたものを新政府が管掌するに至ったものである。昌平学校は幕府学校の総本山ともいうべき昌平坂学問所を復活したものであって、その達文中に「大政御一新大義名分ヲ明ニシ人材御成育被爲在候ニ付」とある如く、ここを新時代に於ける人材育成の本拠たらしめんとした。このためには昌平学校をもって京都の学習院と並べて大学校として大成せねばならぬと考えていた。八月二十二日の布告には「方今更始之御盛典専人材御養育之　思食ニ付速ニ大學校ヲ御興建可被爲在之處國家多事之折柄其儀難被爲行居候間當分之内是迄之通於昌平黌年七歳ヨリ二十歳ニ至迄日々出席勤學被　仰付」とあるが、東西両京に大学を設ける方策がこれによって明白である。然るに昌平学校は幕府の昌平坂学問所より伝統せられたものであって、これは漢学を研鑽せしむる目的で設立されていた学校であった。幕府は漢学以外の学問に就いて別に幾つかの学問所を構成し、これを昌平坂学問所と連関せしめ、江戸内の幕府学校として経営していたのである。即ち国学を講ずる和学講談所、西洋の語学及び近代学を研究教授する開成所、和漢医学を授ける医学館、西洋医学を教授する医学所更に兵学及び操練のための陸軍所海軍所が存していて、これ等が昌平坂学問所と結び合されて江戸に於ける綜合された学問所の体制をつくり上げていたのである。新政府に於いてはこれ等の諸学校をも総べて統轄して以って新日本を建設するに足る学問所を東京に構成せんとしていたのであった。即ち和学講談所に於いて研究されていた国学はこれを昌平学校に於ける学問の一部とし、ここを和漢学の中心機関たらしめた。これと並べて明治元年九月十二日西洋語学及び近代学のために設けられていた開成所を復興し、旧幕府開成所の総奉行であった川勝近江、頭取であった柳川春之の両人を改めて頭取に任命して発足したが、同年十二月両者は退き内田恒次郎を頭取としてその組織に当らしむることとなり、二等教授以下の任命が行われてその組織が進められた。医学所は最初に復興せられた新政府の学校であって、先ず七月八日に医学館、医学所、御薬園、病院の御用取締役として前田信輔を任命してその組織に当らしめ、十二月十日には二等教授十五名を任命して、ここを医学教育の中心機関たらしめんとした。尚お兵学のための学校に就いても企画するところがあったので、これ等を合せて東京の新しい学校計画を通覧すると、江戸に於いて幕府が施設していた諸学校の全体を復興してこれを総合し、これに新しい編成を与えて近代的な学府たらしめんとした意図が充分に窺われるのである。この学校計画の全貌はその後の施策によって次第に明かになるのであって、その詳細はこれから究明せねばならぬことである。併し既に考察した維新直後の第一著手によって見ても東京の方策は京都に於ける大学寮復興の思想と比較して著しく異るものが存していたのである。即ち東京に於ける施策には近代学校の体制をとった施設を実現せんとする思想に基くものがあり、これが維新後の趨勢に乗って動き始めていた有様を観取することが出来る。この趨向は既に幕末に於ける江戸の幕府学校内にその端を発し、当時既に教育上の単なる古典主義を批判して来るべき教育学芸の内容とこれを盛るに相応しい学校の体制を指示し得る段階に達していたのである。新政府はこの近代化された学校を施設せんとする趨勢を東京に継承したのであって、その第一著手よりして京都の学校方策と異るものが確立されていたのである。尚お東京の学校計画は単に江戸幕府学校の継承としてのみ展開されたのではなく、これを全国に拡充して近代日本の統一的な学校制度実施方策にまで発展せんと意図していた。然らばかくの如き企画は如何なる学校方策となって示されたであろうか。

東京に於ける大学創建の計画は明治三年二月に公布せられた「大學規則幷中小學規則」に於いて完成せられた。この規則は従来著手せられていた大学創建の試案を綜合したものであり、又将来に於いて発展すべき近代学校教育制度への一つの展望を与えたものであって、我が国の学校機構に大きな礎石を置いた方策である。この規則は大学に関して学体、学制、貢法、試法、学費、学科、舎中条規等を規定し、翌月に至ってこれに学課、中小学規則が追加せられ、総べて九項を以って組織されてある。学体は、

道ノ體タル物トシテ在ラサルナク時トシテ存セサルナシ其理ハ則綱常其事ハ則政刑學校ハ斯道ヲ講シ實用ヲ天下國家ニ施ス所以ノモノナリ然ハ則孝悌彝倫ノ政治國平天下ノ道格物窮理日新ノ學是皆宜シク窮覈スヘキ所ニシテ内外相兼ネ彼此相資ケ所謂天地ノ公道ニ基キ智識ヲ世界ニ求ムルノ聖旨ニ副ハンヲ要ス勉メサル可ン哉

とある。これは維新後に於ける教学根本精神を闡明したものであって、内外に亘って学問の基礎を明かにした博大な宣言である。この大学教育の新しい方針に基いて学制が立てられてある。即ち大学をもって都の学校となし、府藩県に設けらるべき中小学との連関を明かにし、全国の予備教育機関より貢進《こうしん》される学生に

よって大学が組織される制度であると規定した。而してこの規則によると大学は教科、法科、理科、医科、文科の五分科制を採用して居り、教科は神教学、修身学より成り、法科は国法、民法、商法、刑法、詞訟法、万国公法、利用厚生学、典礼学、政治学、国勢学より成り、理科は格致学、星学、地質学、金石学、動物学、植物学、化学、重学、数学、器械学、度量学、築造学に分れ、医科は解剖学、薬物学、原病学、病屍剖検学、内科外科及雑科治療学、摂生法に分れ、文科は紀伝学、文章学、生理学に分れる規程である。この大学の構成は明治元年に作られた「学舎制」その他の方策に見られる大学寮復興の思想によるものとは全然異ってい る。一見して明かなる如くこれは全く欧州に於ける大学制度の形を採用した企画であると言わなければならない。維新の際に於ける大学寮創設より発した新政府の教育方策が、三年にして既に欧州に於ける近代の大学に範を取る所まで来ているのが知られる。この大学規則のうちに示された方針こそ、この後数十年の日本の学校制度を決定する第一歩をなすものである。新政府はこの大学中小学規則を通して、近代学校制度を如何に展開すべきかに関し、最も潑剌とした展望を与えたものと言わねばならぬ。

この規則に附加せられて規定せられている中学校及び小学校は、大学教育の前段階を構成するもので、各府藩県に設けられる組織である。小学校は句読、習字、算術、語学、地理学等の普通科と、大学に於ける五科の大意を学び、中学への予備教育機関をなしている。中学校には十五歳にして小学校を修了した者が十六歳にて入学し、二十二歳まで在学し、大学の五科に基く専門学を修め、大学の予備教育機関となる。この組織は小学校中学校大学校を一つの学校系統として整え、ここを中心として新時代の指導者を教養せんとしたものと言える。これは未だ国民全般に向っての学校制度として組織されたものではなかったが、学校教育機関を大学、中学、小学の三段階に区分し、ここに学校制度の基本系統を置かんとした考は、永く我が国の学校教育を支配するものとなった。この点から見ても、明治三年の大学規則が、近代学校構成に関して制度上に一つの有力な基石を据えたものであることが知られる。

新政府の学校施策の根幹をなす大学、中学、小学の制度は予てよりの大学創建の方策が一応完成されて成立したものと見なければならない。従って小学は中学への前段階であり、中学は大学への予備教育機関となっているのである。このことは小学入学の際に既に大学への進学が予想されているのであるから、この制度を広く国民全般に対して直ちに施行し得るものでないことは言う迄もない。当時は学校入学に就いても未だ国民全般に正しい理解がもたれていなかったのであるから、大学への入学を予め考慮して学校に入るが如きものは、極めて一部分の子弟に過ぎなかったことと見なければならない。然らば大部分の国民は如何なる教育を受くべきであったろうか。かかる国民全般に対しての初等教育施設についての新政府の方策は「大學規則幷中小學規則」とは別箇の分野に於いて見出だされなければならない。

維新後の教育施策を見ると政府が最初に着手した大学創建の問題とは別に、小学校設置のことが教育方策の一つとして全国に向って指示されていたのである。これに就いては政府が明治二年二月各府県に対して施政の順序を指示した際に、「小學校ヲ設クル事」という一条が加えられていて、府県施政方針の一項をなしている。この小学校の性格については其の際に示された簡単な説明に次の如く記されている。

先ず小学校にあって何を教うべきかに就いて述べられているが、この学校に於いては一般人の日常生活に必要な読書算を教授すると共に、国体時勢を弁え、忠孝の道を知るべき様に教諭し、風俗を敦くすることが要請せられている。この趣旨によって考えるに府県の施設すべき小学校は、中学や大学への基礎教育として構成されているのではなく、国民全般に対する初等の普通教育機関として企画されたことが明かである。ここに於いて大学規則の小学とこの府県に設立せしむる小学とは異った二つの教育系統を成立せしむる結果となる恐れが少からず存している。我々は明治維新直後に於いて我が国の文教方策がこの問題に逢着していたことを重大視する。何となれば若しかくの如き二系統の学校組織を成立せしむることとなったならば、今日の如き優れた教育制度は到底これを確立することが出来なかったと思われるからである。

然るに当時はこの大学中学小学の系統と府県小学とは二つに分れた方策によって取扱われていたが、しだいに結び合って一つの学校体系に到着すべき気運を示していたのである。それは東京の大学校より府県の小学校設置を促進せしむるため人員を派遣することなどがあって、結局は二つが統一された学校体制となるべき情勢にあった。これを一つにして四民平等に総べて一様な学校を開設する方策を明確に採るに至ったのが、明治五年の学制である。学制に至ってこの方策が確立されたのであって、それ以前に於いてはヨーロッパに於ける伝統的学校体制の如く二重系統の学校制度たるべき可能性が少くなかったのである。然るにこれを克服して近代学校制度の基本性格を充分に具備せしむることが出来たということは、我が国に於ける文教方策史上注目すべきことである。

明治維新後諸事草創の際に於いて新政府は学校の施策に関して以上の如き企画を進めたのである。併しその方策は東京、京都、その他の主要な府県或は藩に対して力をもったに過ぎないのであって、未だ全国を統一する学校施策とはなり得なかったのである。全国の文教を統轄してこれを近代学校体制へと転換させたものは言う迄もなく明治五年の学制であって、明治四年以前の諸施策はこれに方向を与えて来るべき教育体制を指示していたものというべきである。我々は学制発布以後に於いて近代化方策の実体を究めることが出来るのであるが、明治四年文部省創置以前にあって既に小学、中学、大学の制度を提起したのであるから、以下それ等を各箇に究明して学校方策の内容を明かにしたい。

二　小学校建設方策

維新後に於ける小学校の建設は大学と共に新政府の学校方策の基幹を明かにしているものである。而して小学校は政府がその建設方策を宣言する以前に既に沼津、京都等に於いて建設せられていたのである。即ち初等教育を施す学校と政府の方策とが緊密なる連関を保ちつつ明治五年の学制発布へと到達したものである。この点に於いて小学校建設の方策は常に府県藩の教育実情と結び合せてその発展を究明しなければならない。然かも小学校は国民全層に解放せらるべき学校であるという考が存し既に各地にこの機能を果す学校が成立しつつあったのであるから、大学方策が京都と東京の実際施設と連関をもって提起されていたのとは自から異るものが存している。更に明治五年の学制発布以後、小学校はあらゆる学校建設の基底をなすものとされ、ここに最も多くの力が集注されていたことから考えても、維新直後の小学校建設は近代教育の基本を形成したものと言うべきである。我々はここに維新後数年間に如何なる小学校が建設の途上にあったかを検討して、近代学校制度の発端を明かにして見たい。

先ず新政府は小学校の施策を如何なる形に於いて展開させたであろうか。新政府が小学校の方策を最初に指示したものは明治二年二月五日各府県に対して施政の順序を示したものの中に見られる「小學校ヲ設クル事」という一項である。この中には小学校の教育方針が次の如く記されている。

専ラ書学素讀算術ヲ習ハシメ願書書翰記牒算勘等ソノ用ヲ闕カサラシムヘシ又時々講談ヲ以テ國体時勢ヲ辨ヘ忠孝ノ道ヲ知ルヘキ様教諭シ風俗ヲ敦クスルヲ要ス

右の条項は新政府の各府県施政上に示した文教方針であるが、これによって政府が府県を通じて小学校を設けしめ以って人民全般の初等教育を建設拡充せんとしていたものであることが窺われる。即ち読み書き算用を主体となしこれに日常生活に必要なる領書の書き方、書翰文、記録帳簿の取扱い方、算術勘定等を加えようとしたのである。更には維新後の情勢の下に於いて国体及び時勢についての理解を得させ忠孝の道を体得せしむることを要望していたものと言える。この府県小学校の内容については以上の外何も示されて居らない為にその方策を更に詳細に窺うことは出来得ないが、思うに新政府の初等教育方針は近世以来発展して来ていた庶民教育機関としての寺子屋を小学校に改造し、府県をしてこれが運営に当らしめ、管内人民に対する教育の実をあげ、もって近代化された初等教育機関確立への礎石たらしめようとしたものである。府県の小学校が管内人民一般のための初等教育機関であったことは、如上の方針書によってこれを推測するのであるが、学制発布以後急速に拡充された初等教育施設としての小学校は結局この系統から展開して来たのである。然かも近世以来発展していた寺子屋は全く私設の小規模な学校として初等教育の機能を果していたに過ぎず、これをそのまま私人の経営に委ねたとしても恐らくは初等学校としての機能を果し得たと思われる。かかる寺子屋を私人の機関たらしめず近き将来には府県の指示によって統轄せられ、近代国家の初等教育施設たるべき地位を与えようとしたことは、新政府の小学校方策の第一著手として意味あることと言わねばならぬ。近代教育の基底を築くべき小学校はかくの如くにして既に明治二年より新政府の学校企画中に存していたのである。我々はかかる意味に於いて府県施政順序の一節をなす小学校設置の方針を重視するのであって、短文ではあるがこれを指示した方針は決して軽いものではなかった。

然るに新政府の小学校方策は単に庶民教育機関としての寺子屋より発したのみではなく、これとは別途に企画するところがあった。新政府は明治三年二月「大學規則幷中小學規則」を公にしているが、この規則は新政府が学校教育に関する規程を公布した最初のものである。この規則によると政府が全国の学校制度を大学中学小学の三段階に分って企画し、以って国民教育の整備に著手せんとしているのを窺うことが出来る。

今この中の「小學」に就いて規定した条項を見るに次の如くである。

小學

子弟凡ソ八歳ニシテ小學ニ入普通學ヲ修メ兼ネテ大學専門五科ノ大意ヲ知ル

句讀　習字

算術　語學

地理學　五科大意

子弟凡ソ十五歳ニシテ小學ノ事訖《おわ》リ中學ニ入ル

右の条項に既に明かな如く、この規程に示された小学校は普通学を修めると共に大学に入る準備をなさしめる機関である。そのために大学に於ける五科即ち大学規則に示された教科、法科、理科、医科、文科の大略を教授するための五科大意や語学が既に教科として掲げられている。中学の教育は全く大学予科として計画されているので、小学は大学予科たる中学に入る予備教育機関であったと見てよい。この学校計画の背後にある思想は大学中学小学を一つの系統をなす学校体系であるとするものであって、それは人民全般の初等教育を担当する施設としての府県小学校とは異るものを計画していたのであると断定せざるを得ない。この新政府の大学建設の企画は江戸にあった幕府学校を接収し、これを復興して経営せんとしたところから発している。江戸に於いて幕府が経営した諸学校は武家子弟のための高等教育機関であったとその基本性格を決定しなければならない。この高等教育機関を復興して新政府管轄下の学校たらしめたのであるから、それと連関して設けられた中学、小学が高等教育機関への予備教育たる性格をもつことも当然である。事実江戸の幕府学校の中には基礎教育の機能を果す課程も設けられていたのであるから、その部分を中学、小学として編成したことも当時としては至当な方策というべきである。かかる事情によって大学規則と共に公布せられた小学の規則はその修了者が大学へ進学すべきことを予測しての方針で立てられていたのである。かくの如き近世武家学校との連関は単にこれを幕府学校に就いてのみ問題とすべきでなく、全国各般の武家学校、特に大藩の学校は既に幕末に於いて大学、中学、小学の計画によって容易に再編成さるべき段階に到達していたのである。この事情を東京に於ける大学計画と結びつけて考えるならば、大学、中学、小学の制度は恐らく全国各藩の武家学校を統轄してここに近代学校の纏った構成をなさんと試みたものであるというべきである。但し当時はかくの如き統一が成立していなかったので、この学校計画もそのままで実現出来なかったが、各藩の武家学校がこの計画の趣旨に基いて改組され始めたことは、明治三年以後の諸藩に於ける藩校改革の方策に容易に見られるところである。多くは中学までを藩の学校として経営し、大学は東京に設けられているのでここへ貢進せしむるという制度をとったのが一般であった。これ等の事実に基いて新政府が提出した大学中学小学計画の小学は武家学校の系統より発展して来たものであって、寺子屋を再編成せんとした府県小学校設置方策とは別箇の学校体制を構成すべき事情が充分にここに潜在していたと断定するのである。これは近世以来の学校を継承した場合に於いては自然なことであるが、ここにとどまるか否かは近代学校の成立を左右する岐路をなしていた。

上に述べた初等教育についての二つの計画が維新直後に於ける政府の小学校教育方策の中に存在しているのを認めざるを得ない。但しこのことは新政府が初等教育施設に関して未だ充分に近代的でなかったという一つの事実を示すのであって、斯様な二元的見解は、明治五年の学制発布によって止揚されるのであるが、これは将に新しい近代方策が展開せんとする経路をよく我々に示していると見ることが出来よう。

明治四年七月文部省が創設せられて間もなく全国的な学校計画に着手したが、初等教育機関の整備に就いては特に力を注いだのである。我々は文部省が学制発布以前に於いて試みた東京市内共立小学校の設立によってこれを窺うことが出来る。即ち文部省は一面に於いて全国的学校計画を慎重な準備によって進めて行くと共に他方に於いては取敢えず将来実施すべき教育の基礎となる施設を実地に試みることとなったのである。これが明治四年十二月二十三日文部省布達で示されたのである。その布達には学校設置の方針、小学校の組織構成、その設置の場所が明らかにせられている。先ず学校設置の方針を見るに、

開化日ニ隆ク文明月ニ盛ニ人々其業ニ安シ其家ヲ保ツ所以ノ者各其才能技藝ヲ生長スルニ由ル是學校ノ設アル所以ニシテ人々學ハサルヲ得サル者ナリ故ニ方今東南校ヲ始處々ニ於テ學校相設ラレ教導ノ事専ラ御手入有之ト雖モ素限リ有ノ公費ヲ以テ限ナキノ人民ニ應スヘカラス然ラハ人民タル者モ亦自ラ奮テ其才藝ヲ生長スルコトヲ務メサル可ラス依之先當府下ニ於テ共立ノ小學校並ニ洋學校ヲ開キ華族ヨリ平民ニ至ル迄志願ノ者ハ学資ヲイレテ入学セシメ幼年ノ子弟ヲ教導スル学科ノ順序ヲ定メ各其才藝ヲ生長シ文明ノ眞境ニ入ラシメント欲ス

とある。右の東京府共立小学校及び洋学校設置にあたって示された方針書を通じて初等教育に関する文部省の文教方針が著しく近代化されたものとなっていることを見得るであろう。右の方針に基いて設立を見た小学校は六校であって、小学第一校は芝源流寺、小学第二校は市ヶ谷洞雲寺、小学第三校は牛込善國寺、小学第四校は本郷麟祥寺、小学第五校は浅草西福寺、小学第六校は深川西光寺であり、小学第七校は女子のために計画せられ場所未定追って開校となっている。以上の六校が所謂東京市内六小学校として設立せられたのであって、東京に於ける最初の小学校であると共に、文部省が凡そ小学校に関して示した文教方策実施の第一着手である。かくて文部省が東京府下共立小学校の設立に於いて示した初等教育に対する文教方策は更に検討せられ、明治五年の学制に於ける小学校制度として展開されるのであるから、東京の六小学校は制度上より見て我が国初等教育の発展に極めて重要な礎石を置いたと言わねばならない。

新政府の小学校に関する方策は以上の如く、最初は二つの系統をなす学校として計画せられた如くであったが、廃藩以後の国内情勢の統一的な傾向と、四民平等の理想とが明治四年文部省設立後の諸方策を決定した為に、小学校もこれを単一系統の構成となす方策へと進んでいた。明治四年十二月の東京六小学校設立計画はこれを示すもので、既に学制への前段階がここに築かれていたのであった。かくの如き小学校方策の展開は各地に設けられ始めていた小学校の建営と極めて深い関係をもっているのである。実際に施設せられていた小学校が一般を啓蒙し、その中に政府の小学校企画が織りなされて初等教育の著しい推進があったと考えられるのである。ここに於いて明治元年以後各地に設けられ小学校教育の先駆をなした施設を探究してその実体を究め、これ等が政府の小学校方策の内実をなしていたと推測せられる点を明かにしたい。

我国に於ける小学校は明治五年に学制が発布せられてから開設されたと見られているが、実は新政府の小学校方策が示される以前に於いてその開設を見ているのである。我国に於いて小学校という名称をもって最初に開設せられたのは明治元年十二月八日に開校した沼津兵学校附属小学校である。沼津に我国最初の小学校が開設せられたということは、今日の沼津市から考えて理解し難いことである。これは大政奉還後徳川家が静岡の地に移り、同時に幕臣として江戸にあった有識の士も共に移住し来り、一新直後僅かの間ではあったが近代生活及び文化の新しい建設が静岡及び沼津を中心に展開されていたからである。即ち旧幕臣を中心とした近代文化への動きの一つとして沼津に於ける学校開設の事実を見ることが出来よう。このうち沼津に設立を見た小学校は、厳密には沼津兵学校附属小学校であって、近代的な軍の編成と連関した教育機関への予備初等学校であった。併しこの小学校は単に兵学校の予備教育機関としての機能を果したばかりではなく、初等教育を受けんとする一般人にも門戸を開いていたのである。これは掟書の初条に「小學之儀は陸軍支配向は勿論、其外最寄移住御家臣之向並に最寄在方町方《ざいかたまちかた》有志之者は通稽古御免相成候事」とあることからも知られる。この点から考えてこれこそ将に成立せんとしていた近代的小学校の第一歩を印した施設というべきである。この沼津兵学校附属小学校は沼津城内に設けられたのであって、後には沼津小学校となり、ここに初等教育施設拡充の本拠を置いたのである。間もなく近傍の澤田小学校や冨士郡万野原に設けられた万野小学校その他の開校を見たのも沼津小学校の発展として見られる。

	一級	二級	三級	
素読	三字経 孝経 大学 中庸	論孟 五経	十八史略 国史略 元明史略	
書学	伊呂波 片假名 数字 名頭	往来物 私用文章	公用文章	
算術	数字 度量権衡 加減	乗除 比例 雑題	分数 開平 開立 雑題	
地理		皇国地理		
体操	剣術乗馬			
水練				
講釈聴聞	小学論孟循環			

沼津の小学校に於いて如何なる教育がなされたかの概略は明治元年十二月二十日兵学校頭取西周助の名をもって公布された「徳川家兵學校附屬小學校掟書」の中に条文として示されているものによって明かになすことが出来る。生徒はこれを童生と称し、七八歳で素読手習が出来るようになった者を入学させ、修業年限は別に明記されていないが十八歳限りとなし、それ以上に達したものは小学員外生として取扱うこととした。童生学科表によって見ると学級は初級から三級まで四段階に分れ、各級に教材を配列し、進歩した思想によって編成された学科課程を作製して教育に当る方針であった。科目は読書、手習、算術、地理、体操、剣術、水練、講釈聴聞の八科目であったが、当時定められていた童生学科を示すと上の如くである（初級省略）。

この学科表によって沼津の小学校は単に新しい近代兵学校の予備初等教育機関であったばかりでなく、教育内容の構成よりしても充分に近代性を具備したものというべきである。勿論教科用書は当時の情勢よりして近世以来のものを一新せられるまでには至っていないが、素読、書学、算術を基本教科として各級に一貫して教授することを方針となし、地理を独立の教科として立て、これに体操、水練を加えたのである。講釈聴聞は毎週の日曜日の朝になされるもので、徳義の方向を弁えるための内容がとられている。これは後に分科して小学校の独立教科となった修身の先駆をなしたものである。この中には理科の教材を欠いているが、その他に於いては近代化の方向を充分に示したものというべきである。かような進歩した学科課程を構成し得たのは恐らく西周助を初めとし、その他の企画に当った人々が欧米近代初等教育を参考としたものであろうが、我が国最初の小学校たる実質を教育内容上に於いても充分に備えたものである。されば当時新時代の学校として高く評価せられ、府県諸藩の学事に関心あるものが沼津小学校を参観し、間もなくこれを模範として学校の施設に当った所もあった。明治四年兵学校が兵部省の所轄となると共にこの小学校も改められ、十一月より沼津小学校となり、学制発布以後は小学集成舎となったが、常に設立当時よりの教育方針が拡充せられ、小学校施設の先駆となっていたのである。

沼津は兵学校附属の小学校として小学校建営の先駆となったが、京都に於いてはそれと殆んど併行して明治元年より小学校施設方針を決定し、翌年二月より開校し、同年中に六十余校の設立を見たのである。一つの地域に組織ある小学校の建営をなしたものとして京都の小学校は注目されねばならない。殊に新政府が府県に対して小学校の設置を施政の一節として指示したのが明治二年であって、政府の小学校建設の方策と京都小学校の連関は極めて深いものが存していたと推測される。恐らくは京都の学校施設を全国各府県をして参照せしめ、以って新時代に於ける施策の趨向を認知せしめんとしたとも言うことが出来るであろう。然らば京都に於いては如何なる近代方策をもって小学校の施設に当ったであろうか。

京都に於ける小学校設置方策の中には従来の学校施策には見られなかった新しい思想が織り込まれているのである。然かもこれが京都に於ける教育の伝統と結びつきつつ近代化された意義を示しているのであって、その方策は過渡期のものとして独自な地位を占めるばかりでなく、近代教育に指標となるものを与えたのである。第一に注目すべきは小学校の基本性格について明確な思想をもっていたことである。即ち小学校を設立することは京都市民が人材を自からの手によって育成するという所に存しているのである。王政一新以後の庶政方針は人民の渡世を安からしめ家職を繁昌せしむることにある。ところが人材が乏しく市民が物の道理をも弁え得ないようでは到底家業の興隆など思いも寄らぬことである。そこで人材を養うには学校を設けここを本拠として市中の人々を引き立つべきであるとして、明治元年十月二十日府官によって示された学校建営申諭に次の如く述べられている。

抑　王政ノ御主意専ラ下々ノ渡世ヲ安カラシメ家職ヲ繁昌サセントノ事ニテ御金貸シ渡シノ仕法モ始リ窮民御救助ノ詮議モ頻リナリ如何セハ下々渡世安カラン如何セハ家職繁昌スヘキヤト種々御手段アル處第一人方乏シクテハ申出ル事モ分リ難ク御布令ノ旨モ貫カス物事道理ニ疎クシテ家業ノ興隆思ヒモヨラズサレハ人材教育コソ肝要ナリト小學校ノ事始マリテ組町會所教諭所モ皆此處ニ一處ニシ小児ノ手習十露盤モノ讀ム事ヨリ世ノ勤メ人ノ人タル道ヲ知ラセ年寄議事者ハ打寄リテ町々ノ爲メ筋　御國ノ益ニナルヘキ事ヲ相談シ當府ヨリモ時々出張下々ノ情實聞取難澁ヲ取救ヒ御布告ヲ始メトシ　御仁政ノ事ヲ諭シ一統都ノ人々ヲ引立ツヘシトノ事ナルソ斯ク辱《かたじけな》キ都ニ住居シナカラ却テ諸國ノ人ニ劣リイツ迄モ物事迂遠ニテ済ムヘキヤ一等家職ニ賢コクナリ商法正路ニ道理ヲ辨ヘ勝レシ風儀ヲ引起シ諸國ノ手本トナルナラハ家々繁昌人々渡世安クシテ都ノ榮イツ迄モナシ

この諭告によって明かな如く家業を繁栄せしむる目的で市民に対し小学校の施設を勧告している。この点学制が発布せられた際の太政官布告の学校施設方針と相通ずるものを持っている。

第二に注目すべきは京都の小学校建営計画は学区制によったもので、それを番組と結び合せて運営し、立派な功果を挙げていることである。即ち明治元年七月槇村正直等を中心として従来の各町五人組仕法を改正し、新しい番組を設けて市内を区分し、これを様々な方策の基本とした。先ず市内を上京下京に二分し両大番組となし、更に上京四十五、下京四十一の小さな番組に分ったが、十月にはこの番組を基として各番組に自発的に普通教育機関としての小学校を経営せしむることとなった。明治元年十月二十日府官によってなされた学校建営の申諭によると

小学校ハ追々ニハ一組町ニ一ヶ所宛モ取建ツヘシサレハ左程路遠キ事ニモ非ルヘシ夫此小學校ノ搆ト云フハ學事而已ノタメニアラス便利ノ地ニ経營シテ手跡算術讀書ノ稽古場ナリ儒書講釋心學道話ノ教諭所ナリ組町集議ノ會所ナリ又或時ハ布告ノ趣意ヲ此處ニテ委細ニ説キ聞セ多人數ノ呼出シモ態々《わざわざ》當府へ罷リ出終日ノ手間隙ヲ費サス共府ヨリ此處へ出張シ申渡スコトモアルヘシ一ツノ小學校成就セハ數多ノ便利叶フヘシ況ンヤ善キ人物出来立ハ商法自ラ正路ニナリ都繁昌シ人々渡世易カルヘシ京中ノ力ヲ以テ京中ノ人ヲ取立終ニハ銘々共子孫ノ爲トナルナリ云々

とある。これは建営の申諭に於いて示された学区制採用の方針であるが、明治二年二月二十二日京都府より弁事《べんじ》へ差出した『中學校小學校建營趣意』に於いては

小學校

右ハ一町組毎ニ一ヶ所ヲ建營ス洛中洛外合テ六十五ヶ所伏見市中及ヒ諸郡ハ建營ノ員未欠ニ付除之各其町組内ノ児童手跡算術讀書ヲ修業セシメ日ヲ定メテ儒書講釋心學道話ヲ以テ教ヲ施シ更ニ町組會所ト

シテ町組議事布令ノ告諭ヲ始メトシ判府事以下時々廻町ノ節民苦ヲ問ヒ下情ヲ聴取シ以テ上下隔絶ノ患ナク救助撫育ノ手ヲ下ス處トス依テ暴徒取押ヘノ爲メ平安隊廻町ノ屯所人民保全ノ爲メ種痘施行等ノコトモ皆此處ニ於テス

この番組による学区制によって順次小学校の開校を見たのであって、最初に設立されたのは上京第二十七番小学としての柳池校であって、明治二年六月に開校せられ、十二月上京第二十八番小学校の開校をもって六十四小学校の建営を完了している。学区制による小学校の設置は明治五年に於ける学制に見る施設方策であったが、京都に於いてはそれを明治元年より既に決定し、明治二年に於いてはこれによって学校の設立をなしているのである。明治五年一月福澤諭吉が京都市内の学校を見学して、その感想を記した『京都學校の記』の初めに

京都の學校は明治二年より基を開きしものにて、目下中學と名つくる者四所、小學校と名つくるもの六十四所あり。市中を六十四區に分て学校の區分となししは、彼の西洋にて所謂「スクール・ヂストリックト」ならん。この一區に一所の小學校を設け區内の貧富貴賤を問はす男女生れて七八歳より十三歳迄に至るものは皆来つて教を受くるを許す

と記している。福澤諭吉は西洋に於ける学区制実施の情況を見聞しているのでそれを京都の番組に結びつけてこれを高く評価したが、恐らくはこの学区制実施の際に欧米の近代化された学校行政方策も参照せられていたことであろう。その思想の明確であって然かもこれを断行して新制度の基底を築いたことは注目せらるべきことである。

第三に注目すべきは学科課程を次第に近代化して構成したことである。即ち教科内容に関しては、明治二年五月最初の京都小学校規則の布達以来明治三年十二月、明治四年八月と二度の改正を経たが、改正毎に近

代的学科の導入によって学科課程の構成に著しい進歩を示すこととなったのである。明治二年五月制定の小学規則によって見ると、読書、筆道、算術、心学道話を授けることとなっていて、講師、読書師、算術師、心学道話師を任命して諸教科を担当せしめた。教科は初等中等上等の三段階に分れ、学童定等として次の如き内容を盛っている。

	初等	中等	上等
筆道	三行書	復文	作文
算術	乗除術	初傳定位	皆傳天元
読書	孝経小學	四書	五経

これは未だ小学校建営草創の際のもので、近世の伝統を継承したに過ぎないが、明治三年十二月の小学定等に於いて稍近代化した方法を用いることと定められ、更に明治四年八月には次の如く整った小学課業表（次頁）となり、学制実施以前に於いて既に学科課程の近代化を実現していたのである。

この学科課程の構成は読書、習字、算術の三基本教科によるものであって、学科の構成には未だ近代化の傾向が充分には認められないが、各等に於いて教授すべき教科用書によってその内容を窺うと、初等教育に必要な基本教材を網羅したばかりでなく、修身、地理、歴史、理科等となって分化すべき教材を包含しているのであって、そこに近代化されつつある諸傾向を充分に窺うことが出来るのである。明治二年政府の小学校方策に於いては読書、習字、算術をもって教科の構成に著手せしめる方針であったが、京都に於いてはそれが実現されたばかりでなく、各科の内容が次第に更新され、実質的に近代教科構造に到達していたのである。

第四に小学校維持経営の方法についてこれを組内の人民の協力によらしむることとしたのであって、各戸より竃金を上納させてその入費《にゅうひ》に充てることとし、尚お学校維持の基金として米六千三百五十石を小学校へ

小学課業表

	句読	諳誦	習字	算術
第一等	日本外史 易知録 万国公法 太政官諸規則	内外国旗章 外国里程 英独語学五百言	公用文 即題手束	必要雑問 求積 開平方 開平雑問 開立方 開立雑問
第二等	日本政記 五経 真政大意 西洋事情	内国里程 本邦環海里程 英独語学三百言	世話十字文 諸券状 諸職往来 復文	比例法 比例雑問
第三等	国史略 孟子 小学 地学事始 生産道案内	帝号 英独語学一百言	諸国郡名 商売往来 使用文	珠筆兼修 諸等諸法 筆 分数諸法
第四等	職員令 戸籍令 学庸 論語 世界国尽 窮理図解	帝号 国名	受取諸券 苗字尽 山城郡村地名 京都町名	珠筆兼修 乗法 減法
第五等	小学子弟心得草 孝経 市中制法 郡中制法 町役村役心得 府県名	五十韻	五十音 平カナ 片カナ 数名 支干 三枚御高札 名頭	珠筆兼修 加法 減法

分配しこれによって会社を結ばしめたのである。これに関しては既に明治元年十一月府より各組へ通達した諭告の中に明記されている。更に明治三年二月十二日窮民の竈金はなるべくこれを廃して永世維持の方法を立つべしと次の如くに各組へ諭告している。

市中小學校取建ニ付永世入費トシテ竈別半季毎ニ金一分出金ノ儀最前申聞候處一統連印ヲ以テ町々ヨリ請書《うけしょ》差出シ尚建營金ノ儀ハ府ヨリ下渡《げど》半方《はんかた》無利十ヶ年賦上納半方ハ其儘下ケ遣《つかわ》シ置候處却テ建營後ニ至リ前顯《ぜんけん》竈別出金ノ儀ヲ何カト申難シ候趣如何敷《いかがわしき》次第ニ候得共諸色高値ノ折柄無餘儀情態モ有之ヘキニ付去冬現米六千三百五十石各所ノ小學校ヘ分配是ヲ基本トシテ會社ヲ結ヒ永世取續ノ仕法相立小前難澁人ノ竈金可成タケハ差除キ遣シ候様相達置候

各学校はこれ等の方針によって会社仕法を立てて学校の経営に当っている。福澤諭吉はこの方法を『京都學校の記』の中に於いて次の如くに述べている。

小学校の費用は、初めこれを建つるとき、其半を官よりたすけ、半は市中の富豪より出して家を建て書籍を買ひ、残金は人に貸して利息を取り、永く學校の資と爲す。又、區内の戸毎に命して半年に金一歩を出さしめ、貸金の利息に合して永續の資に供せり。但し半年一歩の出金は其家に子あるものも子なき者も一緒に出さしむる法なり。金銀の出納は毎區の年寄にてこれを司り、其總括を爲す者は總年寄にて一切官員の関する所にあらす、前條の如く毎半年各戸に一歩の金を出さしむるは官の命なれとも、この金を用ふるに至りては、其權全く年寄の手にあり。此法はウェーランド氏経済書中の説に暗合せるものなり。

小学校維持経営に於いてもかくの如く進歩した思想によったのであって、この点も学校に対する人民一般の考え方を改めるに大きな意義をもったものである。殊に会社仕法によって小学校の維持経営に当るべしとしたことなど注目せらるべき近代方策である。

以上京都に於ける小学校の建営は政府の施政順序に於ける指示を併行したのであって、単に小学校施設に先鞭をつけたばかりではなく、学校建営の思想に近代的なものを多分に含み、これが学制への試みとなっていたことは二三の事実によって指摘した如くである。我々は維新後の学校方策に於いて京都小学校の占むる地位をこれ等の事情によって高く評価するのである。来るべき全国の小学校施設に対する実験場となっていたのが京都府であった。

京都に施設せられた小学校は維新後新政府が抱懐していた初等教育方策の実体を示すものであったが、これによって啓蒙せられその後各地に小学校の施設を見ることとなった。小学校、小学所、啓蒙所、義校等の名称をもって設けられ、新政府の学校方策に呼応してその管内にある子弟のために、新時代の建設に堪え得る初等基礎教育を与えんとしたのであった。かかる施設は明治三年頃より次第に増加し四年に至っては相当数に達していた。明治四年末より学制案が起草されることとなったが、その頃に於いては既に小学校が実質的に成立して学制による初等教育実施の決して困難でないことを事実によって示していたのである。若し学制発布以前に於いて近代教育の体制に基いて成立の緒についていた学校ありとしたならば、我々はこれを小学校に於いてのみ認めることが出来るのである。中等以上の学校に関しても施策せられるところはあったが、未だ充分に近代学校としての実体を具えることが出来なかったものと言わねばならない。新政府の実施せんとした近代的な学校方策を実体によって見ようとするならば我々は眼を小学校に向けなければならない。明治五年の学制が実施せられるに当って小学校より著手し、ここに学校近代化の第一著手をなしたというのも、既に維新直後に於いて学校はこれを初等教育の段階から築かねばならないとして小学校方策に専念したことによる。実に小学校に関する新政府の方策とこれが実現せられつつあった実情とは近代学校成立の初段階を築いたものであり、更にこれが現代日本を決定する基底を構成していたものである。

三　中学校設置計画

小学校を修了した児童が中学校へ進学するということは今日既に普ねく認められていることで何等疑いのないこととなっているが、中学という語は明治維新後に於いて使用されるに至った新語である。元来小学、大学という語は古くより広く用いられて居り、典籍としても識者に親しまれた為に普ねく知られていたのである。小学は教育の端緒でそれに続いて大学が高い程度の教養を与えるものであるという考え方は説明を要せずして承認せられた。然るにこの小学と大学との間に中学が置かれて学校を大中小の三段階に分って構成するという考えは明治以後のことで全く新しい表現であったのである。この新しい中学校の計画を立て、これを小学校に連絡する学校として最初に施設せんとしたのは京都であった。明治二年新政府は将来全国に施行すべき学校制度の計画を立てたのであるが、その際に京都府に対し何故中学の名称を採ったかに就いての上申を求めているのである。この資料によって中学という語が全くの新用語であったばかりでなく、学校の体制を大学、中学、小学の三段階として構成する思想も新しいものであったことが確認される。京都の学校計画はここに於いても亦新しい着想をなしてこれを実現せんとしたものと言うべきである。

新政府が明治二年の初めに京都府に対し中学校の名称に就いてその根拠を求めたことは、当時政府の学校方策に於いて第二段階の学校に関する計画が問題となっていたことを示している。既に概観した如く新政府は維新直後から諸学校を統轄すると共に新しい国家教育制度を企画し、これを全国に実施せんとしていたのであった。この方策が次第に整えられ、学校の体系としては大学、中学、小学の制度を立て、三段階の構成とせねばならないという結論に到達していたのである。これが整えられて明治三年二月の大学規則並中小学規則となったというべきである。然らばこの規則に於いては中学を如何なる性格のものとして規定したであろうか。中学に就いての規則は極めて簡略で次の如くに記されている。

子弟凡ソ十五歳ニシテ小學ノ事訖リ十六歳ニ至リ中學ニ入リ専門學ヲ修ム科目五アリ大學五科ト一般子弟凡ソ二十二歳ニシテ中學ノ事訖リ乃チ其俊秀ヲ撰ヒ之ヲ大學ニ貢《こう》ス

この規則によって見ると、中学は大学に入学するものがその基礎教育を受ける場所であることが明瞭である。即ち小学校が既に大学を予想した教育を施す初等教育機関として計画されていたことは既に述べた如くであるが、中学はその上に位置した専門学を修める学校で大学の五科と同一の学科構成によってそれ等の基礎となる教養を与える学校である。これによって明らかな如く新政府の最初の包括的な学校計画にあっては、中学が大学への予備教育機関であり、二十二歳をもってここを卒業したものの中より俊秀を選抜して大学へ貢進することとなっている。即ち中学校は大学へ進学するものの予備教育機関であるという性格が確然と附与せられたのである。かくして中学校から大学へという考え方は明治維新直後の学校計画の際に既に確然と成立したものと言わねばならない。

この新政府による大学施設の企画中に織り込まれた中学は、そのままの形に於いて実現せられたとは見ることは出来ないが、この方策が各府県や諸藩に於ける学校制度に影響するところが極めて著しかった。かくして学制発布以前に中学或は中学校と名称を附せられた学校が各地に設けられることとなったのであって、その点から見て明治三年二月の大学規則並中小学規則の公布は中学校という新しい学校の創建に重要な意味をもっている。学制発布以前に中学校の名称をとって成立した教育機関を数校数えることが出来るが、それ等の中学校には二つの特質を備えたものがあったと見られる。その一つは新しい近代的な学校制度を試みる第一着手として置かれたものであって、明治三年四月東京府が駿河台に設けた中学校の如き或は京都に於いて早くより企画され明治三年十一月に成立することとなった中学校の如きはこれに属するものである。従ってこの形に属する中学校は新日本の建設にも直ちに結びつくことが出来、その構成及び運営が力あるものとなっている。他の一つの系統に属するものは藩の学校を改造しこれを政府の学校企画に基いて中学校として創立せしめたものである。学制によって中学校の制度が成立する以前既に雄藩にあっては士族の子弟に対しての高等教育を授ける機関を経営しこれを中学校と称していたのである。この中学校が如何なる学校として成立したかを、京都及び諸藩に例を求めて考察し、中学校の担わされた基本性格を明らかにせねばならぬ。これが学制に於いて計画された中学校の性格を決定するのであって、更に現今に至るまでの中学校が全学校体制中に於いて占めた位置をも規定することとなっているからである。

京都が明治元年より新しい学校計画をなし、これを翌明治二年から実施して全国の教育に範を示した有様に就いては、既に小学校に関する施策の一つとして述べた如くである。この京都府に於ける学校計画の一部に中学校設置のことが加えられて居る。即ち京都府の施設すべき学校は小学校、中学校の二段階となって構成されることとなっていた。京都府より弁事《べんじ》に提出した中学校建営の趣意には次の如く記されている。

中學校

右ハ上京下京ニ各一ヶ所ヲ建營ス。即チ大組ノ會所ヲ兼ネ、知府事以下時々出勤、市中ノ救窮賑恤ノコトヲ始メトシ、下情ヲ聽取シ、講書道話ヲ以テ風儀ヲ教導シ、布令ヲ告諭シ、上意ヲ伸達スル所ニシテ部内俊秀小学校中ニテ學術伸達スルモノ亦此内ニ選入ス

右によって見ると中学校は小学校の上位にある学校で、これが学区制によって設立せられる企画となっていた。京都の番組には小番組の上に大組があり、これが上京下京の二つに分れていたのである。この大組に

中学校を一校宛設置するのであって、ここが大組の番所となって市政の中心であると共に、小学校に於いて学術伸達し俊秀なるものを選抜してこの大組の中学校へ入学せしめる計画である。これによって京都に於いては初等教育の上に中等教育を置くという考えを定め、その計画を中学校の形をもって実現したものであると認めることが出来る。当時京都に於いては新政府によって大学設置の企画が進められ、大学寮代を設けるという有様であったから、恐らくはこの中学校の卒業者を政府の大学へ入学せしめ、小学、中学、大学の教育体制を京都に実現せんとしていたものであろう。かくの如くに見ると京都の中学校に関する企画は、初等、中等、高等の段階による近代学校体制を明確な様式として提起していたもので特に注目せらるべき施策である。

京都は中学校に関しても新政府の方策を実施する試験台ともなっていたのであって、ここに実現された中学は新しい著想によって素地に実現せられたものであった。明治三年十二月三日開校に関する達文によって見るに中学に於いては五科を授けることとし、教科、法科、理科、医科（即今欠く）、文科として、新政府の中学規則によっている。教授の実情は明らかでないが、その新しい学校様式については福澤諭吉が明治五年に参観した際の有様を次の如くに叙して讃辞を惜しまなかった。

四所の中學校には外国人を雇ひ、英佛日耳曼《ゲルマン》語の教授を爲せり。其法は東京大坂に行はるゝものと大同小異、毎校生徒の數、男女百人より二百人、其費用は全く官より出づ。

中學の中英學女工場と唱ふるものあり。英國の教師夫婦を雇ひ、夫は男子を集めて英語を授け、婦人は女子を預りて英語の外に兼ねて又縫針の藝を教授せり。外國の婦人は一人なれとも、府下の婦人にて字を知り女工に長する者七八人ありて、其教授を助けたり。この席に出て、英語を學び、女工を稽古する兒女百三十餘、七八歳より十三四歳、華士族の子もあり、商工平民の娘もあり。各貧富に從ひて紅粉を装ひ衣裳を著け、其裝潔くして華ならず、粗にして汚れず、言語嬌艶容貎温和のものいはざるも臆する氣なく、笑はざるも悦ぶの色あり。花の如く玉の如く愛すへく貴むへく、真に児女子の風を備へて、彼の東京の子女が断髪素顔マチダカの袴をはきて人を驚かす者と同日の論にあらざるなり。此學校は中學の内にて最も新なるものなれば、今日の有様にて生徒の学藝未だ上達せしにはあらざれども、其温和柔順の天稟を以て朝夕英國の教師に親炙し、其學藝を傳習し、其言行を見聞し、愚痴固陋の舊習を脱して獨自自立の氣風に浸潤することあらば、數年の後、全國無量の幸福を致すこと、今より期して待つへきなり。

京都の中学校は大学への進学を考え、組織ある学校体制の一部をなすものとして成立したが、各藩に於ける中学校は近世以来の藩の学校を改造し、新時代の学校体制にその構成を合致せしめて再編成したものであって、武家子弟の学校たる様式を強く伝統している。かかる武家の学校より発展した中学校は明治三年以後即ち新政府の方策が示されてから成立しているものが多い。これを代表するものは明治三年十一月に成立した旧加賀藩の中学校である。この中学校は加賀藩の藩校を改造したものであって、明倫堂と経武館とを合せて中学西校となし、梠注館と到遠館とを合せて改造しこれを中学東校とした。中学西校は皇学、漢学を授ける学校となし、中学東校は洋学を授ける学校として経営した。西校は四書、五経、国史略、十八史略、日本外史、政記、日本書紀等を授け、質問、会読、聴講の席を設け、その他対策、和歌、詩文章の会を設け、在来の教育方法をここに伝承した。中学東校は綴書、読本、文典等によって外国語を授け、句読会、読講、聴講等の席を設けて生徒を教育し、正則変則に分って教育内容を構成した。然るに翌明治四年に東校西校を合して金沢中学校を設立し、政府の中学校方策も参照してその体制を整え、統一された近代学校の体制へと進んだのである。即ち中学校を普通学と専門学とに分って二段階の構成を置き、普通学を修めた後に一等に到達した生徒に試験を試み、これに及第したものが専門学に進むことが出來たのである。従って普通学は基礎教育機関となっていたのであって、正則、変則に分ち、英語原典による学習も行われ、一等の学業を修めたものは専門の勉学に当り得るものとしてこれを政治、法科、理科、業科、文科の五分科専門学に進ましめることとした。普通学の学科課程は次の如くに定められていた。

中學課業

普通學正則

	一等	二等
文章	對策	大文法書（洋書）
史學	國史記事本末、歴史中ルイ（洋書）、三朝事略	日本外史、歴史小ルイ（洋書）　元明史略
地理	大地理書（洋書）	中地理書（洋書）
理化	大窮理書（洋書）、繪圖學、中舎密書、器械取扱	小窮理書（洋書）、器械名稱、小舎密書
數學	對數用法、平三角、弧三角	開法、點竄

普通學變則

	一等	二等	三等
	政事	立憲政體略、眞政大意	西洋聞見録、開知新篇、制度通
	史學	國史紀事本末、英國史略、易知録、西洋英傑傳	日本代史、三朝事略、元明史略、萬國史略
地理	製圖	瀛環志略	輿地史略
理化	業學	博物新編、舎密開宗、	窮理圖解、化學入門、

　　　　格物入門、繪圖學　　　氣海観瀾、舎密局秘携、器械名稱、器械取扱
數學　弧三角　　對數用法、　　開法、
　　　平三角　　　　　　　　　點竄

専門学に関してはこれを五分科となし、その下に学科を掲げた次の如き構成を示していた。

中學課業

専門學

政治學　此科ニ入ル者ハ必下ノ五科之學ヲ兼スベシ

法科　理財、租税、法律詞訟法、民法、國勢公法交際

理科　醫學、窮理、化學植物動物、天文暦學數學、地理、測量數學

業科　國産農学牧畜鑛山、商法、建築器械水利、航海

文科　古學、支那學、西洋學、史學

当時生徒約五百名と記されているから、藩校より発展した中学校としては代表的なものと言うべきである。我々は維新後に政府が公にした中学の施設計画とこれに基いて設立された中学校の代表的なものを、京都府の中学校と金沢の中学校に於いて概観した。京都は全く新しい著想によって成立したもの、金沢は加賀藩の学校を改造して中学校の教育の緒を開いたものとして採って見た。京都はその方針が全く新政府の計画によったもので、大学への基礎教育たる性格を多分に示している。その意味で政府の企画に最も近かったもの

というべきで中学校のもつ第一の性格即ち高等教育への前段階たる性格をよく示している。然るに金沢の中学校は大学への貢進も考えたではあろうが、一応これをもって専門学まで完了せしめる方針のもので、大学の五科との連関は認められるが、必ずしも教育の全体が大学への準備段階となっていなかったと考えられる。藩校を改革し、中学校の形を備えしめ以て新時代の学校へと転換させる方策によって成立したのが金沢の中学校であってこれは他の藩に於いても認められる。この形をとった中学校は士族の子弟に対して新時代に適う教育を施し、人材の育成をなさんとしたもので、中学校が指導層子弟の教育機関たる性格はここからも生れて来ている。尚中学校の教育内容を見るとその大部分が外国語と近代普通学とによって構成されているのであって、学制以後の中学校の性格の一面が既にここに認められる。これを小学校に比較するならば極めて少数のものが暫時存立していたに過ぎないことではあったが、初等教育の次に来るべき学校が如何なるものであるべきかに就いては充分にその構成を指示し、来るべき中等教育機関の体制を基本的に決定したものというべきである。

四　大学創建の施策

維新後に於いて新政府が第一に著手した教育改革は大学の創建であり、ここに教学精神の顕現を集中したことは既に明らかにした如くである。当時の大学は最高の学府であったばかりでなく、ここを文教行政の中心機関たらしめようとしたのであった。このために大学創建のことは他の学校方策とは異った意味を持つこととなったのである。かくして大学を創建する諸施策は新政府として最も早く著手し、これに関する基本規程も早くから公布せられるに至り、制度としては一応成立を見た如くである。併し大学の実質は学制発布以前に於いて備ったとは考えられないのであって、東京に設けられた大学であっても各地よりの貢進生が入学し、これ等の生徒の年齢、学歴等が様々であり、第二段階の教育機関たる実力をもったものとはなり得なかった。学制発布の際にこの新規程に準じて従前の諸学校を統一したが、その時に大学の一部であった南校が普通学を授ける中学として位置づけられたことはこの学校の実体をよく示すことと思う。事実この中学が間もなくにして東京開成学校となって専門学校程度の教育を施す機関として取扱われ、明治十年に至って初めて東京大学の成立を見、ここに於いて近代大学の面目を示し得る機関が僅かに一校設けられたのであった。我が国に近代大学が設立されたのは明治十年であって、学制以前は創建の施策を練りつつあった時代というべきである。

明治元年三月十二日、京都に於いて学習院を復興したが、これを大学寮たらしめんとの計画であったことは翌四月十五日にその名称を大学寮代と改めたことによっても明白である。往昔の大学寮を京都に復興し、ここに学問教育の中心を置かねばならないとしたのである。これが大学校に関する新政府の企画であったことは、同年九月十六日の達に於いて「大學校御取建被遊天下ノ人才ヲ集メ文武共盛ニ被爲《なされ》備度　思召候處方今御多端之折柄未夕御取調モ行届兼候」と述べ、結局大学校創建のことは京都に於いて実現し得ず僅かに皇学所漢学所の二校を設けて開講するという有様であった。当時学校の全体制は未だ出来上っていなかった為に、京都の皇学所漢学所には八歳より三十歳までのものを入学せしめて勉学させる方針であったことが、その際の規則に明記されている。この規則に於ける年齢の規程は大学校としての取扱は受けても、それが単に京都に施設せられた官立の新学校というにとどまり、高等教育機関というべき体制とはなっていなかった。かくする中に政治の中心が京都より東京に移った為、大学校創建の問題も自ら東京へ引き継がれたのである。

東京に於ける大学創建の計画は京都と併行して立てられ、次第に実現されつつあった。即ち幕府の江戸に於ける学校を復興してこれを大学校創建の基礎たらしめようとした。昌平黌、開成所、医学所等を新政府の統轄下に置くと共に、これ等を統一して大学校の規模を備えしめようとしていた。明治二年に於いてこの企画が初めて公にされたのであって、六月十五日付けの学校への達の中に次の如く大学校の規模を発表した。

大學校

一神典國典ニ依テ國體ヲ辨ヘ兼而漢籍ヲ講明シ實學實用ヲ成ヲ以テ要トス

大學校分局三所

一大學校區域未廣悉《ことごと》ク三校ヲ設ケ難シ　姑《しばら》ク其名ヲ殊ニシ以分局トス然ルニ大學校ノ名ハ三校ヲ總テ是ヲ稱スルナリ

開成學校

一普通學ヨリ専門學科ニ至ル迄其理ヲ究メ其技ヲ精《くわし》ウスルヲ要トス

兵學校

一今此局ヲ設ケス姑ク是ヲ軍務官ニ付ス

醫學校

一醫理ヲ明ニシ藥性ヲ審ニシ以テ健康ヲ保全シ病院ヲ設ケ諸患ヲ療シ實驗ヲ究ルヲ要トス

これによって見ると大学校は大学本校とも称すべき国学、漢学を講明する機関とその分局たる開成学校、兵学校、医学校の三校より成っている。この大学本校は旧幕時代の江戸に於ける学校昌平坂学問所及び和学講談所に於ける学問更には広く皇国学を教授する機能を統轄したもので、これが大学の中核をなすべきであるとしてある。開成学校は洋学を専門とする開成所を改造したもの、兵学校は講式所、医学校は医学館、医学所を新しい教育機関として再編成したものである。これを学問の内容によって見るならば、皇国学、漢学、洋学、兵学、医学を網羅しているのであるから、一応は中央に於ける学府としての構成を立てたものというべきである。これを大学校として運営する方針であったことは明白であって、京都が大学寮代と称せられ、或は大学寮の設立を一時見合わせ皇学所漢学所としてその計画を一応完結せしめんとしたのとは全然異っている。明治二年八月五日学神祭を行った際にも「大學校御開黌ニ付」と明記せられているのであって、ここに新政府の大学計画が集中されていたと解せられる。

明治三年二月に大学規則を公布して、広く欧米の大学制度も参照し、近代化された施策に到達したのも、前年既に東京に於いて大学の重要な礎石を置いていたからである。明治三年の大学規則は新政府が文教に関して公にした規則の最初をなすものであり、これに中小学規則が附加せられ、初等、中等、高等の学校体系を確定し得たことは既に中学、小学の部にて明かにした如くである。この大学規則は、学体、学制、貢法、試法、学費の五条をもって構成されている。学体は教学の根本精神を表明したもので既に教学精神の顕現に於いて述べた如くである。学制は次の如くに規定されている。

輦轂《れんこく》ノ下大學一所ヲ設ケ府藩縣各中小ノ學ヲ置ク皆大學ヨリ頒ツトコロノ規則ヲ遵守シ材ヲ育シ業ヲ廣メ國家ノ用ニ供スルヲ以テ務トス而シテ大學ハ人文ノ淵藪《えんそう》才徳ノ成就スルトコロ之ニ入ラントスル者必ス先ツ其地方ノ者ノ課ヲ歴諸學漸ク熟シテ始テ輦下ニ貢進スルヲ獲ナリ

これによると大学は都に一校設けられる中央の高等教育機関であって、中学、小学はこれを府藩県に設置せしめ、大学より頒つ規則によって教育し、地方の試験を経て後に初めて中央の大学に貢進する制度となっている。先ず東京に大学校一校を設けるという方針はかくの如くにして維新直後から確立されていたのである。貢法は次の如くに規定せられ、

生徒凡ソ三十歳以下ヲ限リ其地方ノ考課ヲ歴知事證憑《しょうひょう》ヲ予ヘ輦下ニ貢進スルモノ之ヲ大學生ニ補シ

各自好ムトコロノ科業ニ就キ博士助教ノ指揮ヲ受ケシム在學三年ヲ期トシ期満ツル時ハ解額セシメ更ニ新ナル者ヲ以テ之ニ補ス若クハ在學中撰任セラルヽ者アレハ随テ定額ノ人員ヲ貢進ス其定員ノ如キハ之ヲ後議ニ附ス

中学は二十二歳以下をもって修了しその俊秀を大学に貢進すると定められているから、それより三十歳までの間に大学に入学し、その在学は三ヶ年となっている。

この大学に於いて如何なる学科を教授するか又その教材は如何なるものかに就いて学科の規則があり、それに三科必読書が附加されてその全貌が示されている。

學科

教科

神教學　修身學

法科

國法　民法　商法　刑法　詞訟法

萬國公法　利用厚生學　典禮學　政治學　國政學

理科

格致學　星學　地質學　金石學　動物學

植物學　化學　重學　數學　器械學

度量學　築造學

醫科

豫科

數學度量　格致學　化學鑛土　植物學

本科

解剖學　藥物學　原病學　病屍剖験學醫科断訟法

内科外科及雜科治療學兼攝生法

文科

紀傳學　文章學　性理學

三科必讀書目

理科醫科ノ二科ハ専ラ南校東校ノ管スル所故ニ姑ク略之

教科

古事記　日本紀　萬葉集　古語拾遺　宣命

祝詞　孝経　論語　大學　中庸

詩経　書経　周易　禮記

法科

令　残律　儀式　延喜式　江家次第

三代格　法曹至要抄

周禮　儀禮　唐六天　唐律　明律

文獻通考　大學衍義補

文科

五國史　三鏡　大日本史　枕草子　源氏物語

これを如何なる編成によって教授するかに就いては同年三月に学課が追加せられ方法の概略が指示されている。

春秋左氏傳　國語　史記　前後漢書　通鑑
文章軌範　八家讀本

右の如き大学規則を公布しこれによって大学教育を整備せんとしたのであって、東京の大学をこれによって改革し、中央に於ける高等教育機関たらしめようとした。この制度によって次第に全国より貢進生も上京し、これ等に対して新規程に基く教育がなされることとなった。但し当時は初等、中等の教育が整備していなかったのであるから、大学はその上構をなすものとして雄大な企画をなしても事実はこれに副い得なかったのである。近代的な構成による大学が成立してその機能を果すに至ったのは、明治十年に東京工学が成立してから後であって学制以前の大学企画は総べてその実を備え得なかったものである。但し当時の大学がその故に低く見られることは不当であって、草創の際に第三段階の学校について具体的な企画を立てたことは注目せらるべきである。最高段階に位置すべき大学と初段階をなす小学校とが維新直後から同時に計画され、施策の中心となっていたことは特記せらるべきことである。

大学校は諸学科を専門として教授、研学せしむる施設であると同時に文教行政の機関でもあったので、学問を担当する大博士と共に行政に当るべき別当、大監等が任命せられ、極めて大きな構成をなしていた。明治二年七月八日の職員に関する規定によって大学校の部を見ると次の如くである。

大學校
別當（正三位）一人
掌監督大學校及開成醫學二校病院、監修國史、總判府藩縣學政

大監（從三位）一人　少監（正四位）一人
掌同別當
大丞（從四位）三人、權大丞（正五位）、少丞（從五位）三人、權少丞（正六位）
掌糺判校事
大主簿（正七位）三人、少主簿（從七位）九人
掌勘署文案檢出稽失
大博士（正五位）八人、中博士（從五位）、少博士（正六位）
掌教試生徒修撰國史、飜譯洋書、知病院治療
大助教（從六位）、中助教（正七位）、少助教（從七位）
掌同博士
大寮長（正七位）、中寮長（從七位）、少寮長（正八位）
掌監督學寮生徒
大得業生（正八位）、中得業生（從八位）、少得業生（正九位）
掌授句讀飜譯、治療等事
史生（正九位）
掌繕寫公文、謄録書史
大寫字生（從八位）、中寫字生（正九位）、少寫字生（從九位）
掌同史生
校掌（從九位）

使部

これによると別当は大学校以下を監督すると共に府藩県の学政を総判するの任務をもっていることが知られる。大監、大丞、大主簿以下は別当の下にあって全国の教育を総括する事業に参画するのである。これに対して生徒を教試するのは大博士以下であって、別当とはその職掌を全く異にしている。大学を文教の問題を取扱い府藩県の学政を総判すると同時に、ここをして学術の最高機関たらしむる思想は恐らく、フランスに於けるアカデミーの如き行政思想が入っていたものと推測される。殊に初めは東西両京に一校宛の大学校を設けて、東日本及び西日本の学校をこれによって総括せんとしていたことなどより考えると、我が国を二大学区に編成するという企画があったものとも見られる。これも文教方策についての近代化であって、文部省創置の前段階を築きつつあったというべきであろう。

五　欧米学校制度の探究

新政府が維新の際にあって既に近代学校構成へと進むべき基本方針を決定し、これを学校の方策として展開させたばかりでなく、府県諸藩に向っては学校施設に関する指導をも行い、実体によって近代学校方策の啓蒙をなしていたのである。かくの如き方策が草創の際にあって展開されたことは注目すべき事実であって、かかる学校方策を確然と採って実現に乗り出し得るためには、この確信をつくる背後に根拠となるものが存していたと見ねばならない。かかる確信をつくり得た一つの足場は幕末に於いて既に大きな構成となっていた全国諸学校の教育実情であったというべきであろう。これ等の近世学校はその大部分が維新後の事情に直ちに適応し得る教育体制のものではなかったが、近代化せんとする趨向はそれ等の中に既に現れて来ていたのである。かかる学校事情が存していたところへ、欧米諸国の学校制度とその教育実情が知られて来ていたのであって、これを探究しては学校近代化の基本特質を把捉し、我が国に於ける近世学校の改造原理として採択したのである。幕末より明治初年に於ける欧米学校制度の探究は、かくして近代学校施策への確信を与え、具体的な方策を提示する際に一つの指標となっていた。先ず如何なる近代学校観が紹介せられたか、更に学校制度への探究を如何に展開させたかを明かにし、新政府の学校政策を成立せしめた背景を究めねばならぬ。

欧米に於ける近代学校の有様を紹介したものは洋学者或は欧米見聞者によって提供された著作中に見られる新しい啓蒙的な学校の叙述であった。この啓蒙は既に幕末より認められるのであって、近代学校の組織とその職能とがここから次第に明かになされて来たのである。かかる意味に於いて近代生活の構造とそこに発展すべき学校の形態を明確に把捉し、これを識者に訴えたのは福澤諭吉である。近代生活への啓蒙書として弘く読まれた福澤諭吉著『西洋事情』の中には、西洋の近代学校が極めて要領よく説かれてある。即ち同書の初篇巻之一に「學校」の一項があり、小学校大学校の組織と教育の大略が次の如くに述べられ、欧米の学校が如何に従来の我が国に於ける学校の様子と異るかが明かにされてある。

西洋各国の都府は固より村落に至るまでも學校あらざる所なし 學校は政府より建て教師に給料を與へて人を教へしむるものあり或は平人にて社中を結び學校を建て教授するものあり 人生れて六七歳男女皆學校に入る或は校に止宿する者あり或は家に眠食して毎日校に行く者あり 初て入る學校を小學校と云ふ 先づ文字を學び漸くして自國の歴史、地理、算術、天文、窮理の初歩、詩、畫、音樂等を學ぶ斯の如くするを七八年諸學漸く熟し又大學校に入る 此學校にても學科以前と異ならずと雖ども稍々高上の教を受く 且此所にては盡く諸科を學ばずして、各々其志す所の一二科を研究す 或は暫くこゝに入り兵家たらんと欲すれば兵學校に移り醫師たらんと欲すれば醫學校に移り專ら一業のみを勉る者あり　右の如く六七歳より初て學び十八歳若くは二十歳を成業の年齢とす　右は大小學校に入る一般の順序なれども或は一所の學校にて大小相兼るものあり　龍動「キングスコルレージ」府中最も大なる學校の名の如きは學生五百人餘ありて樓上は大學校の教を授け樓下は小學校の教を設く　○毎日教授の時は朝第九時より始り第十二時に終り中食し午後第二時より晩五時に終る　七日毎に一日休業、寄宿生皆家に歸る　學校の法は最も嚴正なり　教授の間、言語せず親指せず法を犯す者は罰あり　然れども間時は隨意に遊ぶを禁ぜず　是がため學校の傍には必ず遊園を設て、花木を植へ泉水を引き遊戯奔走の地となす。又園中に柱を立て梯を架し綱を張る等の設をなして學童をして柱梯に攀り或は綱渡りの藝をなさしめ五禽の戯を爲て四肢を運動し、苦學の鬱閉を散じ身體の健康を保つ　○一歳の學費は各國大同小異但し學校の良否と教を受る學科の多寡に由て一様ならず　又貧人其子を教ゆること能さる者は一種の學校ありて學費なく教を受くべし　此學校の費は租税の如くして國民より出さしむるものあり　或は有志の人、會社を結て自から金を出し又は國中富貴の人に説て金を集め貧學校を建ることあり　○欧羅巴にて文學の盛なるは普魯士《プロシャ》を以て第一とす　國内の人民大抵、字を知らざる者なし　別林《ベルリン》普魯士の首府には獄屋の内にも學校を設け三四日毎に罪人を出して教授す　他は推て知るべし

同書外篇巻之三には「人民の教育」なる項があり、教育に就いての考え方を明かになし、国民教育の概念を述べ、その教育機関としての特質を説いている。極めて簡単ではあるが、近代の日本を建設せんとしていた識者に対し、近代教育の形と、その中に於いて重要な位置を占むべき学校に就いての概念を明確に与えているのである。福澤諭吉は慶應義塾の塾頭としてこれが施設につとめたばかりでなく、機会ある毎に教育の近代化に指針を与えていたのであって、『學問ノスヽメ』等に於ける教育観は近代学校の構成に関する優れ

た把捉があって初めて成立したものである。福澤諭吉は決して教育制度の調査研究に当ったのではないが近代学校制度の成立する素地をつくっていたのであって、欧米学校制度の実体を最も早く確把して新たなる学校観を啓蒙したものである。

明治初年に新しい文化の先頭に立って偉彩を放ったのは慶應義塾であるがその門下中の俊秀たる小幡甚三郎は、明治三年に『西洋學校軌範』を出版している。これは上下二巻より成り、上巻に於いて各国学校の組織とその現状を概観している。ここにあげられたのは、イギリス、オランダ、フランス、ドイツ、ロシヤ、アメリカの六ヶ国の学校に就いてであって、欧米に於ける主要な国々の学校が如何なる近代的施設を試みているかが概観出来る。今ここにドイツに於ける学校制度をプロシヤ学校として叙述した一節中に次の如く述べられている。

其法ハ昔者其國ノ名高キ君主、フレデリツキ・ゼ・グレートト云ヘル人、シレシヤノ地ヲ墺地利《オーストリー》ヨリ掠奪セシ牛《とし》、其地ニ於テ始メテ教育ノ法ヲ設シガ、其後漸ク他州ニ推及シ、遂ニ其國一般ニ行ナハルヽコト今日ノ盛大ニ至リタリ。抑々其法ニ従ヘバ、國人ヲ促シテ普ネク學校ヘ出席セシムルノ嚴法ナリ。夫レ人生レテ五歳ノ齢ニ満レバ、男児女子ヲ論ゼズ、貧人富者ヲ問ハズ、何レモ皆必ズ学校ヘ出席セザルヲ得ズ。又夫々ノ身分ニ應ジ、官ヨリ定メラレタル所ノ學業ヲ遂ゲタリト、教師之ヲ證スルニ非ザレバ、其出席ヲ止ルヲ免《ゆる》サズ。大凡修業ノ年期ハ六歳ヨリ十四歳ニ満ルヲ以テ通常トス。若シ其子弟ヲ学校ヘ出サヾレバ、則チ其父兄ヨリシテ、其子弟ハ某ノ私塾乃至自己ノ家ニテ、相當ノ教育ヲ受タルノ由ヲ、其掛リ官人ヘ陳奏スベシ。学校ノ入費ハ甚ダ其宜《ぎ》ヲ得タリ。且又貧人ニテ、其入費ヲ拂フコト能ハザルモノハ、官ヨリ之ヲ償ヒ、自己ノ入費ヲ掛ケズシテ教育ヲ蒙ムルナリ。此ノ如ク教育ノ法大成セルユヘ、其國ニ生レ其國ニ住スルモノハ、假令一人タリトモ國家ノ教育ヲ蒙ラザルモノハ無リシ。

かくの如く各国の学校の性質を明かになした上に、簡単な教育統計をも用い、近代生活の発展と共に学校教育が国家の制度として如何に運用され、如何に大きな効果を発揮するに至っているかが述べられてある。下巻に於いてはアメリカのコロンビア大学の組織が詳細に掲げられ、大学の教育が如何に制度化して発展し近代社会の要求に応じているかが述べられてある。尚お西洋の学校観を次の如くに要約し、支那の教育と対比して近代的性格を指摘している。

抑々教育ノ方亦洋人ト漢人ト各々相同ジキヲ得ズ。蓋シ漢人ノ學問ハ只古人ノ書ヲ讀ムノミニテ、有志ノ士ト稱スルモノモ、詩賦、古文ニ從事シ、空言補ナクシテ止ムナリ。且ツ校舎ニアルノ生徒、多クハ有用ノ心思ヲ無用ノ八股ニ埋沒シ、空シク少壯ノ時ヲ費セリ。故ニ隨テ國勢振ハズ、人心亦萎靡セリ。然バ則チ洋人ノ爲ス所ハ如何ナルモノゾ。人々心ヲ格致ノ學ニ用ヒ、精益々精ヲ求ムルナリ。是ニ由テ人ハ日ニ一日ヨリ智ヲ増シ、器ハ日ニ一日ヨリ巧ニ趣キ、國家ノ勢隨テ強富ナラザルヲ得ズ。尚且精進未ダ止マズ、學ヲ講ズルモノ愈多ク、實ニ其底止スル所ヲ知ラザルナリ。此ノ如ク教化ノ盛ニ及ベルモ、其本ヲ尋ヌレバ學校ヲ設ケ、能ク教育ノ方ヲ得タルニアリ。故ニ西洋諸國ニ於テハ、城市鄕村ヲ論ゼズ皆學校ヲ建テ、書籍並一切ノ器具ヲ備ヘ、生徒ヲシテ其中ニ會シ、諸科日新ノ學ヲ講ゼシメ、其長タルモノハ努メテ之ヲ皷勵シ、以テ生徒ヲシテ盡ク有用ノ人タランヲ期セリ。若シ漢人モ古来ノ習ヲ舍テ、日新ノ學ニ就キ以テ教育ノ方ヲ一新セバ其國ノ勢亦漸ク富強ニ趣クベシ。

斯くの如く述べて、東西教育の差異に着眼し、開化日新の学をなす西洋学校が如何に重大な位置を占めているかについて啓蒙し、「人民ノ教育ハ邦家ノ大業」であるとしてこれが国家制度としての運営を必要とする点を指摘している。

欧米に於ける学校制度の一般事情はかくの如き著作によって紹介されたが、これ等の啓蒙書による探究とは別に、制作実施の基本たる制度資料に関しても既に著手されて早く出版を見た。これを代表するものは『和蘭學制』である。この書は明治二年に開成学校より出版せられた翻訳書で訳者は内田正雄である。本書は上下二巻より成り、上巻は小学条例で、下巻は中学条例である。これは外国の教育制度に関する詳細な紹介を法規によって試みた最初の著書であって特に学校政策に寄与するところがあった。当時諸外国の教育事情が未だ充分に知られていなかった際に、和蘭一国ではあるが教育に関する規程の条項を翻訳し、これを出版して西洋の教育制度に関する研究に手を染めたことは重要な貢献である。この書が新政府の首脳者にとって緊要な学校制度資料を提供したことは言うまでもなく、近代学校観の成立に特に深い関連を持つものである。明治五年の学政起草に当ってもこの書が教育制度立案に当って参考書として使用されたことは、近代学校方策の展開に対して本書のもつ意義をよく示している。

この『和蘭學制』に訳出されている教育法規は一八五七年二月に公布されたもので、間もなくこの制度が和蘭に実施せられた。この教育条例は学校を公私の二つに区分し、国内に十分な公立学校を設け、学校費の一部を公費、他を民費としている。小学校に関しては先ず一般的な規則をあげ、学校の種別、学科課程を示し、更に教員組織、教授費用、教師採用試験、督学制度等に就いての法規が掲げられてある。公私立中学校に就いても略々同様な規程が示され、公立中学校とならんで、現在の工業学校に当る諸術学校に就いての規程も訳出され、更に中学私塾、監察、結末試験、学業証書等の規程も掲げられてある。

この書の訳者内田正雄は、文久二年オランダに航し、彼地に於いて研学した先覚者であった。彼が小学、中学の条例を翻訳した意図はオランダに於いて理解し得た学校に就いての考えを基として著作し、将来我が国に於いても着手すべき学校制度方策のために寄与せしめんとしたものである。又内田正雄は欧州各国旅行の途次、欧州諸国を知るべき材料を盛んに蒐集し、有名な世界地理に関する当時唯一の啓蒙書であった『輿地誌略』を出版した。斯くの如き各国の情勢についての理解も浅くない著者が自からの見識を以って和蘭学制の訳出に当ったのであるから、我邦の識者に近代学校制度を会得せしむるに役立ったことも決して少くなかったであろう。恐らくはこの著作に接した文教改策関係者は近き将来我が国に就いてもかくの如き学制を公布して、近代学校制度の創始に当らねばならぬと考えたであろう。

又明治二年に刊行せられた『萬國新語』の中には、「學校次第に盛んなる話」「各種學校の話」なる項がある。この書は数人の合著になり、洋行中の見聞、読書の節の書き抜き等を集めて編著したものである。「學校次第に盛んなる話」に於いては、学校設置が一国の急務であることを説き、都府村落にも小学校が総て設けられてあるのが欧米文明国の実情であるとし、イギリス、フランス、オランダ、ドイツ、ロシア、アメリカ等の小学校施設生徒数等をあげ、教育普及の有様を述べている。又この書と同様なものに、明治二年刊の『西洋見聞録』がある。これは元治元年英国に渡って四ケ年彼地に滞在した村田文夫の著作で、西洋の諸事情を知ろうとする人々に多くの啓蒙をなしたのである。この書中に「學校」の一項があり、英国の学校教育の状況、その制度、組織等が詳細に説かれてある。

これ等の諸著作は明治維新直後に於いて諸外国が文化の事情に応じて如何なる学校を設けているかを知らしめるに役立った資料である。それ等は未だ充分な海外教育制度調査となってはいないが、将に新時代の学校教育施設に着手せんとするに当って、如何に学校制度を考えたならよいかに関し、それぞれ貴重な資料となった著作である。そこに述べられた材料は国によって精粗はあるけれ共、略々近代欧米の学校制度観を知らしめるには充分である。当時の識者はこれ等を材料として近代学校制度の探究をなし、従前の教育を批判し、将来我が国に成立すべき学校が如何なる性質を持ったものとなるかに就いての一般的な外観を持つことが出来たのである。既に学制発布以前に於いて採られていた新政府の教育政策や、諸地方に勃興して来た近代学校施設への試みなどを成立させるにはその背後に近代学校観を必要とする。実は学校に就いての近代的な思想を培ったのが、これ等の欧米学校制度に関する啓蒙書である。欧米に成立している近代学校制度が如何なるものであるかに関する最初の纏った展望がこのあたりに於いて成立したと考えてよい。既に明治三年頃に於いて学校制度に就いて持たなければならない大体の理解が出来、これに引き続いて更に詳細な近代学校研究が各方向から試みられることとなった。明治四年文部省成立後欧米近代学校制度に関する研究は更に促進せられたのであって、当時各国の制度資料を広く参照し、特にフランス学校制度の探究に努めたこと等は後に学制起草を明かにする際に叙述せねばならぬ。ここには政府の学校方策が決して近世以来の学校を接収統轄することにあったのではなく、新時代を担うに足る学校制度の探究にも著手しつつ施策に当り、これを近代的な構成として大成せんとしていたことを明かにし、学制発布への道程を示したのである。

第三章　学制発布と近代教育制度の発足

一　文部省の設立と文教方策

明治維新の激動期にあっては皇道思想に基く教学精神が昂揚せられたのであって、これが近代日本の教育を構成する根源力となったことは言う迄もない。併し教学精神のみによって教育の現実が成立するのではなく、この精神を根軸として教育施設を統轄運営することによって国民教育の実体が形成せられるのである。我々はかかる近代教育の実体が成立する発端を維新直後に於ける新政府の教育方策として概観した。併し維新後草創の際に提出された学校に関する諸方策は未だ近代教育の体制を確立する迄に達しなかったものである。近代化された学校の構成を見るに至ったのは、明治五年に学制が発布されてから以後のことであって、学制発布こそは維新以来の新政府の諸方策更には幕末以来の学校近代化の趨勢を集大成し、国家教育制度の基礎を置いたものと言わねばならない。国内の情勢は明治四年の廃藩置県によって著しい転換を見せたのであって、これを機会として国内の庶政一新がなされ制度の改革が進められた。その行政機構改革に際して明治四年七月に文部省が創置せられたのであって、ここに文教の中心機関をもつこととなった。

明治四年七月十八日文部省が設けられ、全国の文教行政を統轄することとなり、文教の府の首脳者として江藤新平が文部大輔に任命せられた。江藤文部大輔は新任と共に文教の府の官制と職掌とを定める必要によって箕作麟祥と協議を重ねその大綱を決定した。『江藤南白傳』によるとこの官制及び職掌案の大綱の中に於いて文部卿及び大輔の職務及び権限を次の如くに決定していた。

卿　（一）本省及附屬諸官員各學局及大中小學を統率して其事務を督理す
　　（二）全國の人民を教育して其道を得せしむるの責に任ず
　　（三）省中管掌の事務は正院に對し其可否を論辯するを得

大輔（一）職掌卿に同じ
　　（二）卿を代理する時は善く其意を體して違犯すべからず

これによると文部卿は単に全国の大中小学を統率してその事務を督理するばかりではなく第二項に示された如く全国の人民を教育してその道を得せしむるの責を任ずるとしたのである。これによって文部省は国民教育に関する積極的な責任をもつべきことを明確にしたのであって、江藤文部大輔が特にこれを強調したことは注目すべきである。これは文部省がこの後に於ける文教施策を決定する根本となったもので、若し文部省で全国に設立されている学校の事務を督理する点にとどまり、近代日本建設に対する教育上よりの積極的な寄与から遠ざかったならば、画期的な学制の起草の如きは到底これを見ることが出来なかったであろう。文部省成立の最初より進歩的な学校企画をなし、全国の諸学校をこれによって一新し、近代的な諸建設への根源たらしめたことは注目すべき方針である。

然らば文部省創置以後に於いては如何なる文教方策が展開せられたであろうか。維新直後の皇道教学思想は明治初年より二年に亘って新政府のあらゆる教育施設に力をもったのであるが、明治三年に入るとこれが次第に近代思想をもって覆われて来ている有様が認められる。それは既に東京に於ける大学制度運営の方針に於いて一斑を窺うことが出来るのであって、ここに於いては既に皇道思想を高く掲げて文教の刷新を要請する維新期に特有な動きが見えなくなって来ている。このことは明治二年頃をもって維新の激動期は一先ず過ぎ、それに引き続いて近代日本を如何にして建設するかの諸問題がより切実なものとなった為である。我々はこれを生活や文化の近代化を促進せんとした第一次の建設運動として見るのであって、文教の諸傾向もこの動きを反映している。文部省は維新の激動が過ぎたところに成立を見たのであるから、ここに於いて樹立された文教方策が維新の際と同じ形を採ったものであり得ないことは言う迄もない。文部省創置後直ちに学校建設の立案に著手《ちゃくしゅ》したが、これを完成して学制を発布するに至る迄は特に著しい文教方策は展開されていなかったのである。併し明治四年十二月東京府下に共立小学校を設立する際の教育方針は著しく近代化された思想によるもので、維新直後の教学精神とは全く異ったものであることが認められる。その教育方針書に於いては次の如くに叙述してある。

開化日ニ隆ク文明月ニ盛ニ人人其業ニ安シ其家ヲ保ツ所以ノ者各其才能技藝ヲ生長スルニ由ル是學校ノ設アル所以ニシテ人人學ハサルヲ得サル者ナリ故ニ方今東南校ヲ始處處ニ於テ學校相設ラレ教導ノ事專ラ御手入有之ト雖モ素限リ有ノ公費ヲ以テ限ナキノ人民ニ應スヘカラス然ラハ人民タル者モ亦自ラ奮テ其才藝ヲ生長スルコトヲ務メサル可ラス依之先當府下ニ於テ共立ノ小學校幷ニ洋學校ヲ開キ華族ヨリ平民ニ至ル迄志願ノ者ハ學資ヲ入レテ入學セシメ幼年ノ子弟ヲ教導スル學科ノ順序ヲ定メ各其才藝ヲ生長シ文明ノ眞境ニ入ラシメント欲ス

この文教方針を見ると、教育とは各人の才能技芸を長じ、文明の真境に入らしむることであるとせられ、かかる才芸を成長するために学校が設けられているのである。而して学校に於いて勉学したものはその才芸を長ずることによって業に安んじ家を保つことが出来、かくの如くして初めて文明開化となり日本はここに文明国として立ち得るものであると指示している。我々はここに才能技芸を基本とした文明開化主義の文教方針が明瞭な形をもって現れているのを見るのである。

今この文教方針の宣言を維新直後にあって皇道思想より発した教学精神と比較するならば、指示するところが著しく異り全く別個の教育解釈がこの数年間に於いて支配力をもったと言わねばならない。国体に基く学問の考え方や神典国典によって教育の基礎を培うという思想は施策の表面には現れなくなったのである。近代的な才芸を基本とする教育観が既に文部省の設置と共に力をもって来ていたのであって、これが明治五年の学制へと進んだことは言う迄もなく、この思想は一般の文明開化思想とも連関をもち近代教育思想へと著しい躍進をなしたのである。明治四年十二月既にかかる文明主義教育への方向をとっていたことは布達文に明かな如くであるが、それが更に拡充されて学制へと到達したのである。学制はこの思想を高く掲げて学校の意義を指示したばかりでなく、この教育観によって計画ある学校方策を展開させたのである。ここに学制の起草事情よりその中に示された学校計画及びこれが実施の情況を述べて近代学校制度成立の情勢を大観したい。

二　学制の起草

明治四年七月文部省が創置されるや、前述した如く江藤文部大輔の積極的な学校方策が提起され、これに基いて全国民に対する教育上の責任を果すべき学校制度を如何にして立てるかという課題に当面したのである。この課題は近代日本の教育構成を決定すべき極めて重要な意義をもったものであったから、当局は直ちに学校制度案の起草を目標とした教育調査に著手した。学校制度案が提起せられる背景としては、近世初頭以来築いた武家庶民の学校体系が存在し、更には明治維新後の新しい学校教育の試みが現れていたのであって、それ等を基とし、更に欧米列強の学校制度を参照して研究を進めたのである。文部省に於いては創立後直ちに学校制度についての調査に著手したのであって、明治四年の八月から既に欧米の学校教育制度の調査を開始していた事実によっても充分にこれを窺うことが出来る。その一つとして東京帝国大学所蔵文書『明治四年文部省竝諸向往復』中に文部省と南校とが西欧の学校規程翻訳に関する交渉を進めている文書が残されているのを参照して当時の事情を推測することが出来る。文部省は南校のフランス語学者に委嘱してフランスより到来していた『ドロワアドミニストラチーフ』中教育の部を翻訳せしめんとしたのであって次の如き伺書が残されている。

一昨日本省ニ於テ佛書ドロワアドミニストラチーフ書中教育之部急翻譯被命候處原書ニテ紙數百十四五枚譯スレバ三百枚以上ニ可及候右者一ヶ年之課業ニモ落成無覺束候得共校合方一人御添相成候ハ、両人ニテ非常取急キ凡ソ五ヶ月程ニテハ譯出来可申哉ト存候間至急御人撰被下度尤モ兼テ外務省翻譯被命候節同省十三等邊ノ所ニテ柴田權之進ト申者校合爲中候故右人ナレバ手慣居候條御都合ニヨリテハ右人御添相成候樣致シ度趣池田大助教ヨリ申出候右ハ至極尤モ儀ト存候此段相伺候也

辛未九月三日　　南校

本省御中

この伺書は明治四年九月三日付となっているが、その内容によると既に八月中にこの書の翻訳に就いて文部省内で議せられていたことが推測せられる。この翻訳が学制起草の際に資料として使用されたか否かは明かでないが、文部省創置直後に佛蘭西教育法規に関する調査研究に著手し、その翻訳を開始していることから考えても、新日本に施行すべき学校制度案を起草する方針が直ちに決定され速かにこれが推進されていた実情を容易に知ることが出来る。

かくすると明治五年八月に公布された学制の立案は、既に前年夏以来着手せられていたものであることを

知ると共に、当時教育制度に関するあらゆる有識者を動員してこれが立案を大成しようとしたものであることが明瞭である。併し文部省創置以後暫らくは制度の調査に専念したのであって、正式に学制に関する草案が起草されるに至ったのは明治四年十二月以後と推定される。それは十二月に学制取調掛が任命され、直ちに学制草案の起草に著手したことが示されているからである。学制の起草にあたって如何なる人々が参画したか従来様々な説があるが、学制取調掛として左の十二名が任命されたことは東京帝国大学所蔵の文書に次の如き記録が残されていることによってこれを明かにすることが出来る。

文部少博士兼司法中判事　箕作麟祥
従五位　岩佐　純
編輯助　内田正雄
従六位　長　炗
文部少教授　瓜生　寅
編輯権助　木村正辭
正七位　杉山孝敏
従七位　辻　新次
右學制取調掛被仰付候事
辛未十二月二日

文部大助教　長谷川泰
　西潟　訥

文部少録　　　　　　　　　　　　　織田尚種

右學制取調掛被仰付候事

辛未十二月二日

右之通候條此段及御達候也

　　　　　　　　　　　　　　　　　文部省

編輯助　　　　　　　　　　　　　　河津祐之

學制取調掛被仰付候事

辛未十二月十九日

以上十二名の学制取調掛が明治四年十二月から学制に関する取調に着手したのであって、これ等の人が学制起草委員であったと断定すべきである。学制取調掛の一人であった辻新次が後年学制制定に関して演説した際に如何なる人が起草にあたったかに就いて次の如くに言及している。

さて文部省が出来まして、全國の教育事務を統理すると云うことでありますから、全國一般に渉る所の教育の方法を定めなければならぬと云うことになりました。即ち學制を制定しなければならぬと云うことになりましたのでございます。此時大木文部卿は、實に誠意精勵、以て學制の制定に取掛られたのであります。尤も此學制を編成するにつきましては、省中の者は夫々取調に掛りました。私も其時本省に居りました。學制編成に付て盡力された人は（此他にもまだあったかもしれませぬが）長炗、西潟訥、瓜生寅是等の人を覺えて居ります。

これによると起草者の一人辻新次は長炗、瓜生寅、西潟訥等が起草にあたった人々の中に加っていたことを追憶しているのである。辻新次の記憶に残ったこれ等の人々は何れも上に記した十二名の委員の中に含まれているのであるから、南校の往復文書に記された取調係の人名は誤りないと思う。今これ等十二名の委員を一覧するならば箕作麟祥はその地位と学識よりして起草委員長ともいうべき位置にあったと推測される。当時箕作麟祥は外国法典特にフランス法典の専門家で諸法典の起草に携りその最高知能とされていたのであって、学制起草に当っては恐らく立案された諸条文を総覧するための高い地位を占めていたと考えられる。起草委員の中長炗、木村正辭の如きは国漢学者であるから、これ等の学者は起草に当って我が国及び東洋に於ける教育制度及びその諸事情について見識を披瀝し、これを立案に織り込んだことであろう。特に長炗は有名な日田の咸宜園に学を修めた人であるからこの学校の方針や施設等が参考となったであろう。しかしながらその他の多くの起草委員は明治初年に於ける錚々たる洋学者であって欧米文化に関し、更に教育制度及び行政に関する新知識を多分に提供し、これを立案に織り込んだことであろう。例えば内田正雄は幕末にあって既にオランダに留学した学者であって、帰朝後有名な『和蘭學制』を著作したことは既に前章に述べた如くである。この新知識たる内田正雄を学制取調掛に加えたということは和蘭其他欧州に於ける教育制度の実状を参照しようとする意図が強かったことを容易に窺わせるものである。瓜生寅は英学を修めた人であって英米の文化に深い理解をもっていたので米国、英国の教育制度を参考とする際にその知識を瓜生に求めたことであろう。フランスの教育制度を参照する際には筆頭の箕作麟祥を初めとして辻新次、河津祐之等何れも佛蘭西学者としてその名が知られていた人であるからこれ等の学者に協力を求めたことは容易に推測出来る。殊に河津祐之は佐澤太郎と共に明治六年以後フランスの教育規程の条文を翻訳し、これを『佛國學制』として文部省から出版している。この『佛國學制』が学制起草の際に参照せられたであろうということは従来認められて居る如くである。この訳者の河津祐之が学制起草委員に加って居るのであるから、少くとも『佛國學制』の原典は学制取調資料として特に重大な意義をもっていたことが容易に断定せられるであろう。岩佐純、長谷川泰の如きは医学者であって、医学教育の分野よりこの立案に参画し、杉山孝敏、西潟訥、織田尚種等は教育行政の専門家であって、行政上の知能を提供すると共に恐らくは条章の整文に当りこの立案に参画したことであろう。以上の如く学制取調掛として任命された人々を通覧すると種々の学識者がこれに参加し、各方面の知能を集中して学制案文を決定し得たものであって、単に一二の人がこの起草にあたり条文を整え立案や企画をなしたものではないことが明瞭である。

明治五年の学制がフランスの教育制度を参照することが特に多かったという点については学制の条文と文部省出版の『佛國學制』を比較することによってこれを明かにすることが出来る。今ここに小学校に関する規程を辿って両者を比較すると次の如くである。『佛國學制』の第二目小学校中第一款小学の通則を見ると、「小學校ハ教育ノ初級ニシテ、諸人ノ必ズ學バザルベカラザル普通ノ學科ヲ教フル所ナリ」とあるが、我が学制中の小学なる項の初めである第二十一章には「小學校ハ教育ノ初級ニシテ人民一般必ズ學バズンバアルベカラザルモノトス」とあるが、この条項はその字句も殆んど『佛國學制』と同じである。小学校の種類として学制には尋常小学、女児小学、村落小学、貧人小学、小学私塾、幼稚小学等が挙げてある。この中幼稚小学については「幼稚小學ハ男女ノ子弟六歳迄ノモノ小學ニ入ル前ノ端緒ヲ教フルモノナリ」である。然るにこれは『佛國學制』中の幼育院に当り、その第一条に「幼育院ハ男女共満六歳マデノ小児ヲ入ラシメ……奉教ノ道、讀法書法ノ端緒ヲ開キ導キ……」と定められている部分と対照される。小学私塾とは『佛國學制』中の「私ノ小學校」であり、貧人小学は『佛國學制』中の「小學ノ仁恵會社」の所に、「貧人ノ子弟ヲシテ學ニ就クコトヲ得セシムルモノナリ。」とある項を参照したもので、学制第二十四章には「貧人小學ハ貧人子弟ノ自活シ難キモノヲ入學セシメ……是専ラ仁恵ノ心ヨリ組立ルモノナリ仍テ仁恵學校トモ稱スベシ」とあるを以ってしても明かである。村落小学は村落農民に教則を少しく省略して教うるものか或は年已に生長せるものに仮の折来りて学ばしむるもので、夜学校ありとして学制に挙げられて居るが、これは『佛國學制』中の少年小学校に当るもので、「總テ其教授ハ、夕方又ハ日曜日ニ於テス。」とも書かれてある。学制の女児小学は『佛國學制』中の女児小学校に倣ったものと言える。

その他全体の構成としてこれを見るならば、学校の構成に関する基本思想、学区制の採用と学区構成の方針、学区取締の任命等に於いてこれを認めることが出来る。かくすると佛国の教育制度規程を翻訳した『佛國學制』は学制立案の際に参照された点が特に多く、学制実施期にこのフランス学校規程の各条章が研究せられては立案の基礎をなしたと断定せられる。勿論『佛國學制』ばかりでなく、この他にも多くの制度資料が用いられたことと思うが、特にフランスの学校制度との連関より、この著作を有力な参考資料として重視するのである。『佛國學制』は初篇二巻、第二篇一巻、第三篇五巻、附録二巻合せて十巻の著作であって、第二篇までは明治六年九月出版で、第三篇は明治九年に刊行されている。而して初篇は小学校についての規程であり、第二篇は中学校、第三篇は大学翰林院その他の学校であって附録には書籍館、観天台、本草園等が規定せられている。かくの如き『佛國學制』が刊行されて多くの教育者に教育制度を知らしめる参考となったことは制度実施の際に重要であったことと思う。フランスの制度がかくまで重視せられたのは、学校制度として当時最も組織的であり、中央統轄的であったことによるのであって、その故にこれを翻訳刊行し学制実施と連関して普及せしめ、近代教育制度に就いての思想を啓蒙せんとしたものである。

学制が如何なる順序を経て起草せられたかについては、それを究明する資料を欠いている為にこれを微細に述べることは出来ない。しかし明治四年十二月に学制取調掛が任命せられたことは上述の如く明かであり、起草に至る準備的な調査は文部省創置直後から着手されたと推測せられるので、取調掛任命後はその立案が急速に進められたと見なければならない。明治五年五月左院へ提出した学制に関する伺文の中に学制の大綱は既に明治五年一月四日に伺い出た如くであるとし、その細目に亘る条章は別紙学制案の如く整えてこれを伺い奉ると明記されている。それによって明治五年一月四日に大綱が伺い出されたとするならば、既に明治四年末に於いてその大綱は定められていたものと推測しなければならない。即ち取調掛を起草委員として任命してから半月にしてすでに学制の大綱が決定せられたのである。この大綱に基いて各条章を細かく立案するのに五ヶ月を要しているのである。その間にあって文教行政の方針や学校制度、更にその設置及び運用に関する具体的問題が討議せられたものと思う。その間には様々な意見が提出せられつつ学制案文に到達したものであって、若しこの間の事情を明かにする立案の諸文書が存在しこれを参照し得るならば興味あることと思う。

かくの如くにして文部省立案の学制条文が伺い出されたのであるが、それに対して六月二十九日付をもって左院に於ける答議が伝えられた。これによると学校の制度が確立せずしては我国に於ける開化進歩の上に大きな欠点を生ぜしめることとなるから伺いの通り断然施行すべきであるとの趣旨を文部省に伝えている。文部省に於いては次の如き申牒を提出して一日も早くこの制度を実施し得るようにと願い出ているのである。

先達相伺候学制ノ儀現今将来ノ目的共可爲伺ノ通旨御沙汰相成候上ハ建学ノ旨趣人民教育ノ方向相定メ候儀モ早一日モ忽《たちまち》ニ難致然ニ財政ノ大計御決裁相成候迄経費金額相立不申自然教育ノ方向ト財政ノ大計ト照應相成四方ノ注目ニ関係候様立至リ候依テハ右学制章程且太政官布告文幷當省達書共至急刊行府縣ヘモ頒布可致唯経費ノ儀姑ク章程中金額員數ノミ相缺キ可申候是等不日符節難相違次第ニ付何分得ト御聞置相成度此段申上候也

かくの如くして学制の案文が決定され、明治五年八月二日をもって公布せらるるに至ったのである。近代的な国民教育制度に関する基本規程はかくの如くにして発布せられ、ここに新しい学校制度の発足を見たのである。現代教育文明史はここから考察の歩を印さねばならない。

三　学制発布と実学教育思想

学制は維新以後に於ける政府の学校方策が集大成せられ、画期的な企画をもって全国に施行すべき学校の体制を規定したものである。その条章は総べて学校の施設とこれが運営に関するものであって、如何なる教育思想がその背後に存しているかに就いては条章のみからこれを窺うことは出来ない。幸に学制の起草される際にはこの制度の根本精神に就いても検討するところがあり、随時これを表明したのである。学制発布の際の太政官布告第二百十四号はこれを最も明瞭な形をもって宣言したものであって、学制によって実施されつつある学校の本義がこの布告から充分に窺われる。併しこの布告に於ける教育思想は既に文部省創置の頃より成立していて、学制を起草する際には立案者の思想を決定していたものである。学校の体制に関する規程は甚しく外面的なものであって、何等の思想も窺い得ない如くであるが、併しその背景には極めて明確な教育思想が存していて立案される学校の一つ一つはこの思想によって決定せられていたというべきである。この学校に対する考え方を探究して当時の教育思想の特質をここに究明して見たい。

文部省が学校の施策に着手してから諸方策の根柢をなす教育思想を最初に公にしたものは明治四年十二月に達した東京府下六小学校開設の際の方針書である。この方針の中には東京に六小学校を新設するに当っての基本となる思想が表明されているが、それが同時に文教府の学校施策思想であることは既に詳説した如くである。その際に維新直後の教学思想とは著しい差異をもったものであることを指摘した。この思想は学制起草の間にあって更に明確な表現をとったのであって、それを学制案に連関して明治五年春提出された左院の伺書の中に見るのである。この伺書の中には学校を施設するに際しての思想を次の如くに述べている。

国家ノ以テ富強安康ナルユヱンノモノ世ノ文明人ノ才藝大ニ進長スルモノアルニヨラサルハナシ而シテ文明ノ以テ文明トスルユヱンノモノ一般人民ノ文明ナルニヨレハナリ一般人民文明ナラスタトヘ一二ノ聖賢アリトイヘトモ文明ニ關スルモノ幾何ソ是孛国王其人民ヲ督勵シ驅テ以テ學ニ就カシムルユヱンニシテ彼已ニ不學ノ律アリ而シテ其民之ヲ以テ刻トセス文明ヲ勸ムルノ至レハナリ夫惟レハ皇国學校ノ設アリトイヘトモ従来弊學風頗ル固陋事情ニ迂ク實用ニ疎ク遂ニ學問ヲ以テ人間中一種ノ別乾坤ニ付シ了ル於是其學フ者或ハ給スルニ衣食ヲ以テスルアリトイヘトモ其不學者ハ措テ不顧之ヲ目前ニ觀ルトキハ學者或ハ比比トシテ在ルモノニ似タリトイヘトモ之ヲ一般人民ニ概スレハ誠ニ是九牛ノ一毛ノミ是ヲ以テ世ノ文明ト云フヘケンヤ而シテ人ノ才藝多ク高尚ニ不至固ヨリコレニヨル今也御維新ノ際萬般更始庶政風ノ如敷仰キ願クハ千古ノ學弊ヲ洗除シ普ク人民ヲシテ其方向ヲ大定シ其成ル事ヲ後来ニ期シ文明ヲシテ世ニ浸澤シ才藝ヲシテ人ニ高尚ナラシメン事ヲ

これによって見ると学制を発布して学校を施設する際に基本となる着眼を先ず一般人をしてその才芸を進長してもって文明の域に入らしめなければならないが為であるとした。即ち人の才芸を発展させて我が国を文明の域に達せしめ、所謂近代文明国の一たらしむというのが眼目となっている。ここに我々は実学思想の表明を見るのである。このためには総べての国民を学校に入学せしむべきであって、近代文明国の教育事情を参照し、学校施設の如何に必要なるかを力説し、更に進んで従来の学問を批判している。即ち従前の学問を見るにその学風が固陋であって事情に迂く実用からは離脱したことにのみ力を注いで来ている。かくして学問を別世界に隔離していたのであるが、これを学制実施に当って根本から破らなければならないとした。維新後の情勢は文明生活に於いて実用となる才芸を急速に練磨することを教育の主眼たらしむべしという思想がここによく示されている。我々は既にこの伺書の中に文明開化思想、実学思想が明確に表現せられているのを認めることが出来る。これが学制の際に於ける教育の基本思想であって、これを更に深く探究せねばならぬ。

かかる教育思想は文教首脳部の普ねく認めたものであって、政府はこの教育方針を明治五年八月二日付太政官布告第二百十四号として公布したのである。この布告全文は次の如くであって、我々はこれを学制実施に当って高唱せられた近代教育宣言と見るのである。

　人々自ら其身を立て其産を治め其業を昌《さかん》にして以て其生を遂るゆゑんのものは他なし身を脩め智を開き才藝を長するによるなり而て其身を脩め智を開き才藝を長するは學にあらされは能はす是れ學校の設あるゆゑんにして日用常行言語書算を初め仕官農商百工技藝及ひ法律政治天文醫療等に至る迄凡人の營むところの事學あらさるはなし人能く其才のあるところに應し勉勵して之に從事ししかして後初て生を治め産を興し業を昌にするを得へしされは學問は身を立るの財本ともいふへきものにして人たるもの誰か學はすして可ならんや夫の道路に迷ひ飢餓に陷り家を破り身を喪の徒の如きは畢竟不學よりしてかゝる過ちを生するなり從來學校の設ありてより年を歴ること久しといへとも或は其道を得さるよりして人其方向を誤り學問は士人以上の事とし農工商及ひ婦女子に至つては之を度外におき學問の何物たるを辨せす又士人以上の稀に學ふものも動もすれは國家の爲にすと唱へ身を立るの基たるを知すして或は詞章記誦の末に趨り空理虚談の途に陷り其論高尚に似たりといへとも之を身に行ひ事に施すこと能はさるもの少からす是すなはち沿襲の習弊にして文明普ねからす才藝長せすして貧乏破産喪家の徒多きゆゑんなり是故に人たるものは學はすんはあるへからす之を學ふには宜しく其旨を誤るへからす之に依て今般文部省に於て學制を定め追々教則をも改正し布告に及ふへきにつき自今以後一般の人民華士族農工商及女

子必す邑に不學の戸なく家に不學の人なからしめん事を期す人の父兄たるもの宜しく此意を體認し其愛育の情を厚くし其子弟をして必す學に從事せしめさるへからさるものなり高上の學に至ては其人の才能に任かすといへとも幼童の子弟は男女の別なく小學以下に從事せしめさるものは其父兄の越度たるへき事

但從来沿襲の弊學問は士人以上の事とし國家の爲にすと唱ふるを以て學費及其衣食の用に至る迄多く官に依頼し之を給するに非されは學さる事と思ひ一生を自棄するもの少からす是皆惑へるの甚しきものなり自今以後此等の弊を改め一般の人民他事を抛《なげう》ち自ら奮て必す學に從事せしむべき様心得へき事

右之通被仰出候條地方官ニ於テ邊隅小民ニ至ル迄不洩様便宜解釋ヲ加へ精細申諭文部省規則ニ隨ヒ學問普及致候様方法ヲ設可施行事

明治五年壬申七月　　太政官

愈々学制が発布され、近代教育制度を実施するに当って発せられた教育宣言は、最初に学校を設ける所以を明かにしたのである。即ち学校を設置するのは学問をなさしめ国民各個をして身を修め智を開き才芸を長ぜしめんが為である。而して人々をして身を修め智を開き才芸を長ぜしむるのは何故であろうか。それは各人をして学校に於いて授けられた学問を以ってその身を立て産を治め業を昌にし以ってその生を遂げしめんがためである。元来我々の生活を見るに日用常行言語書算を初めとし士農工商の仕事や百工技芸より法律政治天文医学等に至るまで、凡そ人間の営むところのことは学問なくしてはあり得ないのである。従って人間がその才能によって勉励して学問に従事し而して後に初めて生活を修め、家産を興し、実業を興隆せしむることが出来るのである。従って学問は身を立つるの財本ともいうべきで、人たるものは誰であってもこの考えをもって学問せねばならない。この学問を修めなかったものは道路に迷い飢餓に陥り家を破り身を喪うの徒となるのである。来るべき時代の学校の意義と性格とを教育宣言の最初にかくの如く明示した。この学校観は近代教育思想によるもので実学思想の本領を極めて明瞭に表現している。学校はこれを修身、開智、長才芸のためであるとしたが、これを各個人の立身、治産、昌業と結び合せてその目的を指示したのである。立身繁栄のため、家産増殖産業交流のために人間は学問をなすべきで、学校に於ける勉学は「身を立つるの財本」なりとしたことは近代教育思想の基幹に拠るもので、それを極めて明確に指示したというべきである。

この教育宣言に於いては立身のための財本たる学問観を基礎として近世以来の学校と学問についての思想を批判している。即ち従来久しい以前より我が国には学校が設けられていたが、学校がここに明かにした如き正しい道を得ていない為に、人々は学校に入ってもその方向を誤ったり、或は学問とは武士以上のものが勉むべきものとして農工商婦女子は学問を必要としないとし、学問が何であるかをさえ弁えない有様であった。又士人以上で稀に学問するものであっても動もすれば学問は国家のためにするのであると徒らに高尚の考えにより、学問が身を立てるの基たることを知らないのである。従って学問をなしたものは詞章記誦の末に趨り、空理虚談の途に陥りその論ずるところは高尚であるがこれを身に行い事に施すことは出来ない。これは沿襲の習弊であって為めに文明普ねからず、才芸を長ずることが出来ず貧乏破産喪家の徒が多かった理由である。かくの如くであるから人間たるものは総べて学ばねばならず、学ぶものは学問の本義を誤るべきではないと説いている。これは近代的な実学教育思想によって近世の古典を主とした学問を批判したのであって、この学問観を主唱して国民各個に立身の財本たる教育を与えんとしたものである。実学思想による近代学の内容を高く評価するならば、和漢の古典学を学問とした近世学特に武士が一般教養とした学問の内容は総べて空理虚談と批判せられるであろう。特に維新以後の啓蒙期に於いてこの実学思想が提唱されたのであるから、古典学は高尚なれども事に施すことが出来ないとして破却せられたわけである。

太政官の布告は更にかかる古い学問の批判をなした後に文部省の建学方針について述べている。文部省はかかる近代学を内容とする学問を授ける為にこの度学制を発布したのであって、この学制によって学校が施設せられ、追々には教則も改正して布告し教育の基準を示すのであるから、今後は一般の人民華士族農工商婦女子に至るまで総べてのものがこの学校にあって勉学し、邑に不学の戸なく家に不学の人なからしめんことを期するものである。父兄たるものは宜しくこの意を体して愛育の情を厚くし其子弟をして必ず学に従事せしめなければならない。勿論高上の学を修めることは学ぶ者の才能によるのであるが、幼童の子弟は男女の別なく小学に学ぶべきで、若し学に就かないものがあるならば、それは父兄たるものの落度となるであろうと述べてある。尚お従来は学問を士人以上のこととし、国家の為にすと唱えて学費衣食の費用までこれを官に依頼してこれ等を給与しなければ学問しないと考えたがこれは誤った思想である。これからはかくの如き弊風を改め、人民は他事を抛ち自ら奮って学に従事せしむるよう心得さすべきである。かくの如く文部省の新しい方針がこの布告の中に提示されているのである。学制によって学校が施設せられた際にその基本となった実学思想が以上の如く述べられた跡を辿ると、学制の際に於ける太政官布告の教育宣言は極めて重大な意義をもつこととなる。我々はこれより学制の際の太政官布告が如何なる思想を背景として成立し、これが如何に展開して学制の性格を作りあげたかを明かにして実学思想の動向を究めたい。

明治五年学制発布の際の太政官布告は、前述した如く実学教育思想を根本としたものであって維新直後の皇道教育思想と比較するならば、著しい転換を示したものと言わねばならぬ。然らばかかる文教の基本思想はこの数年間に如何にして成立していたのであろうか。元来実学教育思想は維新後に於ける国民生活や文化の近代化に伴って現れて来たものであって、これと必然的に結びつき並行して発展したのである。我が国は明治維新以後に於いて欧米の近代文化と広い幅員をもって接触するに至ると、これが次第に一つの思潮として発展したものであって、これこそ近代教育の構成を促進せしむる基礎となった教育思想である。明治五年の学制が近代主義による学校制度を確立しこれを実施するに当って、学校思想の根柢を実学へ求めたことは当然な動向と言わねばならない。

学制の起草に当った学者や教育行政家が多く洋学の教養をもった人々であることは既に学制取調掛の性格を検討した際に述べた如くであって、これ等の人々は実学教育思想を基本として常に学校の諸問題を処理し、以ってこれを制度化する立案に当っていたのである。これ等の人々は文部省内にあって文教の方針を決定する際に幕末にあって既に現れていた近代化への一般思想を基底とし、更に欧米に展開されていた第十九世紀の実学教育思想を摂取しもって基本原理としていたのである。この思想動向は当時の文化情勢よりして当然のことであるが、かかる学問、学校、教育に関する思想を展開せしむるに当っては、実学教育思想を啓蒙した学者の貢献によるものが少からず存していた。啓蒙思想家としてこれを代表するものは福澤諭吉の教育思想であったと見なければならない。福澤諭吉は文部省に直接関係はもたなかったのであるが、学制起草に際しては諸外国の教育事情に通じ、又慶応義塾を創始し教育家として立っていた当代随一の文化人福澤諭吉に諮問するところがあり、福澤諭吉もこれが起草に就いては特にその方策に関し指示するところが多かったと伝えられている。福澤諭吉は既に幕末より欧米を巡歴して彼地の教育事情を詳細に見聞し、外国に於ける学校教育の実情を機会ある毎に啓蒙し、これを新知識として伝えているが、彼の教育思想を普ねせしめ、全国に大きな影響を与えたものとしては、『學問ノスヽメ』を挙げなければならない。殊にこの書の初篇の内容は明治四年に演述したものであるが、これが非常な好評を博し、新しい時代の学問とは如何なるものであるかについて世人を啓蒙し新人の宝典として愛読されたことは特に注目せられなければならない。我々はこれと太政官布告の教育宣言とを比較して両者の間には著しい類似があり、その基本思想に於いては全く軌を一つにしていることを認めざるを得ないのである。『學問ノスヽメ』に基いて福澤諭吉の教育観を見るに、次の如く実学教育の提唱をなしている。

今廣く此人間世界を見渡すにかしこき人ありおろかなる人あり貧しきもあり富めるもあり貴人もあり下人もありて其有様雲と泥との相違あるに似たるは何ぞや其次第甚だ明なり實語教に人學ばざれば智なし智なき者は愚人なりとありされば賢人と愚人との別は學ぶと學ばざるとに由て出来るものなり。

右の如くして学問をなすか否かによって貴人となるか下人となるか、富者となるか貧者となるかが分れるものであるとしている。併しここに言う学問とは如何なる内容のものであるかについて説き日用に近き実学の意義及び内容を次の如くに述べている。

學問とは唯むづかしき字を知り解し難き古文を讀み和歌を樂み詩を作るなど世上に實のなき文學を云うにあらずこれ等の文學も自から人の心を悦ばしめ隨分調法なるものなれども古來世間の儒者和學者などの申すようさまであがめ貴むべきものにあらず古來漢學者に世帶持の上手なる者も少く和歌をよくして商賣に巧者なる町人も稀なりこれがため心ある町人百姓は其子の學問に出精するを見てやがて身代を持崩すならんとて親心に心配する者あり無理ならぬことなり畢竟其學問の實に遠くして日用の間に合わぬ證據なりされば今斯る實なき學問は先づ次にし專ら勤むべきは人間普通日用に近き實學なり譬えば、イロハ四十七文字を習い手紙の文言帳合の仕方算盤の稽古天秤の取扱等を心得尚又進て學ぶべき箇條は甚多し地理學とは日本國中は勿論世界萬國の風土道案内なり究理學とは天地萬物の性質を見て其働を知る學問なり歴史とは年代記のくわしきものにて萬國古今の有様を詮索する書物なり経済學とは一身一家の世帶より天下の世帶を説きたるものなり修身學とは身の行を修め人に交り此世を渡るべき天然の道理を述たるものなり是等の學問をするに何れも西洋の飜譯書を取調べ大抵の事は日本の假名にて用を便し或は年少にして才文ある者へは横文字をも讀ませ一科一學も實事を押へ其事に就き其物に従い近く物事の道理を求て今日の用を達すべきなり右は人間普通の實學にて人たる者は貴賤上下の區別なく皆悉くたしなむべき心得なれば此心得ありて後に士農工商各其分を盡し銘々の家業を營み身も獨立し家も獨立し天下國家も獨立すべきなり。

この実学を提唱する思想は太政官布告の中の思想と全く同一であって、表現に用いられた文言にも符節を合すると見られる所が少くないのである。この実学の思想に拠ると従来の学問の内容はこれを批判せざるを得なくなるのであって、二編の端書に次の如く述べている。

學問には文字を知ること必用なれども古来世の人の思う如く唯文字を讀むのみを以て學問とするは大なる心得違なり文字は學問をするための道具にて譬えば家を建るに槌鋸の入用なるが如し槌鋸は普請に欠く可らざる道具なれどもその道具の名を知るのみにて家を建ることを知らざる者はこれを大工と云う可らず正しくこの譯にて文字を讀むことのみを知て物事の道理を辨えざる者はこれを學者と云う可らず所謂論語よみの論語知らずとは即ち是なり我邦の古事記は諳誦すれども今日の米の相場を知らざる者はこれを世帯の學問に暗き男と云う可し経書史類の奥義には達したれども商賣の法を心得て正しく取引きを爲すこと能わざる者はこれを帳合の學問に拙なき人と云う可し數年の辛苦を嘗め數百の執行金を費して洋學は成業したれども尚も一個私立の活計をなし得ざる者は時勢の學問に疎き人なり是等の人物は唯これを文字の問屋と云う可きのみ其功能は飯を喰う字引に異ならず國のためには無用の長物経済を妨る食客と云て可なり故に世帯も學問なり帳合も學問なり時勢を察するも亦學問なり何ぞ必ずしも和漢洋の書を讀むのみを以て學問と云うの理あらんや

福澤諭吉はかくの如くにして和漢洋の書を読むのみでは学問たりえないことを指摘し、学問の内容については、実学教育思想を述べこれが啓蒙の役割を果したのである。『學問ノスヽメ』が版を重ねたことは言う迄もなく各地方に於いてこれを復刻して広く読ましめたのである。かかる教育観の啓蒙が進められているところへ学制が発布され、政府の新しい教育方針として福澤諭吉の所説と同様なものが太政官布告として示され、これが全国に指示されたのであるから、両者相俟って実学教育思想を普及せしむるに役立ったこと極めて大であったと言わねばならない。この教育思想の普及によって国民が何故に教育を受け、学問に努めなければならないかの意義が改められる端を開いたのである。

各府県にあっては太政官布告の実学精神を管内に普及せしめ、児童の就学を訓諭することに努めたのである。その際に太政官布告そのままに公布してこれが趣旨の徹底を計ったものがあり、或は布告文を解説して啓蒙に努めたものなどがあった。山梨県に於いては『學制解釋』なる小冊子を刊行して太政官布告の全文を分節して解釈し、管内に普ねく読ましめたのである。この書の序に、山梨県権令藤村紫朗の名をもって次の如くに就学の告諭を発している。

農人が田を作り米を得んとするには先苗代の時候を量り種蒔の始めよりして刈収めの終まで凡五ケ月の間は其丹誠骨折容易の事にあらず或は養水肥培の手當より時々の草取り穂に出れば猪鹿の防ぎ鳥雀の威しなど晝夜安き心もなく手間を盡し資本を入れ斯く千辛萬苦を積て始て成熟の米を収納するを得べし若し植捨にして培養に怠らばその米は實らずしていわゆる秕の外あるべからず秕は其質米なれども此を米というべからず果して然らば米の生るべき稲も尋常一様の草葉に等しとすこれ偏に培養の勤惰に因りて一は精良の米となり一は尋常の草葉に類す抑人の教育も此理と同じ人は天與の美質を固有し磨けば磨くほど智慧を長じ上は國家を治る人ともなり下は一身を修め家を興し名を揚げて其俊才と世に呼ばるヽ人にも成るもの也若是を生れたる儘に打すて置き更に教育を加えざれば物の道理も辨えず人の人たる行

いも知らず容貌は人にして人に非らざるに等し是即培養に怠れば米の生るべき稲にして米の實らざるも同じ理なり今や朝廷天下に學制を布き給い邑に不學の戸なく家に無識の人なからしめんとす是他なし海内の人民をして智慧を開達せしめ身を修め家を斉へ人の人たる道を行いおの〳〵其處を得て安穏に生を營ましめんと圖らせ給う無量の仁慈豈感戴せざるべけんや然るに世間の人此意を解せず幼児あれば活花煎茶歌舞絲竹の技藝を教えて眞の教育と誤り或は眼前の愛に溺れ幼児をして膝下を離れしめず又は学資を厭いて子弟の成立を思わざるものあり如斯にして父兄の愛情其れ何くにあるや希くは父兄たるもの此意を會得し朝廷至仁の大旨に背かず身を責て學費を資け姑息の愛を捨て學路の等級を踏ましめて子弟を成立し一家の榮え子孫の幸福を来さんこと管下一般の人民其れこれを思え

維新以後四民平等にて総べての人に勉学の必要を説き然かもその内容が近世の武家によって立てられた古典学にのみより得ないという点を小倉県の布告に於いて次の如くに述べている。

王政御一新萬機御開成以来曩に國守と唱え富貴灼々たる者も卑賎無限の穢多と稱する者も彼我同一の權を得せしむ尚華士族卒農工商の名あれ共其實は則一民同權の者なれば舊来の位階門閥に関せず知識才藝ある者を以て貴き人と云い不學無術なる者を以て卑き人と云う人々能此旨を體認して相競相勉各其思を遂げ其志を達せん事を要すべし蓋思を遂げ其志を達するは知識を開き才藝を長ずるに在り知識を開き才藝を長ずるは學問に非れば能わざるなり故に人たる者は各其通義を辨え幼より壮に及迄字を習い算を學び天文地理窮理経済修身等日用切近の書を讀にしくはなし蓋學問は身を立て産を治業を盛にするの基本にして一日も缺べからざる者也從来の學科亦之を非とせざるに非れ共取る所の者は全く漢土の経義文章のみにして要するに文字句讀の間に精神を勞し時日を費すに過ぎず之を身に行い事に施すに至ては却切用利益少きのみならず其妨害となる亦多く今日に在りては徒に迂遠の教具と云べし

明治六年二月の滋賀県の就学諭告に於いてはかくの如き日用に近い実学を学校で授けることは国民各個の職業に適う学問に努めしむることとなるのであって、人としての道もこれ以外には存するものではないとし、農には農の学問があり、商工には商工の学問が存することを指摘し、学問が如何に実生活に触れているかを啓蒙して、実学思想の普及につとめている。その論告文の一節に次の如く記されている。

凡ソ天地ノ間ニ生レ抑モ萬物ノ靈タルノ天爵ヲ有スレハ必ス其天恩ニ答ヘスンハアルヘカラス何ヲカ其天恩ニ答フト謂フ能ク其人タルノ道ヲ盡ス也何ヲカ能ク其人タルノ道ヲ盡スト謂フ各其職業ヲ勉勵シ小ハ一身一家ノ事ヲ謀リ大ハ國家ノ公益世界ノ有用ヲ謀ルナリ而テ之ヲ爲ス皆其智識ヲ研キ其方法ヲ究メサレハ難シ其智識ヲ研キ其方法ヲ究ハムルハ則チ學問ニアルナリ自古和漢此民ヲ教ユル必ス此道ヲ以テス恐レ多クモ本朝歴帝ノ遺法漢土聖賢ノ教ニ就テ考フレハ其古ノ教ノ人事世態ニ切ニシテ其天地ノ化育ヲ助クルノ至大ナル歴々觀ルヘシ然ルニ後世ニ至リ腐儒迂生出テテ漫ニ高尚迂遠ノ説ヲ附會シ或ハ文華ノ流幣ニ陥リ徒ラニ詩ヲ賦シ文ヲ作ル等ノ事ヲ是務メ世ニ向テ傲然則チ曰是學問ノ道也聖賢ノ教也ト甚シキ哉歴帝ノ遺法聖賢ノ教ニ背ク也所謂學問ハ則チ然ラス人間必用タル衣食住ヲ離レサルモノニシテ一端ヲ擧テ之ヲ謂ヘハ農ハ農事ノ學問工ハ工業ノ學問商ハ商法ノ學問ト謂フカ如ク各其職業ニ就テ必ス其學問アリ則チ彼ノ智識ヲ研キ方法ヲ究メ一身一家ノ事ヨリ國家ノ公益世界ノ有用ヲ謀ルノ大事業ヲ起シ遂ニ萬世ニ美名ヲ揚ルニ至ル也

以上の如き学制発布の際の論告文は各府県に於いて公布せられ、その地方に太政官布告による教育観を普及せしめたのである。実学思想運動はかくの如くにして新制度の実施を機会とし全国的な思想啓蒙運動として展開された。殊に学制発布後新制の学校へ入学することを極力勧奨したのであるから、この新学校の教育の実情と連関して実学思想は大きな力を扶植するに至ったのである。近代的な学校観とこれを発展せしめた教育思想とはかくの如くにして明治五年より第一歩を印したのである。

四　学制による教育制度とその根本方針

学制は大中小学区之事、学校之事、教員之事、生徒試業之事、海外留学生規則之事、学資之事の六つの篇から成っている。後に二篇が追加されたが、学制によって実現さるべき学校制度の概要を窺う為には先ずこれ等の諸条章を辿らなければならない。

先ず学校系統に就いては大学、中学、小学の三段階を設けた。これを国民全般に解放したのであって、小学には該当年齢にある総ての児童を収容することとし、この中から中学に進むものが出来、更に大学に進学するものを選び出す組織となっている。この三段階は学校の基本体制を決定するものであって、これと並列させて各種の学校を設置する方針であった。小学校はこれを六種類に区別してそれぞれに特色を持たせることとし、中学校の他に中学私塾、変則中学等を挙げている。中学校と同じ段階を占めるものとして諸民学校、農業学校、通弁学校、商業学校、工業学校等を挙げている。大学に関してはこれを高尚な諸学を教える専門の学校となし四分科制を採用することとし、これを高等教育の本体としている。更に高等教育に準ずるものとして専門の諸学校が計画され、これが明治六年四月学制二篇として追加せられた。それ等の中には獣医学校、商業学校、農業学校、工業学校、鉱山学校、理学校、医学校、法学校等が挙げられている。これ等は高等な専門の教育を施す機関として大学と並列されて高等教育機関の一部をなすべきものと考えられる。その他教員養成機関としての師範学校の規定も簡単に挙げられている。

学制に於ける方針によるとこのような学校の制度を速かに実施するため学区制を採用している。即ち全国を大学区中学区小学区に区分して、それぞれに一所宛の学校を設けることを規定したのであって、最初の計画によると全国を八大学区に分ち、その中に二百五十六中学区、五万三千七百六十の小学区が設けられることとなっていた。この学区は学校設置の基本区画を構成したばかりでなく文教行政の単位ともなっていたのである。即ち大学区には督学局が設けられ大学区の学政の実際を監督したものであって、これを今日から見るならば地方教育局とも称すべきものであった。各中学区には学区取締が任命せられて小学区二十又は三十を分担してこれを統轄指導することとしていた。かくの如く学校行政の総てが学区を単位として行われていたのであるから、当時文教行政に於いて大学区の占めた位置は極めて高かったといわなければならない。この学区制が実施されてから急速に小学校の開設を見るに至ったのは、各小学区内には必ず小学校一校が設立されなければならないということを要求したからであって、江戸時代から存在していた古い形の学校を新しい方針によって編成し直す為にはこれが正に適切な制度であったといわなければならない。

教員に関してはその資格を簡単に定めたに過ぎないのであるが、それは新制度の学校に於ける教師の程度を明かにしたものとして注目すべきである。小学校教員は年齢二十歳以上で師範学校卒業の免状或は中学卒業の免状を持っているものとし、中学校教員は年齢二十五歳以上で大学卒業の免状を得たものとし、大学校教員は学士の称号を得たものであるとした。この三段階の規定が教員資格の標準となったのであって、当時は各段階の学校が整っていなかったので直ちにこれを実施することは出来なかったけれども、かくの如き段階を置いたということはこれから後の教員養成及びその編成に関する問題に影響するところが少くなかったのである。

生徒の試験に関しては特に規定を設けこれを重要視している。生徒は必ず所定の等級を踏まなければならないとし、このためには試験を経て進級することとなっている。小学、中学等の課業を終った際には大試験を施行し学事関係の官員がこれに臨席して厳格なる判定を行うこととした。その成績によっては優秀なる生徒に学資を貸費すること等も定め、試験法による生徒の取扱を非常に厳格にしたのである。学校教育費については官金即ち国庫補助金や授業料等について規定しそれ等の用途を明かにしている。

かくの如き学校制度に関する基本方針をもって学制の各条章が整えられているのである。学制が学校制度実施に関する詳細な規則を具えたことは、教育史上に正しく時期を画するものと言わなければならない。明治五年以後に於いては全国の学校が著しく変化し、新しい教育の組織が成立するようになったことは、総て学制に於けるこれ等の諸規程に基いて改革が断行せられたことによるものと言わねばならない。

学制は学校制度全般に関する規定をしたものであるがそのままの形のものが直ちに実現するということは当時の事情からしてあり得ないのである。この点に就いては学制発布当時から実施に着手すべき際の基本順序とその方針を建てていることからも事情を窺うことが出来る。明治五年六月二十四日の指令によって将来の事情を考慮し学制発布後直ちに着手すべき実施の順序を次の九ヶ条として掲げている。

一、厚ク力ヲ小学校ニ可用事
二、速ニ師表学校ヲ興スヘキ事
三、一般ノ女子男子ト均シク教育ヲ被ラシムヘキ事
四、各大学区中漸次中学ヲ設クヘキ事
五、生徒階級ヲ踏ム極メテ嚴ナラシムヘキ事
六、生徒成業ノ規アルモノハ務テ其大成ヲ期セシムヘキ事
七、商法学校一二所ヲ興ス事
八、凡諸学校ヲ設クルニ新築營繕ノ如キハ務テ完全ナルヲ期ス事

九、反譯ノ事業ヲ急ニスル事

右の着手順序の中には当面学制実施にあたって考慮すべきあらゆることが包含されているが、吾々は如何なる学校に主力を注ごうとしていたかということをこれ等の条項から明かにすることが出来る。学校としては小学校を設置することを第一に掲げ、この機関を普及せしめなかったならば教育制度の基礎が立たず、従ってこの上に位置する諸学校を発展せしめることが出来ないと考えていた。「厚ク力ヲ小学校ニ可用事」の説明文として次の如くに記されている。

夫レ人ノ學業始メアルニ非サレハ善ク終リアル鮮シタトヘハ高キニ登ルカ如シ若シ初階ヲ不経マサニイツクヨリユカントスサレハ老成ノ練熟ハ少壮ノ研業ニアリ壮盛ノ進達ハ幼時ノ習學ニ基ク是文明ノ各国ニ於テ小學ノ設盛大隆壮ナルユヱンナリ皇邦従来ノ風凡ソ人八九歳若シクハ十二三歳ヲ過ク尚學問ノ何物タルヲ不辨漸ク長スルニ及ンテ其營生ニ汲汲タリトイヘトモ素ヨリ天然ノ良智ヲ其以テ可進達ノ時ニ棄テシメタルヲ以テ志行賎劣求ムル所モ亦隨テ得事不能流離落魄自ラ活スル不能者不可勝數タマタマ學フモノハ之ヲ其可學ノ時ニ不學ヲ以テ其基礎已ニ不立タトヘハ無檣舟ノ如シ至ル所繋留シ其學遂ニ上達スル不能コト多シ然ハ則世ノ文明ヲ期シ人ノ才藝ヲ待ツ之ヲ小學ノ教ノ能ク廣普完整スルニ求ムルニアルノミ故ニ力ヲ小學ニ用ユルコト當今着手第一ノ務トス

事実学制発布後明治十年代にかけての文教施策の大部分は小学校に集中せられたのであって、他の学校制度に関してはこれを小学校が整備せられた後にするという方針であったのである。この点については着手の順序中に「各大学区中漸次中学ヲ設クヘキ事」との条項が示されていることによって明白である。中学校は学制規定に於いては全国に二百五十六校設置せられる計画であったが、これは漸次設置するという方策であって急速に中等程度の教育機関を完成しようとはしていなかった方針が推定せられる。その中学校もこの条項の説明によると大学区中に先ず一二の学校を興してここに於いて生徒を教育し次第にその学校数を増加する計画であったことが見えている。又商法学校を設置することが着手の順序に特に挙げられているがこれは恐らく中等程度の教育機関として設置しようと計画したものと推測される。然るにこの商法学校は僅かに一二所を興すと記されているのであって、学制中に掲げられた商業学校であってもこれを多数設置するが如き計画ではなかったのである。これ等の諸事情を通覧するならば学制発布の際の学校制度整備の方策はその殆ど総てが初等教育に限られていて、これを数年の間充実してその卒業者が輩出するに至ってから漸次中等教育機関の整備に務め、更に中等教育を完了した者が多数輩出する頃に至って高等教育機関に力を注ぐ計画であったことが明白である。大学校の如きは全国に八校設置される計画であったが、明治十年に至って初めて東京大学唯一校を設立し得た有様であって、各大学区に於ける大学校設置問題の如きは、全然考慮の外に置かれていたのである。吾々はかくの如き学校制度実施の方策を見て明治維新直後の新政府の方策が大学から着手したのとは反対であって、先ず初等教育に注目し、ここから着手して近代学校制度樹立の本道を正しく踏んでいたことを特に興味深く見るのである。学校は下から築き上げられて、次第にその上の段階に発展させられなければならないという基本原則がそのまま実現されているのである。

小学校の設置と連関して着手順序の第二に掲げられたのは「速ニ師表学校ヲ興ス事」である。小学校の教育を完成しようとするならばこれを不可分の関係にある教員養成の問題が当然伴われて来ることとなる。これは近代学校制度を実施する為には当然のことであって着手順序の説明文の中に「速ニ師表学校ヲ興シ小学教員ヲ植成」することが「是當今着手第一中ノ尤急務トス」と記していることによって窺われる。かくの如き方針に基いて既に学制発布以前から東京に師範学校設置のことが決定せられて居て、学制が発布せられるや直ちに全国から教職員をここに集めて師範教育を開始した。引き続いて各大学区に官立師範学校を設置し区内の府県師範学校の中心機関たらしめんとした方策等を見ると師範学校の教育を充実することは小学校と並んで特に重大視されていたことが知られるのである。

以上の如く学制実施に関する文部省の方針は学区制に基いて小学校を設置することを先ず第一の任務となし、これに連関して師範教育の整備を求めていたものである。中学校教員の如きは一大学区内に一二校、商業学校は全国に一二所を設置するが如き方策をもって中等教育機関の問題を見ていたのであって、中学区、大学区の制度に基いて学制の条文にかなった中等教育、高等教育の整備をなすが如きは事実に於いて未だ何等の方策も立て得なかったのである。従って学制実施に当っては中等教育の為の諸学校、高等教育の為の専門学校等は将来学制が完全に実施せられるに至る際の試みとして数校の設置を承認する程度以上のものではなかったのである。

学制の中に於いて規定せられた学校の制度は、明治維新以来新政府が実施しようとして来た諸計画を大成してこれを整った形に仕上げたものである。この際に未だ制度の上で充分に解決することの出来なかった問題を一挙にして決定したことも少くないのであって、学制が如何なる基本精神に基いてその制度を定めたかは特に検討しなければならないことである。学制に於ける教員制度の根本方針として最も重大なことは、従来の新政府の教育方策中に残存していた二重系統の学校組織を承認する考えを完全に捨てたことである。即ち学校はこれを小学、中学、大学の三段階に分って組織し、これを全国民に対して一様に解放してもって単一化された学校体制を実施せんとしたのである。この方針は太政官の布告の中に既に明確に現われており、「自今以後一般の人民」は必ず学校に入学すべきものであるとし「必ず邑に不学の戸なく家に不学の人なからしめん事を期す」と宣言したのであるが、その際一般の人民とは如何なるものを指すかについて特に註釈を施している。即ち「華士族農工商及婦女子」として華族より農工商に至る迄総ての人に対して一様に教育が施されるということを制度の土台としたのである。又この布告文の中に「高上の学に至ては其人の才能に任かすと雖とも幼童の子弟は男女の別なく小学に従事」せしめなければならないとしていて、特に小学校に於ける教育の根本精神が国民全部に対して一様に課せらるべきものであることを明確にしているのである。小学校以上の学校教育に関しては才能に任すとして選択の可能性を明かにしたが、その際に小学校を卒業したものは総て一様に上級の学校に進学すべき機会を持つものであることを示している。

従来の学校教育に対する一般の考えは学問をなすものは士分以上のものとなっており一般人は必ずしも組織ある教育の機関内に於いて学ばなければならないとは考えられていなかった。寺子屋、家塾の如きものは一般人の為に設けられていたけれども、ここに通学すべきや否はまったく自由であって何等拘束を受けることはなかったのである。かかる学校に対する考え方を改めるということも学制当時に於ける根本方針の一つであって布告の中に「自今以後此等の弊を改め一般の人民他事を抛ち自ら奮て必ず学に従事せしむべき様心得へき事」として学校入学に関する強制力を発揮しようとしたのである。若し学制発布後であっても従来の如き学校観をもって子弟を取扱っていたならば、新制度の学校に入学するものとせざるものとに二分されて、結局新しい制度は国民全般に解放せられたこととならずして、近代的な学校の成立が危まれることとなるのである。この為に小学校には総ての子弟が必ず入学しなければならぬという近代学校制度に欠くべからざる基本方針の表明が確然として宣示されたのである。

それ等の事情を通覧すると学制に於ける学校制度の根本方針は国民のあらゆる階層に対して、単一系統の学校を用意するという考えに於いて徹したのであって、この点を何処迄もその言葉の如くに実現した結果として今日の如き進歩した学校体制をもつことが出来たのである。今日欧米の文明諸国に於ける学校体制に関する方針を見るに、その総べてが我国の如く単一系統の学校を全国民に対し一様に解放することとなっているとは見られないのである。諸国に於いて統一学校運動が論議されている有様こそ、近世初頭以来築かれて来た指導者の為の学校と国民大衆の為の学校との対立相剋を解決し得ないでいることを示すものである。我国は既に千八百七十年代に於いて斯くの如き進歩した学校制度を実現し得たということは、その頃に於ける各国の教育行政と比較して驚くべき改革の事実と見なければならない。既に述べた如く江戸時代以来武士の為の学校と庶民の為の学校とは別途に構成されてきたが、明治維新後はこれを一つに合せて組織することが出来たことに於いて、学制のもつ独特な意義を高く評価しなければならない。

五　小学校制度の実施

明治五年八月に公布された学制は、学区・学校・教員・試業・海外留学生・学資の六項に関する条項よりなっているが、そのうち主要な部分を占めているのは小学校に関する諸条項である。当時は小学校に関する施設を如何にすべきかが先決すべき中心問題であった為に、小学校に関する規程が特に詳細で、教育の諸方策がここに集中されていた。先ず学制に於いて小学校の制度を如何に規定したかを明かにし、それが如何に実施せられるに至ったかを述べ、明治十年前後に於ける教育近代化の実情を究めよう。

学制の規程に於いては小学校の基本構成を次の如くに指示している。

学制第二十七章によると尋常小学はこれを上下二等に分ち、この二等は男女共必ず卒業すべきものとして居り、下等、上等の教科を掲げた後下等小学は六歳より九歳まで、上等小学は十歳より十三歳までに卒業せしめるを法則とする旨を示している。右の規程によって小学校に於いては六歳から八ヶ年の修行年限を要求したものであることは明瞭である。八ヶ年を以って初等教育を完了する方針は現在の国民学校の制度に至るまで一貫しているのであって、初等教育機関が全教育組織の中に占める位置は既に学制に於いて定まっていたと解釈せねばならない。更にこの小学校を経たものが中学へ進学し、この中から選ばれたものが大学に進むのが当時の制度であったから、小学校は全学校制度の初級をなす学校であることも明かにされていたと言わねばならない。

次に教科の方面から「学制」に示された小学校の程度を見ると、学制第二十七章に述べられた教科の規程によってこれを窺うことが出来る。小学校八ヶ年の課程中最初の四ヶ年は下等小学であって、ここでは学科もより基本的なものを授けることとなっている。綴字、習字、単語、会話、読本、修身、書牘、文法、算術、養生法、地学大意、窮理学大意、体術、唱歌の十四教科が掲げられている。上等小学は下等小学の上に更に程度の高い諸学科を授けることとなっていたのであって、史学大意、幾何学大意、罫画大意、博物学大意、化学大意、生理学大意の六科が加えられ、更に土地の事情により学科を拡張するため外国語の一二、記簿法、図画、政体大意の四科を斟酌して教えてもよいとしている。尤もこの小学校の教科については明治五年の九月八日に小学教則を制定して毎週に於ける各教科の授業時数を明かにし、各科の内容を詳細に指示してあるので、これによって如何なる程度の教育を要求したかを知ることが出来る。これ等の学科課程の構成は欧米の近代教育機関の学科構成を参照したことは言う迄もないのであって、十九世紀後半から授けられるに至った初等教育のための諸内容がその中に盛られていることが認められる。若しこの「学制」に示された教科内容がそのまま小学校教育に実施せられたならば、寺子屋に於けるそれとは著しく異った学科課程が成立するに至った筈である。

次に小学校の種類はこれを六種に区分し、その各々について規定している。その中尋常小学は小学校制度の本体をなすものとして規定されている。従ってこれについては「学制」の各条項に於いて詳細にその内容及び運営の規程を掲げている。次に尋常小学の教科の他に、特に女子の手芸を教えるものとして女子小学を挙げている。又尋常小学の教科を少しく省略して僻遠の村落農民に適合せしむるか又はその年齢既に長じたものに生業の余暇を利用して教うる学校として村落小学を設けることとした。貧人子弟を入学させるためには寄附金によって立てられる貧人小学を計画し、私宅に於いて小学校の免状をもつものが教育を施すときはこれを小学私塾とし、又男女の子弟六歳までのものに小学に入る前の端緒を教うる施設として幼稚小学を計画している。これが小学校の種類に関する規程であって、その中尋常小学が基本となり、小学校と云えば普通はこれを指したことは云う迄もない。女子小学以下の特殊な小学校は総べて尋常小学に準ずることとなって居り事実上成立しなかったが、かかる多種の小学校を設置して様々な事情の下にある児童を総べて入学させ速かに開明の域に達せしめんとした政府の意図がこれによっても窺われる。尤も幼稚小学は後に幼稚園として施設せられるに至ったものである。この幼児保育施設を小学の一種として「学制」の中に規定したことは、政府が幼児教育施設の必要をその当時から正しく承認していたものと見られる。

小学校は義務教育機関として全国民に対して施設せられるに至ったのであるが「学制」の条章中には厳密な就学義務の規程を見ることが出来ない。唯就学の必要あることを要求した程度であるが、これを次第に厳格に規定して義務教育制度を確立したのである。学制発布の際の太政官被仰出書の中に「其子弟をして必ず學に従事せしめさるへからさるものなり」及びその下に附けた註に「高上の學に至ては其人の財能に任かすといへとも幼童の子弟は男女の別なく小學に従事せしめさるものは其父兄の越度たるへき事」と記しているのは、「必す邑に不學の戸なく家に不學の人なからしめん事を期す」という教育に対する要望から現れたものであって、厳密に義務就学を宣言したとは見ることが出来ない。そのことは小学校は「必ス學ハスンハアルヘカラサルモノトス」とか、「男女共必ス卒業スヘキモノトス」と学制の条章に記されている程度でこれ以上のものが見出し得ないことによっても明かである。斯様に就学の義務に関しては非常に力の弱い条項しか見出すことは出来ないのであるが、小学校の教育は必ず卒業すべきものであると要望したのであるから、八ヶ年の教育が国民全般にとって必要であるということは学制発布の際に既に決定せられていたと解すべきである。然らばこの方針を如何にして実施するかについては別個の工夫を要するのであって、先ず義務教育として就学を強制する年限を明確に規定し、これを次第に延長する方法をとらなければならないことは当然である。この点については明治十年代の文教方針に於いて就学年限を厳密に規定するに至ったのを見るのであるが、これが国民生活の進展と共に次第に拡充せられ、今日に於いては国民学校八ヶ年の教育を義務とする制度に到達したわけである。従って国民学校八ヶ年を義務とする教育制度は明治五年の学制に於いて一般的に要望されていたものが、七十年後に至って完全な形に於いて制度上実現せられることとなったと言うべきである。

小学校の設置が学区制に基いて計画せられたことは頗る重大な文教方策として注目せられなければならない。学制条章の最初に「大中小學區ノ事」として学区制による施設の方策が記されている。即ち八大学区、二百五十六中学区、五万三千七百六十小学区を全国に設ける計画がそれであって、特に小学区はこの学区制の基礎をなすものとして重要視せられたことが窺われる。小学区には小学校一所を置く方針であって、この制度に依って全国に五万三千七百六十の小学校が設置せられることとなったのである。今学制発布以前に於ける我が国初等教育機関の状況を概観するに、既に述べた如く学制実施以前に於いても既に新時代の構想に基く新しい小学校が現れてはいたが、これは極めて少数であった。初等教育の大部分は近世以来の寺子屋であって、これが全国の町村や部落に相当設置されていたのである。恐らくこの学区制に基く小学校の設置計画による小学校数よりも多数の寺子屋が存在していたろうと推測することが出来る。従って五万三千余の小学校の設置を計画したということは決して甚だしく厖大な計画ではなかったと考えねばならない。後に述べるように実際に設立を見た小学校は企画の約半数であったが、学区制度を実施し、小学校を全国に設置せんとするに当って相当精密な計画に基いてこれを進めたものであることが知られる。当時の状況に依ると学区制に基いて小学校の設置をなすことは急速に近代学校の制度を整えるために差し迫って必要なことであって、これを以って初めて近代学校制度実施の土台が出来たと見てよい。若し小学校設置のことを漠然と指示するに止ったならば学制発布後僅か三年にして二万五千余の小学校の設立を見ることは不可能であろう。今日国民学校の総数が二万五千余に止っていることは土地の状況からして内地に於いて必要とする初等教育機関の総数が既に学制実施の初めから設定されていたことを示しているのである。小学校を設立して初等教育機関の創設をなす際に学区制に基く立案をなしたことが如何に重大な意味を持ったかはこれによっても窺うことが出来るのである。

学区制は右に述べたように単に大学、中学、小学を設置するために必要であるのみではなく、これが文教行政の単位を形成することとなっている点に於いて独自の意味を持っている。先ず各大学区に督学局を設けこれを地方文教行政の中心となし、全国を八つの文教区画として取扱う方針であった。督学局には督学が置かれ本省の意向に従って事に当り同時に地方官と協力して大学区内の学校を監督するのであって、区内学校の教則の得失、生徒の進否を検査する等学校運用上の諸問題はすべてここに於いて総括する制度となっている。督学の下には学区取締が置かれてあり、これは一中学区内に十名乃至十二三名であって、学区取締一名は小学区二十乃至三十を分担し、専ら区内人民を勧誘して就学を奨励し、学校の設立及び運用、或はそのために必要な費用を整えるなど受持小学区内の学務一切に当らしめた。更に一中学区内に於ける学務も相議することに依て学事の進歩に勉めしむることとした。かくの如き学区取締にはその土地居住の名望の士を選んで地方官がこれを任命することとなっている。我々は現在地方の文教行政が各地域の実情に基いて独特な形を以って進められることが緊要であるとして、大区画による地方文教機関設置の必要を耳にする。然るに学区制はかくの如き地方文教行政の基礎ともなっているのであって、今日に於いてもこれが持っていた意義を充分に検討すべきである。

学制では「學費ノ事」として規定された数条章が教育費に関する基本方針を示している。小学校の経費に関しては、これを設立し運用する費用は小学区がその責に任ずべきものとして居り、一小学区が区内に於ける小学校生徒を教育し得るだけの費用はすべて負担することを原則としている。但し一方では官金をもって学事の補助をするのであって小学校に関しては学区を助ける費用として支給せられる。他方生徒の授業料を以って学校経費に宛てる計画もされていたので、学制九十四章は「小學校ニアリテハ一月五十銭ヲ相當トス外ニ二十五銭一等ヲ設ク」と規定している。当時としては相当高額の授業料を財源として求めたものと言えるが、然しこの規程は一概には行い得ないから各区の状態及び学校の事情によりその標準以下に定めてもよいとしている。かくの如き小学校経費に対する方針を見ると、小学校運用のための経費の大部分が学区内に於いて区内の人民から支弁せられる方針であることが見られるわけであって、子弟を教育するに必要な学校の費用は区内の人民が支弁すべきであるという原則を立てていたのである。この事は小学校費の支弁が地方人民の大きな負担となり、其の後暫らくは事ある毎に小学校の経費が各地方に於いて問題となったのである。なおこのために小学校教育の普及を求める地方人民の負担を軽減させるため国庫から補助金を下附させる方針をとっているのであるが、これに関しては第九十九章第百章に「小學依託金」としてその規則が掲げられている。小学校の経費を如何にして負担するかの問題は近代学校制度運用上極めて重要なことであって、この後方針は度々変化するけれども、学制に於いては大部分を学区内人民の負担とした所にその特色がある。

又国庫補助金のことも学制発布当時より依託金の制度として問題となっていたことを注目しなければならない。

文部省は明治五年の学制に示された初等教育についての基本方針に基いて急速に小学校制度の実施に着手することとなった。小学校が如何にして設置せられるに至ったかの実情を概観するに、驚くべき成果を認めざるを得ないのである。即ち明治八年に於いて二万四千三百二十五の小学校が成立し百九十二万六千百二十六人の生徒を入学せしめた。かくして小学校の創設が一段落したことを文部省第三年報に次の如く報告している。

> 明治八年各府縣學事概況ヲ按スルニ其方法ノ實施ニ顯ハルノ人民愈教育ノ貴重ナルヲ知了スルモノニ似タリ……八年ニ至テハ學校略備ハリ就學スヘキ者ハ既ニ就學シ然ラサル者ハ各般ノ情況アリテ就學シ易カラサルノ徒タルヲ以テナリ

その学校総数は今日の国民学校が総数と大差ないことを認め得るのである。かくすると僅か三年にして殆んど内地に於いて必要とする初等教育機関の数を既に整えたと見ることが出来よう。かく急速に小学校制度の成立を見たのは、先ず学制発布後文部省及び督学局が非常の努力を傾倒したことに依るのは言う迄もない。併し我々は単に小学校制度の実施方策を強化するのみでは決してかかる成果をあげ得ないと考える。かかる小学校制度が成立した背後には我が国に於ける文教の永い歴史が存しているのであって、その伝統の上に新しい制度を実現して初めてかかる小学校の驚くべき整備を見たのである。殊に近世に於いては我が国独自な学校教育の発展を見ていたのであって、それを基礎として初めて近代日本に相応しい学校制度を実現したのである。既に幕末に於いて全国に普及していた数万の寺子屋の殆んど全部が整理せられて新制度による小学校となったのであった。我々は寺子屋より小学校へという経路をたどることによって小学校制度実施の実情を窺うことが出来るのである。

学制発布後全国各府県が如何にして寺子屋を改造して小学校となしたかに就いては、当時とられた小学校設置の方針によってこれを窺うことが出来る。その方針には凡そ三種類あったと見られる。その第一は従来あった寺子屋、家塾其の他の学校を全廃して新しく小学校の設置を行ったもの、第二は寺子屋、私塾、諸学校をそのまま存置してこれとは別箇に公立小学校を設立し次第にその中に生徒を吸収し徐々に古い形の教育機関を整理する計画であったもの、第三は寺子屋、私塾、諸学校を学区制に基いて併合を行い、そのまゝこれを小学校に改造せんとしたものである。この中全国の状況を見ると第三の方針をとったものが最も多く、或府県の如きは従来あった寺子屋、私塾は今後すべてこれを小学校と称することと布達し、その殆んどすべてを直ちに新しい制度としての小学校としたものもあった。多くの場合は幾つかの寺子屋、私塾を集めて一小学校を構成し、従来の手習師匠を小学校訓導に任命し寺子を直ちに小学校生徒として再編成を完了したものもあったのである。かくして寺子屋より小学校への変革が二、三年の間に断行せられたことは極めて鮮かである。我が国の小学校制度は寺子屋を母胎としたものであって、それから生れ出でて新しい時代の施設となったものと断定することが出来る。若しかくの如き母胎がなくして全く新しく学校を創設するとしたならば僅か三年にして二万四千余の小学校を設置することは全く不可能に属すると言わねばならない。

学制発布後に於ける小学校が従来の寺子屋、私塾を改造して新装を整えたものであることは様々の点から考察することが出来る。明治八年文部省第三年報附録に載せられた二万六百九十二小学校が如何なる建物を校舎としていたかを調査してみると、その中実に八千二百五十七校即ち約四割は寺院を借用したもので、それに次いで六千七百九十四校即ち総数の約三分の一は民家を使用して小学校としたものである。この様に寺院、民家を借用したものが七割以上を占めていたことは当時の小学校がその建物より見て江戸時代以来の寺子屋から相隔ること余り遠くない事実を示しているのである。又生徒数、教員数の上から見ても当時の小学校の実情を窺い得るのであって、明治八年の全国公立小学校一覧表によると一小学校の生徒数は平均約六十人であって、教員数は一学校一教員のものが一万二千五百五十一校で総数の約五割八分を占めている。一学校一教員より三教員までのものが全体の九割までであったことを見ると、大部分のものが一教員或は二教員で生徒数四、五十人の小学校であったということは、これ等が寺子屋と殆んど差異のない構成であったことを示すものである。斯様な全国の事情を概観する寺子屋と大差ない構成の機関を直ちに新制度の小学校と称したと見るべきである。其後になって次第に小学校校舎の新築が進められ、就学する生徒の数も増加し、各地に設けられた小学校教員伝習所が整備せられるにつれて教員の資質も改良せられ、近代化された初等教育施設へと進展して行ったのである。明治十年以後になると寺子屋時代の教育が次第に改められ、所謂小学校教育への移行が著しく進められたことを認め得るのである。

小学校制度を実施しその教育を寺子屋の段階から飛躍させ近代学校の形をとらしめる為には、教育内容の改善が重大な問題であった。寺子屋から小学校への転換はその外形もさることながら、事実は教材及び教授の方法が如何に異って来たかということにかかっている。これが新しい教育への進展を決定するものであって、文部省もこれに関しては非常な苦心を重ねたものであることが窺われる。学制の条章中には、小学校に於いて教授すべき学科に就いて規程が掲げられている。即ちこれが欧米に於ける学科課程を参照して作製したものであることはその名称を一覧しても容易に窺うことが出来る。然るに新しい学科課程を実施するに就いては学科名を学制中に列挙したばかりでは充分でないので、引き続いて明治五年八月小学教則を公布してその取扱を規定した。小学教則は学制条章中の各学科を如何なる教科書に依って如何に教授すべきかを指示したもので、新しい制度の小学校に於ける教育内容の編成には重要な規準となるべき筈であった。然るにこの小学教則も全く新しい近代学校に於ける学科課程を基本として述べたものであるため、当時漸く寺子屋から移り変ったに過ぎない小学校に於いては到底実施し得べきものではなかった。それは従来の寺子屋に於ける教科内容とは余りにも甚しい距離があって、一挙にしてかかる近代学科課程に到達することが困難であった為である。結局学制に於ける学科に関する規程や小学教則に於ける内容の編成は、新しい小学校教育は如何なる教科内容を授くべきものであるかをとりあえず指示したに止り、当時としては結局は空文に終らざるを得なかった。

小学校の学科課程を当時の実情に即して編成するためには机上の計画では不適当であることを明かにしたので、明治五年五月東京に創設された師範学校に命じて新しい小学教則の編成をなさしむることとなったのである。当時師範学校内には全国の諸学校から実際教育に経験のある教師が参集し、新時代に於ける小学校の経営につき熱意を以って研究に当っていたのである。当時師範学校に於いてはアメリカ人スコットを招聘して小学校教育の近代的な方法を実地に指導せしめていた。この指導者の下に於いて多くの教育者がその力を協せ、文部省の小学教則とは別に師範学校創定になる独自な『小學教則』の編成を完成したのである。この小学教則を『小學校則』『小學校教員心得』と共に明治六年五月附をもって印刷公表したのである。この教則によると、先ず学科目としては読物、算術、習字、書取、作文、問答、復読、体操の八科目を掲げたのであって、明治五年に公布された文部省の小学教則とは学科構成を著しく異にしている。この学科構成に於いて注目すべきことは、従来寺子屋に於いて発展していた読書算の三教科構成の伝統を尊重しながら、新しく展開せらるべき近代的学科構成への中間段階を置いたということである。即ち読物、算術、習字、書取、作文は所謂読み、書き、算盤の教科編成を新制度の小学校に合致する如く構成したものである。問答は近代教科の一部を構成すべき内容教科を総括したもので、その中には修身、歴史、地理、理科等が含まれていたのであって、これは問答に包括された教材によって窺うことが出来る。後になってこれ等が近代的な内容教科に分化するのであるが、これはその前段階をなしたものであるということが出来よう。今この教則を簡単にして示すと次の如くである。

下等小学教則

	読物	算術	習字	作文	書取	問答	復読	諸科復習	諳誦	体操
第一級	万国地誌略 巻ノ三 万国史略 巻ノ一二	小学算術書 巻ノ六	前級ノ如シ	前級ノ如シ		万国史略 博物図				
第二級	日本史略 巻ノ二 万国地誌略 巻ノ二 地図	小学算術書 巻ノ五	草書 手紙ノ文	容易キ手紙ノ文		日本史略 万国地誌略				
第三級	日本史略 巻ノ一 万国地誌略 巻ノ一 地図	小学算術書 巻ノ四	前級ノ如シ	前級ノ如シ		日本地誌略 日本史略				
第四級	小学読本 巻ノ五 日本地誌略 巻ノ二 地図	小学算術書 巻ノ三	草書	前級ノ如シ		前級ノ如シ				
第五級	小学読本 巻ノ四 日本地誌略 巻ノ一 地図	小学算術書 巻ノ二	前級ノ如シ	単語中ノ字ヲ題ニ与ヘテ綴ラシム		日本地誌略 地図 地球儀				
第六級	小学読本 巻ノ三 地球儀	小学算術書 巻ノ一	前級ノ如シ		小学読本	形体線度図 地球儀				
第七級	小学読本 巻ノ一二	算用数学図	習字本楷書		単語	色ノ図				
第八級	五十音図独音図 単語図第一ヨリ第八迄連語図 第一ヨリ第八迄 小学読本巻ノ一	算用数字図	習字本仮名		五十音、単語ノ文字ヲ仮名ニテ綴ラシム	単語図				体操図

上等小学教則

	読物	算術	習字	論講	諳記	作文	罫画	諸科復習	体操
第一級	物理階梯巻ノ三 化学説略 博物誌巻ノ一二三 国体論略	開立法 対数用法				前級ノ如シ	地図		
第二級	万国略史巻ノ三四五 物理階梯巻ノ一二	累乗開法				前級ノ如シ	直線体 弧線体		
第三級	修身論巻ノ三 日本略史巻ノ四五 万国略史巻ノ一二	幾何 級数				前級ノ如シ	直線 弧線 平面		
第四級	修身論巻ノ二 日本略史巻ノ一二三	利息	前級ノ如シ			前級ノ如シ			
第五級	万国地理書巻ノ三四五 修身論巻ノ一	按分 逓折比例	細字草書			前級ノ如シ			
第六級	日本地理書巻ノ五 万国地理書巻ノ一二	鏈比例 合率比例	細字行書			前級ノ如シ			
第七級	文法書巻ノ二 日本地理書巻ノ三四	転比例	前級ノ如シ			問題ヲ出シテ答ヲ文ニ綴ラシム			
第八級	文法書巻ノ一 日本地理書巻ノ一二	正比例	細字楷書			手紙ノ文			

文部省が師範学校に命じて創定せしめた小学教則は、実地の経験によって編成せられたものであったから、文部省ではこれを小学教則の基準とし、正定の教則などと称したのである。かくして明治五年公布された小学教則よりもむしろ師範学校創定のものを採用してこれを普及せしむる方針をとることとなった。各府県に於いては文部省のかかる方針を体し、管内に小学校教則の指示を行ったのであって、六、七、八年にかけて各府県が公布した小学教則の殆んどすべてが師範学校創定の教則に従って教科を定め教科用書の基準を示しているのを見る。他方師範学校に於いて教育法の伝習を受けた教育者が、各府県の師範学校に派遣されてその方法を管内の小学校教員に伝えたのである。その場合にすべて師範学校に於いて編まれた小学教則に基き新しい教科書を使用して伝習にあたった。かくして間もなくこの教則が全国に採用せられることとなった。明治十年文部省第五年報によって見ると「各府縣ニ於テ制定スル所ノ教則学規等ハ率ネミナ官立師範學校ニ準據シ且勉メテ之ヲ一軌ニ歸セシム」とあることによって知られる如く、全くこれに帰一したものと見ることが出来る。かくの如くにして学制発布後に於ける学科課程編成の基準が出来上ったのであって、これが寺子屋以来伝統されて来ていた教育内容を一変せしむるに至ったことは言うまでもない。

近世以来の寺子屋に於いては手習が教育の中心となって、殆んど大部分の時間はここに集中せられ、それに読物や算盤が加えられて教材が整えられていた。その場合教科書は全く師匠の方針で決定せられ必ずしも版本を持たせたのではなく、手習の如きは殆んどすべてが師匠の筆になった書き手本を与え、算盤の如きは別に教科書を使用することがなかった。然るに寺子屋より小学校へ移り変えると共に教材が一変したばかりでなく、国民教育の見地から如何なる小学校に於いても国家の方針に基いた教科書が一率に使用されなければならないと要望され、ここに小学校教科書出版という大きな仕事が成立した。

小学校に於いて使用せしむべき新教科書は文部省に於いて編纂に着手し、編輯の課員を任命して鋭意出版に努めたのである。間もなく編纂事業を師範学校に移し、実地の経験に基いて編成させることとした。師範学校に於いてはスコットを中心とし、多数の編纂員がこれに従事し、間もなく各科の新教科書が幾種類も出版せられ、各府県にはこれが翻刻を許可したので、統一した教科書が間もなくにして全国の小学校に普及することとなった。この新教科書は文明開化の呼び声が全国に普ねく行き亘ると共に、一般に新知識を提供する根源をなすものとして非常な歓迎を受けたのである。これ等の新しい教科書を読まなかったならば新時代人となることは出来ないと考えたのであるから、学校への普及も著しく、当時の木版による印刷能力を以てしては各学校の需要を容易に満し得ない有様であった。各府県の翻刻発売が一斉に開始せられて、先ずこれを管内の小学校に配布し、更に一般の需要にも応ぜしめたのである。かくして全国に於いて出版せられた小学校教科書の数は厖大なもので、到底精細にその数量を究め難い程であった。この教科書によって小学校教育が一新されたことは言うまでもなく、更に一般人に対する文化啓蒙としても大きな役割を果したものと言わなければならない。かくすると文部省が指導した小学教科書の編纂出版がもつ意義は注目すべきものがあったと言わねばならない。

六　師範教育の創始

文部省が設立せられ国民教育制度を実施するに当って、教員の養成を重視し、これに就いて早くより企画をなすに至ったのである。学制発布の際にはそれが具体化せられ教員養成機関を創設する計画となって示されている。学制実施に際しては文部省が着手順序を明かにした中に「速ニ師表學校ヲ興スヘキ事」の一項があり、その中に小学ノ教ノ能ク完全ナルヲ得ルユヱンノモノ小学校教則ノ能ク斉整スルニアリ小学教則ノ能ク斉整スルユヱンノモノ小学教師ノヨク教則ヲ維持シテ之ヲ教ユルノ正シキヲ得レハナリ夫レ師ノ生徒ニ於ル形ト影トノ如シ形不直シテ影直ナランヲ求ム不可得各國已ニ師表校ノ設ケアリ是小学教員ヲ植成シ以教則ヲ整全ナラシメンカ為也故ニ速ニ師表校ヲ興シ小学ノ教員ヲ植成シ順次四方ニ派出セシメ益以テ之ヲ増植シ其教規ヲ正シ以テ務テ小学ノ教員ヲ完齊セシメンヲ欲ス是當今著手第一中ノ尤急務トス

と述べられている。此の方針に基き師表学校を速かに設けて初等教育の基礎を築かんとしたのである。然るに教員の養成は新しい教育制度の実施に先だって着手せられねばならないと考えられ、明治五年四月二十二日文部省より小学教師教導場建立の伺を正院に提出し、「宜シク先ツ急ニ師表學校ヲ建立ス可」きことを述べている。この伺に対し同年五月十三日正院から許しがありここに東京に師範学校を設置することが決定せられた。学制発布前に師表学校創設の案が具体化されていることは、新しい国民教育制度を実施するに際し、師範教育制度が如何に重要な意味をもっているかを明かにするものであって、学制による教育企画に着手した最初が正しく師範学校であったのである。

明治五年五月文部省は東京に師範学校を創設し生徒を全国から募集して教員養成の中心たらしめようとした。当時は学制が発布せられる以前ではあり、小学校の制度も師範学校の制度も未だ如何なる組織となるかに就いては公にされていなかったのであるが、間もなく公布される学制を予想してその施設に着手したのである。其の際に生徒募集について文部省より発せられた布達文によって、新に設けらるべき師範学校の性格と組織が如何なるものであるかを概観することが出来る。その際の布達文を示せば左の如くである。

今般東京ニ於テ師範学校ヲ開キ候師範学校ハ小学ノ師範タルヘキモノヲ教導スル處ナリ全體人ノ学問ハ身ヲ保ツノ基礎ニシテ順序階級ヲ誤ラス才能藝ヲ成長スルニアリ依テ益々小学ヲ開キ人々ヲシテ務テ

学ニ就カシムルノ御趣旨ニ候處差向小学ノ師範タルヘキ人ヲ養ヒ候義第一之急務ニ有之且外國ニ於テモ師範教育所ノ設ケ有之ニヨリ其意ヲ取リ外國教師ヲ雇ヒ彼國小学ノ規則ヲ取テ新ニ我國小学課業ノ順序ヲ定メ彼ノ成法ニ因テ我教則ヲ立テ以テ他日小学師範ノ人ヲ得ント欲ス今立校ノ規則ヲ定ムル事左ノ如シ

一　外國人一人ヲ雇ヒ之ヲ教師トスル事

一　生徒二十四人ヲ入レ之ヲ師範学校生徒トスル事

一　別ニ生徒九十人ヲ入レ之ヲ師範学校付小学生徒トスル事

一　教師ト生徒ノ間通辨官一人ヲ置ク事

一　教師二十四人ノ生徒ニ教授スルハ一切外國小学ノ規則ヲ以テスル事

一　二十四人ノ生徒ハ九十人ノ小学生徒ヲ六組ニ分チ其一組ヲ四人ニテ受持チ外國教師ヨリ傳習スル處ノ法ニ因リ彼ノ「レッテル」ハ我ノ假名ニ直シ彼ノ「オールド」ハ我ノ單語ニ改メ其外習字會話口授講義等一切彼ノ成規ニ依リ我ノ教則ヲ斟酌シテ之ヲ小学生徒ニ授ク右授受ノ間ニ一種良善ナル我小学教則ヲ構成スヘキ事

一　生徒ハ和漢通例ノ書及ヒ粗算術ヲ学ヒ得テ年齢二十歳以上ノ者タルヘシ然レトモ成丈ケ壮者ヲ選ムヘキ事

一　生徒ハ都テ官費タルヘキ事
但試験ノ上入校差許ヘキ事
但二十四人ハ一ケ月金十圓宛九十人ハ一ケ月金八圓宛ノ事

一　生徒入校成業ノ上ハ他途ヨリ出身スルヲ要セス小学幼年ノ生徒ヲ教導スルヲ以テ事業トスヘシ故

ニ入校ノ節成業ノ上必ス教育ニ従事スヘキ證書ヲ出スヘキ事

一　成業ノ上ハ免許ヲ與フ速ニ之ヲ採用シ四方ニ分派シテ小学生徒ノ教師トスヘキコト

右之通相定メ師範学校不遠開校相成候間御趣意ヲ奉認シ生徒タルヘキ志願有之者ハ来ル七月晦日迄其地方廳ヲ経テ當省へ可願出候事

明治五年八月入学試験を実施して合格者五十四名を入学せしめて授業を開始している。元来教員を養成するために学校を設ける事は我国にとって全く新しいことで、これを如何なる組織になすかについては単に在来の学校を参照したのみでは充分でない。そこで諸外国の師範教育制度を参照したばかりでなく、当時南校の教師であったスコットがアメリカに於ける師範学校教育に理解があるとのことで之を招聘して教官とした。スコットはアメリカに於ける師範学校の方法に従って教員養成を開始することとなったがその頃は小学校教則も未だ確定していなかったので、我国の事情を斟酌しつつ欧米の教授法をもととして小学校教育の方法を確立すると共に、生徒にこれを伝習し師範学校教育の第一歩をふみ出したのである。其の方法が如何なるものであったかは明かでないが、当時師範学校校長であった諸葛信澄が『小学教師必携』を明治六年に出版したが、その中に新しい学級教授の方法を述べているのを以ってその大略を窺うことが出来る。

師範学校に於いては小学校教授の方法を伝習するのが目的であったが、そのためには小学校で使用すべき新しい教科書を編輯することが欠く可からざることであった。小学校教則の研究と並行してこれに適った教科書が編輯せられたのであって、それ等は多く欧米に於ける小学校教科書を参照したものである。小学読本、小学入門、地理初歩、小学算術書、万国史要、日本略史、日本地誌略、万国地誌略等はそれ等の内主要なるものとして広く全国小学校で使用されることとなった。この教科書が学校に於いて用いられたばかりでなく、新時代の文化を普及せしむる材料として一般国民に大きな影響を与えたのである。当時の師範学校が単に小学校教師に対して教授の方法を会得せしめたばかりでなく、教科書の編纂によって新日本を築きあげるための文化啓蒙をも行ったことは注目すべきことである。

師範学校生徒募集の布達に示された如く、初めは師範学校生徒として募集したものを二分して一部を小学校生徒とし、これに教授することによって方法を会得せしめ教則を構成する方針をとった。このことは附属小学校設置の前段階をなすものである。明治六年一月に文部省布達を以って師範学校に附属小学校を附設することとなり、六歳より七歳までの生徒七十二人を入学せしめることと定め、同年四月に授業を開始している。これによって師範学校の形が一通り整えられた。かくして同年七月に初めて卒業生十人を出し、これ等の者が地方に派遣されて新に設けらるべき官立師範学校に於ける教育に当ることとなった。

明治七年三月東京に女子師範学校が創設された。これよりさき文部少輔田中不二麻呂は明治七年一月四日次の如き伺文を太政官に提出している。

学制御頒布以降就学ノ徒稍旺盛ニ趣キ候処独リ女子ノ教育ニ於ル因襲ノ久シキ或ハ之ヲ忽略ニ付シ遂ニ日用常行ノ際男子ト相軒輊スルモノアルニ至ル殊ニ欠典トスル所ニ候今也闔國人民ヲシテ漸次開明ノ域ニ臻ラシメント欲スル女子師範学校ヲ設クルヲ以テ一大要務トス蓋シ女子ノ性質婉静啻ニ能ク其教科ヲ講習スルヲ得ルノミナラス向来幼穉ヲ撫養スルノ性アレハナリ仍テ先ツ東京府下ニ一箇ノ女子師範学校ヲ設ケ根抵ヲ培益シ結果ヲ他日ニ期スヘクト在候尤経費ノ儀ハ當省定額内ヨリ辨給可致候至急御裁可有之度此旨相伺候也

この伺は同月二十日許可せられ、明治七年三月十四日文部省布達第九号を以って女子師範学校が設立されることとなったのである。翌年十月入学試験を行い七十一名を入学せしめ十一月二十九日校舎が落成したので開校式を挙げたのである。この女子師範学校創設は単に師範教育史上注目すべき事実のみではなく、我国に於ける女子教育史上に重要な意味をもっている。

明治九年東京女子師範学校内に幼稚園を開設し女子に保育を授けることとなった。それが日本に於ける幼稚園制度の初めをなしている。其の後地方に於いても幼稚園開設の機運に向い、文部省では保姆養成の急務を感じて明治十一年六月幼稚園保姆練習科規則を定め、同科を東京女子師範学校内に置くこととした。

地方に於ける女子師範学校は明治八年石川県に設けられたのを初めとして明治十年には五校、同十五年には十一校となっている。それ等が女子教育振興の見地から教員養成にあたり後の公立女子師範学校の初めをなしていたのである。

東京の師範学校卒業生が地方に派出せられるに至って、全国の主要な都市に師範学校を設置し、ここに卒業生を派遣して教員養成の中心機関となす計画であった。明治六年八月に大阪及宮城に官立師範学校を設置し、更に七年二月には愛知、広島、長崎、新潟に官立師範学校を設けた。これによって東京の師範学校を中心として全国に教員養成機関が設置され、これ等の機関を用いて各府県に於ける教員養成の施設を指導することとなった。

今大阪師範学校について明治八年に於ける状況を見ると、職員は学校長外八人、生徒は第一級生二十三人、第二級生二十二人、第三級生二十二人、第四級生四十四人、計百十一人、附属小学生徒は下等第三級より同第八級まで計百七十六人、歳出は二万四千余円と報告されているが、これを以ってその頃の官立師範学校の概況を知ることが出来る。当時官立師範学校が如何なる方針によって師範教育の充実に当ったかは広島師範学校長松本正凝が文部大輔田中不二麻呂に提出した報告文によって明らかにされている。

方今教化大ニ行ハレ風俗漸ク成リ庠序学校ノ設全國ニ遍ク豫時孫摩ノ教育民ニ及フ是人民子弟ヲ愛育スルノ厚キニ出ルト雖政府勸誘ノ致ス所ニ因ラスンハアラス抑我師範学校ノ如キハ小学ノ教師ヲ養成ス

ル處ニシテ啓蒙培根ノ基本其責任亦重トイフヘシ正凝非才ヲ以テ切ニ校長ノ任ヲ辱フシ夙夜黽勉盛徳萬分ノ一ヲ裨ケンコトヲ思ヒ得失ヲ講論シ利害ヲ計較シ務メテ繁冗ヲ省キ簡約ニ従ヒ専行検ヲ勵マシテ利誘ヲ去リ校中ノ規模授業ノ方法ヨリ生徒ノ進退内外ノ庶務ニ至ルマテ漸次條緒ニ就クカ如シトイヘトモ学校創立ノ未久シカラサルヲ以テ其施設スル所期望スル所ノ半ニ及ハサル也然レトモ去歳中生徒ノ進歩ヲ察スルニ全科卒業スル者六十八名三級ヨリ一級ニ昇ル者二十一名新ニ入校スル者四十七名皆能駸々乎トシテ日進息マス將ニ一蹴成業ノ域ニ入ントス是レ官保護ノ至レルト教員ノ教ヘテ倦マサルト生徒ノ学ヲ厭ハサルトニ因テ然ル也此地附属小學ハ高等生徒ノ授業法ヲ實地ニ経驗スル處ニシテ該場ノ童生亦能ク勉勵智年ト共ニ長シ五年九ヶ月ニシテ既ニ六級ニ至ル者アリ抑一校周年ノ校既ニ期ノ如シ之ヲ全國ノ廣キニ推シ之ヲ數年ノ後ニ要スルニ我邦ノ文明欧米各國ニ過クルアルモ及ハサルナキニ至ランカ

然るに其後財政ノ事情によって官立師範学校は次第に廃止せられ、明治十年二月には愛知、広島、新潟の各師範学校、十一年二月には大阪、長崎、宮城の各師範学校が廃止せられた。その結果官立師範学校は東京師範学校及び女子師範学校の両校のみとなった。

東京師範学校及地方の官立師範学校に於いて教育を受けた教師が各府県の師範学校に於いて教員養成のことにあたった。各府県の教員養成機関は初めは一定の名称なく伝習所、養成所、養成校等と呼ばれたが、それ等を師範学校として次第に統一し各府県に於ける師範期の端緒を開くこととなった。明治九年文部省第四年報によると此の年の全国師範学校卒業生の数は二千七十三人、今までに既に卒業証書を有するものの数は六千四百五十人となっており、当時の教員総数五万二千二百六十二人の約六分の一が官立又は公立師範学校に於いて新しい教育法の伝習を受けたものである。明治十四年八月十九日師範学校教則大綱が定められ、師範学校制度の要綱が初めて示された。これによると師範学校は初等師範学科、中等師範学科、高等師範学科に分かれ、修業年限は夫々一ヶ年、二ヶ年半、四ヶ年であり、高等師範学科の卒業者は小学各等科の教員、中等師範学科は小学中等科及び初等科教員、初等師範学科は小学初等科の教員たるべきものと定められた。学科目は初等師範学科は修身、読書、習字、算術、地理、物理、教育学、学校管理法、実地授業及び唱歌、体操、中等師範学科は右の他歴史、図画、生理、博物、化学、幾何、記簿を加え、高等師範学科は更に代数、経済、本邦法令、心理を加えている。尚お唱歌については教授法等の整うを待ってこれを設くべき事が規定されている。入学資格としては年齢十七年以上、小学中等科卒業以上の学力ある者と規定し、土地の情況によっては年齢十五年以上とするも差支ないとした。卒業証書の有効期間を定め、これを七ヶ年とし、其後は学力試験と品行等の検定の上合格者に証書を与うべきこと等を規定した。尚お各学科の毎週教授時数を示す学科課程表を掲げている。この教則が指示されて後は師範学校が次第に整備せられ、明治十五年の文部省第十年報には

　師範学校教則大綱頒布以来各府縣教規更始ノ事次第ニ緒ニ就キ本年ニ至リテハ概ネ之ヲ実施スルニ至リシカ日ヲ閲スル尚ホ浅キヲ以テ未タ著キ效績ヲ呈スルニ至ラスト雖モ蓋其学科ノ完全ナル教授秩序ノ整斉セル亦昔日ノ比ニ非ス今ヨリ數年ヲ經過シ此教則ヲ以テ薫陶セラレタル卒業生徒ヲ出スニ至レハ全國比々善良ナル教員ヲ得ルヤ亦疑ヲ容レサル所ナリ

と述べられている。当時即ち明治十五年に於いて府県立師範学校は男子師範学校六十五校、女子師範学校十一校合せて七十六校であり、教員は六百十五人、生徒は男子五千百四十四人、女子六百十六人、計五千七百六十人である。翌明治十六年七月六日府県立師範学校通則を定め、管内学齢人員に対する師範学校生徒数の割合、職員の資格、設備等について規定し、師範学校を一層充実することとなった。

明治八年八月東京師範学校内に中等師範学科が設置せられた。これは中学校教員養成を目的とするもので

あって中等教員養成機関の端緒をなす施設である。元来「学制」によると中学校の教師は大学卒業者を以ってこれにあてることとなっている。学制の規程を厳格に実施するならば、中等教員養成機関を大学以外の場所に設立することは基本条項に反することとなる。併し当時に於いては学制に基く大学は未だ一校も存在しなかったので取敢えず師範学校内に設置したものと解釈しなければならぬ。然るにこれが後に高等師範学校となり中等教員を養成する独立の学校となった。

中学師範学科の概況を見るに、明治九年四月に生徒六十人を仮入学せしめ修業年限を二年として教育を開始している。翌年七月校則を改め修業年限を三年半となし教則に改正を加え充実を図っている。当時中等教員養成機関としては東京の他、石川県に啓明学校があり、同校は明治十年七月中等師範学校と改称している。当時生徒は百二十二名と文部省第五年報中の石川県年報に報告されている。しかし他の府県には中等教員養成機関は存在しなかった。

明治十六年九月東京師範学校に於ける中学師範科の教則を改正し、初等中学師範学科、高等中学師範学科に分ち各四ヶ年となした。併し高等中学師範学科は其の実現を見るに至らなかった。この東京師範学校に於ける中学師範学科が明治十九年師範学校令の公布を見て後は、高等師範学校に改められたのである。

学制発布以後明治十二年教育令が公布せらるるに至る迄実際に施設せられて教育力を発揮するに至ったのは小学校と師範学校であってその他は殆んど制度としての運営を見ることが出来なかった。勿論中学校、専門学校、大学等に関しても施設するところがあったけれども、何れも試みに過ぎないのであって、学校数も極めて少かった。これ等の諸学校が次第に整えられたのは明治十年代に入ってからであり、教育制度としての運営がなされるに至ったのは明治二十年代になってからであった。学制はこれ等の学校に基本的な性格を附与する以上に進み得なかったのである。

北支に於ける教育建設に就いて

北支に於ける教育建設に就いて

昭和十三年一月
海後宗臣

初等教育に就いて

一、方針　初等教育は仕事をなす民衆の教育を担当し従来設置されて居た小学及び民衆教育施設を包括する。初等教育は民衆の仕事と相即不離に組織され、総て職能化されて居なければならない。従って従前の如く小学の施設によって単に普通教育を普及させる方針は改められねばならぬ。初等教育は総ての民衆に接触する教化施設であるから現在この教育には最も多くの力が傾注さるべきである。

一、小学施設

一、編成　現制の如く原則として初級四年、高級二年とし満六歳より十二歳に達する迄を就学年齢となす。別に四ヶ年の簡易小学を設け、これは八歳より入学せしめ初級二年高級二年とす。小学は義務教育であることは現制の如くするも、全民衆に対する就学強制は不可能なる故、不就学者には民衆教育施設を利用せしむ。

二、設置　小学の設置は全国に比較して河北省山東省は稍進み、山西省は著しく進んで居る。山西省に於ては小学の充実をなし、山東省河北省に於ては学校増設の必要がある。その規模に就いて見るに現在は単級小学が多く毎校平均児童数は全国平均より低い。これは極めて小規模の小学が設けられて居ることを示すものであり、この事実は北支の地域的特性に基くものである。従って将来設置される小学も四十人以下の生徒数を擁する塾の如きものでよい。然かもこの小学は民衆教育機関と共に農村の中心をなす機関（例えば新民会又は農村組合職能団体等）に附設されるのがよい。

三、学科課程　学科課程はこれを普通学科と職能学科とに分ち、初級小学は普通学科を本位としこれを午前中に授け、職能学科を午後に授く。高級小学は職能学科を本位となし普通学科の内容は職能科と関連して授くべし。日本語教授は随意科となし高級小学にて授け、初級小学は国語教育に全力を注ぎ、教授内容に於いて日本との関連を知らしむべきである。教科書、教具が極めて不備であるから、これに大改善を加うべきである。

四、教員養成　小学教員中の曾受師範教育者は河北省のみ全国平均より高く三七パーセントであるが他は三〇パーセントに満たない。教員養成には特に努力を要する。今後の小学教員は単なる小学教員でなく、政治を理解した職能生活の指導者であるべきで、その生活集団内に於ける文化指導者として活動するに足る教養を与える。

教員俸給は三省とも全国平均より低いから、これを全国平均一一・三〇以上に高むべきである。

一、民衆教育施設

一、編成　従来設置されて居た短期小学、民衆学校、問字所、閲報所、博物館、図書館、巡回文庫、映画、ラジオ、その他の民衆娯楽機関、産業指導機関等を包括するものである。短期小学は一ヶ年、民衆学校は四ヶ月とし、何れも夜学の便がある。その他の施設は常に開場して民衆との接触機会を出来得る限り多くす。

二、設置　短期小学は従来山西省に最も多く三八一校を数え、全国総数の一六パーセントを占む。今後短期小学、民衆学校は河北省山東省にても速かに施設すべきである。問字所、閲報所、簡易博物館、巡回文庫、映画、ラジオ、その他の娯楽機関は小学や民衆学校と同所に置き、産業指導機関、政治啓蒙機関や診療機関と共に設置する。

三、教育内容　短期小学、民衆学校は読書算の初歩と生活常識を教授し更に職能技術の修得をなさしむ。問字所閲報所は現在の如きもの、簡易博物館はその地方の産業博物館とし、都会には総合された文化博物館の如きものを設く。巡回文庫は地方に設け、小図書館は都会に設置し、映画のためには映画設備、ラジオのためには聴取施設をなす。休養娯楽機関はその地方に現存するものを用い、これを民衆教育機関として活用する。これ等は政治啓蒙、産業指導と密接に関連し教育内容として一体をなす。

四、指導者　民衆教育指導者を任命してこれを担当せしめる。当分暫くは小学校教師をして兼任せしめ師範教育に於いてこの方面の実務を見習わせ又産業指導者その他をして兼任せしめる。

中等教育に就いて

一、方針　中等教育は仕事の先達をなし得る人々の教育を担当し、従来設置されて居た中学、女子中学、職業学校、師範学校を包括する。中等教育は仕事と相即不離に組織され、総て職能化されて居なければならぬ。従前中学に於ける普通教育にのみ力を注いでいた中等教育の方針は改められねばならぬ。

一、編成　初級と高級とに分ち、修業年限を各々三ヶ年とすること現制の中学を基準とする。但し入学者は十二歳以上とし、小学より直接連絡するのみでなく、既に仕事に従事して居る人々の中より有能なる者を選んで入学せしむ。学校は総て職能によって分化する。（例えば師範中学、工業中学、農業中学、商業中学、普通官吏のための新民中学の如くなす）

一、**設置**　従来の中等教育は中学にのみ力を注ぎ、職業学校は不振で、河北省山東省は中等学校総数の四パーセント以下、山西省にても九パーセント以下であった。今後は従来の中学を職能化し、他方には職業学校を増設せねばならぬ。当分その地方に発展する仕事に従って必要とされる中等学校を設置し、速かに中等教育改善に着手せねばならぬ。この中等学校は少くとも単式編成をなし六学級位の学校とし、一省二百五十校位を目標として設置す。

一、**学科課程**　学科課程は普通学科と職能学科とに分ち、初級学校は普通学科を重んじて基礎教育をなし、高級学校は職能学科を重んじて職能教育の実績を挙ぐ。中等教育を受ける人々は将来民衆の仕事の先達をなすのであるから、教育内容は総て政治方策の下に統一されて居なければならぬ。特にここに於いては単なる職能者でなく民衆の先達たり得る生活訓練を授く。

一、**教員**　初級学校の教員は高級学校卒業者中の優秀なる者より採用し高級学校の教員は、初級大学卒業者程度の教養ある者を採用する。

高等教育に就いて

一、**方針**　高等教育は仕事を企画し指導する人の教育を担当し、従来設置されて居た専門学校、大学を包括する。高等教育は民生建設と相即不離に組織され総て職能を基礎としたものである。高等教育機関は実践指導者を養成する教育施設であって従前の如き職能を離れた大学教育の方針は改められねばならぬ。

一、**編成**　高等教育施設は総て大学と称し、初級大学、高級大学に分ち修業年限各二ヶ年合せて四ヶ年とする。大学は職能の主要な部門に従って編成される。(例えば商業大学、農業大学、工業大学、師範大学、司法大学、行政大学、交通大学、通信大学の如し）学生は中等教育を修了した優秀な者及び既に仕事に携って居て優秀な職能を具えた者を入学せしめ、年齢は十九歳以上とする。

一、**設備**　当分は北支全体に対し各種の大学一校宛を設置することとし夫々の部門に最も便宜多い土地に施設する。従来北支にあった大学、専門学校三十一校は速かに整理する必要がある。

一、**学科内容**　初級大学は当該職能に必要な基礎教育に力を注ぎ、高級大学はこれを基として最高の職能教育に努める。大学全体がその職能の実践場として改善され、実践が主たる学科内容をなす。従来の大学は学科内容の程度が低く、この儘にては到底北支の産業を開発し民生を向上せしむるに足る指導者を養成し得ない。今後速かに大学の学科内容を職能化してその充実に努めねばならぬ。

一、**教員**　教員は夫々の職能に於ける専門家中優れた学識と技術とを備えた人を用いる。これには我国に於ける専門家を大学内に多数配置せねばならぬ。

学術研究院に就いて

一、**方針**　学術研究院は北支に文化及び生活建設のため、更に世界文化へ寄与するための学術研究機関で、従来大学にあった研究機関及び中央研究院を包括するものである。ここに於いては北支建設のための技術研究が行われ、その成果は支那研究として学術上価値多いのみでなく、直ちに政府に於ける最高企画の土台となるものである。

一、**編成**　研究は学問的な研究に従事し得る専門家を以て構成し、ここに多くの研究員を網羅する。これは北京に成るべく総合して設置し、研究上必要な地に支院を置く。

一、**研究内容**　研究の内容は北支建設の主要な仕事に従って構成される（例えば自然資源を発見開拓するための地質学、動植物学、気象学の如き又人的資源を明かにする為の北支人性能学、技術発展のための物理学、化学、工学の如き、生活指導のための政治学、経済学、芸術学、歴史学の如き）研究の成果は現代支那研究として世界の学会へ発表し、他面には北支建設の基礎研究として用いる。

一、研究者　研究者は中国人及び日本人とし欧米の支那研究者も客員として参加せしめる。研究者は職能者中より採り、研究と職能との一致を計る。

北支に於ける教育建設に就いて・説明書

初等教育に就いて

一、方針

(イ) 初等教育は仕事をなす民衆の教育を担当し、従来設置されて居た小学及び民衆教育施設を包括する。

将来北支に於いて産業建設をなし得る人的資源として北支に居住する一般民衆を考えると、それを現在の如き無智の状況に放置して置くことは出来ない。このままにして産業建設をなさんとしても極めて能率の悪い機械と知りつつ使用して居ると同様、真の建設は出来ない。それかと言って今日一般に考えて居る如くに、民衆に唯単なる普通教育を漫然と付与していては、真の人的資源の開発とはなり得ないのである。従って仕事をなす民衆の教育を考えねばならぬ。唯漠然と人間を教育するのではなく、仕事をなし得る人間を教育するのである。

この為には今日まで国民政府の下に於いて行われて来た教育機関を使用して、それを前述の方針の下に新しい内容を入れて内実を改革するのである。

それには従来初等教育機関として存在していた小学と合せて民衆教育機関を動員しなければならない。我国などに於いては民衆教育機関を別個に考えているが、それは初等教育機関として小学校が普及して居る為である。北支に於いては小学の普及が著しからず、民衆教育施設の助けなくしては民衆との教育接触がなし得ないのである。それでここでは両者を一つにして、仕事をなし得る人々即ち産業建設員を養成する機関として小学と民衆教育とを合併させた施設方針を樹てたのである。これは北支の特殊事情に基くことで、我国に於ける教育事情には合致しない。併し教育の近代的建設をなし得ない所に於いては、かかる方法がとられて居るのであって、却ってこれが北支に於ける事情に即して効果多いものである。人口稠密で近代式な学校が実施されている所に於いての初等教育と、その水準に達して居ない土地の教育とでは組織が異ならねばならぬ。

(ロ)初等教育は民衆の仕事と相即不離に組織され、総て職能化されて居なければならない。従って従前の如く小学の施設によって単に普通教育を普及させる方針は改められねばならぬ。

前述の如く初等教育は仕事をする人を教育するのであるから、小学も民衆教育も総て仕事に関連した形で組織されて居るべきである。教育が職能化されて居るということは、教育を受ける人が将来携るべき仕事を本位として編成されて居ることである。例えば農村の子供に対する初等教育と都会の商人の子供が入って居る小学とは全然その組織を異にしなければならぬ。それを農村の子供に対しても、都会の商人の子供に対しても全く一律の普通教育を授けていたのが従来の小学施設であった。この様に普通教育を普及させるという考えで漫然と初等教育をなさずに、今対象として居る北支児童がこの教育を終ったならば如何なる仕事に入って何を為すかに就いて先ず明かにし、それに基いた初等教育を施設すべきである。従来国民政府が全国に適用すべき「小学規程」を設け、それによって小学が施設せられ、子供の就学率が高くなれば教育が普及して民生向上すると考えて来た方針は改めなければならない。今後それぞれの土地で如何なる産業建設がなされるかは、北支開発の企画として提出されるのであるから、この産業企画と合体した初等教育が行わるべきで、それを職能化と言ったのである。（この初等教育の考えも我国の教育に於いては事情を異にする故一律に取扱い得ない。初等教育は北支に於いてこれからなすべきことなので、それには北支民生建設と離れない、新しい教育が作られて然るべきである。それを日本で行われて居ないからと言って疑うべきでなく、日本では行い得ないものも北支の特殊事情の下に於いては断行しなければならないのである。）

（ハ）初等教育は総ての民衆に接触する教化施設であるから、現在この教育には最も多くの力が傾注さるべきである。

初等教育は前述の如く、仕事をする人の教育を担当して居るのである。仕事をする人は必ずこの教育の如何なる形のものかに就くべきである。従ってこれが組織立てられるならば、北支の全人民がこの教育施設の中に入って来ることになる。今後は日本人が北支に生活している一般人民の間に入って協力して生活建設をなすのであるから、民衆に対する教育の編成は最も注目されねばならない。従来諸外国は北支に教育施設をしたが、それは二三の例外はあるとしても、主として大学教育に力を注ぎ、上層者のみと教育上の接触をしていた。これは今迄の植民地政策によって居るのであるが、今後の日本と北支との関係の下に於いてはかかる考えは不適切である。民衆の教育にまで真剣になって入って行くところに日本と北支との教育上に於ける接触面の特質があり、それは将来この地に於ける関係を決定することである。（欧米の北京天津に於ける学校施設の如きは、この民衆教育へ我国の入って行く有様を見て、暁の星の如くにその光を失って仕舞う。唯々対外的に新しい教育関係がこわされるばかりでなく、これなくしては実際北支の発展はあり得ないのである。）

かくの如くして現在着手すべき北支教育建設の最も大きな問題はここに存在するのであって、今後北支人民に対する教育施設が我が企画のうちに確実に入るならば、生活の指導と相俟って、北支の発展を力強く促進するであろう。大学のこと、中学のこと、職業学校のことなども、考えねばならないが、それは民衆の上に立つ人々の教育であって、真にその土台になる初等教育が建設されねば、これ等中等以上の教育の力ある発展は期待し得ないのである。（併し、他の方面の教育についても処置すべきことが多いことは次の中等教育その他に述べる如くである。従来は上級学校へ行く者が教育上最も多く考えられていたが、ここに於いては、先ず民衆の初等教育が第一着手されねばならぬことを基本方針の一つとして掲げたのである。）

一、小学施設

一、編成

（イ）現制の如く原則として初級四年・高級二年とし満六歳より十二歳に達する迄を就学年齢とす。

小学校教育に関する制度上の問題に就いては、現在の制度の儘とし、初級四年、高級二年とする。而して現在は初級小学四年を義務として居るが、それも制度としてはその儘にして置いてよい。

中華民国に於ける小学教育制度は右の如くであるが、これは単なる制度に過ぎない。小学教育の実際はこの制度よりも遙かに低いのである。例えば現在の義務教育に就いて見ても、その就学児童の中には便法として簡易小学、短期小学の生徒も入って居るのである。従って四ヶ年の義務就学をなしている児童数は極めて少い。それかと言って小学制度を実際行われている低い程度のものに改める必要はない。今迄の如くに六ヶ年の小学を一つの完成教育として考え、ここを終って一通りの

学校数	初級小学	小学	
		初級者	高級部
	228,409	22,319	
児童数割合	% 73.99	% 11.63	% 8.25
毎校児童数平均	人 40.12	人 86.04	人 47.80

職業人として立ち得る制度となすべきである。只現在の実状は極めて不徹底な小学教育が行われているに過ぎないのであるから、それはこの制度とは別によく考えて置かなければならない。従って小学の実際の編成は現状を一応基本として考えねばならぬのである。民国初等教育統計によって見ると即ち高級部を持った小学は僅かに二万二千校であって、他の約二十三万校は初級小学のみである。従って全小学校中の僅かに一割が六ヶ年の教育を行っているに過ぎない。又それを生徒数より見ると、初級小学の児童は総数の八五％であるのに、高級小学の生徒数は僅かに八・二五％である。勿論高級小学は二ヶ年であるが、生徒数は初級小学の一割にしか達していないのである。かくの如き実状によって見ると中国教育制度としての小学六ヶ年制度は、高級に於いて極めて薄弱である。勿論これは義務が初級小学のみで止っているからであろうが、この上級に至るに従っての教育力の薄弱は、小学を四年として取扱っても差支えない実状にある。

	一年生総数	四年生総数
河北省	366,320	183,690
山東省	415,021	163,761
山西省	95,874	95,874

然らば今日義務教育の四ヶ年にあっては就

学者が充分にその教育を受けて居るかというに、かく考えることは出来ない。右表は北支三省に於ける初級小学第一年生の児童数と、第四年生の児童数とを挙げたものであるが、河北省では約半減し、山東省の如きは約六割減を見せている。勿論上級に至るに従い児童数は減少するが四年生が一年生の二分の一に達しないというのは、中途退学者が相当にあることを示すものであろう。従って四年制の義務教育も最後の学年に至れば半数にも達しないこととなるのである。今日の初級小学がこの様な弱点を内部に持っていることを考えた上で、四ヶ年の義務教育を制度として実施して行くべきである。その実績が上るのには相当の年数を要するであろう。

（ロ）別に四ヶ年の簡易小学を設け、これは八歳より入学せしめ初級二年高級二年とす。

初級小学に入学し得ない児童のために従来とても簡易小学が設けられていた。今迄の小学規程によると簡易小学は二千八百時間以上の教授をなす小学で、年限は初級小学と同様である。これは現制のままにして正規の初級小学の補助機関として施設すべきである。毎年五百二十時間以上の教育をなせばよいのであるから、児童は職業に携って居てその傍らここで簡易な小学教育が受けられればよい訳である。

簡易小学の設置に就いては、山西省の事情を特に考慮しなければならない。それは中国に於ける簡易小学総数四千四十四校中山西省に設けられているのが二千四百九十九校である。この簡易小学によって山西省の義務教育の能率があがって居るのであるから、他の地方に於ける初等教育実施に際しては、先ずこの簡易小学を設けることから着手すべきであろう。これを四ヶ年の学校として普及せしめ、将来初級小学を設ける素地となすのもよい。

簡易小学の編成は正規小学とは別にし、初級二年高級二年となし、八歳より入学せしめることである。初級高級に分ったのは、これだけで完成教育が出来る様にしたのであって、それは後の学科課程の部に於いて細かく述べる様な事情に基き、高級に於いて効果ある職能化教育を行わんとしてである。今の簡易小学は初級小学の教育と全く併行しているが、それを初級小学の四五学年と、高級小学二ヶ年とに併行させるのである。（初めを揃えないで、後を揃えることによって能率をあげんとしたのである。）

従ってその就学年齢に考慮を払い、八歳より十二歳とした。これは六歳より入って四ヶ年の教育を受けるよりもより効果的であると考えるからである。最近義務教育年限を高年齢へと繰り上げ、同じ八ヶ年でも六歳からなす場合より七歳なり八歳なりから八ヶ年行う方が効果ありと考えられてもいる。これと事情は全く同一ではないが正規の四ヶ年の小学教育を与えられない児童には、同じ六歳から簡易教育をなすよりも、二ヶ年後の八歳より試みる方が同じ努力にてより多くの効果をあげ得ると考えたからである。

この簡易小学は現行制度を多少変更するのであるが、実質それは左程の変化を来たす訳でない。現在の簡易小学児童の年齢が必ずしも揃って居ないからである。北京の簡易小学でも年齢を左程問題として居ないのであるから八歳としても実情は現制と殆んど変わらないであろう。

以上の如く、小学は二つの形をもって編成せられるのであるが、何れの場合にあっても現行制度による編成を引き継いで、それを発展させて行けばよいのである。

（八）**小学は義務教育であることは現制の如くするも、全民衆に対する就学強制は不可能なる故、不就学者には民衆教育施設を利用せしむ。**

義務教育制度は現制の如くする。即ち四ヶ年であって、初級小学のみである。高級小学にまで及すのは後にしてよい。併し現在は簡易小学と短期小学を義務教育となし、その児童数を義務教育就学率に入れて居る。これは義務教育弁法によるのであろうが、ここでは一ヶ年の短期小学を義務就学とは別にして民衆教育機関とする。

現在の義務教育が如何なる能率を挙げているかを左表によって概観することが出来よう。就学率は全国平均が約二五%であるから、七割半の子供が短期小学へも入り得ないのであって、これは中国初等教育趨勢の一面を示しているものである。北支諸省はその平均と比較して割合よく何れも三〇%以上、特に山西省は五五%に達し、中国第一位を占めている。

全国平均	24.97
河北省	32.42
山東省	31.09
山西省	55.66
北　京	19.16
青　島	58.80

併しこれとても我国が九九・五八%の全国平均を示しているのとは比較し得ない。即ち北支の子供の七割は不就学者と見てよい、それも一ヶ年の短期小学へも入学し得ないのである。今義務就学率最近五ヶ年間の発展を見ると次表の如くである。

民国年	就学率　%
18年	17.10
19年	22.07
20年	22.16
21年	24.70
22年	24.97

この表によると、民国十九年に於いて著しい発展をなし、その後は目立った発展の跡が見えない。この十九年の発展は新しい教育方針がとられるに至った為であるがその後に著しい発展を見ない点からして民国には就学率向上を障害して居るものが存することを認めねばならぬ。兎に角も斯くの如く貧弱な就学率しか示していないのであるから、これを平

充分な点を補うものとして重大な意味を持っている。殊に民衆に対する政治的啓蒙や生活の指導などは民衆教育施設によって初めてなすことが出来るのである。今後はここに国民一般に対する教育の本拠が存すると考えねばならない。

二、設置

（イ）小学の設置は全国に比較して河北省山東省は稍進み、山西省は著しく進んで居る。山西省に於ては小学の充実をなし、山東省河北省に於ては学校増設の必要がある。

小学が如何なる設置の概況にあるかは、その就学率によって一般事情を推論し得る。前の統計によって、小学の設置はその就学率の最高な山西省に於いてよく、河北、山東共に全国に比してはよく設置されていると見てよい。左表（上）は人口千人中初等教育を受けている児童数率であるが、全国が二七・七八％に対し、山西は六四・六四％、他も全国と比較均五〇％以上にするのは容易でない。今後この義務就学率の増加を計画してもそれは無理であって恐らくは人民一般の生活に新しい発展が見られ、自から就学率の高まるのを待つより他に方法はない。従って今我国の状況と対比して、小学校を増設し就学を強制するが如きことはよい方法ではなく、恐らくは北支教育建設の無理を来たすであろう。

（義務教育の実は、北支に於ける新しい産業発展によって民生向上が見られてから様々に現われて来るものであろう。従って民生の実質を向上せしめつつ義務就学率を高められるのであることを考えて置く必要がある。）

この義務教育の欠陥を補って、初等教育の実をあげるものは、民衆教育である。我国に於ける民衆教育は学校教育普及の結果、恰も傍系の教育機関の如くに考えられているのであるが、北支は義務教育が民衆の三割にしか及んでいないから、民衆教育は義務教育の不して多い。これは多くの人が就学の便宜を得て居ることを示している。然るに左表（下）によって毎千方里内の平均学校数を見ると山東が最も多く、六一校になっている。山西は最も少い。これは地理的事情によるもので学校の施設は山西の方が進歩している。唯前述の如く簡易小学が多いのでこの学校を充実することに努めねばならない。山東、河北の両省は、人口に比較して就学率が少いのであるから、更に学校の設置をなして教育の振興を計るべきである。唯学校設置が今後如何なる数に於いて限度に達するかは、人口分散度によっても定められるので今は明かでない。

	人口千人中受初等教育児童数率
全　国	27.78
河　北	41.54
山　東	35.13
山　西	64.64

	毎千方里内平均学校数
全　国	7.84
河　北	54.09
山　東	61.90
山　西	47.69

（ロ）その規模に就いて見るに現在は単級小学が多く毎校平均児童数は全国平均より低い。これは極めて小規模の小学が設けられて居ることを示すものであり、この事実は北支の地域的特性に基くものである。

現在設置されている小学は単級が全国に比較して多いのであって殊に河北省はその半数が単級小学である。この様に単級が多いということは、今後の小学の設置に於いて考慮せねばならぬ問題を指し示している。

単級小学校数率	%
全国平均	31.29
河　北	50.07
山　東	34.40
山　西	37.60

又他方生徒数より見ると、全国平均一校児童数が四十七人八分であるが、それに比較して三省ともに平均より少いのである。殊に山

西省に於いては三十四人五分二厘であって、これは一校生徒数三十人以下の小学が多いことを示しているのである。

単級平均児童数	人
全国平均	47.80
河　北	40.57
山　東	38.35
山　西	34.52

この事実は北支三省に今設けられている小学は極めて小規模のものが多く、一校三十人以下の単級小学が相当に存して居ることを示しているのである。この様に小規模の小学があることは、北支の土地が度々一ヶ所に大規模の複式学校を多く設置することが不可能であることを物語って居るものである。従って今後もかくの如き小規模の小学を設けねばならぬことを考えて置かねばならない。

（ハ）従って将来設置される小学校も四十人以下の生徒数を擁する塾の如きものでよい。然かもこの小学は民衆教育機関と共に農村の中心をなす機関（例えば新民会又は農村組合職能団体等）に附設されるのがよい。

今迄設けられている小学が前述の如きものである故、今後設置せらるべき小学校も極めて小規模のものでよいのであって、現在の事情に基いて、生徒数は四十人以下、特に学校という形をとらずとも、塾の如きものでよく、そこを中心にして産業や文化の諸機関が総合されておることが望ましい。（農村の中心をなす場所に小学校にあたる塾が設けられ、一般人に対する文化や生活のセンターとすればよいのである。）それには後に述べる如き民衆教育機関や、産業指導機関、職能組合、新民会の支部などが設けられるところになるべく小学を附設し、これ等と一つになった教化組織が出来れば非常に効果が挙る。従って多くの費用を投じて学校建設をなしたり教員を整えたりするよりも、その地方の生活や産業の指導者が小学教員であり、実生活への指導も、普通教育もなし得るが如き設置方針を立て、ここへは中央よりの方策が直ちに徹底し得る如くなすべきである。この様な教化網が次第に細かく張られるに至らないと北支の生活建設はなし得ない。

三、学科課程

（イ）学科課程はこれを普通学科と職能学科とに分ち、初級小学は普通学科を本位としこれを午前中に授け、職能学科を午後に授く。高級小学は職能学科を本位となし普通学科の内容は職能科と関連して授くべし。

最初に述べた方針の如く、小学は仕事をなす人を教育するのであって、単に漠然とした普通教育をなすのではないから、学科の構成も今までの如きものでは不可。従来の如きものは普通学科として、学科課程の一部をなすに過ぎないものとしてこれに職能学科の一団を附加することとする。この職能学科と言うのは全くの授産或は生活訓練であって、今日の小学校に於けるが如き学科ではない。これによって職能訓練の教育を行うものである。

初級小学はこのうち基礎教育を主とするもので普通学科に重きを置き、これを午前中に授けることとし、午後は職能学科を主とし、その地方の生活建設の仕事に子供のころから参加せしめる。

（それを午後の学科とし、夕方までこの職能訓練をなす。農村であれば子供の時から午後は農作に費され、産業指導の方針に基いて厳密な訓練をなすのである。）

高級小学の二ヶ年は、職能学科を本位となし、普通学科の内容は、職能学科と関連して授ける。これは小学の最後の二ヶ年に於いて全くの職能化をなし、午前午後共に実習教育に徹底し、全日これに費される。普通学科はその間に適宜配当される。勿論職能化と言っても子供であるから自からその仕事に限界はあろうが、子供のときより仕事に対する態度と基本作業の訓練をなすのが肝要であって、かくしてこれから行われ様とする産業指導と関連を持ち、その線に副うた教育が建設されるのである。

（ロ）日本語教育は随意学科となし、高級小学にて授け、初級小学は国語教育に全力を注ぎ、教授内容に於いて日本との関連を知らしむべきである。

現在は日本語教育を必修科とし、小学校の一年より毎週三時間宛課する方針の如くであるが、これは高級小学にて随意科として授ける位にする。中等教育以上は言う迄もなく日本語は必修とする。その他は自から必要とする人々が学習する位に止めるのがよい。実際これからは日本人が中国民の間に入ることとなるのであるから、自然に日本語が普及するに至ることは明かで、それに委かせて置いて

よい。日本語を少し許り教えるよりも、教育内容の上で日本を知らせるのが、一般人民に対しては重要である。殊に一般人を相手とした小学に於いては、これが緊要である。かくて、初級小学にあっては、先ず国語教育に全力を注ぎ、その教授内容に於いて日本との連関を知らしめる為全力を注ぐべきものである。殊に日本人と協力した北支の生活建設に就いて充分に知らせねばならない。

（ハ）教科書教具が極めて不備であるから、これに大改善を加うべきである。

今日小学にて用いられている教科書は極めて粗末であって、文化や生活の豊かな建設はかくの如き教科書では不可能と言ってもよい。今後教科書を作るならば、少し費用を補助する位にしてよいものを持たせねばならない。少くとも日本内地や朝鮮に於ける程度のものとなすべきで、それには標準となるものを新政府にて作り、一般の教科書の体裁内容を向

上せしむべきである。

教具は極めて不備であるから、これも充実しないと教育能率は上らない。殊にそれは職能科と関係を持った教具に於いて然りであって、これは今後の産業指導と共に充分考えられねばならぬことと思う。共通な教具は中央に於いて製作してこれを支給するが如くにしないと効果は上らない。

四、教員養成

(イ)小学教員中の曾受師範教育者は河北省のみ全国平均より高く三七パーセントであるが他は三〇パーセントに満たない。教員養成には特に努力を要する。

この地の教員に就いて特に考えねばならぬことは、師範教育を受けた者が少いことである。全国平均は三四・八七%であるが、河北省が三七%でその他は二四～二八%であって七割以上の教師は師範教育を受けたことのない者である。教員養成が如何に不足しているかを我々に示している。

曾受師範教育者	%
全国平均	34.87
河北省	37.47
山東省	28.92
山西省	24.03

これは多くの小学が未だ昔式の塾の形を脱しないで、教員として特に教育されない多くの人々の手に委ねられていることを示すものである。

今後は小学教員養成に就いて特に努力を要することと考えられる。それも単に師範学校に入れることではなく、新しい政治の方針を納得した人を作ることこそ望ましいのである。それには今後七割以上北支小学教員を師範学校に入れるよりも、教員講習の如きものを各地に開き、ここで短期の師範教育をなすべきで、それを受けた教員は、新しい政治の何であるかを充分に理解した人であって、政治工作、産業工作の第一線に立ち得る人とならねばならぬ。

（ロ）今後の小学教員は単なる小学教員でなく、政治を理解した職能生活の指導者であるべきで、その生活集団内に於ける文化指導者として活動するに足る教養を与える。

かくの如き事情から師範教育に於いては今迄の所謂小学教員養成とは根本に於いて異なる方法がとられ、政治に理解のある職能生活の指導者となるべき教養が与えられねばならない。これは小学校が前述した如き性質のものとなるからであって、単に今迄の如く学科を教授し得るだけの人では不充分である。特に職能化のためにはそれに叶う教員養成がなされねばならない。

（ハ）教員俸給は三省とも全国平均より低いから、これを全国平均一一・三〇以上に高むべきである。

教員俸給平均　元	
全国平均	11.30
河北省	7.14
山東省	9.87
山西省	7.45

教員俸給は、全国平均が一一・三〇であるのに河北も山東山西も右表の如く平均以下である。これも少くとも全国平均以上には高めて然るべし、それも十一元であるから、決して多いものではない。新しい政治の行われるところであるから、他よりも悪い俸給ではよい教員を集め得ない。如何程の俸給が必要かは他の職務担当者との釣合もあろうが、当然全国の平均給よりも上に置かれて然るべきものと思う。

一、民衆教育施設

一、編成

(イ)従来設置されて居た短期小学、民衆学校、問字所、閲報所、博物館、図書館、巡回文庫、映画、ラジオ、その他の民衆娯楽機関、産業指導機関等を包括するものである。

この中には取り敢ず今迄設置されていたものを包括するのであって、更に今後新しい形のものを幾つも設けることが出来るのである。

短期小学　これは従来小学校として考えられていたが、一ヶ年のみである故、暫くこれを民衆学校と同列のものとし民衆教育施設とする。これは民衆教育としては最も纏った形のものであるから、出来得ればこれへ成るべく多くの人を結びつけて、民衆教育の基本となすこと。

民衆学校　これも従来設けられているものであるからこれを拡充する。識字講習所の如きものもこれへ加える。これは短期小学よりも普及性あり、当分はこの民衆学校の如きものがやや整った教育施設としては大きな数に上るべきものと考えられる。それは小学の如き機関から取り残された人々が余りにも多いからである。

問字所(問事処)　問字処、問事処も今迄に設けられている。これは国民政府のやった民衆への教化施設としては最も優れた一つと言わねばならない。これを新たな指導精神で活用することは極めて望ましいことである。文字についての疑を正す計りではなく、生活の諸事をここで解決し得る様にして、常にその附近の民衆がここに集まって来て親しめる場所に作り上げることこそ肝要である。

閲報所　これも既に各所に見られるものであるから、それを益々発展させ、中央よりの方策を示すポスターの如きものビラなどは常にここに集められて、民衆へ接触せしむべきである。ここは図書館、巡回文庫などよりも多くの接触面を人民に対して持つものであるから、それに対する教化的指導は重大である。新しく新民会を中心とする機関紙も出来る由であるから、それ等を通しての民衆への教化的接触は特に考えられねばならぬことである。

博物館　これは主要な都市に設けられ、その地方の文化的中心となるが如く編成さるべきである。先ず一省中に五六ヶ所位を標準としてその設置に着手し、内容の充実したものとなし、それから各地方へ小博物館を普及せしむべきである。

図書館、巡回文庫　これも今迄着手されている。特に巡回文庫は可成り力を入れて来た由であるからこれを更に効果ある編成をなすべきで、巡回文庫に網羅する書籍の一部は、中央に於いて編纂をなす位に努むべきである。

映画、ラジオ　今迄の映画は民衆の教化に役立つまでになっていない。（民衆はキネマを見るまでになっていないらしい。）従って支那映画は少数の知識人を相手としたものになって仕舞っている。今後は民衆向きのフィルムを作って、これを普及せしめる様にせねばならぬ。ラジオは聴取器が普及していないから、これを普及させて一般人も容易に聴取し得る組織を整うべきである。それが民衆教育に如何に効果あるかは言う迄もない。目と耳から入る教育の施設に多くの力を注ぐべきことは、非識字者の多い北支事情から然帰結せられねばならないことである。聴くことから入る教育の効果は大きいが、それに見ることにより入る教育を兼ねたトーキーフィルムの如きは今後の民衆教化に於いては優れた道具である。

その他の民衆娯楽機関　民衆市場などに見られるものであって、演劇、奇術、ノゾキ、講談その他様々なものは皆教化施設として編成することが出来る。我国に於いて子供の人気をとっている紙芝居の如きものはこの地に於いても、民衆教育の道具として巧みに用いることが出来るであろう。

又民衆茶社の如き休養機関もこれを教化の施設として活用し得るのである。現在でも閲報所を兼ねているらしいが、閲報所のみでなく、ここにラジオや、ポスターなどを入れて一つの教化の機関にすることは容易である。

産業指導機関　産業指導のための諸機関もこの中に包括せられて然るべきで、これも一般人に対する教育施設の大きなものである。これについては北支産業開発施設の一つとして考えられていることと思われるが、それも結局は教化施設としての機能を果し得るものとなるのである。

(ロ) 短期小学は一ヶ年、民衆学校は四ヶ月とし、何れも夜学の便がある。その他の施設は常に開場して民衆との接触機会を出来得る限り多くする。

短期小学一ヶ年、民衆学校四ヶ月は今日の制度をそのままとしたのである。これ等の学校は夜開いてよいのであって、農村などでは農閑期でもよい。その他の事情に基いて何ヶ月でも適宜でよく、融通性に富んだものとすることが必要である。

その他のものは別に期間や年限が定めらるべきものではないから、出来得る限り、多くして民衆に親しみやすいものとするのである。

二、設置

(イ) 短期小学は従来山西省に最も多く三八一校を数え、全国総数の一六パーセントを占む。今後短期小学、民衆学校は河北省山東省にても速かに施設すべきである。

山西省は既に述べた如く簡単な形の小学教育が行われていたのであるから、短期小学も特に多い。その設置事情を各省について見ると次表の如くである。

	校　数	生徒数
全　国	2,603	84,511
河　北	49	4,259
山　東	217	7,835
山　西	381	3,649

これによると山西省は学校数が最も多く、山東省は生徒数が最も多い。従って山西省は生徒数の増加をはかり、山東河北は校数の増加を計らねばならない。

民衆学校に就いての統計は不明でその傾向を知り得ないが、将来これ等は小学教育を補うものとして相当数設置さるべきものであろう。勿論、小学と同じ処に設けてよく、その他の様々な民衆教育施設と共に設置されていて何等差支えなく、却ってその方がよい効果をあげることであろう。

(ロ) 問字所、閲報所、簡易博物館、巡回文庫、映画、ラジオ、その他の娯楽機関は小学や民衆学校と同所に置き、産業指導機関、政治啓蒙機関や診療機関と共に設置する。

民衆教育のための視察機関はなるべくこれを総合して設け、一つの教化センターを作る如くすべきである。小学も、民衆学校も、民衆教育施設も新民会の支部も、産業指導機関も、診療機関もその他救恤施設も総て、一つの中心となる場所に集められ、そこでは生産や原料、必需品の集散も総て行われる如くし、一般人の生活と教育の場所とが一つになって居るべきである。

かくの如く考えて設置に着手すべきで、一つ一つを独立のものとして個に経営するには多くの経費も必要とするが、かくの如く総合すれば経費を節約し得る許りではなくそれ等が互いに相俟って機能を充全ならしむることができる。

三、教育内容

（イ）短期小学、民衆学校は読書算の初歩と生活常識を教授し、更に職能技術の修得をなさしむ。

短期小学や民衆学校の教育内容はこれを小学に準じて考え、読書算の初歩と常識による普通科の教育と共に、他方には職能科による技術教育を試みるのである。只両者ともに期間が短いのであるから充分なことは出来ない。更に学習を続けたい者にはこれを小学に入れて教育する便宜を与える。入学者は勿論年齢を問わないのであるから様々な能力を具えた者が入学することとなるであろう。

（ロ）問字所閲報所は現在の如きもの、簡易博物館はその地方の産業博物館とし、都会には総合された文化博物館の如きものを設く。

問字所問事所は現在の如きものにてよろし。閲報所も現在の如くにて可。只新聞のみでなくその他のパンフレット、興味あるグラフィックなども具えたい。時々の民衆啓蒙のビラを貼り出すことなどは問字所閲報所何れに於いても考えられてよい。

簡易博物館の内容は、その他の産業と関係づけ、その改良発展のために役立つ陳列品を集めること。特にその地方の生活と結びついた博物館とすることが肝要である。

都会に設けられる博物館は総合された文化博物館の如き内容を具うべきであろう。将来多く設けられるべき簡易博物館は産業発展の過程と、それに必要なる努力苦心を示す啓蒙的な内容を集むべきものである。従って規模も小さく他の教化機関と併設されていてよい。

（ハ）巡回文庫は地方に設け、小図書館は都会に設置し、映画のためには映画設備、ラジオのためには聴取施設をなす。休養娯楽機関はその地方に現存するものを用い、これを民衆教育機関として活用する。

巡回文庫のセンターは各地方に数多く設けられ、その内容としては生活常識と産業啓発

教育内容として一体をなす。

これ等の様々な民衆に接触する教育機関の内容は、結局するところ政治啓蒙と産業指導とに関連しているのであって、その教育内容は同じ所を目指しているものであって、決して離れ離れになされていてはならない。よくかくの如く多くのものには内容上の統整がなく力弱いものとなって仕舞っていることが少くないが、ここに於いて行われるものは各施設に統一があり、民衆をグイグイと引き回し得るものでなくてはならない。

この為には民衆教育の内容を統一し、編著する中心機関が必要であって、そこで最も適切にして目的に叶った材料が整えられては、各施設へと回されねばならないものと思う。

四、指導者

（イ）民衆教育指導者を任命してこれを担当せしめる。

民衆教育の諸施設はかくの如くに極めて多岐に亘ったものであるから、これを統轄しての資料等を組み入れ、百冊位を単位として頻繁に巡回せしめる。

小図書館はこれ等の巡回文庫の中心をなすものとし、相当の書籍を集め、読書指導員を置く。

映画のためには適当な映写の設備をおく。これ（の）ためにも相当数のフィルムを作らねばならない。北支に於ける産業建設の実情を示すもの、日本の発展を物語るもの、世界状勢の編輯されたもの、及び支那演劇、軍談の映画化されたもの、軽い漫画映画などを用いる。

ラジオのプログラム編成については、特にこれを民衆教化として活用し得る様に多くの注意が払われねばならぬ。

休養娯楽機関の内部には徐々に政治的啓蒙となり得るもの民生向上を期し得るものなどが少し宛加えられ自ずと人民が啓蒙せらるる様にすること。

（ニ）これ等は政治啓蒙、産業指導と密接に関連し

運営するには民衆教育官を必要とする。この教育官の養成は特別な施設によって行われ、指導者として立ち得る教養が与えられねばならない。主要な都市には指導者として日本人が入らなければならない。

(ロ)当分暫くは小学校教師をして兼任せしめ師範教育に於いてこの方面の実務を見習わせ又産業指導者その他をして兼任せしめる。

当分はかくの如き民衆教育指導者を得ることが困難であるから、右の如き便宜の方法をとるも、民衆教育官は特に教育されねばならぬものである。只小学教師も、産業指導員も民衆教育者として立ち得る人であることは、前に述べた初等教育の特質に基いて当然のことである。

中等教育に就いて

一、方針

(イ)中等教育は仕事の先達をなし得る人々の教育を担当し、従来設置されて居た中学、女子中学、職業学校、師範学校を包括する。

中学の教育は単に初等教育を修了した人々が入学して学ぶところではなく、仕事の先達をなし得る人を教育する場所とする。仕事を中心として中等教育の方針を樹立することは初等教育より貫かれた方針によるのであって、それはこの段階に於いてより一層明白になって居なければならない。単に初等教育を修了し、その上尚お教育に費し得る余力があるから中等教育を受けるという今迄の北支に於ける傾向は改められねばならない。

殊に中等教育は大学へ入学する為の段階として考えられ、普通教育を行う中学にのみ力を注いでいたのは決して正しい方針とは言うことが出来ない。漫然と中等教育を考え諸文明国の外形のみを模倣していると、かくの如きものになって仕舞う外はないのである。従来中国に於ける中等教育はその外形のみをアメリカに模倣し、極めて粗雑な教育内容をもって教育していたのであって、それが如何に不備なものであるかに就いては、よく外国からの視察者が指摘していたのである。嘗つてアメリカ、コロンビア大学教育学教授モンローが中国政府の依頼によってこの国の教育を視察し、中等教育の不備を第一にあげ、これをよくせぬならば、高等教育の発展は期し得ないと結論したのである。これは決して当らないことではない。併しそれかと言って今迄の中学を増設しその内容を発展させたのでは、今後の北支教育建設とはなり得ない。我々は今後これに改造を加えねばならないが、それは中等教育の基本に関することであって、制度を改めることではない。

根本方針はここに掲げた仕事の先達たり得る人を教育するということに存するのである。それには今迄設けられていた中学、女子中学、職業学校、師範学校を総て包括して中等教育全体に亘る方針を樹立徹底せねばならないのである。

（ロ）中等教育は仕事と相即不離に組織され、総て職能化されて居なければならぬ。従前中学に於ける普通教育にのみ力を注いでいた中等教育の方針は改められねばならぬ。

中等教育も初等教育と同様にそれ自身で完成されてあるべきもので、ここのみで一つの纏った教育目的が果される様になって居るべき筈のものである。それが上級学校への予備教育の如くなり、或は左程にならなくとも、漠然とした普通教育に終始して、所謂高等普通教育になって仕舞っているのは、何れもこの第二段階に於いて纏った教育をなさんとする方針が徹底して居ないからである。

北支に於いて今後建設せらるべき中等教育は総てここで纏った教育がなされていなければならないのであって、これを従前通りにして置いてそのまま中等教育を発達させると、大学への入学希望者が多くなり、結局高等教育を受けても不満な生活を送る人々を増すことになる。これ等の事由からして中等教育は総て仕事と相即不離に組織され、将来北支に於ける様々な仕事の先達たり得る人に適した教育がなされる様に職能化されて居なければならないのである。

この仕事との関連を持たせること、職能化教育を行うことは、初等教育の場合と何等変る所はない。只初等教育は仕事を果す一般人を対象としたものであり、中等教育はこの一般人の先達となり、仕事を進捗せしめ得る人を教育するものなのである。従って今迄の如く、普通教育にのみ力を注いで確然とした目標を具えていない中等教育の方針は改められなければならない。

以下の実施方策はこの基本方針に基いたものである。

一、編成

（イ）初級と高級とに分ち、修業年限を各々三ヶ年とすること現制の中学を基準とする。

現在の中等教育制度は、一貫されたものがないのであって、僅かに中学のみがその外形を整えているに過ぎないのである。即ち中学は初級中学、高級中学に分れ、各々三ヶ年であって、初級中学のみを単置することも許されている。これはアメリカの中等教育即ちハイ・スクールの新しい制度である六・三・三プランを採用したのである。勿論それは外形のみ模倣したのであって、教育事情が全然異っている中国にそのまま適用されて同様な効果をあげ得るものではない。併し取扱の上ではこれが便宜であるから、この制度はそのままにして置いて差支えない。むしろこれを巧みに用いてこの地に於ける教育の効果をあげ得る様に改造しなければならぬ。中等教育中、中学以外の職業学校は従来極めて不振で、殆んど教育制度として効果をあげていると言い

連絡するのみでなく、既に仕事に従事して居る人々の中より有能なる者を選んで入学せしむ。

これは小学と中等学校とが如何に連絡するかについての基本方針である。中等教育は総て十二歳以上を以て入学年齢とする。小学卒業者のうち有能にして将来仕事の先達たり得る資質があると認められた者は直ちに入学させる。併しそれ許りではなく、仕事に携って居る人の中でも有能であって、教育すれば将来仕事の先達たり得るものであると考えられる人は、これを中等教育に入らせるのである。年齢の差異は問題としない。多少年齢の進んだ青年が仕事の中から選ばれて入学して来るであろうが、それ等も小学修了者と共に教育する。

中等教育がこれだけで纏った完成教育をなす許りでなく、仕事の先達たり得る人を教育するのであるから、小学を終って一二年仕事

得ない。職業学校は農業、工業、商業、家事、其他に分れ、高級初級の別はあるが、一貫した整った中等職業学校の体制が立って居ないのである。従って今後はこの職業学校も初級三年、高級三年となし、一貫した六ヶ年の中等教育機関となすべきである。

又師範学校は初級中学を終った者が入る高中師範が本体をなすのであるが、その他に郷村師範、短期師範などがある。併し師範学校に於いても中学の三・三案を基準として、初級高級に分ち、各三ヶ年の修業年限となったものを本体とする。かくて師範学校も六ヶ年の教員養成制度となって確立する。短期の師範教育はその地方の実情に基いてこの六ヶ年の師範学校に附設する。

この様にして現制の中学に見られる初級高級各三年の制度を中等教育全体に徹底させ、教育の充実を計る。

（ロ）但し入学者は十二歳以上とし、小学より直接

に入って将来の発展を認められた子供が、この中等教育機関に入る様にした方が却って効果ありと思われる。

この連絡は今日一般の学校制度よりすれば少し型を破っているが、これを試み得れば将来ある教育建設が成り立つと思う。只に将来ある許りでなく、今後の北支開発に最もよく叶った中等教育になると考えられる。

（八）学校は総て職能によって分化する。（例えば師範中学、農業中学、商業中学、普通官吏のための新民中学の如くす。）

中等教育機関は総て職能によ（っ）て分化されているのが原則で、これという職能と密接に結びついていない中学の如きものは、内容を改めて職能的な中等教育機関に改造する。かくして普通教育のみを行っていて上級学校への準備教育をなす様な形の中学はなくなることになる。これも制度上中学を廃止するのではなくて総ての中学に職能上の特質を具える様、内容に就いての改革を加えて仕舞うのである。

ここに於いて従来あった中学、職業学校、師範学校の区別を改めて、師範中学、農業中学、商業中学、工業中学、新民中学の如くにして編成するのである。結局職業的な中等教育を本体としたものにその形が変化して仕舞う訳である。かくすれば、とりとめのない中学が職能と総て結びついてその面目を一新することが出来る。然かも制度の上では従前のものを更に発展拡充したことになるのである。原則としてかかる職能中学が設けられ、その教育が整うに至って始めて仕事の先達者に対する教育が完成するのである。

大学への連絡については後に述べる如くになし、大学への予備教育をなすが如き目的の中学は一校も存在しなくなる。職能による中等教育の建設をここまで徹底させねばならない。

一、設置

（イ）従来の中等教育は中学にのみ力を注ぎ、職業学校は不振で、河北省山東省は、中等学校総数の四パーセント以下、山西省にても九パーセント以下であった。

従前の中等教育は、中学の設置にのみ多くの力が注がれていたのであって、職業学校、即ち我国の実業学校にあたるものが極めて少なかったのである。この傾向は全国的であって、北支三省もこれと殆んど同様な状態にある。これは今後北支の中等教育を発展させる為に是非第一に考慮すべき点である。

	総　数	中学校	師範学校	職業学校
全　国	3,043	1,914	864	265
河　北	232	70	154	8
山　東	149	69	75	5
山　西	83	51	25	7

上掲の中等学校数表によって明かなことは、職業学校が極めて少いことであって、三省合して僅かに二十校に過ぎない。この事実は今後力を入れなければならない職能化された中等教育の土台となるものが如何に貧弱であるかを示すのである。この様な数えるに足らない職業学校を基本として中等教育の職能化を計ることは容易ならざる事業である。このうち高級職業学校として挙げられて居るのは、僅かに五校に過ぎないのであって、他は初級、即ち三年の職業学校である。

中学は左表の如くになっていて、総数百九十校中、初級中学が極めて多く三省合して百四十校に達している。それに対し初級高級を合した六ヶ年の中学校は四十七校に過ぎない。従って今ここで計画しているが如き六ヶ年の中学は僅かに二割位存するに過ぎない実状にある。

師範学校は総数が極めて多いけれども、それもその質を吟味せねばならない。左表によって、河北省の師範学校は総数百五十四校であるが、その中、高中師範は僅かに十五校で、その他の師範学校即ち約九割は郷村師範である。山東省も七十五校のうち、高中は僅か六校で、五十二校は短期師範である。山西省は高中師範十三校となっている。かくすると今ここで考え様としている六ヶ年の師範学校にあたるものは僅かに三省合して三十四校である。其の他の二百二十校はこれよりも程度の低いものである。

	合級中学	高級中学	初級中学
河北省	24	——	46
山東省	12	1	56
山西省	11	2	38

	高中師範	郷村師範	短期師範
河北省	15	138	1
山東省	6	17	52
山西省	13	——	12

これ等を総べて合せて考えて、現在六ヶ年の中等教育を行っている学校は北支三省を通じて八十一校に過ぎない。今直ちに新しい建設計画に結びつき得る中等学校が九十校に達していないということは、今迄の中等教育全般の不振を物語るものである。殊に職業学校がこの広大な北支三省に僅かに二十校存するに過ぎないことは、今後の職能中学設置について少からざる努力を要求しているのである。

（ロ）**今後は従来の中学を職能化し、他方には職業学校を増設せねばならぬ。当分その地方に発展する仕事に従って必要とされる中等学校を設置し、速かに中等教育改善に着手せねばならぬ。**

今後の中等教育施設の基本方針は、最も多数を占めている中学を、前述の方針に従って職能化し、先ずその内容を仕事化し、漸次職能本位の教育へ発展せしめる。他方には新に六ヶ年の職業学校を増設しなければならないのである。併し前項に述べた如く、未だ六ヶ年の中等学校設置の素地がないのであるから、北支三省が必要とする中等学校を設置するのは容易なことではない。

この為に、当分はその地方に発展する仕事の関係から必要となされている中等学校を設置して、順次に中等教育機関の整備を期すべきである。

それには先ず従来よりある四百六十四校を土台として、それを三ヶ年の初級とその上に三ヶ年の高級とを備えた完全な中等学校となすべきで、取りあえずこの改造に着手すべきである。

（ハ）この中等学校は少くとも単式編成をなし、六学級位の学校とし、一省二百五十校位を目標として設置す。

この中等学校は如何なる形のものとなすか、その標準は、少くとも六学級六ヶ年の編成となし、初級三年高級三年とする。今迄あったものをこの基本的な中等教育の制度に合わせる様に努力する。

学校数は一省に二百五十校位作ることを目標として進むべきであろう。恐らく産業が著しく進展すれば、中等学校はこの二倍三倍となることであろう。現在不完全なものを合せて四百六十余校であるから、更に三百校を新設しなければならない。

若し現今北支三省にある六ヶ年の中等学校総数と比較するならば、約八倍の中等学校数が出来なければならないのであるから、その建設たるや容易でない。北支教育建設中に於いて最も多くの努力を要するのは矢張り中等教育機関である。

一、学科課程

（イ）学科課程は普通学科と職能学科とに分ち、初級学校は普通学科を重んじて基礎教育をなし、高級学校は職能学科を重んじて職能教育の実

績を挙ぐ。

初級と高級と分けて編成し、初級の方に於いては主として中等程度の教育の基礎となる普通学科を主たる内容とする。高級学校に於いては職能科を主とした教育をなし、大部分は職能の実習に午前午後を費し、その実習の間に普通学科を織り交ぜて授ける様にする。出来れば寄宿制度を設け、夕方から夜分に至るまで組織的な訓練をなすこととし、学科の実習の如きも場合によっては遅くまでなし得る様にする。

普通学科のうちに日本語が必修として加えられるのは言うまでもなく、東洋についての組織を充分に授け、将来如何なる場所に行って仕事に携っても、初等教育を修了して仕事について居る人々を充分に指導し得る教養を積ませる。

（ロ）中等教育を受ける人々は将来民衆の仕事の先達をなすのであるから、教育内容は総て政治方策の下に統一されて居なければならぬ。特にここに於いては単なる職能者でなく民衆の先達たり得る生活訓練を授く。

中等教育機関は職能によって分化するのであるから、極めて専門化された教育内容をその専門家から授けられる如くであるが、単にこれでは仕事の先達者とはなり得ない。仕事の先達となり得る人は、自からの仕事が、北支に於ける生活の如何なる部分を占めて居るかに就いて充分な意識を持ち、北支の新しい生活建設に参加している自覚を持つべきである。それには教育内容に政治方策からする統一が与えられていて、その如何なる部分にも方策からした意味が持たせられていることが肝要である。

尚を職能技術を修得する許りではなく、先達として立ち得る生活訓練が与えられていなければならない。その為には生活訓練の基本的な方法が考究され、特に寄宿制度によって

高等教育に就いて

一、方針

高等教育は仕事を企画し指導する人の教育を担当し、従来設置されて居た専門学校、大学を包括する。

高等教育は教育機関の最高段階を構成しているものであるが、仕事に従う人を養成することは、ここに於いても同様である。只高等教育にあっては、仕事を企画し指導する人の教育を担当することとする。これは仕事を運営するに当って、最高の地位に立つ人なのであって、かかる人の教育を行う場所として高等教育の諸施設が整えられなければならない。

従来あった専門学校、大学で高級中学の修了者を入学せしめていたものは、何れもこの教育機関のうちに包括せられることとなる。

（ロ）高等教育は民生建設と相即不離に組織され総て職能を基礎としたものである。高等教育機関は実践指導者を養成する教育施設であって、訓練が与えられるのである。知識や技術と共に立派な生活態度を持ち、政治的な態度を確持していないならば民衆の先に立ち得ない。

一、教員

初級学校の教員は高級学校卒業者中の優秀なる者より採用し高級学校の教員は、初級大学卒業者程度の教養ある者を採用する。

中等学校の教員は、出来得る限り、その職能者中より採用するのである。採用の大略の標準は、初級学校の教員は高級学校を卒業して、既に実地の仕事に就いていて優秀なる者を採用する。高級学校の教員は初級大学卒業者程度の者を採用する。これも高級学校を終えて仕事に就いたものであるから可成りの教養を持って居る人々である。

現在は中等学校の教員資質は割合よいから、それ等に職能的生活経験を持たせるならばよいであろう。

従前の如き職能を離れた大学教育の方針は改められねばならぬ。

この高等教育が北支の民生建設と相即不離に組織されて居ることは他の教育機関と同様である。この民生と関連をもっているということは、総て北支に於ける民生建設の内容をなす様々な職能を基礎として高等教育が成立していることであって、両方の関係は極めて密接になって居なければならない。

従来の大学が多くは職能を離れて宙に浮いて仕舞って居たのは、決して健全なものではない。殊に北京にあった多くの国立大学が政治運動などにのみ投じているが如きことは甚だしく不当である。仕事に直ちにつくことが出来、それを企画し指導し得るが如き実践教育を最高の程度に於いてなすのが、この大学の教育方針である。かくして大学は仕事に入ってそれを指導する人の最高養成機関となるのであって、今日既に着手されている新民学院の如き養成所の考えが、大学に於いても将に求められて居るのである。

一、編成

高等教育施設は総て大学と称し、初級大学、高級大学に分ち修業年限各二ヶ年合せて四ヶ年とする。

従来より設けられていた総合大学、単科大学、専門学校等を総て大学と称することとする。これを初級と高級とに分つことは初等教育中等教育と同様である。これは現在の高等教育制度にはないが、大学改革の新しい方針として立てるのである。然かも修業年限を各二年とし、合せて四年とすることも現制と一致していない。これ等は初等、中等とその形を整合し、兼ねて大学教育の充実を計り真にその目的に叶うものたらしめることを考えるためである。

この編成方針は国立大学のみでなく、私立大学に対しても要求する。私立大学は大体今のままとして置いて、四ヶ年の教育を要求し、一般に大学までの教育を授け得る家庭の子弟を入学させるが、国立大学卒業生の如く直ちに仕事上に立つ重要な地位は与えられないこととする。それには国立大学に指導者養成所という方針を明確に持たせねばならぬ。私立大学と異った機能を持たせて最高の位置に据えることは、今後の私立大学に対する適切な方針である。

（ロ）大学は職能の主要な部門に従って編成される。（例えば商業大学、農業大学、工業大学、師範大学、司法学、行政大学、交通大学、通信大学の如し）

大学は様々な職能によって、その仕事を企画し指導し得る人を養成するのであるから、職能の主要な部門によって学校が分たれる。総合大学としてもよいが其の際は、夫々の職能による大学の集合体として構成し、今迄の如く、法学系、文学系、理学系、医学系の如く学問によって分ける方針は廃止する。

学校の性質が定まった職能者に対する養成所となるのであるから、卒業して仕事がないという様なことのない様に編成する。従って従来の如く漫然と高等教育を授けてその修了者が職業を探して無理をして就職するが如きものとは、決してならない筈である。

現在大学卒業者のために官吏養成の新民学院がある如く、仕事があって大学教育が行われる或は仕事のために人が教育される如くにすることこそ編成の根本である。職能による大学とはかくの如き北支の様々な目標とした養成機関である。

（ハ）学生は中等教育を修了した優秀な者及び既に仕事に携って居て優秀な職能を具えた者を入学せしめ、年齢は十九歳以上とする。

大学と中等教育との連絡については、夫々の職能による中等教育機関から同じ職能系統の大学に入学するのである。中等教育を修了して優秀なものはそのまま直ちに大学に入ってもよいが、出来れば仕事に就いてから大学に入学する形がよい。その方が真に職能の上での優秀者を選抜することが出来る訳である。年限の上で年齢は十九歳以上と定めて置く。併し実際は二十歳以上で真にその職能の最上層に立ち得る資質が見えてから入学せしむべきである。

一、設置

（イ）当分は北支全体に対し各種の大学一校宛を設置することとし、夫々の部門に最も便宜多い土地に施設する。

　大学は多くの費用を要し、生徒数は少いのであるから、多数設けることは不可。北支全体に向って各種の大学一校宛もあればよい。それも北京に総合して各科を網羅してもよいが、便宜の多い土地に夫々に適したものを設けるのもよい。工業大学は工業地に設け、商業大学は商業の最も盛んな土地に設けるが如くである。

（ロ）従来北支にあった大学、専門学校三十一校は速かに整理する。

　従来北支にあった大学、専門学校は右の如き方針に基いて整理する。併し私立大学はそのままとし、国立公立のものを改組して、職能化し、夫々専門の職能者を養成するところとなす。北京の国立大学を統一することは先ずなされなければならない。国立のものは一応開校して教授学生を集めて、これ等が卒業する頃に改組して新たな編成となさねばならぬ。開校しても帰る者が少なければ、直ちに改組して最高の職能者を養成するところとする。

　将来は我国の大学へ入学する生徒が多くなるであろうが、それは高級中学を終った者に対し、一ヶ年の予備教育をする大学予科を特設し、ここにて教育を受けてから本科の学生とする。かくて学校年限の上で我国と同じにきものである。高級大学はその職能に於ける最高水準の教育が、授けられるべきである。

（ロ）大学全体がその職能の実践場として改善され、実践が主たる学科内容をなす。

大学は右の如く学科内容を整えることとなると大学全体は自らにその職能の実践場として改造されることとなる。殊に高級大学に於ては、実践が主たる内容をなすことになり、学校の様子が一新される。学生は成るべく寄宿制となし、全日この職能実習場に於いて働き、最高の職能企画や指導をなし得る知識技術を修得し、学問上の優れた見識が持たせられるばかりでなく、力ある実践態度が与えられねばならない。（又指導者として立つのであるから新政府の指標としている新民精神の如きは充分に体得せられて居るべきである。）

（ハ）従来の大学は学科内容の程度が低く、この儘にては到底北支の産業を開発し民生を向上せしむるに足る指導者を養成し得ない。今後速

なり、従来の様な留学生の不便がなくなる。

一、学科内容

（イ）初級大学は当該職能に必要な基礎教育に力を注ぎ、高級大学はこれを基として最高の職能教育に努める。

初級大学と高級大学とに於ける学科内容の差異は、初級大学では普通学による基礎教育をなし、高級大学にて職能化された内容を授けることは、初等教育や中等教育の場合と同様な学科構成の方針に基く。初級大学の二ヶ年は、予備教育の如き意味を持った基礎陶冶に全力を傾注するのである。只普通にある予備教育の如く予科とはなっていても普通科のみを切り離して授け、上級の専門化された教育の如何なる部分と関連するかを忘れた様な教育が行われるのはよくない。大学教育は総て職能によって組織されているのであるから、初級大学に於いて基礎教育をなすに当っても、その特性に基いて教育内容の組織がなさるべ

かに大学の学科内容を職能化してその充実に努めねばならぬ。

今迄北支にあった大学はその学科内容の程度が低く、かくの如きものでは充分でない。殊にその程度が著しく低いことは、理科工科方面に於いて見られる。例えば清華大学の工学部の如きを見ても、かくの如き機械と技術とでは到底北支産業開発には資することが出来ない。少くとも我国の高等工業学校程度の設備が必要である。これ等施設をなしてその程度を高めることによって初めて職能化が実績をあげ得るのである。

又ここで教養を受けた人はその職能の指導者となるのであるから、新政府の政治方策をよく知って居るべきである。先ず新民の根本精神に就いては充分な理解が持たれねばなるまい。それには知的理解ばかりでなく生活態度の訓練を要する。その為には寄宿制が有効に用いられねばならない。政治の指導も同時になし得る人物が教養されねば、真の生活建設者とはなり得ないであろう。

一、教員

（イ）教員は夫々の職能に於ける専門家中優れた学識と技術とを備えた人を用いる。

教員は夫々の職能人であって、大学を修了した人のうち優秀な人を代る代る仕事より引き離して用いる。そして実地の指導を充分になさしめねばならぬ。出来れば職能者と教員とが常に入れ代って教育に当る組織とする。それが為には学校をなるべく、その職能の発展している土地に設けることが考えられるべきである。

（ロ）これには我国に於ける専門家を大学内に多数配置せねばならぬ。

我が国の専門家は様々な職能にも多数いるが同時にそれ等の人は代り代り大学にも関係を持たねばならぬ、その様な人が職能者として中国人と協力するのでなければ、大学のかかる改造は行われないことになる。今日の如く大学の組織員を中国教員や外国人教師に委ねて置いては、大学の内面的向上は期待し得ない。中国人と我国人と半数くらい集って大学構成をなすべきである。

学術研究院に就いて

一、方針

（イ）学術研究院は北支に文化及び生活建設のため、更に世界文化へ寄与するための学術研究機関で、従来大学にあった研究機関及び中央研究院を包括する。

　学術研究院はアカデミーであって、学校ではないが、北支建設の最高智能が常にここに用意されているところである。この研究院が研究をなす目標は北支に於ける文化及び生活を建設する為であって、それに緊要な学術的研究を積むにある。その研究の結果は単に北支の生活建設を健全にするばかりではなくして、世界文化へ寄与するに足る成果をあげることとなる。

　これは全く新しく作らないでも、今迄各大学にあった研究機関や、中央研究院に属する研究機関を統合して改造すればよい。これ等の他に従来様々な文化研究機関が設置されていたが、それ等は総てこの中に包括さるべきである。

（ロ）ここに於いては北支建設のための技術研究が行われ、その成果は支那研究として学術上価値多いのみでなく、直ちに政府に於ける最高企画の土台となるものである。

　この研究院の研究は決して単に研究のための研究ではなくして、北支建設のための研究たることに於いて著しい特色を持っている。従ってそれは優秀な支那研究であって、学術上最高の水準を保つのみでなく、直ちに政府に於ける諸建設へ寄与し、その企画の材料となり、優れた智能を提供するものとなるのである。かくして北支に於ける諸般の政治の研究院となって、常に背後にあって力を提供する役目をも果すものであるから、単なる学者、専門家の集っている場所となったり、現実と離れた研究機関となり終るが如きことのない様にする。

既に一通りの見識を具えた内地の有識者を政治上の顧問とすることは必要であるが、その背後にあって常に生き生きとした材料を提供する研究院が存在していないならば、方策はその源泉を失うことになるのである。

一、編成

（イ）研究院は学問的な研究に従事し得る専門家を以て構成し、ここに多くの研究員を網羅する。

研究院には研究者が集められていればよいのでこれには数名の専門家が必要である。又その下に於いて研究の資料を集め、これを編集して、優れた結論を出すのに助力する研究員が必要である。かくの如き人々を以て構成されるのであるから、大学とは別のものである。

（ロ）これは北京に成るべく総合して設置し、研究上必要な地に支院を置く。

成るべく北京にこれを設け、必要に応じては各地に支院を置くこととするも、最初は北京に総合して設置することとし、急速に実現さるべきである。東京に於いて支那研究をなすが如きは、不徹底であって、大きな研究機関は是非現地に作られなければ、真にこの土地の建設の為になるが如き研究機関とはなり得ないのである。日本にある有力な研究者はここに集まって現地に於ける支那研究がなされねばならない。

東京に何か研究の機関が設けられるならば、そこへはこの研究院より研究結果を報告する丈にてよろしい。

一、研究内容

研究の内容は北支建設の主要な仕事に従って構成される。

研究内容は何でもよいのではなく、北支に於ける新なる建設に役立つ如く、その主要な仕事に基いて究められねばならない。場合によっては研究内容を先に定め、それを研究するのに最も適当な人を集めて来るが如くにするのがよい。例えば自然資源を開拓す（る）のには、北支の地質学や動植物学や気象学の如きものが夫々の土地に就いて急速に調査されねばならないのである。その研究なくしては建設の土台が築かれない。然るにかくの如き今日の生きた支那研究は従来極めて貧弱である。従って徹底的に速かになされねばならないが、それには夫々の分野に於ける専門家を動員しなければ不可能である。

同様に人的資源を明かにする為には北支人の性能を対象とする人間研究が必要である。生活発展のための研究や、技術のための研究など同様にして数多く存している。それ等を緊急なものから組織して、この学術研究院の研究内容とする。

（ロ）研究の成果は現代支那研究として世界の学会へ発表し、他面には北支建設の基礎研究として用いる。

その研究の結果は支那研究として学術的な香りの高いものであるから差支えなきものは、世界の学会へ発表する。

それ計りではなく、直ちにその成果を土台として北支に於ける生活建設をなし得るのであって、そこに生活と離れない学術研究が成立するのである。

一、研究者

研究者は中国人及び日本人とし欧米の支那研究者も客員として参加せしめる。研究者は職能者中より採り、研究と職能との一致を計る。研究に携る人は中国人と日本人の専門家であって、互に研究上協力することを原則とする。欧米の支那研究者も差支えなき限り客員として参加せしめることとする。研究者は職能者の中よりも採ることを考え、研究が常に北支の生活建設と離れないものとすることが必要である。

戦前・戦中期の雑誌論文

弘道館と現代教育

『日本公論』一九四三年四月特大号

一

弘道館は烈公によって創設せられた学校であって、江戸時代全国各藩に於いて設けていた藩校の一つである。元来藩校は各藩大名が武士の子第のために設けた学校であって古いものは江戸時代の初頭にまでその源を辿ることが出来るものもある。併し早い時代に設けられていた諸藩の学問所は藩校の発端をなすものであろうが、その規模も決して大きなものではなく、未だ学校としての形態をとらなかったと言った方がよい。これが学校らしい機能を示すに至ったのは享保頃からであり、学校体制を立派に備えるに至ったと考えられるのは寛政頃からであるということが出来るであろう。かかる如き藩の学校の成立を最もよく代表しているものは、江戸にあって諸藩の教育の枢軸ともなっていた、幕府の学校である。その中でも昌平坂学問所の発展の有様を概観するならば、この事情が容易に明かにされる。我我は江戸時代の多くの藩校は寛政年間に於ける幕府の文武奨励及び人材育成の方針に基いて整えられたと見るのであって、事実この頃に於いて学校としての体裁をとったものが大部分であると言ってよいのである。

然るに水戸の弘道館の創設は天保年間のことであって、全国各藩の学校が相当に設けられてから後にその設立を見ているのである。水戸は独特な性質を備えた藩であるから学校の設立をなすというが如きことに関しては、他藩よりも速かであるべき筈であるが、天保年間まで創設を見なかったということに就いては理由があることと思う。併し創設が後れていたということをここに述べようとはしない。唯天保年間に至ってこの学校が創設せられたというのは如何なる時代の背景の下に於いてであるかを明かにしたい。そのことは、弘道館がその設立の頭初から他の諸藩の学校とは著しく異った性格をもったものであることを知らしめる端緒となるからである。弘道館の創設は他藩に於けるが如く古い学問所や、藩主が学者を傭って儒者勤めをさせていた講釈等を改造して作った如きとは異るということを先ず認めなければならない。それは水戸に伝統された独自な学問の風が時代の魁たる性格を持ち、全国の視聴を集め始めた際に、急速にこの学校が設立せられたということである。即ち時代の趨向はこの学校をして回天の役割を担うべきものとして発足せしめたものである。烈公はかくの如き機をもって、この学校の創始を決定したのであって、単に学問武芸を奨励するという方針から生れたものではない。新たなる時代への転向を担うものの教育をここに実現せんとしたことが弘道館の基本性格である。かくの如き事情が先ず弘道館の他に見られない性格を決定しているのであって、却って寛政頃の文武奨励によって設けられなかった所に、水戸に於ける教学の独特性を明かにするものが存在したのではないであろうか。既に威公、義公によって教学の端緒は立派に開かれていたのであったが、天保年間に至っての学問のため急速に学校体制をとった施設をなすと共に、あらゆる意味に於いて新たなる使命を担わしめたのである。

かかる事情によって弘道館は転換の時代に於ける学校体制をよく示しているものということが出来るのである。この点から考えるならば、京都に於いて堂上子弟のために皇道に基く学習院が創設せられることとなって、その議が進められていた時と弘道館創設とは正にその時期を一つにしているのである。学習院が幕末維新期に際会して革新の中心となったことと思い合せ、危機の中より生れて来て時代の趨向を見通していた学校として、両者はその性格に於いて相通ずるものを持っていたと言うことが出来ると考えられる。併し両者は決して創立に就いて直接の関係を持ったのではないが、幕末に於ける教育機関の性格を吟味する際に、並べて考えるべきものであると思う。我々が弘道館と現代の教育とをここに問題とするのも、現代の教育は又新たなる時代の躍進に際会しているのであって、この建設期に於いて独自な体制をとらなければならないからである。その場合に幕末期に差し迫って創設された回天史上の学校として弘道館を考え、その現代教育に対する示唆を明かにして見ようと思う。

二

弘道館創設に当っては、天保十二年七月十五日年寄より触書が発せられ、八学のことが達せられたのであるが、その中に「御家之儀は公辺の御羽翼天朝の御藩屏に被為在候間随て御家中の族も一通に心得候而は不相済候処面々祖先の功労にて御代々様御恩沢を蒙り安穏に罷在候故自ら流俗に泥み忠孝の大節文武の大道等疎略に想得向も有之」と当時の情勢を述べ、これを転向して二念なく精勤し、忠孝文武を励み御国恩に報い奉るようにと要望した。而してこの為には弘道館に入学して教育を受くべきであると求めたのである。安穏な生活に泥んでいたのでは、到底時代の魁となる教養を備えることは出来得なくなることは明かで、これを新たに発足した学校に於いて錬り直さなければならないとした。然らばかくの如き学校へは如何なる子弟を入学せしめようとしたのであろうか。これについては同日若年寄より達せられている触書に、学校の組織と就学の年齢及びその日時を明かにしている。これによって弘道館に於ける興味ある教育観を窺うことが出来るのである。

先ず入学の年齢に就いてであるが、「此度学校御建被遊候に付御家中当主子弟等十五歳已上より左之通相詰可致修業候」と達していることによって、十五歳以上であったことが知られる。今日の学校制度より考えると国民学校を卒業するのが満十四歳であるから、大部分の青少年が国民学校を卒業し、これで学校を離れて生活に入るという頃から弘道館へ入学せしむる制度であったことが知られる。即ち今日国民の多くのものが学校を終る年配になって初めて弘道館の門を通るのであるが、このことは如何に解釈せらるべきであろうか。現在では最初に学校に入るのが満六歳であってそれより数年間に亘る幼少年期の教育に国家は専念している。併し人間の教養を考えると、十五歳頃よりその人のものとなる教養が獲られて来ているのであって、真に教学の精神を体得せしめることが出来るのはこの頃より後である。組織立った教育はこの頃より後十年二十年の間に与えられ次第にその力を現し得るものであることを考えるならば、十五歳よりの入学は決して遅いことではなく、当時の考え方よりして極めて適切であったことが知られるであろう。忠孝の大節文武の大道というが如きことは、十五歳の頃より後に至って初めてその身について体されるので、それより以下ではこの考えに至る地盤を築くこと以上には進み得ないものである。その事は今日の教育に於いても何等基本的に変るところはないのであるが、今日ではその重要な時期から学校を離れている。現在及び将来の重要な建設を担当すべき青年のための教育は、この点に於いて充分な考慮を要するものがある。我々は今日に於いても十五歳以上の青少年に如何なる学校を施設するかについて、特に考慮を重ねなければならない。この方策を充分に展開させなかったならば、皇道に基く世界観の如きを徹底的に青年の心根に打ち立てるが如きことは実現し得ないと思う。今日の教育は次第に下から築き上げて来ているのであるが、最も大切な青年後期に至って組織ある教育から見放されて仕舞っている。

尤も十五歳頃より藩校に入学せしむることは弘道館のみのことではなくして多くの藩校に於いて見られたのであったが、特に天保年間に時代の風雲を感じて設けられたこの学校に於いて十五歳以上の子弟を入学せしめた意義を考えたのである。然らば十五歳以上にて入学したものは何歳までここに通学することとなっていたのであろうか。ここには弘道館の教育方針の独自性が示されている。

三

弘道館に於いては十五歳以上で入学させ四十歳までを修学の期としたのである。この点に関しては弘道館教育の精神が奈辺にあったかをよく示すものと言わねばならない。四十歳までの在学ということは今日の学校組織よりするならば理解し得ないことである。我々が今日この事実を異様に感ずるのは学校と仕事とを別箇に考え、人々は何れかその一つを選ばねばならないとするからである。然るに弘道館の教育は、学校に於ける学問と士分としての藩生活をなすことを結び合せて考えていたのである。そのために四十歳までは日割によって弘道館に詰めることを定めたのである。これを身分によって規定したのであって、布衣以上並びに三百石以上の当主嫡子は一ケ月十五日詰次男三男弟等は十二日詰とし、物頭並びに百五十石以上は当主嫡子十二日詰と定め、それ以下それぞれ弘道館に勤学すべき日数を定めている。かくの如くに勤学の日数を定めて四十歳迄の子弟の就学を要望したのである。このために三十歳以上四十歳以下で日勤のものはこれを半減詰としている。四十歳に至るまでの全藩士を弘道館へ勤学せしむる方針としたことはかくの如き規定によって充分にこれを窺うことが出来るのであって、この点は現代の教育と連関させて特に考慮すべき問題を提供している。

十五歳より四十歳に至るまで二十五ケ年に亘っての勤学を求め、然かも身分の高いものは一月の半を弘道館に於いて送らなければならなかったのである。若しもこれを年齢の高かったということよりして成人教育の如き任意の施設であったとしたならば、それは弘道館教育の本義に合わないことである。教育ということはその本質よりして四十歳頃迄に及んで然るべきことであって、特にこれを指導者たる士分の教育であると考えた際に、然るべき意義を充分に認めることが出来るのである。文武の修業には終るということはない筈であって、常に次から次へと修行が積まるべきことと思う。それが何年で完了し、何歳で終るということはあろうべき筈がない。一月に八日であっても、四十歳に達する迄、若い人々と共に勤学するの組織が立っていたならば、その間に自からを反省するの機会も与えられ、又その見識を練磨することに於いても著しいものが存在していると思う。若しも今日の教育が、特に指導者に対してはその仕事を半減してまで四十歳に至る勤学を要求する制度を置いていたならば、それが如何なる力となって現れて来ることであろうかと思う。三十歳より四十歳にかけては人間にとっての最後の仕上げの時であることは百年以前も今日も変りはないが、その間に雑務にかり立てられ、卑近な論談に貴い日時を費して終いに確固たる精神の拠りどころを獲られないで終っている例が、今日決して少くないのではないか。若し今日官省会社事業場その他にある指導者に対して四十歳迄の勤学を命令したならば如何であろうか。

それでは四十歳をもって弘道館より全く離れる制度であったかと見るに、それ以後に於いても文武修業に常に心懸くべきことが求められていたのである。「四十歳以上の族可成文学問の義理相弁武芸の儀も時々相試み万一之節息合等差支無之様可心懸事」と記されている。かくの如くにして四十歳以上のものであっても、なるべく学問につとめるばかりでなく武芸も度々これを試みて万一に備えなければならないとした。かくすると弘道館の教育は藩士にとって一生のことであったと言わねばならないのである。即ち勤学は生涯のことであって、何時をもって終るということのないものであることを明かにしたのである。それを単に考え方として示したのではなく、実際に就学せしむることによって明かにしたことに特色がある。我々はこれを単なる幕末教育の一事例として見るにとどまらず、指導者教育の方策を現代に於いて展開せしむる場合の考え方として、ここから多くの示唆を汲みとらなければならない。

四

弘道館に於いては文の教育のために文館を設けた

のである。正庁の北に句読、講習、居学の三寮を設けて、序を追うてその学業を次第に向上せしめたのである。句読とは素読を学ぶのであって、早朝より句読寮に詰めることが定められている。素読を終った者は講習寮へ進むのであって、この寮に於いては文義を解する修行をなし、学問が増進してから居学寮へ進むのであって、ここに於いては精義がなされるのである。これは文の学問に関する講究をなす諸寮であって、弘道館に於ける文教育の中心をなす機構であったと見られる。文とならぶべき武芸に関しては、正庁の南に三場を設け、剣術と居合薙刀柄太刀柔術の道場としたのである。その外館内には馬場、射場、砲場、軍事局、操練場が設けられていた。館外のものとしては水練、火術の修練場が設けられていた。この他医学館があり医学生には居学講習の二寮を置いて研学につとめさせた。その他歌学局、兵学局、音楽局、諸礼局、天文数学所も設けられていたのである。

かくの如き藩校の諸施設に関しては、諸藩と略同様であったが、これ等の諸機関を如何に用いるかに就いては、その教学精神の覚醒に特につとめるところがあったのである。如何なる教学精神を持たしむるかに就いては特に弘道館記を烈公自からつくり碑としてこれを立てたことは余りにもよく知られている。これを館内の中央聖域に建て、八掛の堂をもって覆ったことは、烈公が公にした教学精神の宣言として注目せらるべきことである。館記とならべて学則が示されていたことは、弘道館教育精神を示すものとして館記に劣らず重要な意義をもっている。併しこれ等に就いては既に多くの探究がなされて居り、それが全日本の教学精神を進動せしめたことに就いても既によく知られていることであるのでここには述べない。

唯この際特に弘道館に就いてその教学精神振励の上より注目すべきことは、単にそれが弘道館記、学則として示されこれが服膺せしむべしと求められていたばかりではなく校内の祭祀に於いても顕現せられていたことである。我々はこれを鹿島神社を館域の中央に鎮座せしめて、これを祭ることによって教学の根本精神に触れさせせねばならないことである。それと共に鹿島神社参道の右側に孔子廟を建てたのであるが、この祭祀に関しても弘道館精神をよく示しているのである。即ち鹿島神社、孔子廟については特に、『常陸帯』の中にその意味を述べてある。普通に考えると藩校であるから、これで文武の祭祀をなし、鹿島神社は武神であるだろうと解釈される。併し鹿島神社の鎮座には他のより重要な意味が盛られているのである。「我常陸なる鹿島の神は皇孫降臨し給ふ時、大功ありし神なればいざ此神の御霊を鎭座せしめ侍らんとの仰にて武甕槌神をば祭り給ひぬ。」とある。我が国の道は天祖皇孫によって起る代々の天皇をへて益々明かとなったので、神国の学校では神皇を崇め奉らなければならないのであって教の根本はここに淵源している。併し人臣としては神皇を祭るべきではないので神皇の大業を助け奉った鹿島の神を鎮座ましますことと定めたとある。我々はここに学校に於ける祭祀についても皇学の精神が充ちていることを認め得るのである。又孔子廟に孔子を祭るに当っては文宣王、先聖、至聖等の語はこれを用いずに、烈公自からその神牌に孔子神位と記してこれを祭ったと常陸帯に述べられている。ここにも孔子に対するの考え方更には儒学に対する自主性が明かに示されている。江戸時代の諸学校に於いて如何なる学神を祭るべきかに就いては結局その学校の教学精神によって定められることであって祭られている所によって学問の精神をも充分に窺うことが出来る。弘道館に於ける鹿島神社と孔子神位とはよく烈公の教学精神を具体のものとして示している。

これ等の教学精神に関しては現代の教育に対しても示唆することが極めて多いのである。此度諸学校制度の改革に当って皇国の道に則って国民の錬成をなすことを各学校に対して要望し、ここに教学の根本を置かんとしたことは至当であって、これを如何にして国民教育の根幹たらしむるかについては多くの工夫を要することである。それが教育のあらゆる部面に貫通する如くになることこそ緊要なことと言わねばならない。それなくしては現段階に於ける国民教育の建設的な体制を置くことは出来得ないのである。然るにこれが単に学校の規則として掲げられているのみで、それを教養するために特別な構想を置き工夫することに於いて不充分であったならば、到底この目的の下に教育を集約することは出来得なくなる。弘道館に於いては館記の碑と向い合って要石が建てられている。そこには烈公の雄渾な筆致をもって和歌一首が刻まれている。「行末もふみはたがへて蜻蛉島大和の道ぞかなめなりける」とある。これは教学の大眼目であるが、それを要石とまでして徹底せしめようとしているのである。弘道館記の碑に読みとられる精神は鹿島神社の鎮座にも窺われ、孔子廟にも顕され、更には要石にも示されているのである。弘道館教育の構想にはその何処を切って見ても皇学精神が脈うっているのを感得することが出来るのであって、驚くべき創見によるものと思う。学生警鐘にも来るべき時代の暁を知らせる意図を盛り込んだことなど考えれば考える程、烈公の示した教学の構想に心を引かれざるを得ない。これあってこそ弘道館は他の諸藩の学校と異った位置を幕末に於いて占めたのであると思う。

本土戦場化と文教体制

『公論』一九四五年六月号

一

戦争の苛烈な情勢によって国内の万般がこれに即応した体制となり、これが目的の遂行へと結集せられることに総べてはかかっている。本土戦場化の段階が進むにつれて、国内のあらゆる体制がその相貌を改めざるを得ないという事実はこの数ケ月の間に特に明かになって来ている。文教の体制であっても本土戦場化によって曾つての諸構成は次第にその運営機能を喪失し、別途の動きが急速度で現前しつつある。戦時非常措置によって文教の体制に徐々に改変を加えつつあったことが、文教を教育諸条規の外に押し出して仕舞った為に、去る五月二十二日の戦時教育令の公布となり、文教体制の変貌に制度上の結末をつけたのである。併し戦時教育令以後に於ける情勢は、既に文教体制に新たなる問題を与え、これを戦時教育令当時の考をもって処理することは出来得ない実情へと到達せしめているのである。

本土戦場化の様相が一段と深刻化されると共に文教の問題も亦迫進した解決に入らざるを得なくなる。曾つては漫然と考えられていた問題もこれを刻下に解決せざるを得なくなるのである。その問題解決が文教全般を新たなる段階へと推進させ、その如くになるであろうと推測させていた文教体制の諸様態が数日の間に現実となって我々の周囲に成立することとなる。本土戦場化が文教体制に関する将来の問題なりとされていたことを毎日引き寄せては今日の課題として実践の俎上に乗せ、明日はこれを国内に展開させている。かくの如くである現在の急迫化は、果して如何なる将来の問題を今日の文教実践課題たているのであろうか。我々は文教体制に就て将来のことと考えられているものと、今日戦場化の真只中に於いて迫られて実践せざるを得なくなっているものが何であるかを明かにして置かなければならない。本土戦場化によって迫られているものは文教課題を解きつつある先端でかくありたしと将来に向って待望せられていたものは時代を決定する文教の基本体制に関することである。然かも両者が密着し、本土が戦場化された中に於いて、独特な文教体制の問題を成立させている。

二

あらゆる戦時施策には今日の緊要に即応する一面と、将来を考えてこれが建設のために今より用意して置く一面とがある。これが文教体制の場合に於いて特に将来の諸建設を問題として然かも只今の危急に応ぜねばならぬ性格を強く現すのである。今日育成しつつある多くの教育対象は今後十年二十年にしてその力量を現わさなければならないものであって、文教体制は何れかと言えば、来るべき建設を基底として成立していると見ねばならない。戦雲砲煙が如何に我々の頭上を掩っても、来るべき時代を担う若いものは育成せられなければならないのである。この文教本来の性格よりして戦時下の緊要に即応する体制を整えることと文教体制を組成することとの間には、常に背反する何かが感得せられるのである。本土戦場化が更に迫進せられて国内の相貌が日々に変化している際にあっても、尚お若い世代はかくの如く育成せられていて果してよいものかどうかと反問せられるのである。この背反するものが時にはあらゆるものの戦力化を弱める結果ともなるのである。ここに於いて決戦段階にあっては背反する二つの要望を密着せしめてこれを一つにして推進するの方途を講ぜねばならなくなる。このためには戦の緊要に応じて戦力に直結した諸文教構成がその機能を完全に発揮しつつ同時にそれが将来の建設に副った意味を持たさせられねばならない。戦場化されて来る諸地域の教育が独自な構成をもって刻下の戦闘に結びつきながら、それが将来への教育基本道に乗っていることが必要である。本土戦場化の下にある文教体制とは正しくかかる性格のものであるべきで、戦場の近接によって文教が放棄せられるというが如き思想は如何なる意味に於いてもあり得ないことである。危急の中に於いて展開せられる文教体制は常時のものではあり得ないが、尚お依然として教育の打ち建てらるべき基本道に即しているという困難な課題を解かなければならない。

三

本土戦場化が急速に進められると共に後方部隊としての役割を果していた学校生徒の任務も更に強化せられる。食糧増産及びこれが処理と軍需生産へ動員せられることによって学徒動員の任務が担わされて来ていたが、この方式は更に迫進せられる。その企画に於いて又運営に関して曾つては極めて大まかな動きであったものが著しく精細になり、生産活動の展開せられる場面にも限定が与えられ、特殊な事情によって緊密であって然かも急速に切り換えられる動員となり、生産と教育との連結についての問題も所謂学徒動員体制を布置し始めた頃とは著しく異って来る。国土防衛の諸部面に学校生徒が結びつくことも、後方防衛の位置から緊要に応じては前線防衛へと転化せざるを得なくなり、曾つては前線を想定しての防衛教育がその距離を短縮して我々の前面へと現実の防衛活動が展開せられ、学徒がこれと直ちに結びつけられる。かくの如き情勢は学校生徒が或る猶予をもって結びついていた戦時下の生産、防衛、運輸等の緊急活動に非常な重みが持たせられることとなるのであって、毎日の生活はこれ等をもって全面的に充足されることとなる。数ケ月前にあっては必要に応じて所定の期間動員せられていたものが全面動員となり、手持ち時間をもっていたものが、諸活動の継起によって甚しい繁忙のうちに追い込まれることとなる。その上に居住を転変して機動性を発揮せざるを得なくなり、家庭より出動し得た戦時動員とは異った非常生活様式をとる。本土戦場化はかくして学校生徒のもっていた曾つての性格を生産、防衛、運輸への非常参加によって全く異ったものとなす。この場合にあっても差し迫った緊急要務を担いつつ育成せられているという文教体制は何等変らないばかりでなく、幾重にも重なって来ている緊急要務の諸困難の中にあって育成の方式を展開させねばならない。生産や防衛更には運輸に結びつきつつその中に於いて育成せられる形は戦場が近接するに従って益々重要なものとなる。曾つては緊要活動の周辺に於いて学徒としての切り離された育成を曲りなりにも工夫して来ていたものが、総べて許されないこととなり、緊要活動そのものを育成の機会として教育的に編成すること以外には文教体制の成立する場面がなくなる。然かもこれ等が寸断されて場所を改め、緊急活動の頻繁な切り換えに当面し、このため時間も予め企画することを許さないこととなる。然かもこれ等の育成に於いては不都合な条件に追迫せられつつ次代を護り立てねばならないという特殊な文教構成を立てなければならぬ。このためには学校という框をもって組み立てられていた青少年層の編成をもってしては到底文教の運営をなすことが出来得なくなり、別途に全青少年の戦時編成を完了せねばならなくなる。大日本学徒隊はこの情勢の中から生れたものであるが、それが学校別編成を基準となす限り、迫って来る緊要な諸活動には直ちに応じ得なくなる。

四

元来、青少年の隊組織が持つ意義は、これが学校段階による編成をもってしては発揮し得ない働きを発動せしむる必要に基いてのことである。学校は学年をもち組をもって構成せられ学業の進展に結びつけて編成運営せられているものである。然るに決戦態勢の進展は、かくの如き学業のための編成をもっては学徒を動し得なくなって、ここに隊組織の問題を提出した。隊としての運営は緊要なる諸活動に完全なる結びつきをなしてその役割を機動的に果さしむるところに存している。本土戦場化は場合によっては如何なる学校の生徒であり、何学年に在学しているものであるかを問題としない。全青少年層が刻下に緊要なあらゆる要務に携り得る構成となっていることが先ず第一に必要なことである。そのためにこそ隊組織による編成が進められたのである。勿論青少年層は年齢段階によって夫々に異った性格をもっているものであるから、これに即して編成せられ、その組織力を発揮すべきものと思う。六歳より十二歳に至る基礎教育段階にあっては、生産、防衛、運輸への隊組織による基本訓練が与えられ、必要に応じてこれに随時参加せしめられるが、その運営は育成に重点が置かるべきである。十三歳より十六歳に至る四年齢層に続する青年はこれに生産への編成を主とした運営を与え、生産への基本訓練を積ましむると共に、必要に応じて防衛活動へ結びつける。十七歳より二十歳に至る四年齢層は主として防衛へと編成し、その一部は軍本来の編成に繰り入れられることとなる。年齢層による三段階の編成は、それぞれに特有な育成の重点をもって隊構成をなすのであるが、これが同一の地域に於いて一つの系列に属する緊急戦時要務を展開せしむる際には、縦に結びついて隊活動を行わねばならない。その際には年長のものが年少のものと深い連関をつけて諸活動に参加し、これが独自な育成の機能を発揮することとなる。ここに於いても学校の段階による構成を改めて出なければならないものがある。隊の編成をなして青少年が活動する方式の重要性は単に戦時の要務をこれによって機動的に果すということにのみ存しているのではない。本土の如何なる場所に如何なる戦場化が展開せられても、青少年の隊による編成が常に強固であって、これを崩すことなくあらゆる事態を切り抜けてそれの組織力を発揮する所により重要なものが存している。学校による青少年の構成は学業を修めるためのものであって、学校がその機能を発揮し得なくなる際には、編成力を喪失するのである。通学の事実があって始めて青少年が結びつくのである。本土戦場化は学業を基本とした青年の編成を改め、これを隊組織として再編したのである。この隊編成を弱めるならば多くの学童や学徒は組織力を失い、場合によっては混乱の中を彷徨せざるを得ざることともなる。特に学童に就いてはこれを護り育てるためにも如何なる困難なる情況の中にあっても解体せず、教師の統率の下に活動する隊組織がなければならない。この隊の編成とこれを基底とした活動の展開が特有な人間育成の意義をもっていることに就いては特に言うを俟たない。学徒隊は単なる学校別学年別の隊編成にとどまるべきではなく、本土戦場化にあたってあらゆる機能を発揮し得る青少年全層の教育編成として運営せらるべきである。

五

本土の戦場化は文教体制に新たなる意味に於ける地方企画を与えることとなる。元来一国の文教体制は近代制度としては統一されているが、その実体について見るならば自からに立地性をもっているのである。制度としては画一的な学校の如きものであってもこれを学校構成の実質に基いて考察すると地域的な特性を充分に具備している。然るに近代制度化の方策はかかる立地的な性格を問題としなかった為に、教育の地方性を解体することとなり、唯一律に取扱って施策して来ていたのである。戦場化が本土に及ぶと共に国民生活の基礎からして地域企画を受けなければならなくなった。これを基礎として国土防衛は言う迄もなく、生産の機構であっても要員の編成であっても総べて数地方に分割されて運営され然かもそれ等が一貫して一つの働きをなすところに特有な体制が成立している。軍管区の構成はこれを最もよく示すのであって、国土の防衛と戦略とは地域企画を先づ強く要請している。このために軍管区を基本として戦時活動が編成せられていることは既に全国に展開された諸体制の配置によって充分にこれを窺うことが出来る。文教体制に関しても曾つては地方企画をなして夫々の地域に即した文教施策を展開せしめ得る機構をもっていたのであるが、それが廃止されて永い年月を経た為に、戦時下に必至な地域による文教体制の布置に困難を伴っている。現在は事実に於いて文教の諸体制を地域によって夫々に運営せざるを得なくなっている。我々はかかる文教体制の地方企画の付与について充分なる計画をもたなければならない。文教体制が軍管区別に独自な行政を受けてその体形が戦力の基礎となるばかりではなく、実は学徒の戦時緊要活動を通じてなされる教育も又その地域による得失を具え地方企画をもたなければならない。特に教育内容の構成とそれに盛込まれなければならない意味とは軍管区地域性に立つべきものである。かくして文教体制が軍管区を基本とした編成をとり、その教育内容も地域性を獲得した時に文教が戦時体制をととのえたということが出来る。たとえ本土が幾つかの軍管区によって独自な推進をなすべき時に際会しても文教体制がこれに即応して直ちに運営せられ、然かも文教本来の地域企画性を発揮するのは緊要なことであって、このための構え方が速かに立てられねばならぬ。

証言——極東国際軍事裁判速記録

極東国際軍事裁判速記録　第十三号

昭和二十一年六月十八日
裁判所側／検事側／弁護人側ノ氏名ノ記載
午前九時三十五分開廷
—ニュージエント証人を呼んでのやりとりが続き、午前十時四十五分休憩。その後、午前十一時三分開廷—

〔海後証人証人台ニ登ル〕
〔証人宣誓〕
○**ハマック検察官**　オ名前ハ何デスカ
○**海後証人**　「トキヲミ・カイゴ」ト申シマス
○**ハマック検察官**　アナタノ職業ハ何デスカ
○**海後証人**　東京帝国大学助教授デアリマス
○**ハマック検察官**　若シオ差支エナケレバ名前ヲ綴ッテ戴キタイ
○**海後証人**　TOKIOMI, KAIGO
○**ハマック検察官**　東京帝国大学ニ助教授トシテ居ラレタノハ何年位デアリマスカ
○**海後証人**　十年デアリマス
○**ハマック検察官**　ドウ云ウ科目ヲ教授サレマスカ
○**海後証人**　教育史ヲ教エテ居リマス、特ニ近代ノ日本教育史ヲ講義シテ居リマス
○**ハマック検察官**　アナタハドチラデ教育ヲ受ケラレマシタカ
○**海後証人**　初等教育ハ茨城県ノ水戸ニ於テ受ケマシタ、中等教育モ水戸デ受ケテ居リマス、高等学校ハ熊本市第五高等学校デアリマス、ソレカラ東京帝国大学ニ三年間在学致シマシタ
○**ハマック検察官**　ソレデハアナタハ小学校ヨリ大学ニ到ルマデ日本ノ学校ニ於テ教授セラレル科目ニ付テ十分ニ御知識ガオアリデアリマショウカ

○**海後証人**　私ノ在学中ノ経験ヲ通シテ知ッテ居ルコトガアリマス、更ニ教育ノ歴史ヲ専門ニ調ベテ居リマスカラ、其ノ点カラ日本ノ教育ニ付テ知ッテ居リマス

○**ハマック検察官**　軍事教育ハ初等教育ニ於テ教エラレマスカ

○**海後証人**　日本ノ軍事教育ニ付テ申シマスノニハ、歴史ヲ辿ッテ見ナケレバ分ラナイト思イマス、歴史的ニ考エテ見マスナラバ、日本ハ最近ノ八十年以前ニ於テ武家時代ヲ持ッテ居リマシタ、此ノ武家時代ハ約八百年続イテ居リマシタ、其ノ間ニ行ワレテ居リマシタ教育ハ、武士ヲ養成スルコトヲ基本トシテ居リマシタカラ、全般的ニ軍事教育的ナ色彩ヲ持ッテ居タト云ワナケレバナリマセヌ、此ノ為ニ明治以後ニナリマシテカラモ、教育ノ全般ガ武家時代ノ様々ナ伝統ヲ引継イデ、一般ニ軍事的デアッタト云ッテ宜シイト思イマス、明治時代モ時期ニ依ッテ一様ニ申スコトハ出来マセヌケレドモ、国家ガ戦争ヲ間近カニ控エタ際ニ於テハ、軍事的ナ教育ガ初等教育カラ行ワレテ居タト云ウベキデアリマス、小学校ニ付テ申シマスナラバ、明治十九年ニ小学校ノ制度ヲ改メマシタ際カラ、学校ノ中ニ兵式操練ガ行ワレルコトニナッテ居リマスカラ、若シ之ヲ軍事教育的ナリト申シマスナラバ、此ノ頃カラ小学校内ニ軍事教育ガアッタト言ワナケレバナラヌト思イマス

○**ハマック検察官**　ソレデハ初等、中等、又教育ニ関スル学校ニ軍事教育ガ始マリマシタノハ、何年頃ダト云ウ御意見デアリマショウカ

○**海後証人**　明治十九年、一八八六年頃カラダト思イマス

○**ハマック検察官**　其ノ時ニ軍事教練ト云ウノハ凡ソドウ云ウ科目ヲ含ンデ居ッタノデアリマショウカ

○**海後証人**　体育ノ中ニ兵式操練ヲ加エルト云ウコトデアリマシタ

○**ハマック検察官**　此ノ軍事教育ト云ウモノハ其ノ年

カラ後モ継続サレタモノデアリマスカ

○**海後証人**　大体ハ明治十九年以後継続サレタト見ナケレバナリマセヌ、但シ時代ニ依リマシテ様々変化ハ致シテ居リマス

○**ハマック検察官**　一八八六年以後ト致シマシテ、凡ソ何年頃ニ軍事教育ニ、今仰シャイマシタ変化ガ生ジタノデアリマショウカ

○**海後証人**　明治二十七八年ノ日清戦争以後軍事教育ハ、稍々強化サレタト考エマス

○**マックマーナス弁護人**　証人ガ知ッテ居リマスコトヲ法廷デ述ベテ、自分ノ意見ヲ述ベナイヨウニ裁判長カラ仰シャッテ戴キタイ

○**ウエッブ裁判長**　是ハ其ノ事実ヲ――事実ガソウデアッタロウト云ウヨウナ推測ヲシテハイケマセヌ、ソウシテ、ソウデアッタ、ソウ云ウコトヲ知ッテ居ル、ト云ウ風ニ申立テナケレバイケマセヌ

○**ハマック検察官**　ソレデハ此ノ一八八六年ニ始マリマシタ所ノ軍事教育ト云ウモノハ、戦争ガ起ルマデ（伊丹モニター「訂正　第一次世界大戦ガ起ルマデ……」）続ケラレタモノデアリマスカ

○**海後証人**　続イテ居リマシタ

○**ハマック検察官**　ソレデハ軍事教練ハ第一次世界大戦争ノ後モ継続サレタモノデアリマスカ

○**海後証人**　継続サレマシタ

○**ハマック検察官**　其ノ以前ト比較致シマシテ、第一次世界戦争以後ニ、或ルドンナカノ（ママ）時期ニ於テ此ノ軍事教育ト云ウモノガ非常ニ力強クサレタカ、若クハ今マデソレニ当テラレテ居リマシタヨリモ、ヨリ以上ノ時間ヲ当テルヨウニナッタト云ウ年ガゴザイマスデショウカ

○**海後証人**　大正十四年、一九二五年ニ陸軍現役将校配属令ガ出マシタガ、其ノ年更ニ――其ノ翌年大正十五年、一九二六年ニ青年訓練所ガ設立ニナリマシタガ、其ノ時期ニ於テ強化セラレタト見マス

○**スミス弁護人**　一々「ノート」「メモ」ノヨウナモノヲ参照シテ言ッテ居リマスガ、是ハソウ云ウ風デナク、直接ニ申立テヽ戴キタイ

〈中略〉

〔厳本通訳　只今マデノ所ヲ申上ゲマス、裁判長カラ、此ノ証言ヲ徴スルニ当タリマシテハ、必ズシモ其ノ規則ニバカリ拘泥スル必要ハナイノデアッテ、殊ニ歴史カラ述ベテ居リマス場合ニ於キマシテハ、殊ニ又其ノ証人ノ知識ト云ウ点カラ考エマシテ、「メモ」ヲ使ッテモ宜カロウ、之ニ付テ何モ争ウベキデナイ、ト云ウコトガアリマシタガ、ソレニ対シマシテ、ソウデハナク、此ノ「メモ」ヲ初メテ証人ガ作ッタモノデアルカ、或ハ又他カラ之ヲ得タモノデアルカト云ウ点ヲ争ッテ居ルノデアル、ト云ウ中立ガアリマシテ、ソレニ対シマシテ、只今ソレデハ証人ニ直接ニ訊キマスガ、今使用シテ居ル所ノ備忘録ト云ウモノハ証人ガ自身デ拵エタモノデアルカドウカ、ト云ウ質問ガアリマシタ〕

○海後証人　此ノ「メモ」ハ私ガ生レル以前ノ歴史的ナ事実マデモ証言シナケレバナラナイコトニナッテ居リマスカラ、ソレデ私自身ガ日本ノ教育ノ歴史、或ハ私ノ受ケテ来マシタ所ノ教育ヲ回想致シマシテ、私自身ニ於テ作ッタ「メモ」デアリマス

○清瀬弁護人　アナタ自身ガ今日ノ問ヲ予想シテオ作リニナリマシタカ

○ハマック検察官　私ハソウ云ウ質問ニハ反対致シマス、唯当人ガ拵エタカ拵エナイカト云ウ点ダケヲ中立テヽ貰イタイ

○ウエッブ裁判長　此ノ審判ノ為ニ此ノ「メモ」ヲ作ッタカドウデアルカト云ウコトハ問題ニナリマセヌ、其ノ只今ノ異議ハ之ヲ排除致シマス

○ハマック検察官　学校デ軍事教育ヲシタ者ハ誰デアリマスカ

○海後証人　軍事ノ教練ヲ致シマシタノハ、言ウマデモナク現役将校ガ配属サレタ、其ノ現役将校デアリマス

○ハマック検察官　如何ナル時期ニ於キマシテモ、此ノ軍事教育ト云ウモノハ初等教育、又中等教育、更ニ高等学校等ニ於キマシテ強制的ノモノト

ナッタコトガゴザイマスカ

○**海後証人**　大正十四年ニ現役将校ノ配属ノ規定ガ出来マシテ、現役将校ガ配属セラレテカラ中等教育、師範教育、高等教育ニ於テ義務ニナッテ居マシタ

○**ハマック検察官**　ソウシマスト、之ヲ西暦ニ致シマスト一九二五年デアリマスカ

○**海後証人**　ソウデアリマス

○**ハマック検察官**　此ノ一九二五年ニ於キマシテ、軍事教育ハ大学ニ於キマシテモ同様強制的ナモノデアリマシタカ

○**海後証人**　軍事教育ト云ウ言葉ヲモウ少シハッキリサセナクチャナリマセヌケレドモ、軍事ノ技術ニ関スル訓練ヲ致スノト、軍事ニ関スル講義ヲ聴クノ、二ツニ分レテ居ルト思イマス、大学ニ於テハ大正十四年、一九二五年カラ現役将校ニ依ル軍事ノ講義ガナサレテ居リマシタ、併シ執銃ヲ致シマス、銃ヲ執ッテ致シマス軍事訓練ハ其ノ当時ハ行ワレテ居リマセヌデシタ

○**ウエッブ裁判長**　（通訳ナシ）

〔**巌本通訳**　「裁判長ヨリ、只今証人ガ中立テヲスルニ当リマシテハ、常ニ西暦ヲ用イテ貰イタイ、ソウデナケレバ列席ノ判事諸公ニモ明瞭デナイト云ウ御注意ガアリマシタ」〕

○**クライマン弁護人**　（通訳ナシ）

〔**巌本通訳**　只今弁護人ヨリ平沼氏ノ弁護人ヨリ、自分ノ推察スル所ニ依リマスト、一九二八年、一九四五年以前ノコトニ関シテ質問ガ行ワレルノデハナイカト思イマス、ガ之ニ対シテハ異議ヲ申立テルモノデアルト言ッテ居リマス、即チ起訴状ノ中ニハ、一九二八年ヨリ一九四五年ニ亘ル時期ニ於テ共謀ノ事実ガアッタト云ウコトガ書イテアルノデアリマシテ、ソレ以前ノコトニ関シテハ、之ニハ自分ハ異議ヲ申立ルト云ウコトガアリマシタ（伊丹モニター「訂正　ソレ以前ノコトニ関シテ質問スルコトハ、此ノ案件ニ関連性ガナイト云ウ意味ニ於テ異議ヲ申立テマス」）〕

○**ウエッブ裁判長** （通訳ナシ）

〔**巌本通訳** 裁判長ヨリ一九二八年、一九四五年ノ時期以前ニ起ッタコトガ、一九四一年ヨリ一九四五年ニ亘ル期間ニ於ケル共謀ニ何等ノ関係ガナイト云ウコトヲ必ズシモ断言スルコトハ出来ナイノデハナイカ……。（伊丹モニター「訂正一九四一年ニ代ルニ一九二八年乃至一九四五年……」）異議ハ之ヲ却下スルト云ウ宣言ガアリマシタ〕

○**ハマック検察官** 軍事教育ハ如何ナル時期ニ於テモ、大学ニ於テ強制的ニナッタコトガゴザイマスカ

○**海後証人** 先程申シマシタヨウニ、一九二五年カラ現役将校配属ガアリマシタカラ、其ノ講義ヲ聴クコトハ義務トシテ行ワレテ居リマシタ

○**ハマック検察官** 大学ニ於キマシテ、軍事科目ニ関スル講義以外ニ、実際ノ軍事教練ガ強制的トナッタコトガアリマスカ

○**海後証人** 一九三九年、執銃訓練ヲスルコトガ決マリマシテ、此ノ年ノ九月カラソレガ実施セラレテ居リマス、但シ当時ハ野外教練ノ際ニダケ執銃致シテ居リマシテ、大学ノ中ニ於キマシテハ、唯軍事ニ関スル講義ガナサレテ居タダケデアリマス

○**ハマック検察官** ソレデハ如何ナル時ニ於キマシテモ、学校教育ガ再組織セラレマシテ、軍事教育及ビ軍事教練ト云ウモノニヨリ以上ノ勢力ガ注ガレタト云ウ事実ガアリマシタデショウカ

○**海後証人** 一九四一年十一月教練教授ノ要目ガ出サレマシテ、此ノ要目ガ出来マシテカラ後ハ、大学内ニ於テモ執銃訓練ヲスルコトガナサレルヨウニナリマシタ

○**ハマック検察官** （通訳ナシ）

○**クライマン弁護人** （通訳ナシ）

〔**巌本通訳** 一九三七年ニ学校教育ノ制度ト云ウモノガ再組織セラレマシテ、ソウシテ其ノ時以来軍事教練ト云ウモノガ、ヨリ一層ノ勢力ヲ注ガレタノデハナイカト云ウ御尋ネガアリマシテ、之ニ対シマシテ、ソレハ誘導訊問デアルカラ、之

ニ異議ヲ申立テルト云ウ申立テガアリマシタ〕

○ウエッブ裁判長　異議ヲ許可致シマス——認メマス

○ハマック検察官　ソレデハ一九四一年以前ニ於キマシテ、日本ノ学校教育ガ再組織セラレテ、其ノ結果トシテ軍事教育並ニ軍事科目ニ、ヨリ一層ノ努力ヲ注グト云ウコトガアッタノデハアリマセヌデショウカ

○クライマン弁護人　（通訳ナシ）

○ウエッブ裁判長　（通訳ナシ）

〔巌本通訳　只今異議ガ申立テラレマシタガ、之ニ対シテ裁判長閣下ハ、斯ウ云ウ問題ハ外ノ言葉遣イデハ中々訊カレナイカラ、随テ異議ハ之ヲ却下スルト云ウ宣告ガアリマシタ〕

○海後証人　一九四一年以前ニ於テ、教育ノ制度全般ニ関スル改革ガ行ワレテ来テ居リマシタ、ソレハ一九三七年十二月、教育審議会ガ設ケラレマシタ、此ノ教育審議会ハ日本ノ教育ノ制度、教育ノ内容、方法、全般ヲ検討シタモノデアリマシテ、ソレカラ後数年、此ノ審議会ガ引続イテ行ワレテ居リマス、此ノ審議会ニ於テ議セラレマシタコトハ、日本ノ教育制度全般ノ改革ノ問題デアリマス

○ハマック検察官　ソレデハ其ノ審議ノ結果ト致シマシテ、日本ノ諸学校ニ於テ軍事教育並ニ軍事科目ニ付テ一層ノ努力ガ注ガレタノデハアリマセヌカ

○ブルックス弁護人　其ノ質問ニ対シテ反対致シマス、証人ニ対シテ誘導的ニナルヨウナ性質ノ言葉ヲ吐カセルヨウナ質問ヲシナイヨウニ御願イ致シマス

○ウエッブ裁判長　（通訳ナシ）

〔巌本通訳　其ノ種類ノ質問ハ宜シイト云ウ宣告ガアリマシタ〕

○海後証人　教育審議会ニ於テ議セラレマシタコトノ中ニ、教練ヲ強化シナケレバナラヌト云ウヨウナ方針ガアッタトハ認メラレマセヌ、但シ昭和十二年以後支那事変ガ既ニ起ッテ居リマスカラ、国全体ト致シマシテハ戦争ニ備エタ教育ヲ

シナケレバナラヌト云ウコトニナッテ居タコトヲ認メマス

○ハマック検察官　一九三七年ノ教育改正ニ於キマシテ、軍事教練、軍事教育、軍事科目以外ノ科目ニシテ何カ変化ヲ生ジタ点ガゴザイマスカ

○海後証人　一九三七年ノ教育審議会ニ於テ議セラレマシタコトハ、教育ヲ皇国ノ道ニ則ッテ全般トシテ組織替ヲシヨウト云ウコトニナリマシタ、其ノ為ニ国家ヲ基礎トスル……

○ハマック検察官　皇国ト云ウ言葉ヲ言ワレマシタガ、ソレハ私ノ質問ニハ答エテ居リマセヌカラ、之ヲ除外シテ戴キマス

○ウエッブ裁判長　併シ是ハ証人カラ出タ返事デ、出テシマッタ以上ハ記録ニ残リマス

○ハマック検察官　ソレデハ一九三七年ニ変化ヲ生ジマシタ科目ハ何デアリマスカ

○ウエッブ裁判長　ソレハ誘導訊問デアリマス……

○ハマック検察官　（通訳ナシ）

〔巌本通訳　裁判長ヨリ只今質問ノ形式ヲ成ベク直接質問ト云ウ風ニ致シマセヌト、色々異議ガ出テ来ルカラト云ウ注意ガアリマシテ、之ニ対シマシテ、ソレナラバ成ルベク自分モ努力致シマシテ、直接ノ質問ノミヲスルヨウニスルト云ウ返答ガアリマシテ……〕

○ハマック検察官　一九三七年ノ教育改革ニ依リマシテ、ソレマデ使用セラレテ居リマシタ教科書ニドウ云ウヨウナ変化ガ起リマシタデショウカ

○海後証人　一九三七年ノ審議会ハ数年ニ亘ッテ教育ノ方針ヲ検討シタノデアリマシテ、実際ニ教育審議会ノ方針ニ従ッテ教科書ガ変ッテ参リマシタノハ一九四一年以後デアリマス、一九四一年カラノ教科目ノ上ニ於テ其ノ編成ノ方針ガ変リ、教科書モ改マッタト見ラレマスノハ、修身、歴史、地理、国語等デアッタ訳デアリマス

○ハマック検察官　ソウ云ウ変化ノ起リマシタノハ何年デアリマスカ

○海後証人　一九四一年以後デアリマス

○ハマック検察官　一九四一年以前ニハ何モ変化ガ起

テ、此ノ教育ノ効果ト云ウモノハドウ云ウ風デアリマシタデショウカ、影響ト云ウモノハドウ云ウ風デアリマシタデショウカ

○**海後証人**　一九三七年以後ニ於テハ、教育審議会ニ於テ皇国ノ道ニ則ル教育ヲ方針トシテ新タニ示シマシタカラ、国全体トシテノ教育ハ、国家ヲ本トスルト云ウ考エニ於テ変化ヲシツ、アッタ訳デアリマス

○**ハマック検察官**　ソレデハ只今ノ愛国心ト云ウモノノ中ニハ、超国家的ノ若クハ軍事的国家、軍国的ノ精神ヲ涵養スルト云ウ風ナ結果ヲ生ズルモノト言ワレマスデショウカ

○**山岡弁護人**　……

〔**巌本通訳**　此ノ質問ニ対シテ異議ノ申立ガアリマシタ〕

○**ウエッブ裁判長**　……

〔**巌本通訳**　裁判長ヨリ、是ハ誘導訊問デアルト云ウ風ニハ考エラレナイト云ウ——教育ノ結果ト云ウコトニ関シマシテハ只今ノ質問ハ色々違ッテ

ラナカッタノデアリマショウカ

○**海後証人**　一九四〇年ニ新シイ教育ノ組織ヲ実現スルヨウニ方針ガ決マッテ居リマシタカラ、四十年ノ夏頃カラ特ニ初等学校ニ於ケル教材ニ付キマシテ、新シイ方針ヲ示スヨウニナッテ居リマス、デアリマスカラ、一九……

○**ハマック検察官**　一九四〇年ノ初頭ニ当リマシテ教科書ニ起リマシタ変更ハ何デアリマスカ

○**海後証人**　一九四〇年ニハマダ教科書ハ変更セラレテ居リマセヌ

○**ハマック検察官**　一九四〇年ニ教育ノ科目ニ対スル変更ガ起ッタノデアリマショウカ

○**海後証人**　一九四〇年ニハ科目ニ付テノ変更ハマダ起ッテ居リマセヌデ、其ノ改正ノ方針ハ四十年ノ夏ニハ明白ニナッテ居マシタ、其ノ四十年ニ決メラレマシタ方針ハ、之ヲ遡リマストー九三七年十二月ノ教育審議会ニマデ達スルコトガ出来ルノデアリマス

○**ハマック検察官**　一九三七年以後ノ時期ニ於キマシ

来ルカラ、随テ是ハ誘導訊問デアルト云ウ風ニハ考エラレナイト云ウ裁判長ノ宣告ガアリマシタ」

○**ウエッブ裁判長** ……

○**ハマック検察官** ……

〔**巌本通訳** 裁判長ヨリ只今ノ教育方針ノ結果ト云ウ風ニ言ッテ貫イタクッテ、其ノ効果、影響ト云ウ風ナ言葉ヲ使ウト誤解ヲ生ジテ随テ誘導訊問デアルト云ウヨウナ異議ノ中立ガアルカラ、ソウ云ウ言葉ノ使用ヲ避ケテ貫イタイト云ウ注意ガアリマシテ、ソレニ関シテソウ云ウ風ニ致シマショウト云ウ答ガアリマシタ〕

〈中略〉

○**ウエッブ裁判長** 何カ対質ガアリマスカ

○**ハマック検察官** マダ直接質問ヲ済ンデ居リマセヌ、アナタハ国民文化ヲ日本ノ大学デ教エラレマシタカ（林モニター「訂正 国民文化ハ日本ノ学校デ教エラレマシタカ」）

○**海後証人** 教エラレタ

○**ハマック検察官** ドノ級デ其ノ学科ヲ教エラレタノデスカ

○**海後証人** 国民学校ノ第一学年カラ教エラレテ居リマス

○**ハマック検察官** 此ノ国民文化ノ科目デハ、ドウ云ウコトガ学校デ教エラレタノデアリマスカ

○**海後証人** 国民文化ノ科目ト狭ク限ルコトハ出来マセヌケレドモ、広ク各教科ノ中デ、日本ノ国家ガ至上ナモノデアルト云ウコトガ教エラレマシタ

○**ハマック検察官** 国民文化教育ノ結果ハ、生徒ニ対シテドウ云ウモノデシタデショウカ

○**海後証人** 生徒ニ対シテ、日本ノ国ハ強イ力ヲ持ッタモノデアルコト、世界ニ対シテ其ノ特殊ナ性質ヲ表ワサナケレバナラヌコトガ教エラレマシタ

○**ハマック検察官** アナタハ御自分ガ学校デ生徒デアッタ経験並ニ教授トシテ教育学ヲ教エラレテ居タ経験、其ノ経験ニ基イテ今ノヨウニ、日本

ノ国民文化教授ノ結果ト云ウモノガ、日本ノ国民ノ優秀性ト云ウモノヲ生徒ニ教エルコトニナッタ、斯ウ云ウコトヲ言ワレルノデアリマスカ

○**スミス弁護人**　結論ヲ求メテ居リマスカラ抗議致シマス

○**ウエッブ裁判長**　反対ヲ却下致シマス、他ノ理由カト思イマシタ

○**海後証人**　私ノ見テ居リマス所デハ、此ノヨウナ教育ガ生徒ニ対シテ、日本ノ国ヲ偉大ナルモノトスルト云ウ考エガ教エラレタト思イマス

○**ハマック検察官**　是等ノ学校ニ於テ地理ハ教エラレマシタカ

○**海後証人**　地理ハ国民学校ノ上級カラ教エラレテ居リマスガ地理ニ関スル教材ハ一年生カラ入ッテ居リマス

○**ハマック検察官**　歴史モ同様デスカ

○**海後証人**　歴史モ同様デアリマス

○**ハマック検察官**　アナタガ学生トシテ学校ニ居ラレタ間、並ニ教師トシテ教育学、教育史ヲ教エラレタ経験ニ基イテ御返事戴キタイノデスガ、是等歴史、地理ナドヲ教エタ其ノ結果、学生ニ及ボス影響ハドウ云ウモノデスカ（林モニター「訂正　歴史、地理並ニ修身」）

○**ワーレン弁護人**　此ノ証人ハ専門家トシテノ資格ガマダ証言サレテ居リマセヌ、デアリマスカラ斯ウ云ウ質問ヲシテハ適当デナイト思イマス

○**ウエッブ裁判長**　其ノ抗弁ヲ却下致シマス、理由ハ、此ノ方ハ自分ガ学生トシ、又大学ニ於テ教育史ヲ教エラレタ、此ノ経験ニ鑑ミマシテ、此ノ証人ハ斯カル日本ノ学生ニ及ボス影響ニ付テノ意見ヲ述ベル資格ガアルモノト認メテ、抗弁ヲ却下致シマス

○**海後証人**　ドウ云ウ教育ノ結果ガ現ワレタカト云ウコトニ付テハ、少シ詳シク申サナケレバナラヌノデアリマス、初等学校、中等学校ニ於キマシテハ修身、地理、歴史ナドニ於テ行ワレテ居リマシタ是等ノ教育ガ、相当ノ効果ヲ表ワシマ

シタ、生徒ハ教師ニ教エラレタ如クニ考エタト私ハ認メマス、併シ中等学校ノ上級カラ高等教育ヲ受ケテ居リマス学生ハ、此ノヨウナ教育ニ対シテ批判的ナモノモ少ナカラズアリマシタ、其ノ為ニ地理、歴史、修身ナドニ於テ教エラレテ居リマシタ様々ナ教育ノ考エガ、其ノ儘生徒ノ中ニ入ッタコトハ見ラレマセヌ

○**ハマック検察官**　今言ワレタ中等学校上級、若シクハ高等学校生徒ガ批判的ニナッタト云ウ、此ノ初等科時代ニ与エラレタ教育ト云ウモノハドウ云ウ教育デスカ

○**海後証人**　モウ一度……

〔**岡通訳**　今中等学校ノ上級若シクハ高等学校ノ生徒ガ批判的ニナッタト言ワレタガ、其ノ対象トスル初等学校時代ニ教エラレタト云ウモノハドウ云ウモノデスカ〕

○**海後証人**　高等教育ニ進ンデ批判的ニ物ヲ考エルヨウニナッタ、学生ガ中等、初等ノ段階ニ於テ受ケマシタ教育ハ、先程私ガ申シタヨウナ教育ト何等変リガアリマセヌ

○**ハマック検察官**　然ラバ其ノ教育トハドウ云ウ教育ダッタノデアリマスカ

○**海後証人**　初等教育、高等教育ニ於テ受ケタ教育ヲ御尋ネニナッテ居ルノデスカ、高等教育ノ方ヲ御尋ネニナッテ居ルノデスカ

○**ハマック検察官**　私ノ質問ショウト思ッテ居リマシタノハ、アナタガ学生トシテノ経験、又其ノ後教師トシテノ経験、之ニ鑑ミマシテ、斯ウシタ教育ガ日本ノ学生ニ及ボス影響ニ付テ伺ッテ居ル訳デアリマス

○**海後証人**　ソレハ分ッテ居ルノデスガ、ドウシテ教育サレタカト云ウノハ初等教育ニ付テデスカ、或ハ高等教育ニ付テデスカ、ドチラカ、批判的態度ガ教育サレタト云ウノカ、或ハ国家主義思想ニ基ク教育ガドウ云ウ風ニサレタト云ウノカ、如何ニ教育サレタカト云ウ、其ノ点ヲ伺ワナイト御答エガ一寸出来マセヌ

○**ハマック検察官**　私ガアナタニ御聴キシマスノハ、

日本ノ全体ノ学校、小学校カラ始マリマシテ大学校ニ到ル此ノ全体ノ教育ニ付テ、アナタ自身ノ経験ニ基イテ是ガ学生ノ心理ニ及ボス影響如何、此ノ点ヲ尋ネタイノデアリマス

○**海後証人**　其ノ点ハ先程御答エ致シマシタノデアリマスガ、初等、中等教育ヲ受ケテ居ル生徒ハ、斯ウ云ウ風ナ教育ニ依ッテ少カラザル影響ヲ受ケテ居ルモノト考エマス

○**ハマック検察官**　私ハ之ヲアナタニ御尋ネシテ居ナイノデアリマス、アナタノ経験ニ基イテ今言ワレタ軍事教育ナリ、歴史、地理ノ教育ナリ或ハ国民文化ノ教育ナリト云ウモノガ、日本ニ於テ日本ノ学生ニ軍事的ナ、其ノ他ドウ云ウ影響ヲ与エタカ、此ノ影響ニ付テアナタノ意見ヲ伺イタイノデアリマス

○**ローガン弁護人**　此ノ点ニ付キマシテ既ニ証人ノ意見ハ述ベラレテ居リマシテ、今検察側ガシヨウトシテ居ルコトハ、検察側ノ意見ヲ証人ノ口ニ挟モウトシテ居ルノデアリマシテ、是ハ非常ニ誘導的ナ質問デアルカラ抗議致シマス

○**ハマック検察官**　証人ハ今マデノ所何等ノ返事ヲ呉レマセヌカラ、私ハ是カラ証人カラ得ヨウト努力最中デアリマス

○**ウエッブ裁判長**　少シデモ誘導シテハナリマセヌ

○**ハマック検察官**　此ノ時ニ当リマシテ……

〈中略〉

〔**岡通訳**　此ノ時ニ当リマシテ此ノ証人ヲ敵性アルモノト宣言シ、検察側ノ証人デハアリマスガ、検察側自ラ之ヲ弾劾……〕

○**ハマック検察官**　……

○**ウエッブ裁判長**　（通訳ナシ）

〔**岡通訳**　此ノ時ニ当リマシテ先程途中デアリマシタガ、検事側カラ証人ヲ弾劾スルト云ウ申立ガアリマシタガ、判事側カラ是ハ非常ニ重大ナ問題デアッテ、其ノ前ニ熟考スベキデアルト申渡サレマシタ、ソレデ検事側ハ今暫ク努力シテ見ル、併シ今マデ検事ニ与エラレタ返答ハ全然有益ナモノデナク、又本日以前ニ検事ニ与エラレ

タ質問ニ矛盾シテ居ルモノデアルト云ウコトヲ言ワレマシタ」

○**ハマック検察官**　繰返シマス、日本ノ小学校並ニ大学ニ至ルマデノ各段階ニ於テ教エラレタ教育ノ日本ノ学生ノ心理ニ及ボス影響ト云ウコトニ付テ、学生トシテノ、或ハ教師トシテノ経験ヲ御持チニナルアナタノ御意見ヲ伺イマス

○**海後証人**　ソレデハ私ノ意見ヲ申述ベマス、私ガ学生トシテ生活ヲ致シマシタ間、更ニソレカラ後教師トシテノ経験ヲ持ッテ居リマス間ニ、先程来指摘サレマシタヨウナ教育ガ日本全体ニ対シテ与エタ影響ハ次ノヨウニ申シタナラバ宜イト思イマス、日本ノ国家ヲ至上ナリトスル考エハ初等教育、中等教育、更ニ大学教育ニ至ルマデ効果ヲ現ワシテ居ルト見ルベキデアリマス、尚オ此ノ考エハ戦争ガ次第ニ激化スルニ連レマシテ、日本ノ国民全体ニモ日本ノ国家ヲ至上トスル考エガ非常ニ強ク現ワレテ来テ居リマス、私ハ大学ニ於テ職ヲ奉ジテ居リマスガ、生徒及ビ教師ニハ二ツノ態度ガアッタト思イマス、一ツハ満州事変以来ノ日本ノ政策及ビ日本ノ国家ヲ至上トスル考エ方ヲ正シク承認シテ、之ニ何処マデモ協力ヲシナケレバナラヌト云ウ考エガ一ツアリマシタガ、他ノ一ツハ此ノ日本ノ満州事変以後ニ於ケル動キヲ批判的ニ見テ居ル人々デアリマシテ、其ノ中ニハ先程申シマシタヨウナ教育ノ効果ハ現ワレナカッタト言ワナケレバナリマセヌ、私自身ノ考エヲ申シマスナラバ、私自身ハ大東亜戦争完遂ノコトニ関シテハ、寧ロ如何ニシテ是ガ遂行セラル、カト云ウコトニ関シマシテ、私自身ノ学問、或ハ教育ニ対スル様々ナ仕事ヲヨリ発展スルヨウニ現ワシタイト云ウ風ニ私自身ハ考エテ生活ヲシテ居リマシタ

○**ハマック検察官**　満州事変直後カラ此ノ日本ノ政策ニ対シテ公然ト反対シテ居タ所ノ日本ノ教授方ニ付テハ一体ドウ云ウコトガ起リマシタカ

○**ウエッブ裁判長**　同僚ノ教授ノ反対シタ人ニ何ガ起ッタカト云ウコトハ必要ナ証言デハナイデ

ショウ

○**ハマック検察官**　ソレダケデアリマス

○**菅原弁護人**　菅原弁護人デゴザイマス——証人ノ非常ニ明晰ナル御答エニ依リマシテ、日本ノ教育界ノ実情ヲ明確ニ把握スルコトガ出来マシタコトヲ私ハ非常ニ欣ブモノデアリマス、尚オ証人ノ御陳述ヲ更ニ確実化スル意味ニ於テ二、三ノ反対訊問ヲ試ミテ見タイト思イマス、証人ハ自分ノ体験ト研究ノ結果ト云ウコトヲ言ワレマスガ、失礼デスガ、現在オ幾ツニオナリデスカ

○**海後証人**　私ハ四十五歳デアリマス

○**菅原弁護人**　ソレカラ先刻アナタノ「メモ」ノ問題ガ起リマシタガ、検事ニ何回アナタハ御会イニナリマシタデショウカ

○**ウエッブ裁判長**　此ノ質問ハ弁護人ノ目的トスル所ヲ助ケマセヌノデ之ヲ拒否致シマス

○**菅原弁護人**　ソレデハ次ノ問題ニ移リマスガ、アナタハ先程我ガ国ノ八百年来ノ教育ニ付テ封建的軍事的デアッタト云ウヨウニ御答エニナリマシタガ、是ハ総体的ニ一般的ニ御覧ニナッタコトデアロウト想像スルノデアリマスガ、由来我ガ国ニハ、オ上、皇室ニ於カレテハ特殊ノ音楽、和歌或ハ国学ヲ繞ッテノ音楽ガアリ、庶民階級ニ於キマシテハ所謂寺子屋教育ト云ウモノガ行ワレ、非常ナ民主的ナ教育ガ実際ニ行ワレテ居ッタノデアリマス、又実業界ニ於テハ所謂徒弟教育トシテ、各業界ニ於ケル教育モ行ワレテ居ッタト云ウコトモ承知シテ居ルノデアリマスガ、其ノ点ハ如何デアリマスカ

○**ウエッブ裁判長**　只今——弁護人ハ質問ヲスルコトハ出来ルノデアリマスガ、演説スルコトハ御断リ致シマス

○**菅原弁護人**　我ガ国ノ教育ノ一般情勢ヲ証言ヲシテ戴キマスコトガ、此ノ事件ヲ審理ナサルニ必要デアルト思イマスガ故ニ、此ノ点証人ニ御質問申上ゲテ居ルノデアリマス、殊ニ先刻ノ御答弁ノヨウニ致シマスルト、日本ニハ昔カラ八百年来軍事的教育ノミ行ワレテ居ッテ、平和的ナ

民主的ナ教育ガナカッタカノ如キ誤解ヲ生ジテハ相成リマセヌガ故ニ、此ノ反対訊問ヲ致スノデアリマス

○**ウエッブ裁判長**　初メノ部分ニ付キマシテハ、証人ハ其ノ目的ヲ述ベル役目デハナイノデアリマス、後ノ方ニ付キマシテハ、之ヲ幾ツカノ質問ニ分ケテ戴キタイノデアリマス

○**菅原弁護人**　先程申サレマシタコトニ付テ、総テガ軍事教育ヲ行ワレテ居ッタカノヨウニ誤解ヲ招ク虞ガアリマスルカラ、我ガ国ノ教育ハ必ズシモソウデナカッタト云ウコトヲ私考エマスルカラ、此ノ点ニ付テ証人ノ御意見ヲ承ッテ居ルノデアリマス

〈中略〉

〔**本野通訳**　抗弁ニ対シマシテ裁判長ハ、日本ノ弁護人ハ反対訊問ニ精通シテ居ナイカラ、自分ハ他ノ判事ガ之ニ同意スル限リハ、モウ少シ忍耐ヲ以テ反対訊問ヲ聴コウト云ウコトヲ宣セラレマシタ、弁護人ニ対シマシテ短イ質問ヲシテ戴キタイト裁判長ハ申サレマシタ〕

○**菅原弁護人**　ソレデハ只今ノ問題ヲ簡単ニ御伺イ致シタイト思イマス、ソレデハ御質問申上ゲマス、武士階級ニノミ教育ガアッテ、他ノ階級ニハ教育ガナカッタカドウカ、其ノ点ニ付テ御答エヲ願イマス

○**海後証人**　先程検事カラ御質問ノアリマシタコトハ、日本ニ於ケル軍事教育ノ起原ヲ聴カレタノデアリマス、ソコデ私ハ日本ノ軍事教育ハ明治時代ニナッテ急ニ創マッタモノデナクシテ、其ノ背景ハ八百年ノ昔ニ遡ルコトノ出来ルト云ウ風ニ私ハ御返答申上ゲタノデアリマス、其ノ教育全般ガドウデアッタカト云ウコトニ付テノ御返答ヲシタノデアリマス

○**菅原弁護人**　能ク分リマシタ、我ガ国ノ根本ノ教育方針ト云ウモノハ如何ニ御考エニナリマショウカ

○**海後証人**　ソレハ時代ニ依ッテ必ズシモ、同一デナカッタト私ハ日本ノ教育史ヲ見テ居リマス、何

時ノ時代ニ付テノコトヲ御答エ申上ゲテ宜イノデアリマスカ

○**菅原弁護人**　明治維新以後ニ付テデモ結構デゴザイマス

○**海後証人**　明治以後ノ教育ガドウ云ウ方針デアッタカト云ウ御質問デアリマス、ソレニ関シテ御答エヲ致シマス、明治時代ニハ、我ガ国ハ他ノ近代国家ト比較致シマスナラバ、甚シク遅レテ国ヲ開イタ訳デアリマシテ、此ノ十九世紀ノ終リ頃ノ情勢ハ、我ガ国ガ出来ルダケヨリ早ク近代国家ノ態勢ヲ執ラナケレバナラヌ、斯ウ云ウコトニアッタ訳デアリマス、其ノ為ニ教育ノ方面ニ於キマシテモ、日本ノ国家ヲ如何ニ発展セシムルカト云ウコトニ力ガ集中サレテ居タト思イマス、此ノ傾向ハ明治十八、九年、一八八五、六年頃カラ特ニ強クナリマシテ、富国強兵ト云ウ言葉ヲ「モットー」ニ致シマシテ教育ヲ行ッテ来タト私ハ考エテ居リマス

○**菅原弁護人**　明治十九年ノ当時ニ教練ト云ウコトガ初メテ用イラレタト云ウコトヲ承リマシタガ、ソレハ森有礼氏ガ文部大臣ノ当時デアリマシタカ

○**海後証人**　其ノ通リデアリマス

○**菅原弁護人**　其ノ当時ハ日本ハマダ開ケテ居リマセヌデ、国防ヤナンカニ付テ非常ニ朝野ヲ挙ゲテ憂イヲ持ッテ居ッタ、支那ノ軍艦ガ横浜ニ入ッテ来ルト云ウヨウナ時デアリマシタ、別段侵略的ナ意味ニ於テソウシタコトガ行ワレタノデハナク、殊ニ森大臣ハ自由主義的ナ人デアルトシテ後デ暗殺マデサレタヨウナ人デアリマスカラ、我ガ国ノ軍事教育ノ最初ノ教練ナル文字ヲ用イラレマシタコトニ付テモ、ソウシタ侵略的ナ意味デナイト云ウコトハ、ハッキリ致シテ居ルダロウト思イマスガ、其ノ点ハ如何デアリマショウカ

○**海後証人**　森文部大臣ガドウ云ウ風ナ教育ノ業績ヲ遺サレタ方カト云ウコトニ付テハ、私モ特別ナ研究ヲ致シテ居リマスガ、ソレニ付テハ今日

ハ中上ゲル必要ハナイト思ウノデアリマス、只今御質問ノアリマシタ兵式操練ヲ学校ニ於テ実施シタト云ウコトハ、他国ヲ侵略スル意味ガ其ノ当時アッタカドウカ、私ハ侵略ヲスル意味ハ必ズシモナカッタト思イマス、但シ当時ハ、場合ニ依ッテハ日本ハ戦争ヲシナケレバナラヌコトガアルカモ知レヌ、其ノ際ニハ強力ナ兵備ヲ持ッテ居ナケレバナラヌ、斯ウ云ウコトハ恐ラク森文部大臣ノ教育ノ政策ノ中ニハアッテ居タコトト私ハ見テ居リマス

○**菅原弁護人** ソレハ勿論侵略ノ意味デナクシテ、其ノ当時非常ニ強カッタ支那ノ兵備ヲ見テ、国ガ滅サレルノデハナイカト云ッテ日本人ガ心配ヲシテ居ッタ事実ヲ物語ルモノデアリマス

○**ウエッブ裁判長** 是ハ反対訊問デハナク、オ互イ同士ノ会話ノヨウナモノデアリマス

○**菅原弁護人** 次ニ承リタイノハ、大正十四年ニ初メテ現役軍人ガ配属ヲ受ケタト云ウコトヲ先程承リマシタガ、ソレハ加藤高明内閣デ、文部大臣ハ岡田良平氏、陸軍大臣ハ宇垣一成氏デアッタト思イマスガ、左様デアリマスカ

○**海後証人** 私ハ其ノ時代ノ内閣ノ構成ガドウデアッタカヲ詳シク調べテ居リマセヌデ、御答エ出来マセヌ

○**菅原弁護人** ソレデハ、其ノ時ノ制度改革ノ意味ハ実質上ノ軍縮的意義ヲ持ツモノデアル、即チ二年ノ現役ヲ一年半制度ニ直シ、ソウシテ半年ノ教育ヲ学校ニ依ッテ行ウト云ウヨウナコトカラ出発シタノデアルト思イマスガ、果シテソウデアリマスカ

○**海後証人** 其ノ点ニ関シマシテ二ツノ考エ方ヲ私ハ持ッテ居リマス、一般ニ第一次欧州大戦以後、我ガ国ニハ自由主義的ナ思想、更ニソレガ進ンデハ社会主義思想ノ発展ヲ見テ居リマシタ、此ノ傾向ノ中ニ於キマシテ——斯ウ云ウ風ナ傾向ニ対シマシテ国家ヲ本位トスル思想ヲ主張スル人々ガ現ワレマシテ、自由主義、社会主義思想傾向ニ対シマシテ之ヲ批判シ、日本ノ国家精神

ヲ明徴ニシヨウトスル考エガ起キマシタ、此ノ考エ方ガ軍事教練ヲ成立タセル一般的ナ背景デアッタト考エマス、大正十四年ニドウシテ現役陸軍将校ガ学校ニ配属サレタカ、大正十五年、一九二六年ニドウシテ青年訓練所ガ全国ニ設置セラレタカ、此ノ理由ハ只今御質問ノアリマシタヨウニ、第一次欧州大戦後ニ於ケル日本ノ軍縮、其ノ軍縮ノ結果デアッタト私ハ見マス

○**菅原弁護人**　其ノ当時ニ欧州ノ戦争ノ済ンダアトデ、好景気ニ煽ラレ、又関東ノ大震災ニ因ッテ被害ガ甚シカッタ為ニ、国民ノ、就中青年ノ士気ガ非常ニ衰エテ、当時オ勅語（ママ）ヲ戴イタリシテ、何等カノ形ニ於テ青年ヲ引キ緊メル訓練ヲシテ行カナケレバナラヌト云ウ所ノ情勢ガアッタノデハアリマセヌカ

○**海後証人**　或ハ只今オ尋ネノコトハ、ドウシテ一九二五年、六年ノ頃ニ軍事教育ガ強化サレタカト云ウコトニ対スル各方面カラノ解釈ノヨウデアリマス、其ノ解釈ニ付キマシテハ人ニ依ッテ様々ナ考エガアリマスノデ、私ハ此ノ証人席カラ私自身ノ持ッテ居ル解釈ヲ申述ベナクテハナラヌカドウカハッキリ致シマセヌ、ソコマデ申述ベナクテハイカヌノデアリマスカ

○**ウエッブ裁判長**　証人ハ証人ノ意見ヲ述ベナケレバイケマセヌ、彼ハ専門家ト称シテ居ルノデアリマス

○**海後証人**　ソレデハ私ノ解釈ヲ申シマス、先程来大正十四年、五年ニ於ケル軍事教練強化ヲ如何ニ解釈スルカト云ウコトデアリマスガ、私ハ此ノ軍事教練ノ強化ハ、近イ原因トシテハ軍縮カラ来テ居リマスケレドモ、其ノ後間モナクシテ満州事変ガ起ッテ参リマシタ為ニ、二十五年、二十六年カラノ軍事教育ハ、結果カラ見マシテ、此ノ後ニ於ケル日本ノ様々ナ活動ニ至大ナ力ヲ持ッタモノダト私ハ解釈致シマス、尚オ其ノ外ニ第一次欧州大戦以後ノ日本ノ状況ハ様々ナ社会不安ガ伴イマシタ為ニ、国民ノ間ニ軽佻浮華ノ傾向ヲ惹キ起シタコトモ少カラズアルト思イ

マス、此ノ佻浮軽華（軽佻浮華）ノ傾向ヲ一九二五年、二六年カラ実施致シマシタ軍事教育ガ引キ緊メタ、斯ウ云ウ効果ヲ現ワシタコトモ私ハ認メマス

○菅原弁護人　最後ニ教育審議会ノコトヲ一寸承リタイト思イマス、教育審議会設置ノ趣旨ハ教育ノ独立即チ教育ヲ一般ノ政務ヨリ分離シテ、政変ニ禍イヲセラレナイ為ニ、教育審議会ト云ウ所ノ大キナ機構ガ出来、ソレニ依ッテ真ニ日本ノ良イ所ノ教育制度ヲ確立シテ発揮サセヨウト云ウ趣旨カラ起ッタモノデアルト思イマスガ、果シテドウデアリマスカ

○海後証人　教育審議会ハ上意ヲ拝シテ作ラレタ教育ノ審議機関デアリマシテ、此ノ例ハ第一次欧州大戦後ニ於テアリマシタ臨時教育会議ト相並ブ形ヲ持ッテ居ルモノデアリマス、デアリマスカラ内閣ノ改造等ニ禍イサレズニ十分審議ヲ遂ゲル会トシテ成立シタモノト思イマス

○菅原弁護人　皇国ノ道ニ則リト云ウ言葉ト、先程問題ニナリマシタ超国家主義ト云ウモノノ区別ヲ御述ベヲ戴キタイト思イマス

○海後証人　是ハ明確ニ区別ヲ立テルコトノ出来ナイ言葉デアルト私ハ見テ居リマス

○菅原弁護人　皇国ノ道ニ則リト申シマスノハ其ノ言葉ノ通リニ其ノ当時受取ラレマシタ、其ノ言葉通リノ意味ハ、日本ノ国ノ特性ヲ益々発揮シテ世界ノ文運ニ貢献ヲシヨウ、斯ウ云ウコトデアッタト言ワナケレバナリマセヌ、併シ戦時中ニ於キマシテハ、日本ノ国家ノ特性ヲ強調スルコトガ非常ニ著シク現ワレテ参リマスカラ、斯様ナ状態ヲ超国家主義ト云ウ言葉デ表現ヲシテ居ルモノダト私ハ考エマス

○菅原弁護人　教育審議会設立ノ趣旨其ノモノハ超国家主義デナカッタト云ウコトハ明確ニ認メラレマスカ

○海後証人　今マデ行ワレテ参リマシタ教育ノ改革ト比較致シマスナラバ、教育審議会ニ於テ議セラレマシタコトハ、日本ノ国家ノ特性ヲ如何ニ

強ク現ワスカト云ウ所ニ会全体ノ協調（ママ）ガアッタト見マス、唯此ノ傾向ガ一九三七年、更ニ進ンデハ一九四一年以後強化サレタコトヲ私ハ認メルノデアリマス、ソレデ戦時中ニ於ケル国家ヲ基本トスル考エ方ヲ強調サレタモノヲ極端ナル国家主義、斯ウ云ウヨウニ外面カラ言葉ヲ与エルコトハ、又出来得ルコトダト思ウノデアリマス、唯其ノ場合ニ私ハ言葉ヲ以テ国家主義カ或ハ超国家主義カノ境ヲ画スルト云ウコトハ非常ニムヅカシイ、斯ウ云ウヨウニ考エマス

ウエッブ裁判長　三時マデ休憩致シマス

〔午後二時四十三分をもって休憩に入る。以後海後証人ノ出廷はなく午後四時十八分休廷〕

補章　教育勅語（教育ニ関スル勅語）をめぐって

教育勅語―日本近代史の素顔〈4〉―

朝日新聞　一九六八年一〇月二三日（夕刊）

終戦後に排除失効

明治二十三年十月に発布された教育勅語は帝国憲法とともに、明治大正から終戦に至るまで、日本の体制をつくりあげる二本の太い柱となっていた。終戦後憲法は改められ、教育勅語は国会において排除失効の決議がなされた。その理由として、この勅語は主権在君、神話的国体観に基づくものであって、基本的人権をそこない国際信義に対して疑義を残していることにあるとした。この決議によって教育勅語は排除され、今日では多くの青少年は教育勅語を読んだこともなく、全く歴史的な文章となった。

教育勅語は神聖絶対な天皇の言葉として、謹んで奉読されていたので、勅語の草案や成立事情、その性格などについては、これを近代史研究の対象としてとりあげることがさしひかえられていた。教育勅語発布の由来を明らかにした著書としては、渡辺幾治郎著『教育勅語の本義と渙発の由来』（昭和十四年）があるが、これは著者が臨時帝室編集局で明治天皇紀を編集した際の資料によるものであって、草案その他差しつかえがあると考えた点については述べていない。戦後は教育勅語が失効となったので、従来は発表することが困難であるとされていた勅語草案に精細な分析を加えた研究も発表されるようになった。梅渓昇が『明治前期政治史の研究』（昭和三十八年刊）の中で発表した教育勅語草案の研究は、近代史研究の一部として勅語草案をとりあげた注目すべき業績であった。

倉沢剛は『小学校の歴史Ⅱ』（昭和四十年刊）の中で、教育勅語の成立過程について述べている。私は『教育勅語渙発関係資料集』（昭和十三年刊）『教育に関する勅語渙発五十年記念資料展覧図録』（昭和十六年刊）を編集したが、その際は草案を公表することはさしひかえた。戦後、勅語草案の研究も自由になったので、『教育勅語成立史の研究』（昭和四十年刊）を発表して、草案の分析による比較を試みて、成立の歴史的研究を行った。かつては公表することもむずかしかった教育勅語草案研究が、近代史研究の一部として進められ、長い間触れられなかった勅語に光をあてたことは注目すべきことである。

三つの草案を示す

明治十年代から道徳教育をどのような原理で行うかについては、多くの論議が重ねられたが、定まった方向も示されずに混乱を続けていた。明治二十三年二月に地方長官会議においてこれをとりあげ、国民に対する道徳教育の基本を立てる必要を訴えて、文部大臣の回答を求めた。これは直ちに決定できない難問題であるとみられたが、五月に内閣改造があり、芳川顕正が文部大臣となる親任の際に、天皇より徳育の基本となる箴言（しんげん）をつくるように下命があった。芳川は、この勅諭の起草を元東京大学教授・中村正直に依頼した。中村は「徳育の大旨」という草案を書いて提出したが、法制局長官井上毅がこれを勅語としては不適切として退けた。山県有朋は総理大臣であったが、中村案とは別に井上に草案起草を依頼して、井上草案が成立した。ところが明治初期から、天皇の〔侍読、のちには〕侍講として側近にあった元田永孚が、かねてから道徳の大本は天皇が定めなければならないと主張していたので、自ら筆をとって「教育大旨」を勅語草案として起草した。このようにして、中村案、井上案、元田案の三つの勅語草案が示されることとなった。

井上は中村案のような哲理を説いた文章は勅語としての体をなさないとしてとりあげなかった。中村案は西欧思想をもととした立場で起草されている点で捨てられた。この草案には忠孝が人倫の大本であると書き始めてあるが、道徳の成り立つ本源は天にあるとし、各人の心は天や神に通ずるものであるから、自己の良心に恥じないようにすることが善であるとして、道徳の本源を個人の心においたのである。このような西欧思想は福沢の自主独立の説などと同様に抑圧しなければならないと政府の要路にあった人々は強く考えていた。元田草案は儒教思想に基づいて、君臣父子兄弟夫婦朋友（ほうゆう）の五倫、智（ち）仁勇の三徳、これを一つにする誠をもって徳育の内容を立て、この誠は祖宗によって明らかにされてきた神ながらの道であるとし、日本の国体によって道があり、道によって教えがあると述べ、国体に基づかないでは日本人を養成することができないとした。この儒教を基本とした草案には、旧思想が強く示されているので、勅語によって儒教を徳育の内容と決定することに問題があるとみられた。元田の草案は中村案とは異なった他の極にある思想によるものとみられて、草案起草の中心となる文章としてとりあげられなかった。

「軍事」「国体」の結合

このようにして二つの案が退けられて、井上草案が修正を加えて勅語にまで仕上げる土台となった。山県総理は明治十五年の軍人勅諭の起草に関係した一人であったが、それと同様な勅語が教育にも必要で、政府はこれによって国民の思想を固めることができると考えていた。井上は帝国憲法起草に重要な役割を果した官僚であって、これとならぶ教育勅語を山県のもとでつくりあげようとして熱意を示した。山県の軍事思想と井上の憲法による国体思想とは結び合って教育勅語草案の修正を進めた。井上草案はその当初において、道徳は皇祖皇宗が遠い昔に立てたもので、臣民は忠孝の道を貫いて日本の国体をつくりあげたが、これが教育の本源であるとした。それは道徳の本源を天皇に帰する思想であって、中村の道徳観とは全く異なるものである。この井上草案については中間に修身の条目を列挙したところが、天皇の意向にかなわないとのことで、元田に下命があって、井上案を修正した。今日伝えられている草案の一つに、井上案を元田が大修正を加えて朱書を入れたものがあるが、これは井上草案が最後の勅語案にまで修文される過程をよく示している。

井上草案の道徳内容には、五倫によるところもあるが、市民道徳も加えられていた。「親族相睦ヒ隣里相保チテ相侵サス」「朋友相厚クシテ相欺カス」「虚偽ヲ去リ勤倹ヲ主トシ自ラ愛シテ他ニ及ホシ」「小ニシテハ生計ヲ治メ身家ヲ利シ大ニシテハ公益ヲ広メ世用ヲ助ケ」などの文は削除され、あるいは修正された。「常ニ国憲ヲ重ンシ国法ニ遵ヒ」は元田がこの勅語には国憲国法のことは掲げるに及ばないとして削除したが後に井上が復活させた。

このようにして教育勅語案が整えられて内閣から公布されたが、この勅語には大臣の副署を付けないこととし、天皇が直接に国民を諭した特別な勅語として取り扱った。そのことによって教育勅語は絶対なものとされ、政府は常にこれによって国民の思想を形成し、規制した。小学校児童にはこれを暗記し暗書させたが、明治から大正昭和に至るまで、国民思想を統一する基本の文書として、国民全体に強い影響を与えてきた。

戦後教育改革の思想

『季刊教育法』23号一九七七年春季号（四月一日刊）

海後宗臣〈東京大学名誉教授・日本教育学会前会長〉
——（聞き手）寺﨑昌男〈立教大学教授〉

教育勅語と教育基本法は比べられるか

——教育基本法とかかわって、よく教育勅語が引きあいにだされます。教育基本法を否定的に評価する人びとからは、「教育基本法よりも教育勅語の方が日本の国情や国民性に合致していた」といった文脈で、「教育基本法か教育勅語か」といった主張がなされますし、また戦後教育の民主的性格を評価する立場からは、戦後日本の教育改革を「教育勅語体制から教育基本法体制へ」という視角のもとにとらえようという提言がなされているわけです。戦前から教育勅語の研究をおつづけになってきた先生は、総じて、勅語と基本法の関係をどのようにお考えになっていますか。

教育勅語のめざしたもの

そのことについてみていく場合には、教育勅語がいったいどれくらい戦前の日本の教育に対して力を持っていたのか、ということについての考察を必要とすると思います。

私は教育勅語については多少の資料をまとめたりして、戦前から考究していたわけですが、教育勅語を教育基本法のワクにならべて比較するということは、当たらないことだと考えています。教育勅語というのは、通読すれば分かるように、日本の教育のあらゆる問題の所在と、体制について基本的なことをあげたものではないわけです。教育勅語は、そもそも最初から、日本の徳育問題、道徳教育の基本的方向をだすということではじまり、その目的に沿ってだんだんああいう形になってきたものです。明治のはじめから、またとくに一〇年代になってからの近代的ないろいろな考え方、西洋文明に全面的に窓を開くような考え方に対するプロテストとしての動きがあった。その中で次第に知識を主とするか道徳を主とするかという問題がでてきて、それが東洋と西洋ということに結びついて、西洋の知識でやるのか、東洋の道徳でやるのか、ということが問題になっていた。

それが二〇年代になって、日本の国家の体制がはっきりしてくる。憲法が発布され議会が開かれるという時代になってきて、教育をどう考えていいのかが、あらためて問題となってきたわけでしょう。

それに対してはっきりした立場でこたえなくてはならない位置にいたのは、森有礼でした。森有礼の考えは、いうまでもなく開明主義です。日本の国体というものは、これは尊重しなくてはならない。尊重するというのは森の考えでは、教育の目的のためには、日本の国体の性格も十分に「活用」する、使っていかなくてはいけないのだ、こういう考え方であったというわけです。だから全体としては、道徳主義、つまり知識はこれを次にするというそんな考えではない。道徳を基にして教育をつくりなおそうとする考え方は、森にとってはもちろん対照的な位置にあって、互いに相許さない状況にあった。そういう中で明治二三年に一方では憲法発布議会開設がせまっている、そういうところまで押し込まれてきて、そこで何とかしなければならないという要望が、政府の中枢だけでなく、諸学校の校長なりあるいは県知事たちなり、そういうところに燃えあがってきた。どこへ日本の教育をもっていくのかわからんというので、いろんな人がいろいろなことを言っていたが、その結果が、「徳育を根本にする」ということになったのです。

では、根本とするその徳育はどういうものか。肇国以来の道徳の大本という考えをもととすべきだとした。そこを中心に教育勅語が起草され、修正され、二三年一〇月の教育勅語の発布になったわけです。だから教育勅語はどこまでも徳育の大本を決めるというために行なわれたもので、あの当時書いた草案にも徳育の大本と記してある。それほど教育問題は徳育に集中していた。

道徳教育としての側面

日本の教育をどういうようにしていったらいいか。たとえば学校の制度はどうするとか、教育行政はどういう方針でやっていくのか、その他いろいろ問題はあるけれども、そういうことについて教育勅語は何もふれていない。それは当然であって、そういうことのためにつくられたものではないわけです。

しかし、教育勅語の中には、ことばとして「教育ノ淵源亦実ニ此ニ存ス」とあるではないかという見方もあると思います。しかし、あの言葉は教育の基は道徳教育だということをいいあらわしているのです。忠孝の道徳は教育の淵源である。それが基本でそこができていないで知識を広げたりするということではいけないと明治一〇年代から考えられてきていてその考え方があそこに表われている。あらゆる教育はそこから出ているといったのではないし、また解釈もされていないというのが正しいと思うのです。

ただ人によっては、道徳教育を除外して教育は成立しないという考え方があるわけです。そういう考えを非常に強く主張する。そういう人にとっては教育勅語は非常に重大で、「教育ノ淵源亦実ニ此ニ存ス」というのはすべてに通ずると、こういうふうに解釈されているわけです。ですから終戦後に教育勅語の性格検討がはじまるわけですが、その時そういう点を明らかにしておくことが必要ではないかと、私は考えていました。当時の考えは今日になっても少しも変わっていないのです。

だから教育基本法ができてきた基本的な意図は、

教育勅語体制を切り換えようという点にあったにしても、教育基本法そのものは教育勅語に書いてあったひとつひとつを問題にしながら、全体を別な方向へ転換するような操作をしてできあがったものではない。こういうふうに私は考えています。教育勅語によるのか教育基本法によるのかという二者選択という考えは基本的にはできえないことだと思っている。

敗戦直後の教育勅語

――敗戦を迎えて、教育勅語は〝生きた〟ままで、戦後の教育が開始されたわけですが、一九四五年から四六年にかけて教育勅語はどう扱われたでしょうか。この時期の動きをみると、故田中耕太郎氏の有名な言葉、「教育勅語はいはば自然法とも云うべきであります」が伝えられている一方、「米国教育使節団ニ協力スヘキ日本教育家ノ委員会」では、新詔書奏請論が出される、といった動きがあったのですが……。

変わったところと変わらない点

戦後になってから教育勅語がどうあつかわれたかということについては、さまざまな考え方や政策的なものがあって、こうだというようなことを一義的にいうことはむずかしいと思われます。

終戦直後、前田文相が示しているものをみると、「国体護持」という考えがでていて、そのことが教育勅語とは非常に深い関係にある。あそこで「国体護持」を押しだした時には、教育勅語は改める必要はない、今まで通りに奉体してやっていくべきだ、という方針であった。それは、全面的に教育勅語を肯定しているということだと思います。

ところが、一九四六年になってから、勅語に対していろいろな考え方がでてきた。それで様相は非常に変わってきます。その年の秋に教育勅語は学校の式の時などに読むことはやめろということになった。このことは、やはり教育勅語体制から変わっていこうとした一つの大きなポイントだと思う。ただ、その時には教育勅語を廃止するとか、これは絶対に使わないという意味ではなかった。

儀式の際にその式場では勅語を朗読しないという、そこだけを改めたわけです。この考え方のうしろには、教育勅語は依然として生命をもっているという考え方がちゃんと控えている。だから終戦直後の四五年の九月頃の考え方と大してちがわない。

天皇の人間宣言とのかかわり

その次の年の状況はどうかというと、これからは教育勅語をそのままで教育に適用できるかということが問題になってきたわけです。式場で読むとか読まないとかいうことではなく、今度は教育勅語というのはいったいどういうものかということが問題となってきたのです。ちょうどそこのところへ米国教育使節団がくるという一月、二月頃の状況となってきたわけです。教育使節団を迎えるいわゆる日本側委員会の考えがまとめとして記されました。あのまとめのうしろには、事態が変わったので教育勅語はそのままでは、使えないという考え方があった。適切でない表現ももちろんあるし、そのままでは使えないのだというふうになった。そこでどうしたらいいか。当時は教育勅語を廃止して、教育の基本原則を法律で決めるようなことをしたらいいのではないかということにはなっていなかった。「新たなる詔書を奉戴する」という考え方であった。天皇に奏請して、新たな詔書をいただいてそれをもとにして日本の教育の基本方針を決めるべきではないかというように考えた。それがあの段階だと思います。

そのことは、四六年元旦の天皇の人間宣言と非常に深くかかわっていた。天皇は人間宣言をされたのだから、その線に沿うた新たな詔書をいただいて、それを基本として日本の教育をやっていくようにしたらいいのではないかという結論になった。それでやはり天皇のことばによって教育の基本が定められるのが望ましいという考え方が背後にあった。これによって日本側委員会は意見をまとめて示すようになったと思います。

委員会でどういう意見がでたかという詳細はわからないが、推測するところ、大部分の委員は、世の中も変わり、教育勅語のような古めかしい表現ではいけないから、読んですぐわかるようにし、国民の間に浸透していくような内容のものになったらいいのではないかという考え方だったと思います。日本側委員会の意見をよむと、天皇が親しく口語文体で国民に親しみをもって、語りかけるように示されるのがよいと記しています。また八つか九つの、忠孝道徳ではない新しい民主社会の道徳をあげています。個人からはじまって、国家、国際社会の道徳まで項目として出している。四六年の一月・二月頃の問題の所在はそういうことになっていたわけです。

その時にも、教育に対する新詔書というのは、やはりなかみは道徳です。学校の制度をどうするのか、男女共学をしろとか、そんなことではない、あるいは行政はどういうふうにやっていくかということではなく、やはりどこまでも道徳性の問題です。それが詔書の内容としてまとめられている。だから、ここでは教育の基本となる道徳の問題は、天皇が決めるべきだということは依然として貫いていて、少しも変わっていない。ですからあの段階では、やはり教育勅語に代わるべき新しい様式の詔書が要求されたということであって、教育のすべての基本はこれでやっていくとなっているわけでした。

基本法の制定へ

——鈴木英一さんや堀尾輝久さんの研究をみても、教育勅語有効論や新勅語奏請論が後景にしりぞいて、はっきりと教育基本法制定への動きが進んだのは、教育刷新委員会が発足して、教育理念を審議する第一特別委員会が発足した四六年九月以降のこととみられます。

こういう大きな方針転換のきっかけは何だったのでしょう。当時何かお聞きになったことはございませんか。

道徳と教育の基本とは別次元

これには、いろいろ話し合いもあって、実情はわからないと思います。けれども、その当時、私がアメリカのサイドから聞いたところでは、使節団がきてからはこの問題は急に変わってしまった。

使節団のある人からは、これから民主社会を出発させようとしている時代に、天皇のことばをもって教育の根本を絶対的に決定することは、もうやめるべきではないか、という考え方が出されていた。それで日本側委員会の新たなる詔書の発布を奏請するという方法は、ストップになったというように私は聞いているのです。

一九四六年春、日本側委員をしていた人が、私に対して「教育勅語のようなものは、これから作ったり使ったりすることはできないのだというようになってきたのだ。それならば、教育の基本はどうして決めたらいいのだろうか」と質問したことがありました。その人は自分の結論をもっていたかも知れないが、私に対しては「どうしたらいいと君は考えるのか」と問いかけをしてきた。その人は、時々日本の教育の基本的な問題について私にたずねていたのですが、六・三制による学制改革問題についても私と話し合っていたわけです。

そこで、私は、「それなら法律でもって決めたらいいのではないか」と答えた。法律で決めておけば、もしそれが時勢の変化によって変えなくてはならない時には、法改正をするということも決してあり得ないことではない。そういう余裕をちゃんともたせて、その当時の考え方を基にして法律で教育の根本を決めたらいいのではないか、こういうように答えたら、その人は、やはり、そう考えなくてはダメなんだろう、といっていました。日本側委員の人から、こういう質問が出ていたことは、その時点においてすでに教育勅語に代わる新たなる詔書のことは放棄されていた、そしてどうしたらよいかという問題になってきていたことを示すものと私は見ています。

同時に、その時点から、日本の教育の根本を道徳を基にして決めてくるという考え方は、そこで一応切り離されたことになります。道徳についてのことと教育の基本を決める問題とは別の世界の問題だというふうに切り離されたと私は見ている。

勅語復活の考え方

――ところが、その後三〇年の教育基本法の動態をみますと、たえずこれを否定しようとする動き、あるいは否定まではせずとも、「基本法だけではだめだ」という動きが伏在し、底流してきたように思います。これをどう考えるべきでしょうか。

「国民実践要領」の出現

教育の根本を道徳のあり方を決めるところから明らかにして示さなくてはならないという考え方は、四六年の時点でどこかベールの下にかくされてしまったわけですが、それに対して、やはり道徳の基本もどうしても必要だ、教育の根本は道徳にあり、そこから何か作っていこうという考え方がそれから後にまたおこってくるわけです。天野文部大臣の「国民実践要領」というのはまさしくこれにあたるもので、学校の制度や行政をどうするのだということは一つも書いていない。記されてあることは道徳であって個人なり家庭なり国家なり社会なりの道徳です。「新たなる詔書」奏請の時と同じようです。その考え方をだしてきて、こういうものがなければ日本の教育のもとは築けないと提案した。そこのところで、また同じ問題が起ってきたと私は思っています。そのことと関連して昭和四一年の「期待される人間像」もその線からの考え方であることは内容上疑い得ない。これも日本の教育行政をどうするか、あるいは政府がどういう施策をとるのかといった問題には全く触れていない。人間の存在の根本は道徳にある。その道徳性をいかにして培うかという教育の基本問題について記している。

世の中では、これらのことについて賛否両論があったわけです。天野勅語だといって反対した人もいましたけれど、しかし国民全体の意向は、やはり天野さんのいうことは本当ではないか、道徳性の基をつくるような足場がなくて、教育の問題を取り扱っていくのはどうかという点にあった。

二本建ての考え方

そこで問題は二重になってきたわけです。教育基本法の中でやるのと、道徳性を基本にしてやっていくのと。この教育基本法と道徳律という二本建ての考え方は今日まで続いてきています。一方は、教育基本法尊重という考えであるとともに他方には人間の存在は基本法に書いてあることだけではダメで、他に道徳の規範を決めるような筋道がなければならないという考え方が今日でも生きているばかりでなく強く主張されている。

二〜三日前に会ったある政治家は、いま教育基本法三〇年といっているようだけれども、教育基本法とならべて、もう一つ必要なものがある、といいました。教育基本法に手をつけるとやかましいから、そのままにしておいて、別に人間の存在の基本の道徳性をとりあげて新たな教育宣言をやるべきだというのです。教育基本法を廃止するというのではなく、そういう教育宣言をすることによって教育基本法の性格を変えようという考え方のようでした。

そういう考えが今日また顔をだしてきているわけで、道徳性を基礎にする、あるいは教育勅語を復活させて教育はこれに基づくという考え方も決してなくなっていないと見られます。どこかの小学校で教育勅語をずっと続けて読んでいるということが報道されています。またどこかの神社が、教育勅語を現代のことばに書き直して、それを参拝に来た人に配布して普及させようとしている。あるいは、教育勅語の謄本を復刻して、希望する人々に分けるという話もある。そういうことも教育基本法に対して問題を投げかけている一連の考え方によるものだと私はみているわけです。

六・三制と新教育

――話題は変わりますが、戦後の教育改革の実際の過程で、どの部分が一番大きな改革だったとお考えになりますか。その改革と教育基本法とは、どういう関係になるのでしょうか。

学校制度改革の背景

やはり学校教育体制の非常に大きな改編をしたということが最大の改革だと考えています。

そういう改革が教育基本法の線からでてきていることはいうまでもありません。しかし、基本法の中にはそういう学校制度の改革を招来するような具体的な条項が適切に示してあるとはいえない。そこで学校教育法というのが、広い意味で教育基本法の精神をうけながら、これはまたこれとして別に企画したものと見ています。

六・三制が改革の基本になっているけれども、六・三・三・四という年限の切り方自体は、あまり私は重要視しない。しかし、年限を切らないのでは、全体体制ができないから、それを切って全体の体制をつくっていく。その場合に、もっとも障害を起こすことがなくて、さしさわりが一番少ない形でやっていくのはどういうことかという配慮が六・三・三制の形をつくりだした。

というのは、戦時中のいろいろな教育論が起こる前、昭和のはじめから日本の学校制度を変革させなくてはという論があって、六・三制と同じような趣旨で学制の改革がなされるべきであるという提案が公表されていた。単に一つや二つの案ではなく、いくつもでているわけです。それらの提案の根本には、日本の学校教育が中等教育のところで、いろいろな系統に分かれてきていることが国民全体に対して障害を与えているし、教育の水準などにも非常に大きな影響を及ぼしているからその点を、変えなくてはならないという考え方があった。学校体系のうちでもとくに高等小学校、青年学校の制度が一番大きな問題になっていました。終戦となって、それまで提唱されていてできなかった改革を、この際実施してしまうべきではないか。このような意向があの当時の六・三制の提案とかあるいは、六・三といわないまでも学校制度を改革していく考え方の根本に流れていたのです。

六・三制の根本思想

六・三制はアメリカが言ったからはじまったとか、何か日本に今まで知らされていなかったことがあそこで指令されたということではなくて、前から問題点はそこにあることが分かっていた。そこを改変していくべきだ、と提案されていた。

国民学校高等科の準義務制、それから青年学校の義務制が結び合って国民の八〇%に対する教育の形態がつくりあげられていた。そこのところを民主的に直していくべきではないか。中等学校と区別された形での、国民学校高等科、青年学校という体制を改革しなければいけないのではないかと。私自身もそういうふうに提唱したことがありましたが、そういうところから新制中学校制度は始まったのです。

南原繁さんは、六・三制が外国の借り物だといわれるのは心外だ、そうではないのだとよく言っていた。それは、何も借り物だからだめだということではなくて、基本的な学制問題がわが国にあった。それの解決のためにいろいろな人が努力してきたし改革案も提唱されてきていた、そういうバックを背景にして六・三制ができたのだ、と主張したのだと思います。

中学校制度がそういう形で機会均等に、教育の場を提供するということになったから、その上の高等学校の制度も同じような考えで設定されたとみるべきでしょう。

学校体系は六・三・三ではなくて八・四制でもよいのではないかといえばそれでもできます。いろんな考え方で学校体系は設定されるが、原則は、中等教育の体系が差別の原則でつくられていて、どの系統の学校に入るかで人間の将来を決めてくるような、教育の制度体系は、改めなくてはならない、そういう考えをポイントにして六・三制は成長して進んだのです。

——六・三制というのは、日本人の知的能力をレベル・ダウンさせるために、愚民化政策の一環として、アメリカが強要した制度だという見方はまちがっているということですね。

そうです。これは今日の問題にも結びついていますす。学校大衆化になると水準が下がると今でもいわれている。考え方によっては多少はさがるように見えるかも知れないが、しかし、この制度によって向上していく点を考えなくてはいけない。その方がむしろ大事な問題です。下がるというのは何をいっているかというと、今まで入らなかった者が入ってきたために、そこでの教育に追いつけないとかいうことをさしているようです。あるいは今でもいっている落ちこぼれとか何とかいうことはあっても、やはり全体としての水準は高まっている。高等小学校から青年学校へ入ったならば教育はもうおしまいだとみられていた時代と、今の中学校から高等学校への進学の情況などをくらべたら、学校教育のレベルは、全体として著しく向上してきたと見るべきでしょう。

新制中学を支えた熱意

——六・三制出発期の地方レベルの史料をみればみるほど、当時の人々は、うちの町やうちの村に中学校ができ、子どもが三年間そこで学ぶことになるということをむしろ素朴によろこんでいた、そしてその中学校を卒えた子どもたちが、次の世代として、自分たちの町や村を作ってくれる、と熱烈に期待していたことが窺われるのですが……。

当時国民全体の中に動いた力は大きいものがあったのではないか。自分たちの子どもは、中学校などへは入れないと考えていた。ところがその中学校という学校に、自分たちの子どもが行けるようになったのだという、そのことに対する喜び、世の中は大きく変わったのだという実感は、強くあらわれていました。

今まで、子どもを中学校へ入れていた一部の人たちは、内心喜ばない感じをもっていたが、一般の人々は非常な喜びだった。政府は予算をださなくても、一般人の持っていた教育への要望が、かなえられたことに対するよろこび、将来への期待、それを実現するために推進していかなくてはいけないという力、そういうものが全国にみなぎっていた。それは、ただ文部省がやったとかアメリカが六・三制の推進をしたとかいうことでなく、重大な教育民主化の力によることでした。

あの頃は教育予算が十分でなくすぐに六・三制を実施することはできないということがいわれていた。しかし、一般の人たちが自分の子どもを中学校に入れたいと考えるのなら、今までの国民学校高等科あるいは青年学校の看板をはずして、そこに中学校という看板をかけてしまえばよいともいわれていました。高等科と青年学校をまとめて新しい中学校の名称をつければよい。極端にいえば、校舎もあるし、先生もいるのだからそこをもとにして、大きな教育改革をしなくてはならないところへきているのだ、ということがいわれていました。

――高校進学率の高まりにともなって高校増設問題が深刻化してきていますが、新制高校の基本性格はどう考えられていたのでしょうか。

あの当時、中学校を卒業したらどうなるのかということについて、旧制中等学校の上級階二年間は切られることになるのだから、それを一体どう編成するのかということが問題になりました。

そこへ高等学校を後期中等教育を担当する学校とすると決ったから、旧制中等学校はそこへ移行した。そこへ誰が入るのかということになったが、入学を希望する者があったならば進学は妨げられない、という基本方針は決まっていた。

その当時はすぐにそこまで行かないけれども、もし将来希望するならばすべてのものが高等学校へ行くのは可能である、国民すべてが希望するなら、その希望を制度的にかなえていかなければならない、そういう考え方です。

だから高校全入の考え方は、あとから主張していろいろな運動がでてきてはじめて認められたのではなく、最初から全入の原則なのです。中学校高校あわせて中等学校六ヵ年は続いたもので、複線型にするという考え方は全然なかったのです。

ただ実情は、そこまでできていなかったから、今しばらく中等教育を下級の中学校と上級の高等学校の二つの段階とし、将来高校進学を望む者は、すべて入学できるようにするとし高校は別系統の学校だという考え方ではなかった。六・三・三は一つに連なっていて切れないという考え方だったのです。

朕惟フニ我カ皇祖皇宗國ヲ肇ムルコト
宏遠ニ德ヲ樹ツルコト深厚ナリ我カ臣
民克ク忠ニ克ク孝ニ億兆心ヲ一ニシテ
世世厥ノ美ヲ濟セルハ此レ我カ國體ノ
精華ニシテ教育ノ淵源亦實ニ此ニ存ス
爾臣民父母ニ孝ニ兄弟ニ友ニ夫婦相和
シ朋友相信シ恭儉己レヲ持シ博愛衆ニ
及ホシ學ヲ修メ業ヲ習ヒ以テ智能ヲ啓

「教育ニ関スル勅語」謄本

發シ德器ヲ成就シ進テ公益ヲ廣メ世務
ヲ開キ常ニ國憲ヲ重シ國法ニ遵ヒ一旦
緩急アレハ義勇公ニ奉シ以テ天壤無窮
ノ皇運ヲ扶翼スヘシ是ノ如キハ獨リ朕
カ忠良ノ臣民タルノミナラス又以テ爾
祖先ノ遺風ヲ顯彰スルニ足ラン
斯ノ道ハ實ニ我カ皇祖皇宗ノ遺訓ニシ
テ子孫臣民ノ倶ニ遵守スヘキ所之ヲ古
今ニ通シテ謬ラス之ヲ中外ニ施シテ悖

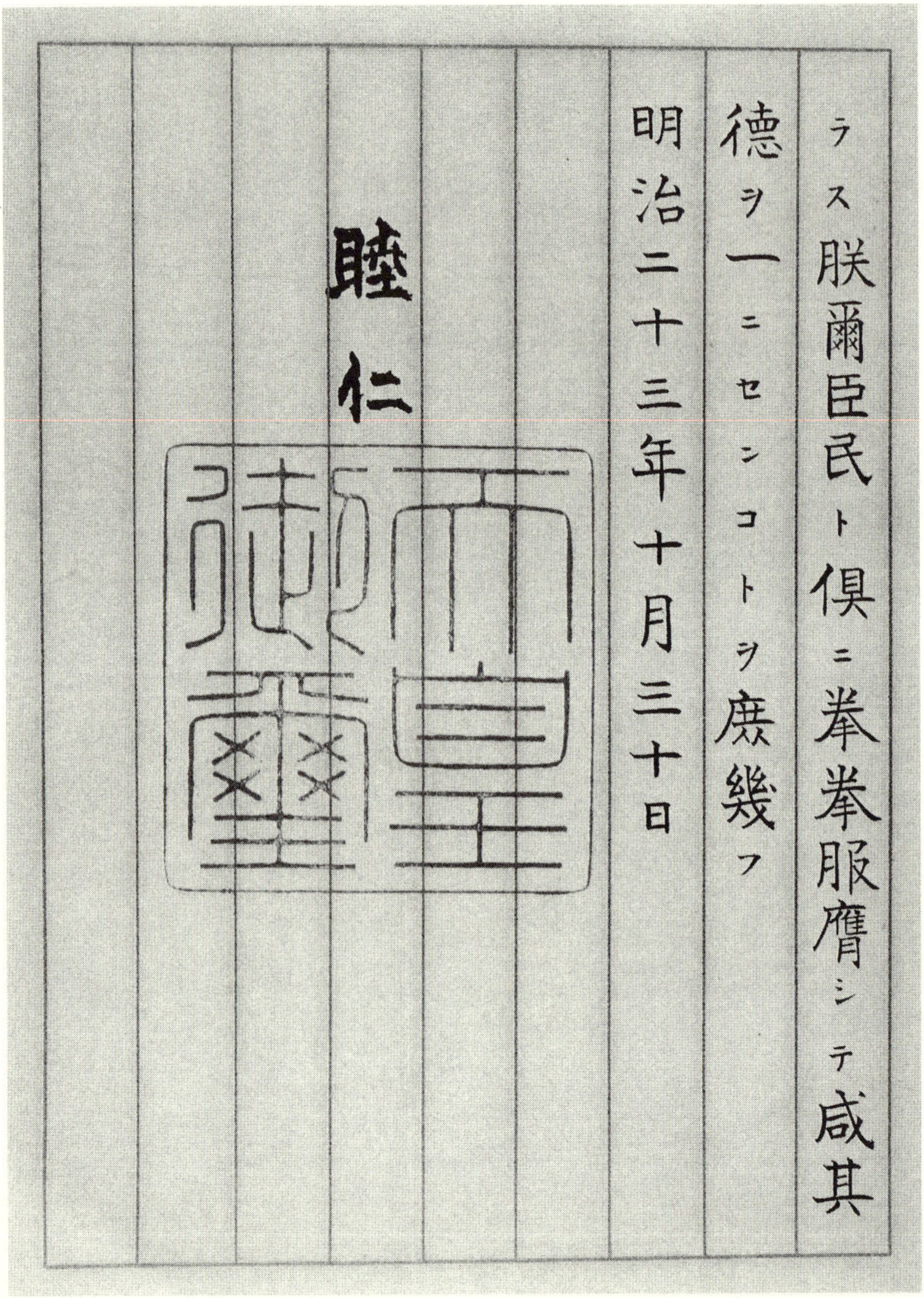

ラス朕爾臣民ト倶ニ拳拳服膺シテ咸其
徳ヲ一ニセンコトヲ庶幾フ
明治二十三年十月三十日
睦仁

「教育勅語」謄本

解説

Ⅰ部　総説＋解題

Ⅰ部「戦後カリキュラム論の出発」―総説
―海後宗臣のカリキュラム論形成過程―

越川　求

一　海後宗臣におけるカリキュラム論―戦前から戦後への継承と発展

平和的民主的な文化国家としての再建を目指していた敗戦後の日本において、「戦後カリキュラム論」は如何に出発したのか。このことを読み解くためには、戦後の地域教育計画論として知られるカリキュラム改造運動（一九四七年「川口プラン」を先駆とする）を生みだした中央教育研究所の指導的研究者であり、戦後カリキュラム改革の理論的リーダーであった海後宗臣のカリキュラム論形成過程を明らかにしなければならない。

海後は、戦後教育改革期において、理論的著作である左記〈六部作〉を単著として発行した。

『教育編成論』（国立書院、一九四八年三月、全二七六頁）
『教育の社会基底』（河出書房、一九四九年一月、全二六八頁）
『教育原理』（朝倉書店、一九五〇年一一月、全三一九頁）
『新教育の進路』（明治図書、一九五一年二月、全四四〇頁）
『近代学校の性格』（明治図書、一九五一年九月、全三二四頁）

『日本教育の進展』(東京大学出版部、一九五一年一〇月、全二七二頁)
他にも「社会科教育総論」(『社会科事典』第一〇巻、平凡社、一九四九年一〇月)がある。上記のうち、カリキュラム論は『教育編成論』に全面的に展開されている。しかしそれにとどまらず他の著作でも重要な部分を占め、戦後新教育を理論的にリードしてきた。

従来の研究においては、海後教育論が戦後におけるカリキュラム改革に大きな影響を与えたことを評価している。一方で、戦時下の海後の論稿についてその問題性を指摘する研究もみられる。しかしながら、いずれも、海後のカリキュラム論形成のプロセスには言及していない。

本「総説」の目的は、海後のカリキュラム論形成を、戦前から戦後へ継承的に発展させた過程として明らかにすることである。

ここで重要なことは、一九四〇年代における戦中の海後の言説がそれ以前の海後の研究成果と如何に関連し、敗戦を挟んで戦後にどのようにつながったのかを明らかにすることである。そのことにより、海後教育学のより深い解明がなされ、歴史的意義やその水準を確認し、さらにそれを超えるための課題を発見することができよう。それだけでなく、カリキュラム改革の画期を示す現代の教育改革について、歴史的視座にたちながらどのような展望を切り拓いていくか、大きな示唆を得ることかできよう。

また、新たに発見された海後の戦後教育改革期における数多くの論稿(その大部分は本書に収録されている)については、「解題」で歴史的意味に関連して解説を試みたい。

二　『海後宗臣著作集』における論述

『海後宗臣著作集』全一〇巻（一九八〇―八一年）（以下、『著作集』と略）発行以前において、海後の教育学研究について触れられているものは数少ない。『著作集』において、はじめて海後教育学についての本格的な論究が、多くの海後門下の教育学者によりなされたのである。

『著作集』におけるカリキュラム論に関する言及については、以下のことが指摘できる。

『第二巻 教育の社会基底と編成』の「総説」（河野重男）において、「意欲的・精力的な調査研究の方法論と成果」として岡部教育研究室を評価しているが、この研究室で確立した「教育内容の現実研究からの編成」については論究が及んでいない。「解題」（飯島篤信）には、「大東亜戦争と教育」で〈陶冶・教化・形成〉の教育の基本構造を把握したことが論評されており、重要な指摘である。『第四巻 学校論』の「総説」（佐藤秀夫）では、海後の「近代学校への歴史的・批判的考察」が海後の学校論の基盤にあるという重要な評価をしているが、学校論を対象にした解説であるため、具体的なカリキュラム論には言及していない。『第六巻 社会科・道徳教育』の「総説」（元木健）においては、全体的な解説はあるものの、社会科を内容教科として教科構造に位置づけたことの意義や時期に関しては明示してはいない。

『著作集』の中で、カリキュラム論に関して最も重要なものは、『第五巻 教育内容・方法論』の「総説」（矢口新）である。「こうして生活、内容、用具という段階で表現される教科構造論が生まれる。行学一体論で極めて端的に表現された構造論は、終戦後の新しい教育状況の中で、いわゆる新教育を建設する方向への内容と方法の改善の方策として提案される」（同、七六四頁）という記述がある。矢口の指摘は教科構造論に踏み込んでおり、海後のカリキュラム論を解明する鍵となるものであるが、時期については不明な点が残る。

「行学一体観と教科構造」（『日本教育』一九四五年一月）を著した時点においては、教科構造の〈生活・内容・用具〉という三層構造の教科構造論は確立していなかったと見るべきであろう。「行学一体観と教科構造」においては、たしかに教科構造を〈実践者の育成〉の教育思想から理論化しようとする問題意識の原型は見られる。そこでは、「従来は教科の内容が実践とは全く分離して別箇の体系をなして構成されていたのであるが、我々はこれを実践との新たなる聯関の下において行学一体の構造として組成」（同、四五四頁）した結果、「知識や技能の内容が実践に帰趨しつつ五つの形態をとって構成せられ、然かもこれ等が一聯となって展開するところに、行学一体による教科構造が存しているのである」（同、四五五頁）と述べている。ここで示されている海後の論は、教育内容を実践原理との関連において構造化しようとするものであり、かつ〈陶冶・教化・形成〉という教育の基本構造を根底にした考察にもとづくものであった。海後のカリキュラム論の戦前における到達点である。

戦前のこの到達点から、問題意識や考察視点は維持したまま、戦後の中央教育研究所でのカリキュラム研究の蓄積の中で、教科構造論としての三層構造は新たに理論化されたものと見るべきである。戦後の海後の雑誌論文を詳細に検討してみても、一九四七年五月時点までは、カリキュラム構造についての〈生活・内容・用具〉という記述はないからである。戦後新教育の編成にあたる中で、中央教育研究所の「川口プラン」での発表（四七年三月と一二月）の間に、この重要な理論構成がされたのである。

総じて、『著作集』の「総説」と「解題」においては、門下生たち個々の体験的な論述が一つの特徴となっており、カリキュラム論の形成過程という視点で整理されたものにはなっていない。

三　戦前からの連続性

寺崎昌男は海後の学問的基礎は「すべて戦前につくられていた」（『教育学がわかる。』一九九六年）とし、『明治初年の教育』（『著作集』第八巻）を、「研究方法の厳密さと教育史認識の構造的な点とにおいて、研究史の上でも画期的といえるもの」として高く評価している。加えて、海後がそれ以降の研究で、教育の原理を〈陶冶・教化・形成〉の三つの側面においてとらえ、教育類型史観の立場から、研究を発展させたことを述べている。さらに、戦時下の時期の研究については、一九四〇年代の変化について指摘している。また、教科書史・教育内容史についての大きな業績があるとして、カリキュラム論にかかわる海後の研究史を明らかにする課題も提起している。（『著作集』第八巻、「総説」）

最近の研究では、筆者の研究（『日本教育史学会紀要』第三号、二〇一二年）がある。そこでは、戦後のカリキュラム改革運動において重要な役割を果たした地域教育計画論の形成について、海後の戦前からの連続性を明らかにした。戦前に海後が主宰した岡部教育研究室（一九三七年七月設立）における教育の「現実研究の方法」や地域性や生活性の重視の視点は、戦後、中央教育研究所（一九四六年七月設立）に引き継がれ、地域教育計画論として結実し、「川口プラン」を作成する中で現実化したと結論づけた。しかしながら、海後の岡部教育研究室の研究の基礎はどこから生まれてきたのかは、解明されていない課題として残っており、昭和初期以来の郷土教育運動の総括をもとにした海後の郷土教育に対する認識にその一つの基礎がある可能性を指摘するにとどまった。本格的には、寺崎も述べているように『明治初年の教育』をはじめとする『教育学五十年』の前半（一九二一―五一年）の約三十年間に及ぶ膨大な海後の教育理論・カリキュラム論の研究の歩みをたどる中で、全体的に解明しなければならない課題なのである。以下、海後の研究の歩みを正確にたどりながら、海後の理論構築の歩みを解明していくことにする。

四　助手時代における歴史研究『明治初年に於ける教育の調査研究』（一九三一年）と郷土教育調査

海後は、一九二五年一二月卒業論文『ディルタイの思想と其の教育学説上に於ける発展』を提出し、二六年四月に東京帝国大学（東大）大学院へ入学、研究題目は「教育学の体系」とした。指導教官は教育思潮研究を重視した吉田熊次であり、その指導の下にドイツにおける精神科学派の教育科学理論の基礎を学び、教育の歴史的社会的基盤を重要視する理論的枠組みを形成し、二八年には第五高等学校時代から同級で、岡部教育研究室・中央教育研究所と共に歩んでいく村上俊亮（文部官僚で、後に国立教育研究所（＝以下、国研と略）所長）と共著『リットの文化哲学と教育学』を著している。

海後には、この大学院時代に、日本の教育学説史研究に着手しようという構想が生まれた。そのきっかけとなったのが、大学院在籍中に携わった『明治文化全集』第一〇巻「教育篇」の編集である。海後は、この仕事が日本教育史、特に明治教育史研究の道を進むようになる門の扉を開く結果になったと語っている。（『教育学五十年』（『著作集』第一巻、三一二頁））

海後の教育史研究の視点は、春山作樹の影響が大きいと考えられる。大学時代から教育史については春山の指導を受けており、「教育の目標・内容・方法を、氏族・公家・武家・町人等の集団の生活からとらえる」という教育の類型史観や学校教育以外の教育作用の影響を重視する立場を継承している。このことは、海後の〈実践者の育成〉論や〈陶冶・教化・形成〉の教育基本構造論の土台になったものである。

一九二八（昭和三）年三月大学院を修了し、二九年三〇年と二年間にわたって助手として「明治初年に於ける教育の調査研究」のテーマで、全国にわたった史料調査と研究を行っている。三一年三月には研究報告書『明治初年に於ける教育の調査研究』が提出されている。この調査研究は、教科の成立や内容・方法には地域の歴史的社会的現実があることを厳密な調査や聞き取りで論証するもので、画期的といえるものであった。ここでの科学的調査の研究法については、阿部重孝の影響が大きいものであった。

同年の一九三一年からは、飯田晃三・伏見猛弥とともに「郷土教育に関する調査」を実施している。昭和初期に盛んになっていく郷土教育に対して、教育学研究室の若手の研究者による郷土教育の実態調査が行われたのである。これは、教育の実際化・地方化という教育内容の改造運動を推進するためでもあった。その結果を、『我国に於ける郷土教育と其施設』(『教育思潮研究』東京帝国大学教育学研究室教育思潮研究会編、第六巻一・二輯の論文を併せたもの、飯田晃三・伏見猛弥と共著)(目黒書店、一九三二年九月)で、論じている。海後は「カリキュラムの革新」「教育内容の革新」という課題を歴史的検討の中で自らのものとしていた。この課題の解決のための裏づけや理論的示唆を与えたのが郷土教育連盟の中の客観的主知的郷土教育であり、滋賀県島小学校(全村教育)や鳥取県上灘小学校(生産教育)などの地域教育計画的な実践であったと考えられる。

助手時代の「明治初年に於ける教育の調査研究」と「郷土教育に関する調査」が、海後のカリキュラム論形成の基礎となったのである。

また、海後は助手時代から学科課程の歴史、現在でいえば教育方法史を研究していた。例えば、「我国女子高等教育機関に於ける学科課程の調査」『帝国教育』五七四号(帝国教育会、一九三〇年六月)においては、明治維新後の女子教育の学科課程を歴史的に検討し、ドイツ・フランスにおける女子教育機関の学科課程との比較も行っている。歴史的社会的背景が学科課程の変遷をもたらし、国民教育の内容を変化させているという見地である。「郷土教育が齎《もた》らしたもの」『帝国教育』六〇五号（帝国教育会、一九三二年七月）では、歴史的方法により郷土教育の課題を明らかにし、当時の郷土教育は、教科内容において「郷土生活を中心とした各教科内容の革新」を要求し、他方において「教科内容の綜合的取扱」すなわち学科課程の郷土生活化・総合化を提起していることに着目していた。

五　学科課程についての言説―国民精神文化研究所から東大帰任（一九三六年）へ

海後は、東京帝国大学教育学科の研究として、郷土教育の調査を行い（一九三二年）、結果を翌年に発表した。その後三二年八月から三六年三月まで国民精神文化研究所に勤務し、主として歴史研究を行っている。東大に助教授として帰任（三六年三月）したのは春山作樹が亡き後であり、阿部重孝が病気でまもなく亡くなる時期である。東大の入澤宗壽らが、新教育から「郷土教育を日本精神にたつ郷土教育へ」転換する時期でもあった。

春山の日本教育史の類型史的な視点と、阿部の科学的調査研究を継承した海後は、岡部教育研究室における研究をもって、「日本教育学」へ対抗しようという意識をもっていた（『著作集』第一巻、「総説」）が、このスタンスをとった事実は重要である。海後は、日本精神にたつ郷土教育へ迎合していく当時の教育論に対して、学科課程の歴史的検討の上から、批判的な視点をもっていたからである。海後は、客観的主知的な郷土教育の流れを基礎に吉田熊次らの国民教育としての郷土教育という論をのせ、主観的観念的な「日本精神にたつ郷土教育」に対抗しようとしていたのである。例えば、「国民教育思想抬頭の背景」（『教育思潮研究』第一一巻一輯、一九三七年一月）においても、国民教育思想と国体主義の教育の抬頭や観念的な日本精神の流行に対抗して、社会的な背景すなわち客観的な社会からの教育への要求を、調査にもとづいて明らかにする課題があることを論じている。

海後による教授法・教材・学科・学科課程を歴史的に検討したものは、多くの論稿にみられる。

その中の一つ『高等小学期教育の郷土化』（成美堂書店、一九三七年九月）では、郷土教育の歴史的検討を踏まえた上での、科学的な調査にもとづいた教育内容編成について論じている。「郷土の総合的研究に対して力を入れて来ていることは、それが単なる郷土研究に終わるものでなくして、その研究の成果がその土地の教育の新しい計画と教育内容再編成のために充分役立つことが望ましい」（『著作集』第五巻、四二九頁）とし、その土地の教育計画と教育内容編成のつながりの重要性を指摘した。そして、滋賀県蒲生郡島村小学校に於ける郷土化思想がよく客観的主知的郷土教育思潮を代表しており、「高等小学期の教育にてはより客観的現実的な教育要求が考慮さるべきは当然」として、「滋賀県島尋常高等小学校農業科」の実践を評価している。鳥取県上灘小学校の実践などとともに、土地の産業と教育との関連が重要なことを指摘したのである。さらに、「郷土化教育が若し我が国の教育界に残すべき足跡を持ったとするならば、それは教育内容革新の分野にある」（同、四四三頁）のであり、「如何なる教育内容が授けられなければならないかは、その教育を受けた人々が今後に於いて営むであろうと考えられる実際生活を問題として初めて決定することが出来るという、教育内容構成のための一つの原則」（同、四四四頁）であるとした。

教育の地域性（地方化）・生活性（実際化）・改造性（経済更正）という郷土教育運動のもつ教育改革の要素を、カリキュラム論（戦前は、学科課程論）を構築するものとして位置づけたのである。この著作が出された一九三七年は、戦後地域教育計画論の源流とみなすべき岡部教育研究室が設立された年でもあった。

海後の郷土教育に対する認識や評価にもとづいた教育内容の編成の原則、すなわち地域の実際生活の現実研究からの教育内容編成という原則は、岡部教育研究室の研究で具体化していくのである。そして、歴史的方法だけでは明らかにならない現実を地域の社会調査にもとづいて明らかにし、そこから教育内容を編成するという課題に取り組んだのが、まさに次節で述べる岡部教育研究室の調査研究であった。

六　岡部教育研究室でのカリキュラム編成のための調査研究（一九三七―四二年）

岡部教育研究室は、貴族院議員岡部長景の支援により運営されたもので、海後が責任者として東京帝国大学図書館に二部屋を借り、阿部重孝の卒論指導を受け卒業後間もない矢口新と大学院生であった飯島篤信の二人を研究員とし、海後が足繁く指導しながら研究を推進していった。

岡部教育研究室の『日本に於ける学校調査の批判的研究』（刀江書院、一九三八年一〇月）と『農村に於ける青年教育』（龍吟社、一九四二年七月）の二つの研究報告集により、これらの調査研究を指導した海後のカリキュラム論の骨格が形成されたことが確認できる。すなわち、カリキュラムを構成するための科学的な実態調査の必要性と、現実生活からの教育内容編成、地域性や産業性の重視という基本的な考えが確立されたのである。

『日本に於ける学校調査の批判的研究』は、一九二一（大正一〇）年から一九三七（昭和一二）年迄の一七年間に発行された二九〇冊の学校調査を分析したもので、教育の実情をとらえるべきものとしての学校調査の内容の貧困さが指摘されている。その上で、郷土教育の調査が包括的な調査であり、それが一つの参考になることを述べている。

『農村に於ける青年教育』は、全六七一頁のうち、総論が一一六頁、（四章構成）で、本論五五五頁（七章構成）の中で、「第四章 教育内容編成の問題と対策」が二〇七頁を占めている。全体の四割近くがカリキュラム論となっているのである。そこには、「それ等の教育機関は夫々の機能に於て農村の種々な実践的生活者を生み出しつつあるが、しかし実践的生活者の教育としてそれ等は果して万全といひ得るか否かを検討せねばならぬ」（同、三八頁）として、〈「実践的生活者＝実践者」の育成〉を教育目標とし、「今後新なる方針に立って教育内容を実際生活に適応させる為には、先づ教科の内容を解体させ、それ等を生活の中から新たに構成して来るより以外に方法はあり得ない」（同、三八頁）と教科の内容を生活の中から構成することの重要性を述べている。さらに、「かくして我々は現在のあらゆる教育内容に就きまず第一にそれが村の産業生活に対しては如何なる関係にあるかといふことを考察する」（同、三一六頁）として、教育内容の基底になるものが産業生活であるという基本的見解が示されているのである。

以上検討してきたように、海後のカリキュラム論の核となる理論は、助手時代から東大帰任後の戦前の時期に形成されている。それは、歴史的事実に基づく教育の類型史観や教育の歴史社会性からうみだした〈実践者の育成〉という教育目標と、生活現実からの教育内容編成であり、地域性（郷土性）・産業性（実際性）・総合性（分化と統合）やカリキュラム編成のための実態調査の必要性である。「小学校教科の分化と綜合」（東大教育学研究室『教育論叢』目黒書店、一九三九年一〇月）においても、教科の総合の論拠を歴史的事実に基づきあくまで実証的に明らかにしようとする姿勢がみえる。さらに、一九四〇年代には「大東亜戦争と教育」（『教学叢書』一九四二年三月、『著作集第二巻』）の中には、戦後発表した『教育編成論』（『著作集第二巻』）の基軸をなす教育の基本構造〈陶冶・教化・形成〉の理論が提示され、他の論稿でも同様なものが数多くみられる。したがって、戦後の海後教育学の体系は、学科課程の三層構造〈生活・内容・用具〉を除いて、全て戦前期に形成されていたとみることができる。

七　カリキュラム論の確立―戦後直後から中研確立期へ

岡部教育研究室（一九四四年閉鎖）の研究員であった矢口と飯島（二人とも一時期、海後が研究部長であった大日本教育会の研究部員としても所属）は一九四五年の秋ごろから海後のもとで研究会を開催し、中央教育研究所（中研）と称した。翌年七月には三井報恩会の後援による資金を受け、八名の理事により民間教育研究機関としての中研が設立された。

中研の理論的リーダーは理事・研究部長である海後であった。所員として、岡部教育研究室を引き継ぐ矢口と飯島、他に東京文理科大系の梅根悟、海後勝雄、倉澤剛などがおり、当時の第一線のカリキュラム研究者が集まった。海後とともに日本教育学会の設立でつながりのある小林澄兄、海後と同窓生であり岡部教育研究室で一緒に指導した村上、戦後の教育改革の中心的な文部官僚となる有光次郎、辻田力らが理事となって中研を支え、中研は一九四六―四九年の間、戦後教育の調査研究により日本の教育再建の任務を負うことになったのである。（国立教育研究所（現・国立教育政策研究所）の設立は一九四九年であり、一九四六年の時点では未だ教育研修所であった。村上が研究調査部長（所長代理）となった一九五〇年以降に、国の研究機関として整備されていく。）

海後は敗戦直後から活発に動きだしている。一九四五年一〇月頃から連合国軍総司令部民間教育情報部（(GHQ, SCAP, CIE）の職員と接触しはじめ、翌年二月には米国教育使節団事務局業務部員として活動する。中研は、アメリカ教育使節団が到着する以前に、戦後のカリキュラムについての構想をもっていたことを海後自身が語っている。「戦後建設への教育構造」『日本教育』（国民教育図書、一九四五年一〇月）に述べているように、戦前からの発展において〈実践者の育成〉の教育構造を構想することや、世界的な教育連関の中から教育体系を作り上げようという強い決意がみられる。これが、「川口プラン」発表時（四七年）の中研の理論や実践、そして四八～五一年の海後の単著〈六部作〉で確立していくのである。

「川口プラン」の『社会科概論』（一九四七年一二月）の土台となる考えは、海後は「新しい学科課程の編成」『日本教育』（国民教育図書、一九四七年五月）で述べている。この論文は、海後のカリキュラム論の確立（「川口プラン」や『教育編成論』の執筆時期の一九四七年後半）の直前に書かれたもので、その骨格を示した重要論文であり、学科課程の構造を三層構造として明らかにした最初のものである。教育の基本構造〈陶冶・教化・形成〉、〈実践者の育成〉、教育内容の現実生活からの編成、カリキュラムの地域性・生活性（産業性）・総合性の重視、実態調査からのカリキュラム編成という戦前からの骨格を土台に、学科課程の三層構造をつけ加え教育編成論の体系を完成させている。

「まえがき」で、「学科課程の新しい編成が当面している問題を探求して、これを用具・内容・生活の三つの主要な領域に於いて構成しなければならないことを明らかにし、然かもこれを市民生活の現実との連関に於いて編成し、生産社会のもつ要請をその根基とすべきである」（本書七〇頁）、そして、「教材は定められたものを受けとるのではなく、自からの手をもって、その土地の生活の中からつくり出すべきものであるという根本態度が出来ていないと新しい学科課程の編成をなすことは出来なくなる」（本書七三頁）と述べている。

地域性・産業性（生産性）を重視し、「生活の現実の中から一切の学科課程は編成」すべきとし、内容教科（自然・社会・技術）と用具教科（国語・算数・基本手技芸能等）と生活（研究活動、クラブ活動、自治活動）の学科課程の三層構造を明示したのである。それは、「学科課程を新しく編成する根本は教育によってつくり上げらるべき人間像が変化していることによる。我々は実践者を育成せんとする世紀的な課題を担っている」（本書八二頁）からであり、〈実践者の育成〉という教育目標が根本にあることを述べているのである。

この一九四七年五月の時点から『教育編成論』を執筆した九月の間に海後のカリキュラム論は完成しており、その理論と実践が川口プランの全国研究集会（一二月）直前に中研から発行された『社会科概論』・『社会科の構成と学習』により、全国に大きな影響を与え、カリキュラム改造運動の先駆となったのである。

八　カリキュラム論発表雑誌と『社会科概論』

「新しい学科課程の編成」が『著作集』に未収録であったことが、海後のカリキュラム論形成の過程をわかりにくくしていた要因の一つと考えられる。

理論的な画期となる「新しい学科課程の編成」の直前において、海後は「これからの教育展望」『教育文化』六巻二・三号（目黒書店、一九四七年二月、本書四五頁）で、生活現実からのカリキュラム編成という基本は確認しながらも、未だ〈実践者育成〉の学科課程の編成論は模索状態であり、確立していなかったことを述べている。世界的なカリキュラムの改造理論を踏まえて、同年の一〜四月にかけて中研のスタッフと議論を重ね「新しい学科課程の編成」を著したものと考えられる。それゆえに、これ以降に中研関係者の論稿の中に〈生活・内容・用具〉という海後のカリキュラム論の特徴というべき用語が登場してくるようになる。

そして、『明日の学校』（『日本教育』の後継雑誌）では、毎号にわたって中研関係者の論稿が発表されていた。加えて、『明日の学校』の姉妹版の国民教育図書発行の『自然学習』『社会学習』『芸能学習』にも、矢口ら中研所員の論稿が数多くみられ、海後のカリキュラム論が普及していったのである。（『教育文化』『日本教育』『明日の学校』における海後の論稿については、「解題」で詳しく解説する。）
『社会科概論』の「はしがき」は、海後（奥付に中研代表者海後宗臣と記載）が書いたと思われる。そこには、「教育の内容及び方法観に与えつつある影響は日本の近代教育史上に未だ曾て見ることの出来ない程大きいものである」「敗戦の現実から生じた新な世界環境に於いて、文化国家の建設に働く国民の育成こそ新しい教育の課題である。新たな人間像を育成する教育が従来と異なった構造をもつべきこと」（同、一頁）とし、「その実践記録については別に、『社会科の構成とその学習』（ママ）として発表したけれども、本著はその現場の実践の過程に於て追究した理論をまとめたものである」こと、第一章 矢口新、第二章 飯島篤信、第三章 倉澤剛・磯野昌蔵、第四章 田中正吾が担当したが「内容については勿論一貫した考え方に基づいている」ことが書かれている。

矢口の執筆した第一章の「新しい教育と社会科」は極めて重要な論文で、海後のカリキュラム論、すなわち地域教育計画論を端的に述べているものである。そこでは、新しい教育の目標は〈実践者の育成〉であり、新しい教育の地盤は地域的職能的現実であること、新しい教科構造は〈生活・内容・用具〉の三つの類型的構造であることを論じた。さらに、社会科の性格は「知識教材を与える教科でなくして自ら働くことにより知識を構成する教科」なのであり、「社会の実践的理解に必要な知識技能心情を生徒に身につけさせる教科」であるとしている。

戦後の地域教育計画論における社会科は、単なる知識中心の客観的郷土教育とは違う社会科をめざしていた。すなわち、新しい社会科では実践的知識・態度をもつ〈実践者の育成〉を目標にしていることが述べられている。さらに、生活学習においても、教材を生活に近づけるということではなくて、教材自体を現実生活の内容から作成するという根本的な転換をめざしていた。新しい教科である社会科は、〈知識人の育成〉

ではなく、〈実践者の育成〉のための内容教科として位置づけられたのである。

九　『教育編成論』等の一連の著作―中研・国研と海後教育論

海後の単著〈六部作〉の中で、カリキュラム論は『教育編成論』に全面的に展開されており、他の著作でも重要な部分を占めている。「戦後に於いては新しい教育の形態が問題となったが、その実体をつくり上げるものは、先ず教育内容即ち学科課程の新しい編成」（「教育に於ける現実研究」『教育科学研究』一巻一号（中央教育研究所中央教育出版）、一九四九年一月、『著作集』第一巻、五三六頁）であるので、海後のカリキュラム論形成にとっても中研のカリキュラム研究（理論と実践）が最も重要な研究であったと考えられる。

『教育編成論』（執筆は一九四七年九月、出版は、四八年三月国立書院。誠文堂新光社より一九五二年九月改訂版刊行、『著作集』第二巻所収）について、門下生である倉内史郎は、「この本が先生にとっての最初の教育原理論」であり、「先生のそれまでの研究の結論であり」「海後教育学の根底がもっとも直截にしめされている」ものであると評している。（『著作集』第二巻、「解題」）『教育編成論』では、「教育内容の構成図」（同、第二巻、九〇頁）も示され、カリキュラムの三層構造をより鮮明に論じている。この海後の教育編成論をもとに、「川口プラン」では第二の層の内容教科としての社会科の研究を、埼玉県比企郡三保谷村（現・川島町）「三保谷プラン」では第一の層の生活実践としての自治活動の研究を、中研の重点的な活動として実施し発展させていったのである。

海後は近代学校の基本的性格を、民衆（生活者・実践者）の学校と位置付けていた。そこで、学校論である『近代学校の性格』『著作集』第四巻では、地域社会学校（コミュニティ・スクール）を、地域社会性のある直観材料をとりいれた郷土学校（ア）、児童心理主義で自由教育や生活教育の流れの児童の生活中心の学校（イ）、から次の段階の学校（ウ）へと推進するべきだとしていた。この（ウ）の学校が、第三の類型の学校であり「これは教材の直感的場所として郷土を見たり、生徒の生活経験の場面であるとしてのみ地域社会を考えるものではない。教育は地域社会で営まれている人間生活の現実と離れ得ないものである」（『著作集』第四巻、二一七頁）から、「一つの土地にある社会改造の課題が、計画を立てさせ、その企画による教育によって課題は解決されるようになるのである」（同、二一七頁）としていた。

実際に海後（と中研の研究者たち）は、地域社会における現実生活の社会改造と結びついた〈実践者の育成〉を担う学校をめざし、そのためのカリキュラムの開発をしたのである。「川口プラン」につぐ中研の第二の実験プランである「三保谷プラン」では、社会科だけでなく特別教育活動・自治活動のカリキュラム上の位置づけも行っている。海後のカリキュラム論は、中研の研究実践に裏づけられた理論として構築されたのである。

このような研究の全盛期に、中研の研究誌である『教育科学研究』が、一九四九年の一年間だけ発行されている。（中研編集代表者矢口新・中央教育出版代表者倉橋政之）創刊号の小笠原所長の「創刊の辞」と海後研究部長の「教育に於ける現実研究」（『著作集』第一巻）には、当時の中研の役割とそこに至る研究史が述べられているが、まさに中研が、戦前からの研究を戦後になって継承し、いかに発展させているかを論じたものである。

翌一九五〇年に中研の村上理事は国研研究部長（所長代理五〇年四月、所長五二年一月）となり、中研所員の矢口は同年六月に、飯島は八月に、その後、主原正夫中研所員も、国研研究調査部教育内容室に採用となっている。いわば、中研がそっくり国研に移行したかたちとなり、全国のカリキュラムの調査研究を中心となって担っていったのである。五三年から六〇年まで、財団法人となった中研（五三年三月認可、理事長は村上国研所長）の事務所が、国研内に置かれていたのはこのような背景があったからである。（詳しくは、『中研紀要№15　教科書フォーラム別冊 中央教育研究所をつくった人々②矢口新』（二〇一六年三月）「戦後教育改革における中央教育研究所の役割」（越川求）を参照）

十　まとめ

本「総説」においては、海後のカリキュラム論形成を、戦前・戦後の継承的発展過程として全面的に検討してきた。従来の研究がある特定の時期や文献のみを検討する中で評価がなされたのに対し、いわば海後の研究過程史として、ライフコース的視点にもとづき、カリキュラム論の形成過程をみてきた。そこから読み取れるのは、海後の幅広い「教育思想の探究」と「教育現実の調査」と「実践的研究」の過程である。

海後は、敗戦後の日本にあって戦後復興を担う〈実践者の育成〉と教育の民主化をめざし、教育内容・方法にかかわるカリキュラム論を確立した。それは地域教育計画論とよばれるカリキュラム論である。実際には、川口プランを先駆として、中研のカリキュラム理論と実践に結実し、戦後教育の骨格を形成した。海後が教育の目標を〈実践者の育成〉としたのは、歴史研究による教育における象徴概念から生みだしたものであり、教育の目的（目標）は歴史社会的に設定されること、その教育方式は歴史社会の中心的担い手である類型化された階級によって生み出されることからだとしたのである。

大学・大学院時代に、ドイツ精神科学の教育思想や吉田熊次の教育学の体系化論、春山作樹の類型史観や教育論からの影響から、〈実践者の育成〉や〈陶冶・教化・形成〉の教育基本構造の理論的枠組みの土台は形成され、助手時代の「明治初年に於ける教育の調査研究」と「郷土教育に関する調査」を通して、海後のカリキュラム論の基礎ができた。「明治初年に於ける教育の調査研究」において、学科課程や教材の歴史実証的な研究の重要性や社会学的な調査という方法論を身につけた。この時期に阿部重孝のアメリカの実証科学の研究法を取り入れていた。当時、隆盛した郷土教育運動についても、調査や歴史研究にもとづき、教育内容改善、すなわち学科課程改善の課題を把握した。教育の地方化・実際化がいかに実践されているかを調査検討する中で、教育の地域性や生活性（産業性）の重要性も認識している。

助手時代（七年間）後の、国民精神文化研究所での三年七ケ月は、海後の研究は教育勅語や修身教授の歴史的研究が中心であった。この制約の多い研究時代にも、教科課程や教育内容・方法に関する研究上の問題意識は継続し、教科の分化と統合についても関心をもち続けていた。

東大帰任後の一九三六（昭和一一）年からの研究や三七年七月開設の岡部教育研究室（中研の前身）において、海後のカリキュラム構想は大きく発展した。岡部教育研究室でのカリキュラム編成のための調査研究（一九三七―四二年）では、〈実践者の育成〉を教育目標とし、現実生活からの教育内容編成や教育の地域性・生活性（産業性）・総合性を重視し、戦後の地域教育計画論の骨格を形づくった。さらに、戦時下において、教育内容を実践原理との関連において構造化し、教科構造を確立しようという問題意識があった。（これが、具体的にカリキュラムの全体構造として確立するのは戦後においてである。）

敗戦後に、岡部教育研究室の調査研究を継承した海後・矢口・飯島らを中心とした中研（一九四六年七月設立）は、「川口プラン」を指導する中で、カリキュラム論を具体化している。中研が目指したのは、戦後日本を建設し民主化するカリキュラム編成であった。海後が戦前に確立した〈陶冶・教化・形成〉という教育基本構造論を基礎に、アメリカのカリキュラム編成なども参考にし、独自にカリキュラムの三層構造〈生活・

内容・用具〉を明らかにした。ここにおいて海後のカリキュラム論は確立したのである。

海後は、近現代教育においては未だ独自の教育方式をもっていない庶民（農村と工場の勤労者）の育成が教育目標としてかかげられなければならないとした。すなわち〈知識人の育成〉でなく〈実践者の育成〉が国民教育の中心課題にならなければならないことを、戦後教育の柱としたのである。教育の国家性にかわる地域性の重視、生活と分離した知識中心の教育から生活実践と結びついた教育への転換、社会の担い手である勤労者の教育である〈実践者の育成〉という教育論、これらは戦後の民主化という歴史社会的な状況の中で、地域教育計画論というカリキュラム論として開花したのである。

教育目標としての〈実践者の育成〉、カリキュラムの三層構造（生活実践、内容教科、基礎教科とそれら相互の構造的関連）、現実生活からの教育内容編成（地域性・生活性を基盤）、科学的実態調査の重視、地域社会学校（コミュニティ・スクール）としての学校などの考えが、海後の著作（『教育編成論』をはじめとする〈六部作〉など）や中研所員、さらには国研や地方教育研究所等によって全国に普及していった。これらは、海後教育論・カリキュラム論の骨格となっているものであり、戦後日本の教育の土台になったものでもある。

海後のカリキュラム論は、日本の近現代教育史の中で戦前から戦後へと継承してきた教育学の学問水準を維持発展したものである。加えて、海後の厳しい歴史認識と教育改革志向にもとづき、歴史的課題と格闘しながら生み出された未来を展望したものでもある。戦後七〇年が経過した今日、教育水準のさらなる向上が叫ばれ、かつまた戦後教育総体が再検討されている。そうした時期だからこそ、戦後教育の出発点にたちもどり、海後が戦後新教育の中で何をなそうとし、何ができなかったのかを客観的実証的かつ理論的に検討していく意義があると考える。

「戦後カリキュラム論の出発」―解題

越川　求

一　「解題」にあたって

『教育編成論』までに至る戦前からの海後のカリキュラム論を中心とした学説の形成過程については、本解説の「総説」で明らかにした。しかしながら、海後が如何に戦後カリキュラム論を出発させたのかについては、新たに発見した数多くの戦後教育改革期の論稿（本書に掲載）にもとづき再検証し、より詳細に出発の経過を明らかにする課題が残されている。

〈実践者の育成〉という教育目標、生活現実からの教育内容の編成、地域性・生活性（産業性）の重視、〈陶冶・教化・形成〉という教育の基本構造論などの戦前からの理論的枠組みに加えて、戦後の中央教育研究所（以下、中研と略）における研究活動の中で、「カリキュラムの三層構造」を明示し、『教育編成論』の骨格が定まった。その中で、ポイントとなる論稿の一つとして「新しい学科課程の編成」（一九四七年五月）があるが、この論稿は『海後宗臣著作集』第十巻、七三五―八〇六頁の「著作目録」（＝以下「目録」と略）に未記載であり、題名の「学科課程」を「教育課程」と変えて、『新教育の進路』の第八章「教育課程の編成」の第二節「新しい教育課程の編成」として、再録されているのである。

実は『新教育の進路』は、海後が「最近五ケ年間折にふれ時に応じて書いた」（『著作集』第五巻、八頁）論稿を再編集して単著として発刊したものであった。この著作の一～一二章を合わせた三八の節の内、三一の節について該当する初出の論稿が判明し、確認することができた。（二〇一六年一二月現在：筆者による）これらの初出の論稿は、ほとんどが雑誌論文であり、多くが「目録」にも記載されている。（**「付属資料」（本書五三四〜五三六頁）参照**）そして、『新教育の進路』に再録する際に、新たに判明した三一の節の内、一五の節が題名を変えられ、全部の節においても小見出しを加筆し、用語の表現も修正されている。しかしながら、「目録」には、一つの論稿のみが「再録」と記述されているだけであり、『著作集』の「総説」・「解題」にも初出の雑誌論文について一言も触れられていない。海後による戦後カリキュラム論の出発を明らかにするには、『教育編成論』の発行前後を中心に『新教育の進路』発行までの論稿を、海後の力動的な研究過程を追体験しつつ、如何なる現実と向き合い提言していったのかを、関係する研究者たちの論稿とあわせて検証していく作業が不可欠である。

「解題」では、戦後教育改革期における海後の論稿を詳細に検討する中で、海後の教育論とりわけカリキュラム論が、如何に戦後教育を出発させたのかを、出発時に焦点をあて、本書に掲載したものを基に解明する。本書では、『著作集』の「目録」に未掲載の新たに発見された論稿を中心に、関連する論稿も選出し掲載している。その中の一部は『新教育の進路』（『著作集』第五巻）に表現を変えながら再録されているものもある。初出の論稿をそのまま掲載することが、「解題」をする上で不可欠であると考えた結果であることを御承知いただければと思う。

二　「解題」の方法

従来の著作や研究においては、以下に述べることが指摘できる。

『著作集』第九巻『戦後教育改革』（全六九三頁の内、解説を除くと全六五〇頁）は、『日本教育の進展』（一九五一年一〇月）（全二三六頁）が中心となり、『教育改革』（戦後日本の教育改革 第一巻）（一九七五年）（全二六八頁）と合わせると、この二つの著作で八割近くの頁数を占めている。海後自身が一九五一年段階で戦後教育改革における日本教育の進展をどうみていたのか、さらには戦後三〇年を過ぎた一九七五年時点において教育改革の歩みをどうとらえているのかを理解するには、この二つの著作は重要なものとなっている。そこでは、海後自身が執筆したこともあり、戦後教育改革期の状況や海後の立ち位置を確認することができる。しかしながら、この激動の時期において、海後が如何なる現実と向き合いつつ提言していったのかを、同時代的に実感し検証するには不十分である。なぜなら、『著作集』第九巻『戦後教育改革』の掲載論文においては、戦後の「教育の民主化」（一九四六年一月）から一挙に「講和後に於ける教育」（一九五一年一月）となり、空白の五年間になってしまっているからである。どうしても、戦後教育改革期における海後の個々の論稿すべてを時系列的に詳細に検討する必要がある。従来の研究ではそのことがなされておらず、結果として海後のカリキュラム論が、戦後教育を如何に出発させたのかが不鮮明になっていたのである。

同様のことは、カリキュラム論を直接とりあげた『著作集』第五巻『教育・内容方法論』の解説（「総説」と「解題」）にも当てはまることであり、第五巻の中心著作である『新教育の進路』（一九五一年）の各節として編集されている初出の雑誌論文の詳細な検討がどうしても必要になってくる。

『新教育の進路』の初出の論稿は、『教育文化』（目黒書店、一九四六年一月～四七年五月）『日本教育』（一九四五年一〇月～四七年八月）（改題して『明日の学校』国民教育図書、一九四七年九月～四九年二月）に重要なものがある。両雑誌とも、中研の事務所がおかれた出版社から発行された雑誌であり、中研関係者も数多く執筆している。『教育文化』と『日本教育』は、戦前の統制雑誌を継続したものであったがゆえに、戦後直後から様々な論稿を掲載することができた教育雑誌であった。本稿では、その中の海後の論稿を検討していくことにする。出版社に中研の事務所が置かれていたという事実や海後が監修者や顧問になっていたことが、二つの雑誌と海後との強いつながりをうかがわせる。

『教育文化』は、敗戦直後からの占領下における発行なので、アメリカ合衆国ワシントン州のメリーランド大学にあるプランゲ文庫の複製マイクロフィルムで確認しなければならず、今まで注目されてこなかった。唯一の文献として小熊伸一監修『戦後日本教育関係雑誌目次集成』（日本図書センター、二〇一三年）により紹介されたが、未だ研究的に活用されていない。小熊によると、戦前の統制雑誌である『興亜教育』（一九四二年一月〜）が前誌であり、その後に『教育維新』（一九四四年一〇月〜）、『教育文化』（一九四六年一月〜）に改題し、一九四七年五月（五〇〇〇部発行）で休刊になっている（「各誌解題」八〜九頁）。ただし、小熊の解題には書誌的な解説はあるが、各論稿の内容については言及されていない。

『日本教育』は、前掲の『戦後日本教育関係雑誌目次集成』にも重要な雑誌としてとりあげられ、目次が掲載されている。他にも下村哲夫監修『国民学校綜合雑誌『日本教育』全一二巻』（エムティ出版、一九九一年）には、戦後期の『日本教育』も全文が復刻されているが、残念ながら継続誌である『明日の学校』は復刻されていない。そのため戦前の軍国主義・超国家主義の統制雑誌から、平和主義・民主主義の啓蒙雑誌として転換した中での海後の論稿の意味を究明するには十分なものとはいえない。

以上のような現状から、本「解題」では『教育文化』と『日本教育』の両雑誌を射程の中心に置き、海後の教育論・カリキュラム論形成という観点で考察することにより、海後による戦後の出発をより鮮明にしようと考えている。

他に、『教育復興』（東京書籍、一九四八年九月〜五一年一月）『社会科教育』（社会科教育研究社、

一九四七年五月〜）『人間形成』（山王書房、一九四八年一〇月）、『教育科学研究』（中央教育出版、一九四九年一月〜一〇月）などの教育雑誌も、中研関係者が中心になっていたので、本「解題」の課題と関連する場合には取り上げる。

三　『教育文化』にみる戦後教育改革

最初に、海後は戦後教育をどのように出発させようとしていたのかを明らかにするために、戦後の最も早い時期の『教育文化』の論稿を左記《目録Ⅰ》に掲載した。海後はこの雑誌の監修者となり、戦後教育の民主化を様々な角度から検討していた。民主教育・農村教育・教育制度・青年運動・技術教育・政治教育・人間教育・教員組合運動・教科書・生活教育・算数教育・女子教育などのテーマを設定し、論者を選定したと考えられる。巻頭言は海後が執筆し、当時の各方面のオピニオンリーダーや中研とつながりのある教育関係者が登場している。巻頭言は、本著に全て掲載しており、エッセイ風の論稿から戦後教育の出発にあたっての海後のリーダーシップを読み取って欲しい。

（注）『著作集』「目録」に記載＝〇印、未記載＝●印とした。＊印は、本書に全文掲載の論稿である。**太字**で示した論稿は、「解題」で直接とりあげているものである。以上のことは、《目録Ⅰ〜Ⅳ》の表記についても同様である。

《目録Ⅰ》

＊〇「**教育に於ける民主的なるもの**」一九四六年一月　〈民主教育〉

＊●巻頭言「農村のもつ教育魅力」一九四六年二月〈農村教育〉
＊●巻頭言「入試制度の民主化」一九四六年三月〈教育制度〉
＊○巻頭言「破って出る力」一九四六年四月〈青年運動〉
＊○「教育使節会議風景聞書」一九四六年四月〈水木一郎名で執筆〉
＊○巻頭言「手の教育理論」一九四六年五月〈技術教育〉
＊●巻頭言「二年生の政治教育」一九四六年六月〈政治教育〉
＊●巻頭言「教育に於ける人間」一九四六年八月〈人間教育〉
＊○巻頭言「集団性の再認」一九四六年九月〈教員組合運動〉
＊○巻頭言「江戸方角から地理初歩へ」一九四六年一〇月〈教科書〉
＊○巻頭言「生活化の二方向」一九四六年一一月〈生活教育・算数教育〉
＊●巻頭言「解放の次を」一九四六年一二月〈女子教育〉
●座談会「結論　女子教育問題の検討」一九四六年一二月
＊○「**これからの教育展望**」一九四七年二月〈巻頭論文〉
＊○巻頭言「生活による規定性」一九四七年五月〈教育の社会基底〉

一九四六（昭和二一）年一月一日の発行である「**教育に於ける民主的なもの**」は、『著作集』第九巻『戦後教育改革』に掲載されている「教育の民主化」（四六年一月三一日）よりも早い論稿である。第九巻では「教育の民主化」の次にくる掲載論稿は、一挙に「講和後に於ける教育」（五一年一月一日）や『日本教育の進展』（五一年一〇月）以降のものになっており、途中の論文はない。この論稿では、戦後教育の方針の要点を論じ「歴史発展についての重大な誤りは改められなければならない」と戦後教育の出発の歴史的位置づけを、海後には珍しく強い論調で述べている。第一に学校教育制度、第二に教育内容、第三に教育方法の三点において民主的なるものを探究すべきとした。教育内容については「理知を究める」ことと、教育方法については「自律活動を尊重する」ことを歴史的な知見から論じている。最後に「今日の民主的なるものの教育に於ける様式は二〇年前に単にもどることではない」として、戦前にもあった新教育を新たな地平で乗り越えようとする海後の決意がみられる。

『教育文化』に人々が集い、これがやがて中研設立の一つの母体ともなり、戦後の教育内容・方法の民主化を推進していくことになる。中研設立時の八名の理事たちの集まりの母体となったのは、新日本教育建設同志会（小笠原道生、大谷武一、海後宗臣、小林澄兄、島内俊三、目黒四郎、村上俊亮）という名の会であった。この会は、『教育文化』第五巻第四号の巻末に登場し、「教育問題に関する解答募集」を読者に呼びかけている。さらに、同号より海後宗臣が監修者となり、中研事務所や海後の自宅が同居していた「目黒書店ビル：東京都神田区駿河台三ノ一」を発行元にしている。そして、編集の事務を担当したと思われるのが中研所員の矢口新・飯島篤信であり、「展望台」欄にも執筆している。以上のことから考えると『教育文化』の論考は、中研の設立前から設立時にかけての当時の関係者の貴重な戦後教育への提言となっているものであった。

小笠原と大谷（教育刷新委員会委員：一九四六年八月〜）は、戦前の文部省の体育課時代の中心的メンバーであり科学的合理的体育の推進者であった。小林（米国教育使節団・日本側教育委員会委員：一九四六年二月〜）は、海後とともに日本教育学会創立時（一九四一年）からの学会の中心的な研究者の一人であった。戦前に、有光と村上は岡部長景文部大臣秘書官であり、辻田は村上と同時期に普通学務局で仕事をした。この三人は、戦前において内務省的文部行政から一定程度距離をとった位置にある「純粋文部官僚」であった。

それだけに文部省内では学術教育省的な系譜の任に就いていたと言ってよい。有光は教科書局長（一九四五年一〇月〜四七年一月）・文部次官（一九四七年二月〜四八年一〇月）、辻田は調査局長（一九四七年一月〜四九年五月）・調査普及局長（一九四九年六月〜五〇年六月）・初等中等局長（一九五〇年六月〜五二年二月）、村上は視学官（一九四六年四月〜四九年二月）・国立教育研究所研究調査部長（一九四九年六月〜五一年一二月）・所長（一九五二年一月〜五六年九月）であり、教育基本法体制をつくりあげ、新教育を推進する中心的な官僚となった。島内と目黒（目黒書店社主）は教科書出版関連会社の重鎮である。戦後教育建設に向けての文部官僚・教育学者・教科書会社のリーダーたちが、海後を取り巻く言論環境にあったことは重要である。

「**これからの教育展望**」は、中研での研究が進展し、「川口プラン」（一九四七（昭和二二）年三月の発表）が登場する直前の論稿である。海後の『教育編成論』や『教育の社会基底』の原型がみられるものであり、海後教育論形成にとって時期的にもポイントとなるものである。この論稿は、『新教育の進路』の最終章（一二章）の「明日の学校教育展望」の第一節に再録されており、重要な位置を占めている。めざす人間像を、〈実践者の育成〉としたうえで、「これからの教育展望は教室を場面とした教育解釈より離れ、広くして豊かな生活の中に於ける教化や形成をも問題とすることが出来、これを充分に取扱い得るものとなるべきである」としている。海後の教育基本構造論である〈陶冶・教化・形成〉を通じての、現実の生活における人間教育の構想である。結論として、民衆生活からの教育展望について述べ、人民大衆による生活現実を基底とした教育内容の編成という海後のカリキュラム論の土台となる教育思想が述べられている。

さらに、同時期に出版されていた『日本教育』の「座談会　学科課程をめぐって」（一九四七年三月）にもつながっているものである。中研はアメリカの教科書研究を進めており、一方で海後を理論的指導者として「川口プラン」に取り組んでいた。この過程で、教科書の内容別の団を三つ〈用具・内容・生活〉に分ける理論的枠組みが生まれ、さらに学科課程の編成の検討をする中で、自由研究にも注目していた。

四　『日本教育』『明日の学校』にみるカリキュラム論

左記《目録Ⅱ》が、戦後の『日本教育』における海後の論稿である。

《目録Ⅱ》

＊○「**戦後建設への教育構造**」一九四五年一〇月
○座談会「国家神道と教育」一九四六年三月
○座談会「新国語教材とその教育」一九四六年五月
○「**教育使節団員の提言**」一九四六年七月
＊○「**教科書の新しい性格**」一九四六年一二月
●「**座談会　学科課程をめぐって**」一九四七年三月
＊●「**新しい学科課程の編成**」一九四七年五月

『日本教育』は、戦後の五巻一号から、国民教育図書より発行され六巻二号までは、発行人は目黒四郎であった。戦後最初の掲載論稿は、前田多門（文部大臣）「戦後教育の建設」、海後宗臣（東京帝大助教授）「**戦後建設への教育構造**」、山崎匡輔（文部省科学局長）「科学教育刷新のために」、羽仁説子（自由学園）「これからの教育」の四本であり、戦後教育を出発させる上で海後の存在が如何に大きかったかがうかがい知れる。

「**戦後建設への教育構造**」は、戦後直後において、唯一の一九四五年内に書かれた論稿であり、海後の決意と戦前からの構造的連続性を示すものである。そこでは、「戦後教育の構造は戦時教育の次段階に位置すべきである」とし、「戦後建設への教育構造は実践者育成への問題へと我々を推進せしめている。これが教育構造を規定する最基底に置かれなくてはならない」としている。そして、「教育が知識体系のみを基本として展開されていたのでは建設へと結びつくことは困難となる。従来知識体系としてあっていたものを実践体系へと展開するところに建設性を示す構造がある」とした。それは、実践体系への転換による〈知識人の育成〉から〈実践者の育成〉への海後教育論構築の決意であった。

その後、海後の論稿は座談会以外には、掲載されておらず、中研が発足した翌年七月になって「**教育使節団員の提言**」の論稿が掲載されている。

敗戦から一九四六年七月までの間に海後は、多くの現実的課題と向き合っていた。連合国軍総司令部から「四大教育指令」が出され、「軍国主義的・超国家主義的教育の排除と日本教育の民主化」は必須の課題となっていた。四五年一〇月に新設の教科書局長になった有光のもと、教科書改革やカリキュラム改革が推進されていった。四六年四月七日にGHQ『米国教育使節団報告書』が提出され、「米国教育使節団に協力すべき日本側教育委員会の報告書」も作成された。東京帝国大学教育制度研究委員会も発足し、海後は南原繁や戸田貞三という後の教育刷新委員会の中心メンバーに理論的影響を与え、教育制度改革の見通しをつけた。

教育内容・方法の改革については、文部省はすでに一九四六年四月一七日に「教科課程改正準備委員会」を発足させ、文部省教科書局監修官や視学官等が中心になってカリキュラムの改革が準備されていた。この委員会の第一〇回（五月一四日）において、村上俊亮視学官は「北米合衆国の教科課程」について報告している。文部省は、『新教育指針』（四六年五月）において、これから目指す教育は「新教育」であることを宣言したが、「新教育」の内容・方法を確立していくには、研究機関が必要となっていた。海後の最優先すべき研究課題はカリキュラム論の確立となった。

「**教育使節団員の提言**」では、海後はキャンデル教授との懇談の中から、教育研究所の設立の必要性を痛感している。このような背景のもとで、中研が発足したのである。日本側委員会の委員でもあり、中研理事となった小林澄兄も同号の「新教育方法の進路」に「日本の教育を社会化し民主化するためにはどういう教育方法を以てせねばならぬか」という記事を載せている。

中研では、アメリカの教科書を取り寄せ、多くのスタッフで分析・検討している。朝日新聞（一九四六年七月一五日）に海後は「アメリカの教科書」という記事を書き、中研の最初の発行書である海後勝雄編『アメリカの教科書』（九月一五日）に無署名で論稿を寄せている。そして、「**教科書の新しい性格**」で今までの研究成果を基に「教える教科書から学ぶ教科書へ転化」させ、教科書の編成は「教育内容の三形態」を基礎とし、その三形態を〈用具・内容・生活〉としたことは大きな前進であった。教科書の編成論から生み出された三形態は、やがて学科課程の編成論に発展し、カリキュラムの三層構造として確立されていくのである。

「**座談会　学科課程をめぐって**」では、司会が海後宗臣（東大助教授）、近藤修博（東京三師附属校教官）、滑川道夫（成蹊学園附属校主事）、勝田守一（文部省社会教育課（ママ））が参加した。この時期は「川口プラン」の実践が発表され、東京三師附属校や成蹊学園でも自由研究を中心にカリキュラム研究が行われ、『学習指導要領一般編（試案）』も出される時期である。教育基本法・学校教育法も三月に公布され、四七年四月から新しい学制が発足した。この座談会では、学科課程の重要性と、各地域で学科課程を作成することが今後の課題であることが確認されている。同じ三月号に「川口プラン」の指導的実践者である村本精一が「社会科に於ける学科課程の実際」を掲載していることは、「川口プラン」の位置づけの高さと「東京帝国大学助教授海後宗臣氏を中心とする中央教育研究所員を特定指導者とし、其の指導協力を得て仕事を進めている」中研の重要な位置も示すものであった。

『日本教育』は七巻一号（一九四七年五月）から、編集人が皆川正弘に交代し、皆川は『明日の学校』に改題されてからも編集人であり続けた。この号には、

「編集室」「○編集人交替　前編集者小澤健一氏は此度総司令部民間情報部教育課顧問に転出し、皆川が後の責任をとることになりました。海後、島内、小澤の諸先生を顧問として強力な御指導を仰ぎつつ、微力ながら精根を傾けて教育のため日本再建のために盡したいと思います」

と書かれている。編集顧問の海後と島内は中研の理事である。『日本教育』は『明日の学校』に、姉妹雑誌『国民教育』は『社会学習』『自然学習』『芸能学習』に改題され、国民教育図書から発行された。この他に、新たに「教育者の香高き文化的教養のために「教育文化」（十円）を発行する」という記事も載せている。海後が監修していた『教育文化』（目黒書店）は、この年の五月を最後に発行されなくなっていたが、中研事務所の移転先である国民教育図書から発行される計画があった。実際には発行されなかったが、『教育文化』『日本教育』『明日の学校』と海後や中研が如何に密接な関係であったのかという証左ともなっている。

一九四七（昭和二二）年五月の「**新しい学科課程の編成**」は、海後のカリキュラム論を確立した論文であり『教育編成論』の理論的な重要な要素となり、『新教育の進路』でも八章二節で「新しい教育課程の編成」として再録されているものである。この論文の「冒頭要旨」は、再録されておらず、そこでは「学科課程の

究や歴史研究の必要性も主張している。

請をその根基とすべきであるとする」と要旨が端的に述べられている。加えて、学科課程についての海外研

けれぱならないと明らかにし、然かもこれを市民生活との現実との連関に於いて編成し、生産社会のもつ要

新しい編成が当面している問題を探求して、これを用具・内容・生活の三つの主要な領域に於いて構成しな

海後は、旧時代の教育内容編成を批判し、教育内容の自主的編成が重要であるとした。さらに、大正新教育時代の児童心理主義ではなく、生活の現実から学科課程を編成することを論じている。そして、民衆生活からの内容編成をめざし、内容学習の構造、基礎学習の構造、生活における内容編成を述べ、「学科課程が発展して来た歴史を明かにして諸学科の性格とこれが教科発展史上において占めている位置を決定せねばならないであろう」と海後の理論が歴史研究からも導き出されたことを述べている。

また、『日本教育』としての最終号である七巻二号（一九四七年八月）には、地域教育計画という用語が最初に登場する矢口の論稿「地域教育計画の動向」や有光（文部次官）「解説　新教科書編集の方向」が掲載されている。

「地域社会学校」の思想

左記《目録Ⅲ》が『明日の学校』などにおける海後の論稿である。

《目録Ⅲ》

＊○「**明日の学校への待望**」一九四七年九月

＊●「**郷土を建設する芸能と技術**」一九四八年一月

＊●「生活からの内容編成」一九四八年六月

「明日の学校への待望」は、『日本教育』を改題した『明日の学校』（創刊号）の巻頭論文である、『新教育の進路』の一二章の二節の「明日の学校への待望」として再録されているものである。そこでは、海後は「コミュニティ・スクール」という用語は使わず、「地域社会学校」の思想を論じ、「土地と教育とが生命をもって結び合っている姿」を描いた。「明日の学校はその土地の生活集団のもつ教育機関」となり、「明日の学校は単なる子供のための学習所としての役目を担当するにとどまらず、その土地のあらゆる人々に対する教育力の中枢となるであろう。こうして学校は真にその地域社会の人々のものとなる」という目指すべき学校の構想を発表した。

川口プランの『社会科概論』において中研所員が分担して書いた論稿は、中研の共通理論であった。海後が書いたと思われる「はしがき」で言う「一貫した考え方」があり、それは海後の教育論そのものである。海後教育論は、特に矢口が執筆した第一章「新しい教育と社会科」に明確に見出すことができる。

『著作集』目録に未記載の「**郷土を建設する芸能と技術**」は、『明日の学校』の姉妹雑誌である『芸能学習』における論稿である。内容教科としての芸能学習を論じ、地域の芸能や技術を担う〈実践者の育成〉という海後の教育論が論じられているものである。そこでは「教育は常にその土地の生活の現実がもっている課題によって編成されるという原則によることが、芸能や技術に於いても今日強く考えられねばならぬ」と地域性や生活性を重視した教育をなすべきことを論じている。

もう一つの『著作集』「目録」に未記載の「**生活からの内容編成**」も民衆生活からの内容編成を論じ、用具教科においても「形式化に陥ることもなく、生命のみなぎった力ある学習」も求めている。生活学習では、村の新聞の発行をあげ「学校が担当し、よい内容のものとして編集して印刷し、村の人々に配ばられたその費用が集められて経営」という具体例として示している。この新聞部の活動は、中研の実験プランである埼玉県比企郡三保谷村（現川島町）における「三保谷プラン」の特別教育活動・自治活動で研究実践されているものでもあった。『新教育の進路』には、以下を含めて五行ほどが追加記述されている。

「生活はこれを現にわれわれの周囲にある地域社会における民衆の生活であると考えねばならない。このことによって初めて教育課程の民主化ができるのである。教育の内容を民衆の生活から編成することこそ、真の生活カリキュラムである。」

五 『新教育の進路』の歴史的意味

中研が指導した川口プラン（一九四七年三月と一二月に発表）を作成する過程で、中研の理論とも言ってもよい海後の著作『教育編成論』（原稿完成は四七年九月、出版は四八年三月）が生まれた。『改訂教育編成論』（五二年九月）の「改訂出版にあたって」で、海後自身が「私の『教育編成論』は、昭和二十二年九月に執筆したものであったが、当時印刷事情がよくなかったために、翌二十三年三月に至って、ようやく出版されたものである」と出版事情を詳しく説明している。この事実により、『社会科概論』で示されたカリキュラム論は、海後の体系的な理論である『教育編成論』から生まれたことが理解できる。

やがて、戦後教育の出発期の様々な海後の教育総論的な論稿は『新教育の進路』（一九五一年二月）にまとめられた。『著作集』全一〇巻に掲載されている論稿の数は、この時期（四六〜五〇年）においては合計一二三本の中で、七本（内雑誌論文五本）のみである。他の時期に比べて圧倒的に少なくなっているのは、『新教育の進路』に再録されているからとも考えられるが、海後自身は意識していたにせよ、「解説」担当者や「目録」作成者は意識していたとは思えない。戦後占領下における出版事情や保存環境が劣悪であったので、『著作集』作成時における確認作業が困難だったと推測される。また、『著作集』「目録」に記載されていない論文もこの時期（四六〜五〇年）だけで、二〇本以上も新たに判明しており、同時期の初出の論稿を確認する作業が十分にでききれなかったのかとも考えられる。

以上のことから、海後が最も精力的に研究を進展させ、数多くの論稿を書いた時期（戦後教育の出発期）の執筆背景や論文内容の理解は不十分なものにとどまっていた。実際には、『新教育の進路』に三一本（残り七本未確認）、『近代学校の性格』に七本（残り一本未確認）(注1)の初出の論稿が再録されている。そのことから考えても、この時期の初出の論文が如何に重要なものだったかがわかる。

『新教育の進路』の中で重要な論稿は、《目録Ⅰ〜Ⅲ》以外では、一九四七〜四八年に執筆の左記《目録Ⅳ》の論稿である。

《目録Ⅳ》

＊○「**自由研究の在り方**」一九四七年五月

＊○「**教育の地域社会計画**」『社会と学校』一九四八年四月

＊○「**生活経験からの学習**」一九四八年一〇月

＊○「**人間は如何に形成されるか**」一九四八年一〇月

一九四七〜四八年の時期は、カリキュラム改革運動の先駆といわれる「川口プラン」の発表（一九四七年三月と一二月）から始まる時期であり、中研が華々しく登場し研究を推進し、全国に影響を与えている。海後は、中研の代表者（理事・研究部長）として、理論的指導にあたり、『教育編成論』としてまとめあげ、それを出版し普及していく時期のものである。

「**自由研究の在り方**」は、成蹊小学校教育研究所『生活教育研究』一集（著者代表：滑川道夫）の巻頭論文である。滑川とは先述した「**座談会　学科課程をめぐって**」で自由研究の議論もしている。ここで海後は〈用具・内容・生活〉のカリキュラムの三層構造の中でまだ不明確な「生活」について自由研究の可能性を確認し、前述の「**新しい学科課程の編成**」の論考に発展したものと考えられる。

海後は、「教科以上に座を占め特別な使命を果たすものとしての自由研究の在り方を提唱したい」と述べ、「教科として取り扱われ、用具教科でもない、内容教科でもない」ので、「自由研究は教科以上の在り方を示しているとともに、さらに発展した研究活動の前段階をなすものとして特殊な存在となっている」としている。「自由研究は学科課程改造問題における実践原理を実現」するもので重要な意味を持ち、「世紀的な意味を完全に発揮した自由研究」をめざすべきと論じている。そこで、「自由研究は新しい教科の一つとして提唱されたのであるが、これを教育実践の創意ある営みによって、真実なものとなすべき努力が、今日において特に必要である」とした。この論考の考察は、自由研究を萌芽として、教科外課程を「教科以外の活動」「特別教育活動」として実現し、生活実践としての特別教育活動・自治活動の発展の方向を導きだした。教科課程と教科外課程を総称して教育課程とすることや基礎教科・内容教科・生活実践として発展するカリキュラムの三層構造は、戦後カリキュラムの全体構造の骨格を形成し、戦後教育の発展に大きな影響を与えたのである。

一九四七年学習指導要領においては、自由研究は学科課程の一つの教科としておかれたが、五一年学習指導要領では、教育課程の中に教科課程と教科外課程（「教科以外の活動」と「特別教育活動」）があるとするカリキュラムに発展していった。この生活実践である特別教育活動については、中研の第二の実験プランである「三保谷プラン」において研究が推進され、中研研究誌『教育科学研究』（一九四九年に三回発行）で取り組みが紹介されている。「新しい学科課程の編成」を『新教育の進路』に再録する際に、「新しい教育課程の編成」に題目を変え、「学科課程」をすべて「教育課程」に変更している背景には、海後たちの理論の発展と実践の蓄積があったのである。

「**教育の地域社会計画**」（『社会と学校』版）は、『新教育の進路』の最終一二章三節に再録されている。先述した「**これからの教育展望**」（『教育文化』）・「**明日の学校への待望**」（『明日の学校』）と「**教育の地域社会計画**」の三本の論文は、『新教育の進路』の最終章（一二章）のそれぞれ第一、二、三節に再録され、全体のまとめの章となり重要な位置にある。「教育の改革は上からの指示によって形式的になさるべきものではなくして、こうした地域の生活に根ざす生きた教育が、全国到ところにおいてなされること」（『著作集』第五巻、三九六頁）を、『新教育の進路』の最後の部分で呼びかけ、締めくくりとしている。形式主義を排し、民衆の下からの力により、地域の生活に根ざす生きた教育をつくりあげることを戦後教育の進路として力強く宣言したのである。

「**生活経験からの学習**」では、アメリカのカリフォルニアとバージニアの「生活経験による学習」について知ることは必要であるが、「考え方や指導の方法、態度などを学ぶためになすべきことで、そのままの形を移すということではない」と注意を促している。日本において「科学的方法をもって地域社会生活の研究を重ね、そこから生活による学習を展開させる足場」として実態調査の必要性を述べている。「**人間は如何**

に形成されるか」では、職域・地域・家庭での人間形成や自己教育を発展させる読書・新聞・雑誌・談話・放送・絵画・技術などにふれる多くの文化施設の重要性を述べている。海後の人間形成論に基づく視野の広い教育論を的確に示したものである。これらの雑誌の論稿は、すべて『新教育の進路』における重要な論稿として加筆され掲載されている。

六　教育改革研究の進展をめざして

海後は、戦後教育の出発にあたり、教育内容・方法の研究、すなわちカリキュラム論の研究を、中研の研究者たちと共に推進してきた。戦後初期の論稿の中で、『著作集』「著作目録」に未記載で新たに発掘されたものを見ることで、海後の当時の研究過程がより把握することができる。

戦後教育改革期において、『著作集』に掲載されていないもので注目に値する論稿を、「著作目録」未記載論文(注2)を中心に以下に発行順にあげる。(『著作集』「著作目録」に記載＝○印、未記載＝●印)

*●「**学校の新しい体制**」一九四六年八月

*●「**教育歴史性への探求**」一九四七年三月

「**学校の新しい体制**」は、「機会均等の原則が新しい学校の体制」として中等教育・高等教育に実現していくことの歴史的意義を述べている。「**教育歴史性への探求**」では、「今日の教育社会性を重大視すると共に、それの歴史性が見えざる根源力を培うものであることを再認識すべきである」として、社会性と共に常に歴史的研究を基礎に教育論を組み立てていくという海後の教育史研究者としての一貫性が見られる。「日本の民主教育も、世界民主教育史の一環」として位置付けるとともに、日本の教育発展の跡づけの必要性も論じている。

カリキュラム改造運動の花形とされる社会科については、「社会科教育総論」(『社会科事典』第一〇巻、平凡社、一九四九年)に全面的に論じているが、以下の三本の論稿は初期のもので要点を述べたものである。

＊●「**社会科教育**(**上**)」一九四八年二月

＊○「**社会科教育**(**下**)」一九四八年三月

＊●「**川口市実態調査による社会科教材編成**」一九四八年七月

『著作集』第六巻には、「川口市の社会科」(一九四七年一二月)と「社会科教育総論」(一九四九年一〇月)が掲載され、解説されている。四八年中に執筆された「**社会科教育**」(**上**)(**下**)と「**川口市実態調査による社会科教材編成**」は、従来の研究でも検討されてこなかったもので、社会科の出発に際して注目すべきものである。「**社会科教育**」(**上**)(**下**)には、「内容教科としての社会科」「教師と生徒の社会調査の実践」「生徒の興味・要求・能力についての生徒研究の重要性」などが述べられている。さらに社会科教育の方法として、内容に即した新しい形態を求めており、「単元学習や問題解決学習」「現場学習や共同学習」の意義や技術表現についても論じている。単元学習や問題解決学習の再評価やコンピテンシー重視の教育方法への転換という今日的課題に示唆を与えるものが見受けられる。

「**川口市実態調査による社会科教材編成**」には、海後自身が川口プランは「私が中心」となって進めてきたと述べ、社会科では、社会の基本構造・機能、歴史的発展、地域的関連を理解させることだとしている。川口プランにおいて大規模に教員と生徒に調査をさせたのは、「調査によって教員自身を教育する方法」として取り入れ、「教材は生活現実の基盤からすべて出て来なくてはならないことを自覚」させるためであったことが述べられている。戦後カリキュラムを出発させるにあたり、教員の再教育と自覚を高めることが大きな課題であったことがわかる。

＊●「**教育の地域社会計画**」『千葉教育』一九四八年一一月

「**教育の地域社会計画**」(『千葉教育』版) は、千葉教育研究所の研究誌に寄せている論稿で、戦前の岡部教育研究室における白井村の調査との連続性を述べている。中研所員であった海後勝雄が指導に加わった千葉県館山市の「北条プラン」との関連性も見えてくる。「学校は中央からの決定によって成立し動かし得ないものではなく、人民が自らの生活計画の一部としてこれを自律的に企画すべきものであることを明かにせねばならない」とした。海後は、「地域社会計画」という用語の使い方をしている。やがて「地域教育計画」という言い方が一般的となり「コア・カリキュラム」と並ぶカリキュラム改造運動の呼び名として定着する。海後の教育論においては、学校教育に限定されない広範囲な「地域社会計画」の一環としての教育計画という視点であった。海後は、実際に各地方に出かけて多くの講演も行っているし、「地域教育計画」の代表的な実践とされる広島県本郷プランに関しても、大田堯から要請され数回指導に出かけている。

七　わが国のカリキュラム改造運動のために

海後は、東京大学において、講義「教育方法論」「学科課程史」(一九四九年)、「学校教育概論」(一九五〇年) を担当し、五〇年一月文部省教育課程審議会委員、五〇年四月からは創設された教育学部の学校教育学科に所属した。五一年から教育学部学校教育学科教授となり、助教授三木安正、講師勝田守一、助手山内太郎であった。戦後カリキュラム改革を検証し、カリキュラム改造を新たに進展させようというこの時期の論稿が次のものである。

＊〇「わが国のカリキュラム改造運動のために——『日本カリキュラムの検討』序文」一九五〇年七月

この論稿は、東大カリキュラム研究会が、全国のカリキュラムの実態を調査した上で検討を加えた全三五七頁に及ぶ単著『日本カリキュラムの検討』の序文として書かれたものである。序文でありながら八頁に及び、「最近三年間のカリキュラム改造が何を産み出したかが明かになれば、それによって今後のカリキュラム運動に対して正しい方向を与える足場を築くこととともなる」ために全国的規模で行った調査をまとめたもので、海後が監修者として執筆したものである。海後は、「カリキュラムは自主的に編成すること」「学習指導要領は手引きであり、試案であるので拘束力はないこと」「カリキュラム、教科書の中央統轄方式は新教育の原則からはずれること」を明確に述べている。さらに「カリキュラムの編成主体が未だ登場していない」ので、地方の教育委員会に期待し、学校のカリキュラム計画やカリキュラム実践を検討する必要性を強調している。また、「コア・カリキュラムを反省し基礎学習を位置づけること」「カリキュラムは生活経験を基礎として編成すること」「社会生活や児童生活の実態調査によってカリキュラムの基礎をつくること」などを正しい方向として提示し、「形式の模倣」の誤りに陥らないように警告している。そして、最後に「健全なカリキュラム研究に今後永く努力を傾けたいと考える。昭和二十五年春」と決意を述べている。

海後の一九五〇年春の新たな決意もあり、単著〈六部作〉の内の後半の四部作が生まれていく。それらは、教職課程テキストとしての『教育原理』（五〇年一一月）、戦後の雑誌論稿を再編集し単著にしたカリキュラム論を中心にした『新教育の進路』（五一年二月）、学校論を中心にした『近代学校の性格』（五一年九月）、戦後教育改革期の日本教育を総括し今後の展望を示した『日本教育の進展』（五一年一〇月）である。

一九五〇年代は、各大学における教育研究も整備され、地方にも画期的とも呼べるほどの数多くの教育研究所も設立された。さらに、教育行政や教職員組合におけるカリキュラム研究や民間教育運動も盛んになっていったのである。海後自身は、五二年に教育学部長（五七年に二回目）となり、五三年から学校教育学科から教育学科に移り、大学での研究指導の重点が教育史研究に移っていった。五八年七月から七三年八月までの一六年間にわたり日本教育学会会長の重責を務めながら、日本のカリキュラムの発展に心を尽くしていた。

戦後カリキュラム論として出発した海後のカリキュラム論は、国立教育研究所の全国小・中学校教育課程実態調査（一九五〇年～）からはじまる教育内容・方法の研究へと発展し、これをリードしたのは海後と共に中研の中心メンバーも担っていた国立教育研究所の村上・矢口・飯島らであった。(注3) 大学においては、海後のカリキュラム論はその研究の後継者たちに発展が託されていったのである。

八　おわりに――『日本教育の進展』は如何に

海後が戦後教育の発展を展望して、『日本教育の進展』（一九五一年一〇月、『著作集』第九巻）を発刊して以降、五〇年代には、教育の地方分権を弱める「新教育委員会法」（五六年）や「道徳の時間の特設」「新学習指導要領の法的拘束性」（五八年）という大きな変化があった。戦後教育を進展させる道筋は狭まり、多くの困難に遭遇しながらも、民間の教育運動や多くの教育関係者たちの間で、戦後の原点を踏まえて日本教育を進展させる努力が続けられている。
教育行政者・教育研究者・教育実践家が共に力を合わせた中で、教育は大きく進展していくが、それを支えているのは多くの市民、地域住民である。地域の生活に根ざし、地域社会を創り上げる力をもつ人間の育成は、海後のいう〈実践者の育成〉の教育論である。今一度戦後の原点に立ち戻り、これからの展望を切り開いていかなければならない。グローバル化が進行する中で、生きた人間の現実生活に基底をおくローカル性を見失うことは、教育論の歴史的発展を踏まえたものではない。地球的規模で考え、地域の現実生活をよりよく創りあげる実践者の育成、すなわちグローカルな人間の育成が現在から未来へ展望する道であろう。歴史研究に裏づけられた海後の教育論・カリキュラム論は、新たな状況のもとで修正・補強される必要があるにしても、これからの未来にも通じるものがある。(注4)
海後のカリキュラム論は戦時下の国民総動員体制下においてその構造が形成され、構造は連続しつつも新たな戦後体制の理念の下で、開花し確立していった。現代のカリキュラム改革の理論である資質・能力（コンピテンシー）の基礎力・思考力・実践力という三層構造は、戦後新教育における海後の〈実践者の育成〉を目標にしたカリキュラム構造論と通底するものがある。国民の総活躍が国家の成長戦略となっている今日、未来の社会像・人間像にかかわるカリキュラムは、何をめざし（理念）、いかなる人々が（主体）、どのように決定するか（システム）が問われ、このことは戦後カリキュラムの出発点からも学ぶべきである。
なぜなら、現代日本の教育は、戦後体制の構造変化が進む中でも、近現代教育史上においては戦後教育の理念と構造の大きな枠組み中（日本国憲法下）にある事実は変わらないからである。その意味でも、「戦後教育の源流を見極め、改革の歴史的意義を解明」することは、日本教育を進展させる上で、現代的な意義をもつものである。

（注1）『**近代学校の性格**』の所載論文と初出論文との対照は、以下の通りである。

▽＝確認済　▼＝不明　太字＝題名変更あり

一、近代学校の教育方式

▽（一）学校教育方式の検討　⇕「学校教育方式の検討」『教育学研究』一七巻五号、目黒書店、一九四九年九月

▽（二）近代学校の性格批判　⇕「近代学校の性格批判」『教育公論』四巻四号、明治図書、一九四九年四月

▽（三）人間教育と学校の役割　⇕「**学校教育の役割**」『教育技術』五巻一号、小学館、一九五〇年四月

二、近代学校の課題

▼（一）新学制とその課題　⇕

▽（二）地域社会学校の性格　⇕「**地域社会学校のあり方**」『教育技術』三巻一号、小学館、一九四八年四月

▽（三）生活の教育編成と学校　⇕○「**生活の教育編成と学校の性格**」『社会と学校』三巻四号、金子書房、一九四九年四月

▽（四）学校と社会教育の結合　⇕「**社会教育と学校教育**」『社会教育』五巻五号、全日本社会教育連合会、一九五〇年五月

三、近代学校の教育計画　⇕「**学校教育計画論**」『学校と教育計画』（講座学校教育二巻）、目黒書店、一九五〇年九月

▽（一）学校教育の計画性　⇕同名・同右

▽（二）学校の基本性格　⇕同名・同右

▽（三）学校の教育計画　⇕同名・同右

▽（四）学校の人事と施設計画　⇕同名・同右

四、最近二十年の学校教育　書き下ろし

（注2）他に、『著作集第十巻』「著作目録」に未記載の新たに発見した論稿には以下のものがある。

●「座談会　男女共学の問題」『婦人之友』四一巻二号婦人之友社、一九四七年三月。●「これからの学校はどうなるか」『少国民世界』

二巻四号、国民図書刊行会、一九四七年四月。●「社会学習と家庭科のあり方」『家庭科学』一一七号、日本女子社会教育会家庭科学研究所、一九四八年五月。●「現代教育に対する教師のあり方 - 東京大学教授海後宗臣先生を囲んで（座談会）」『教育新潮』一（五）、教育新潮社、一九五〇年九月。●「三十年の教育 - 教育三十年を読んで」『婦人之友』四五巻一号婦人之友社、一九五一年一月。●「子供と共にのびる - 家庭と学校の結びつき - 」『変わりゆく子供の世界』（学研PTAシリーズ　第五集）、学習研究社、一九五三年四月。●「社会科学習と地域」「とうほくの社会科教室」NO1.『教室の窓』地方版、東京書籍（東北支社）、一九六二年五月。

（注3）中研のスタッフには、岡部教育研究室からつながる海後・矢口・飯島という直系とカリキュラム論の研究者である東京文理科大系の梅根悟（所員→嘱託）、海後勝雄（所員→嘱託）、倉沢剛（所員）がおり、こちらの系譜はコア・カリキュラム連盟を結成しその中心者となっているが、結成時には中研所員であった。所員たちは、新教育や生活教育という点では共通しており、現場の実践においては区別がない情況もあった。コア・カリキュラム論は、倉沢剛『近代カリキュラム』（一九四八）、梅根悟『コア・カリキュラム』（一九四八）、海後勝雄『カリキュラム研究の方法論』（一九四九）などの多くの著作により、広がりがみられた。一九四八〜四九年は「コア・カリキュラム以外には教育課程の作り方はないかのごとき情況」（海後宗臣『戦後日本小史　教育』一九六〇年）であった。海後の地域教育計画論と梅根らのコア・カリキュラム論が、カリキュラム改造運動の二大潮流と称されていくのだが、後者においても戦後初期の中研の研究蓄積や海後のカリキュラム論が大きく影響している。四九〜五〇年に村上、矢口、飯島らの中研研究者の多くは国立教育研究所に所属することとなる。東京大学の地域教育計画論は、大田堯（本郷プラン）、伊藤忠彦（魚崎プラン）などの東京大学系・教育科学研究会が中心、コア・カリキュラムは東京文理科大系・コア・カリキュラム連盟が中心という見方が生まれる。大田も伊藤も海後の指導を受けていたが、地域教育計画論の主軸は、海後教育論・中研を引き継いだ国立教育研究所の矢口・飯島の系譜で発展していった。

（注4）越川求『戦後日本における地域教育計画論の研究―矢口新の構想と実践』（すずさわ書店、二〇一四年）で、筆者は〈実践者の育成〉の教育論の継承と再構築について、〈民主的実践人の育成〉の教育論として論じた。

〈付属資料〉『新教育の進路』初出論文対照表

○＝『著作集』第十巻「著作目録」にあり　●＝『著作集』第十巻「著作目録」にない　太字＝題名変更あり　▽＝確認済　▼＝不明　＊二〇一六年一二月現在、一～一二章、全三八節の内、▽確認済＝三一、▼不明＝七

〈目次〉

1　新教育への反省

▽（1）新教育の進路　⇕○「新教育の進路」『新しい小学校』一巻一号、興文館、一九四九年一二月

▽（2）新教育における基本問題　⇕○「**新教育の基本問題**」『新教育の基礎知識』、学校教育研究所、一九五〇年五月

▽（3）新しい教育動向への反省　⇕○「**教育動向への反省**」『教育公論』五巻三号、明治図書、一九五〇年三月

2　生活に立つ学習指導

▽（1）生徒の興味と社会の要求　⇕○「生徒の興味と社会の要求」『新体育』二〇巻七号、新体育社、一九五〇年七月

▽（2）生活経験からの学習　⇕○「生活経験からの学習」『教育復興』二号、新日本教育文化研究所（東京書籍内）、一九四八年一〇月

▽（3）生活単元学習と教科学習　⇕○「生活単元学習と教科学習」『社会科教育』二四号、社会科教育研究社、一九四九年九月

▽（4）学習指導と教科書　⇕○「学習指導と教科書」『教材研究』四巻八号、有朋堂、一九四九年八月

3　学習の社会性

▼（1）社会科教育の基盤　⇕

▼（2）社会科の地域社会性　⇕

▽（3）社会科における心の学習　⇕○「社会科における心の学習」『6・3教室』一巻三号、新教育協会、一九四七年一一月

▽（4）算数学習の社会性　⇕○「**庶民が学ぶ算数**」『6・3教室』四巻五号、新教育協会、一九五〇年五月

4　表現技術による学習

▽(1)教育における表現活動　⇕○「教育における表現活動」『社会科教育』一二号、社会科教育研究社、一九四八年五月
▽(2)地域社会を建設する芸能と技術　⇕●「**郷土を建設する芸能と技術**」『芸能学習』七巻六号、国民教育図書、一九四八年一月
▽(3)新しい学習活動における絵画　⇕○「新しい学習活動における絵画」『教育美術』一一巻一号、教育美術振興会、一九五〇年一月

5　学習における直観
▽(1)教育方法における直観の発達　⇕○「**教育方法における直観**」『新しい小学校』二巻六号、興文館、一九五〇年七月
▽(2)教育における視覚の性格　⇕○「教育における視覚の性格」『視覚教育精説』、金子書房、一九四九年八月

6　自律学習と放送
▼(1)自律教育における放送の性格　⇕
▽(2)学習活動としての校内放送　⇕○「学習活動としての校内放送」『放送教育精説』日本放送教育協会、一九五〇年六月

7　実践者の教育内容
▽(1)教育課程と実践的人間像　⇕○「**教育課程に於ける人間像**」『季刊・教育』二号、教育大学新聞会、一九五〇年二月
▽(2)民衆生活からの内容編成　⇕●「**生活からの内容編成**」『明日の学校』八巻一号、国民教育図書、一九四八年六月

8　教育課程の編成
▽(1)教育課程改造の基本問題　⇕○「**教育課程総論**」『講座・学校教育』第四巻『教育課程』目黒書店、一九五〇年二月
▽(2)新しい教育課程の編成　⇕●「**新しい学科課程の編成**」『日本教育』七巻一号、国民教育図書、一九四七年五月
▽(3)カリキュラム改造運動の進路　⇕○「**カリキュラム運動の進路**」『社会科研究』三巻一号、精神文化学会、一九五〇年一月
▽(4)カリキュラムの諸形態　⇕○「カリキュラムの諸形態」『教育研究』三五号、初等教育研究会、一九四九年五月
▽(5)教育課程における自由研究　⇕○「**自由研究の在り方**」『生活教育研究』一集、成蹊小学校教育研究所、小学館、一九四七年

五月※『著作集』第十巻「著作目録」七六三頁、に、〔『新教育の進路』に再録〕という記載あり

▽（6）特別教育活動の性格　⇕○「**特別課程活動の性格**」『高校教育』二巻七号、実業教科書株式会社、一九四九年八月

9　用具の新しい学習

▽（1）用具教科の成立とその性格　⇕○「用具教科の成立とその性格」『教育科学』二五号、同学社、一九四九年一〇月

▼（2）アメリカ児童の用具学習　⇕

10　生活技術学習の体制

▼（1）一般教育における職業　⇕

▽（2）中学校における職業教育　⇕○「中学校における職業教育」『文部時報』八七一号、帝国地方行政学会、一九五〇年六月

▽（3）新しい職業家庭科の出発　⇕○「**新しい職業・家庭科の出発**」『教育新潮』一巻一号、北海道教育図書刊行会、一九五〇年五月

▽（4）家庭学習と職業学習　⇕○「**何故家庭学習が職業学習と結び合うか**」『家庭科教育』二四巻二号、家政教育社、一九五〇年二月

11　生活指導の探求

▽（1）生活における人間の育成　⇕○「**人間は如何に形成されるか**」『人間形成』一巻一号、山王書房、一九四八年一〇月

（注：初出に五行追加あり）（プランゲ文庫所収）

▼（2）新しい生活指導の発見　⇕

▼（3）生活指導における人倫　⇕

12　明日の学校教育展望

▽（1）これからの教育展望　⇕○「これからの教育展望」『教育文化』六巻二・三合併号、目黒書店、一九四七年二月

▽（2）明日の学校への待望　⇕○「明日の学校への待望」『明日の学校』七巻三号、国民教育図書、一九四七年九月

▽（3）教育の地域社会計画　⇕○「教育の地域社会計画」『社会と学校』二巻四号、金子書房、一九四八年四月

II部　総説＋解題

II部「教育実践研究と附属学校」——総説

寺﨑昌男

はじめに

このII部には、海後宗臣の講演記録一編だけを収めた。ただしこの講演は単なる附属学校論ではない。教育の実践と研究の関係、教員養成機関のあり方、そして教育研究者の養成に関する著者の見解を、直截かつ多面的に示したものである。加えてこの講演は著作集に収められていない。しかし内容から見て、ただ一編でも十分にII部を構成するに値する記録であると考える。

講演の行われた場所は東京大学教育学部附属中・高等学校（当時）であった。東京都中野区南台にある六年制・生徒定員七二〇名の男女共学校であり、二〇〇〇年度からは六年制の中等教育学校となった。講演の聴き手は、当時の附属学校の全教員と職員の一部とから成るものだったと思われる。末尾に速記・反訳者として挙がっている川崎明教諭は、速記者の資格と経験を持つスタッフであった。早くから同校の教諭を務めていた。

講演のそもそもの目的は、標題にあるように附属学校創立の精神を語ることであったのであろう。しかし一読して明らかなように、海後は単に設立時を回顧したのではなかった。

海後は、「創立当時附属学校にはどのようなミッション（任務）が求められていたか」、「新教育の建設が進みつつある日本の教育界に対して、附属学校はどのような実践的関わりを持つべきか」、「附属学校は、そこに勤める教諭や教育学部の教授たちが研究者として成長するに際して、どのような役割を果たすのか」といったテーマに関して、創立当時の認識や期待を改めて披露し、ひるがえって、教育学部にとって附属学校がどのような意義を持つかについての所論を全面的に展開している。海後の全著作を見ても、教育の実践と教育研究者の育成という問題について、これほどリアルに、また具体的に触れている論考は少ない。

二〇一〇年代も半ばを過ぎた現在、教育のグローバル化、新しい学力の形式、そして学部学科再編成の要求等のなかで、教員の資質能力のあり方や教育学部と附属学校の関係いかんといった問題が、あらためて問われている。この講演は、これらの問題に対する答えも示すものと言えよう。

ちなみに、講演の中でも語られているが、海後は、東大在任中を通じて附属学校の校長に着任したことは一度もなかった（『東京大学百年史 部局史一』所収の「教育学部」参照。一九八六年、東京大学出版会刊）。初代の校長は、後述の高木貞二が兼ねていた。しかし高木はまた教育学部設立委員会委員長も兼ねていた。勢い、附属学校開設の企画や準備は海後ひとりの肩にかかっていた。附属学校の多くの教職員は、その後も長年、初代の実質的校長は海後教授であったと意識していた。

一　附属設立の背後にあったもの

附属学校と教員養成との関係如何は、明治時代以来問われ続けてきた。東大教育学部の附属学校創立史の背後に大きく横たわっていたのはこの問いであり、その底を探ると、附属学校の存在理由そのものへの厳しい問いがあった。そして戦後のこの時期に、日本の師範学校附属学校に最も激しい批判を抱いていたのは、最強の権力を持っていた占領軍当局者たちであった。やや遡ってみよう。

占領軍当局が日本の教育の革新に乗り出したのは、広く知られているように一九四五年の秋以降であった。彼らが後に改革の基本指針として依拠したのは翌一九四六年三月三〇日付で連合国軍最高司令官マッカーサー宛に提出された「合衆国教育使節団報告書（第一次）」であったが、使節団員たちは師範学校の附属学校に対して批判的な意見を記してはいなかった。逆にその役割を励ましていた。

「師範学校は視察（observation）や教生授業を行ふために、附属小学校又は中等学校を持ってゐる。選ばれたこの種の学校で、我々は優秀な教授ぶりを目の当たりに見て大いに意を強うした」

「ある教師達は生徒側の参加を要する方法を用ひてゐた」（文部省訳、以下同じ）

もっとも、続けて、附属学校を教員養成の役に立つようにするには、何よりも師範学校自体を「強化」することが大事だ、と勧告した。すなわち師範学校教育をレベルアップし、さらに「専門学校」化したり「単科大学」化したりすることが必要であり、そこでは市民としての教養教育が重視されなければならない、というのである。

他方、師範学校は今後求められる教師の臨時再教育計画の中に位置付けられ組み込まれなくてはならない、とも強調した。師範学校付設の各校は「実験学校」に組み変えられ、同時に「これらの学校（旧附属学校）から教師たちを転任させて、その代りにもっと新しい方法を用いうる能力が証明済みとなった教師たちを置くことが必要であるかも知れない」というのである。要するに「附属」学校から「実験」学校への体質転換が先ず必要であるとも勧告していた。その上で、「田園地域、村落、都市などの教師達によって選出された教師の代表者達が、これらの実地教示の中心部に送られて研究すべきである。彼らはその学び得たところのものを他の教師たちにわかち与へるだけの訓練を得て、彼ら自身の自治体に帰って行くであらう」とも述べた。

要するに教員の再教育にとっては、新教育の教授法の伝達と訓練のための人事交流のサイクルが必要で、その結節点に「実験校としての附属学校」を置かねばならない、と勧告していた。

この報告書を受けて、占領軍当局者たちによる日本の教育界への「内面指導」が始まった。内面指導とは、日本の行政機関や専門団体等に対して担当官が行った、主として専門的な行政指導のことである。必ずしも指令等にもとづいたものではなかったため、このように称された。その過程と併行して一九四六年八月に出発した教育刷新委員会（内閣総理大臣諮問機関）は、日本の教員養成システムの大綱を決定した。それは「教員養成は総合大学又は単科大学に教育学科を置いて行なう」というものである。「教育学科」は、後に「教職課程」と呼ばれるようになった。この方針の基礎になったのは日本側の学識者たちの意見であり、その延長上には、「師範学校は廃止する」そして「新制の大学の中にも教員養成のみを目的とする大学・学部は置かない」という明確な新学制構想が含まれていた。となると、旧来の師範学校の附属学校をどう遇するかが再び課題として浮かんでくる。東京大学も来たる一九四九年度（新制高校の第一回卒業生が出る年）には教育学部および教養学部という新しい二学部を抱えて出発することを決めていたから、その教育学部の附属学校をどうするかは大きな課題であった。

二　創設の苦労

東京大学教育学部における附属学校の発足は一九四八年であり、学部自身の発足は一九四九年である。前者が一年早かったのは何故か、その出発に際して占領軍はどのような対応を行なったか。これらの問題に関して、海後は講演の（一）項から〜（八）項にかけてで分かりやすく語っている。またその背後には、なぜ旧帝大に教育学部ができたかという大きなトピックがあるが、それについては海後編『教員養成』（戦後日本の教育改革八、一九七一年、東京大学出版会）に詳細に描かれているので、ここで詳述する必要はないであろう。北海道、東北、東京、名古屋、京都、大阪、九州という七校の旧帝大のうち、大阪を除く六大学に教育学部ができたのである。そのうち附属学校を置いたのは東京大学教育学部と名古屋大学教育学部の二つであった。

東京大学教育学部が最も早く附属学校を置くことができたのは、海後が語っているように、新制の東京大学が目黒区駒場の第一高等学校とともに東京・中野区にあった旧制東京高等学校を併合して成立したからであった。東京高等学校は官立高校で、大正期に新しく成立した「七年制高校」の一つであった。それは四年制の「尋常科」と三年制の「高等科」から成っていて、入学者は普通の中学校（五年制）の卒業生より一歳早く高等学校に、また次いでほとんど全員が大学に進学できることになっていた。勢い、最初のステップである尋常科の入試は戦前の日本では大変激しい競争となり、なかでも東京高等学校の尋常科は全国有数の難関に数えられていた。そして、海後が述べているように、戦後になっても一九四六年度には尋常科の新入生を受け容れていたのであり、その生徒たちは一九四八年度には三年生になっていた。のちに上層の枠の東京高等学校部分が東大に吸収されると、取り残される三年生の在校者たちをどのように待遇するかは、定まっていなかった。しかしとりあえずは「東京大学東京高等学校中等科」という仮称のもとに、四九年に新一年生と二年生を募集して、新制の三学年を埋めることとした。

海後が講演で語る経緯の裏には、そうした実情があった。このように見ると、入学希望者を抽選で受け入れる、という学部附属学校中等科の当初の方針が、長年のエリート主義に慣れていた東京高等学校関係者や在校生、父母等にとっていかに大きなショックだったたか、同時に抽選という方式が六―三制の新方針に対するいかに思い切った適応であったかを想像できよう。

ひるがえって、当時、占領軍当局者が附属学校に対していかに強い批判意見を持っていたか、世論の示す批判がいかに大きかったかは、海後編の前掲書や自伝『教育学五十年』(一九七一年、評論社)にさらにリアルに描かれている。前者によると、附属学校廃止論は「附属学校の貴族性、傲慢性」「地域社会からの遊離性」「附属教員の地方教員との待遇差」等から生じており、「比較的裕福な家庭の子弟から優秀な者を選抜し、謂わば地方における学習院的存在となり、児童生徒に優越感情を植え付けることは民主教育の立場から否定さるべきである」「一般の学校とその成立条件運営事情を異にし、殊に地域社会との関連の薄いことは附属学校教育を弱い皮相的なものにしている」といった世論や指摘があった。

マクロに言えば、この講演の背後にあったのは、敗戦直後の、同時に新教育出発期の、しかも占領下という前例のない時期の、政治状況であった。そのもとで東大教育学部が附属学校を得たというエピソードが開陳されているのであり、海後の話が異例に詳細になっているのも当然のことだったと言えよう。

ところで、講演の後段で触れられている「附属学校での教授体験と教育研究者としての成長」という問題について海後の主張は極めて明晰なので、多くを記す必要はあるまい。

教育学部と附属学校は、講演が行われた時期になると、ともに戦後社会の変貌にさらされていた。東京大学は高度経済成長期を目前にし、激しい受験競争の頂点に立たされていた。また教授たちの繁忙化も進んでいた。他方、附属学校の方では、中等教育界の保守化や東京地区の進学競争の激化の中で、大学進学序列の低さが保護者の間でも問題となり、また生徒たちの学力低下が教諭たちを疲弊させるという実態も生まれていた。つまり大学と附属校との社会的距離は次第に開いて行きつつあった。(十五)節以降の海後の口調には焦慮が見られるが、それはこうした事情のためでもあったのではないかと思われるのである。

「教育実践研究と附属学校」——解題

寺﨑昌男

東大附属創立の意味

この記録には「昭和42、4、24東大附属における教官の研究会の講演速記」という副題が付けられている。昭和四二（一九六七）年の四月といえば海後が東京大学を停年で退職してから満四年経っていた。翌一九六八年夏からは深刻な紛争が東大の全学に広がったが、この時期まで学内は静かだった。

これより先、一九六五年には、創立二〇年の教育学部を「社会学部」や「人間関係学部」といった学部へと改組してはどうかという議論が大学内に起き、教育学部も大いに動揺させられたことがあった。講演当時、その衝撃はようやく収まったところだったが、他方、一九六七年の始めから、学術研究に対するアメリカ軍からの資金提供とその受容が各地の大学で厳しい批判の対象となっており、東大でも問題化していた。また、内閣・文部省では筑波学園都市構想が具体化し、この講演の二か月後、一九六七年六月に、東京教育大学評議会は大学の学園都市への移転を決定した。講演の底に緊迫感あるいは焦燥感のような調子が感じられるのは、総説で述べたような附属学校と教育学部との関係について海後が強い関心を抱いていたからだけではあるまい。大学や学術研究の底から聞こえていた地鳴りのような教育界・大学界激動の予兆が彼を動かしていたのではないかと思われる。

他方、教育学部の教授が兼任する附属学校の校長は一時的ながら空席状態となっていた。一九六六年度から強力なリーダーシップで附属学校のカリキュラム改造を実現し、「二―二―二制」と称する特色ある中高一貫制教育を生み出した教育心理学専攻の三木安正教授が、六七年四月をもって学部長に選出されてしまったからである。八月に新校長（大田尭・教育哲学専攻）が選出されるまで、附属校長は不在だった。

附属学校といえば、関東地域では筑波大学や東京学芸大学の附属中・高校が進学有名校として著名だが、東大附属はそのような意味では今日もほとんど知られていない。他の附属学校が明治以来の歴史を持ち、しかも大学全体に附属するのに対し、東大の場合は、一〇学部中の最小学部である教育学部の附属であるに過ぎない。創設当初は、学内でも存在を知らない人が多かったであろう。

総説でも触れたように、創立当時の一九四八年、東京都文京区本郷の地には、まだ教育学部は創立されていなかった。その一つの原因は、全国立新制大学の出発が遅れたからである。政治情勢のため国立大学設置法の制定が大幅に遅れ、一九四九年五月三一日公布となったからであった。ちなみにこの年の東京大学入試は六月八～一〇日という変則的な日程で行われた。また東京高等学校尋常科は五月三一日に東京大学東京高等学校と改称され、教育学部附属中学校同高等学校となったのは一九五一年四月からであった。このように経過は入り組んでいたが、結果から言えば、東大は、医学部より病院が先に出来るという医師養成機関のつくられ方に似たかたちで、附属学校を教育学部よりも先んじてつくったことになる。

講演の背景は以上のようであるが、ここでは内容に即して五点を述べておこう。

第一に、先に述べた「校長不在」の状況から見て、この講演の聴き手は事実上附属学校の教諭たちに限られていて、兼任者を含めて学部の教授は海後以外にはいなかったと思われる。そうでなければ、後段で当時教育学部の現職にあった教授たちや教育学界の著名教授であった人々の名をこれほど自由にあげて云々することはできなかったであろう。見方を変えれば、この講演は、著者がかつて望みを託した「同志」としての附属学校教諭たちに向かって、附属学校に対して自分が抱いていた素志を特に率直に語った記録である。

第二に、著者がここで示している教育研究者像は、あくまで実践と研究とをダイナミックに往還させながら両者を深めて行くというものである。そのような研究及び研究者のイメージは、本書だけでなく既刊の海後著作の全体を通じて一貫しており、現在の教育研究への一つの警鐘ともなっている。

第三に、東大の附属学校と教育学部との関係は――少なくとも（十五）項あたりで著者が表明している理想的関係は――ヨーロッパ諸国やアメリカにおける医学部附属病院と医学部との伝統的関係に似ている。最初に附属病院が生まれ、そこで働く専門職者としての医師を育成する必要からカリキュラムと指導者が生まれてそれが医学部を形成し、その後、若い医師候補たちは学部と病院の間を行き来しながら専門医として成長して行く、というサイクルができる。海後が後段で強調し期待している教育学者と附属学校との関係は、まさにそのようなものであった。

それにしても四〇歳台の半ばに過ぎなかった著者は、どのような経緯から大学と附属学校との関係の理想的なありようを知ったのであろうか。その知識があったからこそ、師範学校附属学校に対する占領軍当局者たちの批判を理解することができ、さらにそれを超える双生児研究、学習遅進児クラスの設置、抽選による入学者選抜といった独創的な附属学校アイデアを打ち出すことができたのに違いない。自伝『教育学五十年』にも、創設経緯は詳細に述べられているが、右の知識獲得のいきさつは触れていない。海後がもし世にあれば確かめたいことの一つである。それは戦後日本の教育研究史及び研究者養成史の重要な出発点を知ることとなっただろうと惜しまれる。

第四に、創設に当たって双生児研究と学習遅進児クラスの設置との二つを掲げたことの意義について振り返っておこう。先ずこの両者に共通しているのは、それらが単に「占領軍向け」のエクスキューズではなかったという点である。どちらも、生徒たち自身の発達と福利とを中軸とする実践であり研究実験であった。それは「国家のための教育」を否定していた戦後の時期、まさに時宜にかなった研究パラダイムの転換だったと言えよう。

次に、研究テーマそのものが当時において斬新なものであったことが注目される。「学習遅進児教育」という実践並びに研究は、従来「選ばれた」子どもたちの教育に当たってきた附属学校にとっては、全く新しいテーマであった。初代の校長代理になった海後は、教諭たちとの合意の上で学習遅進児学級を設定し、しかものちには近隣の中学校との協定によって三年後の双方の学習遅進児学級の生徒たちの成績を比べて、附属学校の教育の効果を検証している。他方、双生児教育研究は、一九三〇年代からアメリカおよびドイツで始められていたもので、子どもの発達における遺伝と環境の関係の解明を目指すものであった。これを附属学校における研究の軸に据えたことは、東大附属の特色を示す構想であったとともに、附属学校に「実験学校」としての特質を求めた合衆国教育使節団報告以来の要請に答えたものであった。そして同時に占領軍当局に対して説得的な見識を示すものでもあったといえよう。なお、右のうち双生児研究は現在も継続して行われ、双生児のための入学枠も確保されている。

第五に、海後は、附属学校の「実験学校」たる理由に触れながら、それは文部省の決めた教育課程を検証する任務を果たすだけでなく、むしろ自らのつくったカリキュラムの改造を提案するような役割を果たすべきだと明言している。それは本書Ⅰ部に収めた論考が示すように、戦後日本教育の第一歩は学校と地域の力で行われるカリキュラム編成の活動だ、と力強く提言した海後の面目と鮮明に連なる宣言であると思われる。

（十七）の「海後構想の中断」の節の終わりの部分（本書二三〇頁）で、著者は、自分のプランについて回顧しながら、創立当時に附属学校で構想したことは今日でも意味があるのではないかと述べ、「そのうち、私も、論文を書いておこうと思うのですがね」と語っている。この約束を実現したのが一九七一年刊行の『教育学五十年』であったことは、先に触れた通りである。本講演の理解のためにも、ぜひ併読していただきたい。

Ⅲ部　総説＋解題

III部「日本の近代教育」——総説

斉藤 利彦

一 教育改革と教育史認識

戦後七〇年を経た今日、あらためて戦前の教育史学の到達点とその課題を、我々がどのように認識し、ふまえ、そして乗りこえようとしているのかが問われている。さらには、これまでの教育史研究の成果を、現代の教育改革の展望へと結びつけていくことが求められている。

そうした問題関心に立った時、「近・現代教育史の開拓者」（寺崎昌男）ともされる海後宗臣の研究をあらためて検討することは大きな意味をもつだろう。なぜなら、その研究は、時代の歴史的展開への確かな洞察を含むのみならず、本書のタイトルの通りに日本の教育改革の展望をも指し示すものだからである。

海後の教育史研究は、その基底として教育改革の歴史過程へのあくなき探求としても存在してきた。例えば、それは戦前の教育制度の批判的総括の上に立って、「戦後教育改革」の課題をとらえようとした『戦後日本の教育改革』全一〇巻を海後が監修し、その第一巻『教育改革』を編集したことがものがたっている。海後は、その中の論稿「教育改革の展望」において、次のように述べている。

「戦後の教育改革は明治初年以来の近代教育が展開してきた路線上において進められてきたのであって、この基本的な性格は今日まで改変されたわけではない。」

また、海後の研究が教育制度・政策の歴史のみならず、教育の実際すなわち教育内容と方法、さらにはその改革の歴史を含んでいることは、第Ⅰ部「戦後カリキュラム論の出発」で詳細に明らかにされているところである。

このように、海後の教育史研究は、教育の歴史と改革のダイナミズムをとらえるものとして存在してきた。そうした研究の歩みは、本書の前著ともいうべき『海後宗臣著作集』（以下『著作集』）全一〇巻が具体的に明らかにしている。

二　教育史認識の到達
―「教育史」の提起するもの―

ところで、戦後七〇年のふしめにあたる二〇一五年、期せずして海後の大量の未公刊原稿が発見された。本書第Ⅲ部に集録された「教育史」がそれである。「解題」で明らかにしているように、それは一九四四年頃の起稿と推察され、対象となっているのは明治初期の教育制度創設と改革の動向であるが、以下に考察するように近代日本教育史全体をとらえる視野を含みもっており、いわば戦前期の海後の最終段階での教育史認識を示すものといえよう。それが何故に未完のままであり、刊行されなかったのかという問いを含め、戦前の海後の教育史研究が向き合わざるを得なかった危機とその帰着点を示すものでもある。我々はそこに天皇制公教育下における学術研究の困難と葛藤の跡を見出し得るだろう。

その苦闘の跡は、「教育史」における第一章と第二章・三章との間の深刻な亀裂として現れている。以下に、この論稿を通して見た海後の近代日本教育史像とその葛藤を考察してみよう。

1 天皇制教学と「大東亜戦争」「八紘一宇」

まず、第一章「維新直後の教学精神」に関して、その内容を象徴する二つの部分を取り上げてみよう。一つは、まさにこの「教育史」の冒頭部分である。

「明治天皇は畏くも維新の際、明治元年三月一四日五箇条を御誓い遊ばされ、衆亦此旨趣に基き協心努力せよと仰せられて、未曾有の変革の後に於ける方向を御示しあらせられたのであった。これこそ変革に際し列聖の御遺業を御継述なされて四方を御経営遊ばされ、遂には万里の波濤を拓開して国威を四方に宣布せられんとする御大業の基本となるご方針であったことが拝察される。」

この記述は、「明治天皇は」という主語に象徴されるように、日本における教育理念と教学精神はすべて天皇の「聖旨」よって定められるし、定められてきたという、天皇制教学の根本的なあり方を記述しようとしたものである。

同時に、注目すべきは「万里の波濤を拓開して国威を四方に宣布せられんとする御大業」という表現が、明治天皇の「遺業を継述」する、当時の「大東亜戦争」のスローガン「八紘一宇」を想起させる点である。

もう一つの、第一章を象徴している叙述は、以下である。

「この御誓文の中に御示し遊ばされた教学の根本精神には二つの眼目が存するのであって、然かもそれが結び合って一つになったところにこそ我が文教の構成せられる原則があると拝承し得る。即ち智識を世界に求めねばならないことと、大いに皇基を振起すべきこととの二大眼目が示されてある。」

こうした、日本の教育史の基本枠組みを「智識を世界に求める」といういわば開明的な方向と、「皇基を振起する」という天皇制教学の方向との二つの側面からとらえる方法意識は、海後の他の著作でも基本的には提示されているものであった。

例えば、一九三八年刊行『日本教育史　最近世』の中でも、「これ等の我が国近代学校制度を運用するに当っての教育政策は、皇基を振起して国家の統一を強固ならしめ、国家の近代的な興隆に資することと、他の一方に於いては知識を世界に求め新しい近代文化を普及させることにあった。前者は所謂維新後の皇道主義の教育方策であって…」というようにである。

しかし、第一章の著しい特徴は、この二つの潮流が、つまるところどのように帰着するのかという点にある。それは端的に次のように述べられている。

「若し明治時代の文教の方向がこの二大眼目中の前者（智識を世界に求めねばならないこと：引用者注）にのみ重点を置いたとするならば、その帰趨すべきところを喪失することとなるのである。帰趨すべきところは第二の眼目たる大いに皇基を振起するという点に存している。」

このように、「皇基を振起する」ことに帰着しなければならないとしていることが重要である。この点は他の部分でも、「全世界のあらゆる分野に解放的な探求の態度をもって登場しても、ここに求めて獲得した内容こそは総べて皇基を振起するの眼目に帰着せしめられねばならない。」とされているとおりである。

2 近代教育制度の原則と展開

しかしながら、以上に見てきた第一章の皇道主義を至上とする分析視角が、第二章と三章では適用されていないことが、「教育史」の重大な特徴である。このことを以下に考察していこう。

① 現実の学校創設と教学精神の区別

第二章のタイトルは「新政府の学校方策」、第三章は「学制発布と近代教育制度の発足」であり、第一章が「教学精神」を主題としていたのに比べ、精神や理念よりも現実の政策動向の分析を主題としていることが特徴である。

それでは、皇道主義の教学精神と現実の政策動向との関係がどのようにとらえられているのか、それを示すのは第二章の冒頭である。そこでは、「維新直後にあって皇道に基く教学精神の著しい振作を見たのであるが、この教学精神に適った教育を如何なる学校に於いて実現すべきかは維新の際に於ける教育の重要な課題であった。」とし、第一章に引き続き皇道主義に基く教学精神の重要性を提示している。

しかし、ただちに、その提示は方向を変えることになるのである。すなわち、「然るに如何なる学校を新政府が設立するかについては皇道思想家よりも寧ろ洋学思想による多くの学者が専念していたことであった。」と述べ、続いて「皇道教育思想家は教学の大本を維新早創の際に樹立して、その方向を指示し、本末を是正するには多くの貢献をなしたのであるが、それと共にこれ等の思想家に全国民に対して様々な学校を用意するが如き学校体制思想とこれが実現への企画力とを同時に待望することは困難なのであろう。」としている。

以上のように、皇道主義による教学精神は、実際の教育政策や学校制度の企画力そして計画の樹立の面では成果をあげることができなかった、と明確に述べるのである。

第三章ではどうか。冒頭の部分、「明治維新の激動期にあっては皇道思想に基く教学精神が昂揚せられたのであって、これが近代日本の教育を構成する根源力となったことは言う迄もない。併し教学精神のみによって教育の現実が成立するのではなく、この精神を根軸として教育施設を統括運営することによって国民教育の実体が形成せられるのである。」と述べ、やはり、ここでも教学精神のみによっては教育の現実は成立しなかったとしている。

それでは、この時期にあって、海後は具体的にどのような教育の現実が展開していったととらえているのか。明治初期の「学制」へと至る学校制度の展開は、海後のそれまでの著作の中でも縷々叙述されており、ここでは「教育史」が、それ以前とは異なるどのような日本教育史の新たな知見を提出しているのかをとらえてみたいと思う。

②「就学告諭」の意味の掘り下げ

一つは、明治初期の近代公教育制度が展開するにあたっての、「就学告諭」のもつ意味をさらに掘り下げていることである。ここで「就学告諭」とは、「学制」布告書末尾を受けて地方官が地域民衆に向けて就学を呼びかけた文書や言説をさしている。この告諭に関し、近年荒井明夫たちの共同研究グループによって、浩瀚な研究『就学告諭の研究』（二〇一〇年）が発表された。荒井らは、「これまでの日本教育史研究において、学制に関する研究は蓄積されてきたが、就学告諭に関しては言及ないし紹介程度である。」とし、新たな大規模な全国調査を行い、総数四〇〇を超える各地の就学告諭を収集し分析を行った。

ところで、この「就学告諭」に関し、荒井も「今日一般にいわれる就学告諭に関する概念が最初に用いられたのは、海後宗臣の就学諭告だと思われる。」と指摘しているように、その研究の重要性と意義に最初に着目し、研究の先鞭をつけたのは海後であった。しかし荒井らは、海後の研究は「依拠した資料が『日本教育史資料書』にある」として、その資料収集面での不十分さを指摘している。この『日本教育史資料書』とは、一九三七年に国民精神文化研究所によって刊行された全五冊本の、上古から近代に至る主要な教育史資料を収集し編纂したものである。第五輯の近代編は海後が編集・解説を行っていた。

この点で、確かに海後は一九四〇年刊行の『日本教育小史』までは、自らが編纂した『日本教育史資料書』に依拠しながら告諭の分析を行っている。しかし、この「教育史」において海後は新たな「就学告諭」に着目している。それは、一八七二年一〇月に小倉県から出された告諭である。
この告諭では、「王政御一新万機御改正以来曩ニ国守ト唱ヘ富貴灼々タル者モ卑賎無限穢多ト称スル者モ彼我同一ノ権ヲ得セシム　尚華士族農工商之名アレトモ其実ハ則一民同権ノ者ニシテ旧来ノ位階門閥ニ関セス智識才芸アル者ヲ以貴キ人ト言ヒ不学無術ナル者ヲ以テ卑キ人ト云フ　人々能此旨ヲ体認シテ相競相勉各其思ヲ遂ケ其志ヲ達センコトヲ要スヘシ」と述べられている。なお、海後は小倉県の「就学告諭」として提示しているが、先の荒井たちの研究では合併された福岡県の告諭とされている。

③ 四民平等の公教育と「同一ノ権」
―「人間平等思想」と自由民権運動―

この告諭の特徴は、すべての者が就学することを「同一ノ権」ととらえ、被仰出書では「華士族農工商及婦女子」であった就学の対象を、さらに「穢多ト称スル者」を加えていることである。この告諭が、それまで苛酷な差別を強いられ、維新後一八七一年八月の「身分解放令」以後もほぼ同様の差別の中で生きざるをえなかった「穢多」と称された人々にも呼びかけた、いわゆる近代的な平等権をベースとしたものであることは、文言上認められるところである。

実は、先の荒井たちの研究の中でも、この「穢多ト称スル者」も共に学ぶべきと呼びかけた就学告諭は、収集した四〇〇以上の告諭の中でも、福岡県、山口県、石鉄県、神山県等のわずか三、四に過ぎないことが明らかにされている。海後は、こうした特別な意味をもつ就学告諭を、この「教育史」の中で新たな資料として付け加えている。ここに、実証主義者としての海後の研究者魂を感じざるをえない。

そして、すべての人々の就学を「同一ノ権」ととらえ、それを近代日本教育史の中で正確に位置づけようとする視点は、海後の研究の中で突然出てきたものでないことは重要である。例えば、先の『日本教育史最近世』では、明治の近代的改革の性格を次のように述べている。

「永い間我が国に行われて来た四民の差別を根拠とした人間観を根本から改めることになって来た。（中略）四民平等の思想が行われるに至った。この場合は「士農工商各権アリテ國ニ仕フ均シク人ナリ」と言ったばかりではなく、穢多・非人のごときものも庶民として一様に取り扱う人間平等思想が普及した。」

ここでも「穢多・非人」と呼ばれた人々をあえて引用し、根本的な「人間平等思想」を提示している。さらには同じ著作で、この平等と権利の思想に関し、自由民権運動を担った立志社の宣言を取り上げ以下のように解説していることも注目に値する。

「明治七年四月立志社趣意書の中に示された思想であるが、個人の平等思想はかかる権利思想ともなって発動して来ているのである。この人民の権利を伸張せんとするには、国会を開設すべしとして、自由民権思想が興った。この思想は近代政治の形たる議会政治を成立させ、国家の諸政に国民が参加する途を開いた。国民に附与せられた参政権は次第に拡張せられ、普通選挙が行われるに至ったのも、各個人に平等な権利を承認する新時代の思想に基づくものなのである。」

この『日本教育史　最近世』は、国民精神文化研究所の伏見猛彌らのメンバーとの共著であり、「教学刷新」の指導機関としての国民精神文化研究所の著作の中でも、海後が人権思想の展開による日本教育史の一コマを明快に叙述していることは注目に値する。なお、戦前における教育史研究の叙述の中で、自由民権運動の意義を明確に取り上げているのは海後をおいて他にはない。

④ 学校設置における地域の主体的契機の重視

以上のように海後は、「就学告諭」の研究をさらに一歩進めているわけだが、それを行ったのは、近代公教育制度の創設期における地域の主体的契機を、さらに深く解明しようとしていたからにほかならない。それは第二章で、特に地域の側からの初等教育創設を明らかにすべきであるとし、「明治元年以後各地に設けられた小学校教育の先駆をなした施設を探求してその実体を究め、これ等が政府の小学校方策の内実をなしていたと推測せられる点を明かにしたい。」という課題を設定し、実際に第二章第二節では一六頁にわたって、それは「教育史」の中のすべての節の中で一番多い分量をさいているのだが、各地の小学校設立の動きを叙述し、次のような結論を導き出していることから明らかである。

すなわち、「小学校方策の展開は各地に設けられ始めていた小学校の運営と極めて深い関係をもっているのである。実際に施設せられていた小学校が一般を啓蒙し、その中に政府の小学校企画が織りなされて初等教育の著しい進展があったと考えられるのである。」、あるいは、「明治四年末より学制案が起草されることとなったが、その頃に於いては既に小学校が実質的に成立して学制による初等教育実施の決して困難でないことを事実によって示していたのである。」としている。

このように、「学制」は地域からの学校創設の動きと呼応して成り立ったととらえる方法意識は、むろんそれ以前の海後の著作においても見られたものである。しかし、例えば『学制七十年史』（一九四二年）では、こうした地域の動きを、「我国最初の小学校として初等教育の先駆をなした」、あるいは「我国初等教育の発展に極めて重要な礎石を置いた」として、「先駆をなした」「礎石を置いた」という平板な叙述にとどまっている。

海後のこうした方法意識は、『学制七十年史』以後に書かれた論稿「国民教育の地域性」（一九四二年、『著作集』第二巻収録）によってさらに深められ、「教育史」に結実したものととらえられるだろう。例えばこの論稿では、「ここに論究せんとする国民教育の地域性に関する問題は、国民教育をその一般性に於いて概括的に把捉しているが如き考え方からは現れて来ないことである。様々な姿態をとって我々の前に展開されている国民教育の現実構造にとりつき、其処から眼を全般に転ずる考え方を承認する態度の下に於いて初めて教育の地域性ということが問題となり得るのである。」として、中央の政策と地方の動向とのダイナミズムの中で近代学校制度の発足をとらえる分析方法を強化しているのである。

以上に見てきたように、二章・三章における教育史叙述は、海後のそれまでの近代教育史叙述と一貫したものであり、その継承と発展すなわち戦前期における海後の教育史認識の到達点として位置づけうるものである。

三 海後教育史学の転回

1 教学刷新の時代動向

以上、第二章・三章においては、海後は新たな史料をも提示し、その実証的な教育史研究をさらに一歩進めていることを見てきた。すなわち、「教育史」は、その全体の構成を見るならば、皇道主義の教学精神にすべてを帰着させようとする方法意識で貫かれた第一章と、それまでの海後の実証的な教育史叙述をより発展させた第二章・第三章とが、いわば整合性のとれないままに並立するという構造をなしているととらえることができる。

それでは、なぜこうした構造が生み出されたのか。そこにあるのは、国民の圧倒的多数を飲み込んで展開した戦時体制の進行と、それを支えた「教学刷新」や日本精神論のイデオロギーである。

まずは、海後の教育史叙述における変化がいつから起こり始めたのか、それは何故で、いかなる経緯をともなうものであったのかを検討してみよう。その点で着目するのは、一九三四年の論稿「国民教化史についての一考」(『著作集』第八巻収録)である。この前年、京都大学滝川事件が起こり、翌年には天皇機関説事件が引き起こされ、治安維持法と「教学刷新」による学問や言論への統制と介入がいっそう強化された。文部省内に思想統制の専門機関である思想局が設置されたのもこの年である。海後は国民精神文化研究所の所員としてこの論稿を発表した。それは、冒頭からして異様なトーンを感じさせるものであるといってよい。

「近頃屢々耳にして、然かもそれが我々に特殊な響を与えて息まないのは『明治教育の弊』という言葉である。現在の自分にとって好ましくないことの原因をば総てこの明治教育の弊という語の中に投げ込んで得々とし、何かの腹いせでも出来たかの如く考えている人さえある。」

ここには、明治教育史研究の第一人者と目され、さらには明治の教育を、むろんそこに様々な問題が含まれていたにせよ、日本に四民平等の近代公教育を成立させた誇るに足るものととらえていた海後にとって、あたかも流行のような形で「明治教育の弊」が単純に論議されていることへの反感が表出されている。しかし海後はこの論稿で、「教育が転回をなして新らしい時代に発足して進むその力ある教化の姿を観ることこそ、現在日本の教育史研究者に差し迫って課せられている問題である。」とも述べている。

このように、海後は満州事変から日中戦争へと至る戦争の進展と、「教学刷新」と日本精神論の台頭という現実に照応した教育史研究こそ、研究者に差し迫って課されているという見解を表明しているのである。

そのことは、前記『日本教育史　最近世』でも、「昭和六年には満洲事変の勃発に遭い、之を期として国民精神は著しく覚醒せられ、日本精神の声となって新たな運動が国民教育の全分野に見られて来たのである。更に今次の支那事変に依って全国民の間に新たな国民精神の覚醒を見るに至っている。」と叙述していることからも分かる。このように、日本精神の覚醒や国体原理、そして「教学刷新」を時代の流れとして肯定的に叙述していることは、当時の多くの知識人がたどった「日本への回帰」そして国体や天皇への帰依が海後にも起こったともとらえることができよう。

しかし、それでは具体的に「日本教育の歴史を如何にして作らしめるかの仕事」は、それまで海後が行ってきた実証主義的な研究方法とどう噛み合うのか、海後は葛藤を続けていたといってよい。その葛藤は、一九三七年八月の論稿「明治維新と教育」（文部省思想局『日本諸学振興委員会研究報告』第一篇教育学）においても、以下のように表わされている。

「今吾々と進んで居る所のこの沢山の人々がこれからどういふ風な教育を受けたいと考へて居るかといふことに対する一つの識見を有たなかったならば、学問論も成立たないし、又教育論も成立たないかと思ふのであります。その識見は何であるかといふことは非常に難しいのでありまして、私には能く解らないのであります。」

この、「私には能く解らないのであります。」という表現は、海後なりの方法上の危機の表出であったのかもしれない。さらには、先の論稿での「もっと差し迫ったものに強要されて日本の文化を見直すという気持ちが現在動いている。日本教育の歴史であっても、斯くの如き動向に基礎を置いて見直すことが我々の仕事である。」という表現も微妙な意味を持っている。この「差し迫ったものに強要されて」という表現には、海後の切迫感と同時に、不本意な、時代の「強要」に対する批判意識を感じることもできる。

2 戦時体制への同化

しかし、日中戦争の後半の時期から「大東亜戦争」が始まる時期にかけて、海後は一挙に現実の動向に向って踏み込んでいくことになる。以下は、文部省教学局の下で刊行した一九四二年の論稿「大東亜戦争と教育」の冒頭である。

「大東亜の諸地域に於いては大御稜威の下に皇軍将士の華々しい進撃が展開され、世界戦史にその比類を見出だし得ない大戦果を挙げて来ている。かくのごとき広大な諸地域にわたった進撃は、大東亜の全地域に新しい秩序を置き、米英永年の支配より解放せられた東亜人に潑剌たる建設生活を展開せしめんとするためのものである。（中略）米英の支配を一掃し、東亜人自らの新しい生活建設に入らしめんとするために、大進撃の御戦が展開されているのである。全大東亜人をして先ず大御稜威を仰がしめ、その下に諸民族の新しい建設生活を力強く展開せしめることこそ、実に大東亜戦争の帰結であるといわねばならない。」

この叙述の中には、海後がなぜ皇道主義へと接近したのかの手がかりが示されている。海後は、アジア地域への侵略戦争の拡大と、それを正当化する「八紘一宇」のイデオロギーを承認し、時代が求める教育史像を創出しようとしたかのようである。海後にとってそうした地点に立ったとき、それまでの復古主義と開明主義の相剋という認識枠組みは、日本と西欧の対立、アジアと欧米ヨーロッパの対立と超克という、「大東亜戦争」の「大義」と理念に吸収されていったと思われる。

当時、昭和初期からの思想統制と軍国主義化の潮流は、急速に侵略戦争と大東亜共栄圏イデオロギーの正当化の時代を形成していた。それによって、多くの知識人が右傾化そして国粋化していったことはよく知られているとおりである。

その点で、今後のさらなる検討の課題でもあるが、海後の生いたちからくる天皇崇拝の心情が、「大東亜戦争」へのコミットを深いところで促していたのではないかという問題がある。むろん、例えば新渡戸稲造のようなクリスチャンであれ、津田左右吉のような実証主義史学者であれ、戦前の知識人がその根底に天皇崇拝の心情を有していたことは多くの思想史研究で指摘されているとおりである。この点で、海後の生いたちをたどるとき、さらなる深い意味での天皇崇拝の心情を、いわゆる精神の型としてきたと思われる生育歴が指摘されなければならない。

この点は、橋口菊が海後の教育勅語研究と関わらせ、「著者における日本近代教育史研究と教育勅語の問題は、水戸藩士の直系としての著者自身の精神の形成史と共に語らせねばならぬ多くの部分が残されている」(『著作集』第八巻)ときわめて暗示的に課題を提示しているところでもある。しかし、海後には、単に幕末において激烈な尊皇攘夷を唱えた水戸藩士の直系というだけでは済まない、生育の背景がある。それは、彼の祖父海後磋磯之介は士分を有していたと同時に神官でもあったという事実である。さらに、「桜田門外の変」で井伊直弼を討ったいわゆる「桜田一八烈士」のうちの一人であり、海後はその遺徳を讃えた「海後磋磯之介宗親遺録」(私家版一九六三年)を自ら編纂し、祖父磋磯之介の残した歌を収めている。

国の為思へつくせんことの葉に
きゆるもうれし
露の玉のを

ここで詠われている「国の為」とは、むろん天皇親政の日本国家のためであった。そして海後においても、この崇敬する祖父への心情が、戦時下という状況の下で、国を思う心として「大東亜戦争」にコミットしていく精神的な背景となったとも思われる。おそらく海後の中の合理実証主義の精神と、祖父の影響を背景とした心情主義的浪漫主義の精神とのアンビバレンツが、あの民族存亡の危機と感受された時に、後者に重点を置く形で噴出した、こうした精神の動きが海後の深部で起こっていたともいえるのかもしれない。

さて、こうした中で書かれたのが、この「教育史」なのである。それでは、その中で海後は、自己のそれまでの教育史像の根本的な転換を意図したのだろうか。そして、それは海後のそれまでの実証的な分析方法を維持したままで、可能であったのだろうか。この問いに十分な解答を与えることは難しいが、少なくとも次のことは言い得ると思われる。すなわち、海後は自己の教育史像の転換も、実証的な分析方法の放棄も、結局は行なわなかった。第一章では、皇道主義の教学精神にすべてを帰着させながらも、第二章・第三章では、それまでの実証主義的教育史研究をさらに一歩進めている。そこには、譲り渡すことのできない海後の教育史研究者としての矜持が貫かれている。それが、この著作の第一章と、第二章・第三章の矛盾と分裂という形であらわれることになったと思われるのである。

そして、そのことはこの「教育史」がなぜ結局は刊行されなかったのかの一つの要因でもあったと考えられる。すなわち、海後は、この全体構成が分裂したままである著述の刊行を、教育史研究者としての矜持を持って自ら取りやめたのではないかということである。

3 「本土戦場化」と「教育の基本道」

さて、ここからもう少し議論を展開させなければならない。それは、「大東亜戦争」への海後の態度は、これで終わるものではなかったということである。今までの議論は、一九四四年までの議論であった。しかし、まだ最終局面としての一九四五年が残されている。すなわち、大日本帝国の崩壊が明瞭になったこの時期の海後の教育学者としての生き方と教育認識の問題である。

その点で注目すべきは、本書に収められた新発見の論稿「本土戦場化と文教体制」である。この論稿は一九四五年六月刊行の雑誌『公論』に掲載されたものであり、おそらくは海後の戦前期における最後の論稿といってよいだろう。

この時期は、いわば破滅しつつある時局を濃厚に反映し、本土決戦、一億総玉砕、さらには若者を次々に特攻戦法に駆り立てていくファナティックな論調が多く唱えられていた。

現実の教育政策においても、三月に「決戦教育措置要綱」が閣議決定され、「国民学校初等科ヲ除キ学校ニ於ケル授業ハ（中略）原則トシテ之ヲ停止」することとなった。「国民学校初等科ヲ除キ」といっても、初等科自体もすでに、同月の「学童疎開強化要綱」により、実質は授業停止に近い状態に追い込まれていたのである。

さらに、同「決戦教育措置要綱」は、「全学徒ヲ食糧増産、軍需生産、防空防衛、重要研究其ノ他直接決戦ニ緊要ナル業務ニ総動員ス」として、中等教育以上の学校に在籍する生徒たちを、生産と軍事防衛の両方に「総動員」することを目ざした。ここに、明治維新以降営々と築き上げられてきた近代日本の学校教育が、ほぼ崩壊する事態が現出したのである。

さらに、翌四月に相次いで発令された「学徒体練特別措置要綱」および「学徒軍事教育特別措置要綱」では、「戦闘第一主義ノ実践訓練ニ重点ヲ指向シ之ガ短期錬成ヲ期ス」として、国民学校高等科以上の男子に対して、「白兵戦技（手榴弾投擲、銃剣術、剣道、柔道等）」を訓練項目に課した。女子に対しても、同八月に、「女子学徒薙刀及護身法実施要項」が策定されている。こうして、男子は手榴弾と銃剣術で、女子は薙刀と護身術で、本土決戦に備える体制の構築が目ざされたのである。それは、国家が教育の全面的放棄を行なうことを意味していた。同七月の「学徒動員局」の設置は、その最終的な組織体制の構築を図るものであった。

こうした中で、この論稿において海後は、「決戦教育措置要綱」や「戦時教育令」の運用に関し、戦時下においても教育の目ざすべき根本的な課題があるとして、冷静かつ明晰性のある論理を展開していることが注目されるのである。

「あらゆる戦時施策には今日の緊要に即応する一面と、将来を考へてこれが建設のために今より用意して置く一面とがある。これが文教体制の場合に於いて特に将来の諸建設を問題として然かも只今の危急に応ぜねばならぬ性格を強く現すのである。今日育成しつつある多くの教育対象は今後十年二十年にしてその力量を現わさなければならないものであって、文教体制は何れかと言えば、来るべき建設を基底として成立していると見ねばならない。戦雲砲煙が如何に我々の頭上を掩うても、来るべき時代を担う若いものは育成せられなければならないのである。」

また、「本土戦場化の下にある文教体制とは正しくかかる性格のものであるべきで、戦場の近接によって文教が放棄せられるというが如き思想は如何なる意味に於いてもありえないことである。危急の中に於いて展開せられる文教体制は常時のものではあり得ないが、尚ほ依然として教育の打ち建てらるべき基本道に即しているといい困難な課題を解かなければならない。」とも述べている。

このように、海後はあの戦争の最終局面において、「教育の打ち建てらるべき基本道」を「戦雲砲煙が如何に我々の頭上を掩ふても、来るべき時代を担う若いものは育成せられなければならない」「戦場の近接によって文教が放棄せられるというが如き思想は如何なる意味に於いてもありえない」と最後まで提起し続けている。

ここで、もう一度問うてみよう。海後にとって、大東亜戦争は真に解放の戦争であり「聖戦」だったのか。それは、近代批判・近代の超克であると同時に、真の近代の実現への方途であったのか。

確かに海後は、そうした「欧米による近代化」に対する批判を、欧米の植民地主義からの解放であるとして大東亜共栄圏構想の中に見出そうとした時期はあった。しかし、それは幻想であると、ある時気づいたのではないだろうか。そして、その気づきこそが、あるいは「教育の打ち建てらるべき基本道」を次世代の若者を育てあげることにあると確信をもって主張したことが、戦後の日本国憲法の下での研究者としての新たな海後を生み出したものとはいえないだろうか。

4 北支に於ける教育建設に就いて

ところで、別の側面での、海後の戦前における教育史認識を示すものとして、調査報告書「北支に於ける教育建設に就いて」（一九三八年一月）および「北支に於ける教育建設に就いて・説明書」がある。タイトルが示すように、「日中戦争」における日本軍の中国（「北支」）占領下という特異な状況の下で執筆された論稿である。

むろん、調査に先立って、「出発前に北支派遣軍の参謀根本大佐と面会した。」（『教育学五十年』一九七一年）ということからもうかがえるように、その論稿の中に、いわゆる植民地主義的な意図が反映されているのかが検討されなければならない。

例えば、ほぼ同時期に「北支に於ける教育政策」（社会教育協会『教育パンフレット 第三八〇輯』一九四〇年）や「北支に於ける文教問題」（「教学局思想問題研究調査委員会懇談会速記録」一九四一年）を著した文部省教学局の企画部長朝比奈策太郎は、「支那」における教育政策の目標を次のように掲げている。

「第一に党化、容共、排日の教育を匡正する。それが先づ第一に挙ぐべきことだと思います。第二は国家永遠の利害を理解させて欧米崇拝主義を退けると共に、在来の功利主義を捨てさせること。第三は積極的に且つ誠意を以て善隣の道を講ずること。第四は東亜及世界の時局を認識せしめ、民族、文化、経済の各方面より東亜ブロックを作り真に新東亜建設に邁進すること。第五は固有の家族精神を善用し、東洋独有の美徳を立身の礎石とし、常に躬行実践を旨とし、努めて日新の科学を吸収消化し、且つこれを運用せしめること、第六は教育を実際に即せしめること、第七は中等教育以上にあっては、男女の共学は原則として認めず、女子に対しては其の天職を全うするの教育を施すこと、第八番目は小学校より漸次上級の学校を復興すること。」

このように、中国における既存の教育を「匡正」し、「国家永遠の利害を理解させ」「新東亜建設に邁進する」等、日本側が教育政策を強制するという植民地主義的な方向が明白である。

それでは、海後の調査報告はどのような内容であったのか。

第一の特徴は、「初等教育は北支に於いてこれからなすべきことなので、それには北支民生建設と離れない、新しい教育が作られて然るべきである。」「大学のこと、中学のこと、職業学校のことなども、考えねばならないが、それは民衆の上に立つ人々の教育であって、真にその土台になる初等教育が建設されねば、これ等中等以上の教育の力ある発展は期待し得ないのである。」として、民生の向上をめざす民衆教育（初等教育）の建設を最も重要な施策としていることである。

加えて、海後の初等教育重視の構想は、以下のように、従来の植民地主義的なそれとは意識的に区別されていたことも重要である。

「外国は北支に教育施設をしたが、それは二三の例外はあるとしても、主として大学教育に力を注ぎ、上層者のみと教育上の接触をしていた。これは今迄の植民地政策によって居るのであるが、今後の日本と北支との関係の下に於いてはかかる考えは不適切である。民衆の教育にまで真剣になって入って行くところに日本と北支との教育上に於ける接触面の特質があり（以下略）」

このように、植民地統治に有用な現地エリート層を重視し、そのための上層者育成の教育（大学教育）を第一義とする制度構想はとっていない。

第二に、以上との関連で、海後は「日本語教授は随意科となし高級小学にて授け、初等小学は国語教育に全力を注ぎ」とし、中国の母国語教育に全力を傾注し、日本語を強制しないことを明確に提起していた。

これは、先述の朝比奈等の文部省本体の構想とは明確に異なっていたことは注目されるべきである。朝比奈は述べる。

「臨時政府は日本人及日本の文化を理解することに資する為に総ての学校に対して日本語を必須科目にしました。之を具体的に申しますならば、小学校は尋常三年、四年は毎週二時間、五年、六年は毎週三時間、中等学校は全部毎週三時間（以下略）」

このように、すでに政策化もされている日本語の必修化に対し、海後は以下のように全く別の構想を提示している。

「現在は日本語教育を必修科とし、小学校の一年より毎週三時間宛課する方針の如くであるが、これは高級小学にて随意科として授ける位にする。（中略）日本語を少し許り教えるよりも、教育内容の上で日本を知らせるのが、一般人民に対しては重要である。殊に一般人を相手とした小学に於いては、これが緊要である。かくて、初級小学にあっては、先ず国語教育に全力を注ぎ（以下略）」

このように海後にとって、中国の民生の向上が第一の目的なのであり、そのための合理的且つ現実的な学校制度の建設が構想されていたというべきであろう。

第三に、初等教育を重視するにしても、それは中国における高等教育や学術研究を軽視することではなかった。例えば「学術研究院」の創設を、「学術研究院は北支に文化及び生活建設のため、更に世界文化へ寄与するための学術研究機関で、従来大学にあった研究機関及び中央研究院を包括するものである。」として提言している。海後にとって、教育と学術研究とは、「文化及び生活建設のため、更に世界文化へ寄与する」ことに開かれていたというべきであろう。

第四の特徴は、当時の中国各地の就学率の綿密な分析を行い、中途退学の割合を基に実際の修学状況を掘り下げ、既存の教育施設の活用可能性を検討する等、具体的な現状分析の上での現実的な学校制度改革構想を提起している点である。

それ故、生活のために実際には就学できない児童や民衆が多い現状に対し、「全民衆に対する就学強制は不可能なる故、不就学者には民衆教育施設を利用せしむ」とし、「従来設置されて居た短期小学、民衆学校、問字所、閲報所、博物館、図書館、巡回文庫、映画、ラジオ、その他の民衆娯楽機関、産業指導機関等を包括」し、既存のあらゆる施設や機関を活用することの重要性を提起する。加えて、「短期小学は一ヶ年、民衆学校は四ヶ月とし、何れも夜学の便がある。その他の施設は常に開場して民衆との接触機会を出来得る限り多くす」る等、少しでも民衆に教育が行きわたるための、就学機会の多様化の原則を提示するのである。

また、「初等教育は民衆の仕事と相即不離に組織され、総て職能化されて居なければならない。従って従前の如く小学の施設によって単に普通教育を普及させる方針は改められねばならぬ。」としている。海後は、「普通教育を普及させるという考えで漫然と初等教育をなさずに、今対象として居る北支児童がこの教育を終ったならば如何なる仕事に入って何を為すかに就いて先ず明かにし、それに基いた初等教育を施設すべきである。」という点を最も重視した。単に教養のための「普通教育」ではない、民衆の生活や労働と結びつき得る「職能教育」を提起するのである。

以上にとらえてきたように、戦時下の時代状況の下で、海後が模索し切り開いた教育史認識と、そこから構想された教育改革の原則（「教育の打ち建てらるべき基本道」）は、われわれに、今日においてそれをどう引き継ぎ発展させていくべきかについていくつか示唆を与えているといえよう。

「日本の近代教育」――解題

斉藤 利彦

「教育史」

戦後七〇年の節目にあたる二〇一五年、期せずして海後の未公刊の大量の原稿が発見された。縦二〇字横一〇行の二〇〇字詰め原稿用紙で総枚数三五三枚の分量であり、口絵はその最初の頁を示している。ただし、マス目の横罫線が無視され、一行ほぼ三六文字前後で埋められており、結局総頁約一二七〇〇字、四〇〇字詰めで換算すれば約三一七枚の分量の原稿となっている。

最初の頁の上部には「〝教育史〟の原稿一部」（本書中では「教育史」と略）と横書きで記され、左下には「東洋経済［現代文明史］用箋」と印字されている。

この「現代文明史」とは東洋経済新報社が「紀元二千六百年」を記念し、一九四〇年から刊行を開始した全一八巻の企画『現代日本文明史』の名称である。同講座の全タイトル（『現代日本文明史』第一四巻付録第三号）をみると、柳田國男『世相史』や石橋湛山の『経済史』を含め、宮澤俊義、谷川徹三、長谷川如是閑、蠟山政道等の錚々たる執筆陣を擁した一大企画であり、海後の教育史は第一五巻目であったことが分かる。

実際の刊行年は蠟山政道『政治史』の一九四〇年七月に始まり、一九四四年五月の土屋喬雄『産業史』で刊行が途絶えており、海後の教育史は一九四四年五月以降の未公刊に終わった分の原稿であったと思われる。執筆の時期も戦前の最終段階であるこの一九四四～四五年にかけてであったという推定が可能となろう。

原稿上に活字のポイントやレイアウトの指定もなされており、刊行が間近であったこともうかがわせる。今日までのところ、第一章から第三章までしか発見されていないが、「〝教育史〟の原稿一部」とある以上、後に続く章が執筆されていた可能性がないわけではない。

また、第三章までが対象としているのは、明治初期の教育制度の創設と改革の動向であるが、「総説」で示したように、それは近代日本教育史全体をとらえる視点を含みもち、いわば戦前期における海後の最終段階での教育史認識を示すものととらえられる。

海後は、戦前期において、通史的著作として『明治初年の教育』(『著作集』第八巻)『日本近代学校史』(『著作集』第四巻)『日本教育史　最近世』(『著作集』第七巻)『日本教育小史』(『著作集』第七巻)『学制七十年史』(『著作集』第七巻)を著しているが、この「教育史」を加えて、それらを系統的に検討することにより、海後における戦前の教育史叙述の展開を実証的に跡づけることが可能となった。

北支に於ける教育建設に就いて
北支に於ける教育建設に就いて・説明書

本文書は、タイトルが示すように、「日中戦争」期における日本軍占領下の中国(「北支」)という特異な状況の下で執筆された論稿である。「説明書」の元の文章は手書きであり、報告書「北支に於ける教育建設に就いて」を引き、さらにそれを説明するスタイルをとっている。

『教育学五十年』(『著作集』第一巻)の中で、海後は中国の教育との関わりについて、「私が中国の教育実情を知るようになったのは、昭和一二年からの北支訪問を通じてであって、それから後に中国教育についての関心は特に深くなった。」と記しており、さらに一九三九(昭和一四)年夏にも、中国の教育事情の現地調査を行なっている。

三九年の報告書「支那ノ教育制度ニ関スル調査報告書」は海後の手元から失われたが、矢口新により戦後確認され、すでに『著作集』第二巻に収められている。「昭和十三年一月」と表紙に明記してある本文書は、これまで所在が分からなかったものであるが、二〇一四年に寺﨑昌男により発見された。他国の教育制度改革への提言という形であれ、海後の教育制度改革への視点が明確に提示されていることは興味深い。むろん、調査に先立って、「出発前に北支派遣軍の参謀根本大佐と面会した。」ということからもうかがえるように、そこに、いわゆる植民地主義的な政策の意図が反映されているのかが検討されなければならないだろう。

内容に関しては、初等教育から中等教育、そして高等教育に加え「学術研究院」まで含む体系的な教育・学術体制の構想が示されている。加えて、いわゆる社会教育施設の活用も提起され、就学率の向上が進まない中国の教育事情の困難性を具体的に分析し、民衆教育という土台からの制度構築が目ざされている。

なお、本文には推敲が加えられており、採録にあたっては基本的には推敲後の文章に従った。長文の削除部分も存するが、可能な限り（　）付きで採録し、その旨付記している。

また、報告書「支那ノ教育制度ニ関スル調査報告書」と重複する部分（句読点等一部変更された部分もあった）は、採録の際に太字で示し、報告書の説明にあたる部分は字下げを行い、報告書部分と区別して示した。

本土戦場化と文教体制

『公論』第八巻第六号（一九四五年六月一日）に掲載された論稿である。「著作目録」で戦前期の最終論稿とされている「修練方式論」（東京帝大教育学研究室教育思潮会編『修練体制の理論』目黒書店、五月二〇日）よりも後のものであり、海後における戦前期最後の論稿とみなしうるだろう。

『公論』は、『日本近代文学大事典』によれば、満鉄総裁松岡洋右の援助の下に発足した総合雑誌である。この号には、鹿子木員信「ドイツの崩壊と日本」、西村展蔵「国民義勇隊の性格」、時子山常三郎「戦時生活と道義精神」等の論稿が並んでいる。海後はこれ以前には『公論』に執筆したことはなく、どのような経緯でこの号に稿を寄せることになったのかは不明である。

この号の全体としては、いわば国家的破滅へと切迫しつつある時局を濃厚に反映し、若者の「特攻」攻撃を賞賛し、一億総玉砕も辞さないとするファナティックな論調が多く唱えられている。例えば、「編集後記」における「有り得べからざる假定ではあるが、若し日本国亡ぶる時あれば、日本民族の悉くが死滅する時である。従って日本民族には降伏といふことはないのである。国体の変革をされて日本民族が残るなどといふことは万に一つもないのである。最悪の時来らば天子を奉じて全日本人は女子供に至るまで斬り死にするのである。然もこの事実の存する限り日本には敗北はあり得ない。」あるいは、「日本は必ず勝つのである。兇悪無道の米兵共が東亜の天地より敗退するの日は必ず来るのである。」という具合である。

こうした論調が並ぶ中で、この論稿は、「決戦教育措置要綱」や「戦時教育令」の運用に関し、戦時下においても「将来の諸建設」を展望し、「来るべき時代を担う若いものは育成せられなければならない」とする冷静かつ明晰性のある論理を述べていることが注目される。

弘道館と現代教育

『日本公論』一九四三年四月増大号の特集「水戸烈公研究」に掲載された論稿である。表紙は横山大観が描き、題字は菊池謙二郎の書と、まさに水戸づくしの内容である。他に、田中惣五郎「幕末史上の烈公」、深作安文「烈公の修支事業」等の論稿も見えるが、「烈公研究」に止まらない藩校弘道館の教育を直に対象とし掘り下げているところに海後らしさがうかがえる。

第九代藩主斉昭によって一八四一（天保一二）年に創設され、教学の基礎を藩主光圀によって築かれた弘道館の「教学の独特性」を、一九四三年当時の日本の教育との関連で考察しようとしている。その趣旨は、以下の文章に端的に示されているだろう。

「我々が弘道館と現代の教育とをここに問題とするのも、現代の教育は又新たなる時代の躍進に際会しているのであって、この建設期に於いて独自な体制をとらなければならないからである。その場合に幕末期に差し迫って創設された回天史上の学校として弘道館を考え、その現代教育に対する示唆を明かにして見ようと思う。」

その「独特性」とは、教学の内容を儒学を中心としつつ、国学・史学・神道を統合させた水戸学においたことばかりではない。就学の期間においても、一五歳から四〇歳までの二五年間もの期間を定めていた。何故、一五歳からなのか。何故四〇歳までなのか。「四十歳までの在学ということは今日の学校組織よりするならば理解し得ないことである。我々が今日この事実を異様に感ずるのは学校と仕事とを別箇に考え、人々は何れかその一つを選ばねばならないとするからである。」とする海後の論旨は、教育の本質に関する思想に結びつけて論じられている。

最後に、「弘道館教育の構想にはその何処を切って見ても皇学精神が脈うっているのを感得することが出来るのであって、驚くべき創見によるものと思う。」と結んでいるが、水戸藩士の直系の子孫である海後の思い入れを感じさせる文章でもある。ここに、戦時下において海後が「教学刷新」の理念に向っていく、一つの背景を見ることもできよう。

証言――「極東軍事裁判速記録」――解題

寺﨑昌男

軍国主義と戦前の学校教育

略称を「東京裁判」ともいう極東国際軍事裁判は、ナチス・ドイツの戦争犯罪者たちを裁いたいわゆる「ニュルンベルグ裁判」と並んできわめて大規模に行われた軍事裁判であった。

一九四六年五月三日に東京・市ヶ谷の旧陸軍省で開始され、満州事変以後の侵略行為を追及し、一九四八年一二月、A級戦犯七名を絞首刑に処した。海後はこの裁判に検察側証人として召喚され、一九四六（昭和二一）年六月一八日すなわち開廷から見れば四〇日余りしか経っていないきわめて早い時期に、法廷に立った。海後に続いては日本人として経済学者大内兵衛（東京帝国大学教授）と法学者滝川幸辰（京都帝国大学教授）の二人の大学人が証言台に立ったが、少なくとも日本人証人としては海後が最も早かった。

召喚前後の経緯および法廷でのやりとりについて、海後は自伝『教育学五十年』（『著作集』第一巻所収）の中で「ＣＩＥと軍事法廷での証言」という章を設け、数ページにわたって記している。臨場感にあふれる本記録と併せて参照すれば、本人の心理状況も含めて、生き生きと理解することができる。ここではいくつかの点を補うに止めよう。

第一に、検察官が海後に求めたのは「この裁判の最初に日本は過去において、学校でどのような軍事教育を行って戦争のために準備してきたかという歴史を証言してほしい」ということであったという。「この裁判の最初に」という前置きも重たかったであろうが、海後は出廷を大いにためらっている。先ず「軍事法廷に出る」ということ自体が躊躇の原因であったようである。「明治以後の教育史研究をしていたことが、このような想像もしなかった軍事裁判の証言までしなくてはならないかと考えるとますます気が進まなくなった」と記している。しかし占領下の状況では、いったん証人を依頼されたらそれを断ることは不可能だということが分かり、やむなく出廷することになった。つまり海後は勇躍して証言したのではなく、いわばしぶしぶと出廷したのだった。

第二に、担当検察官ハマックが著者にあらかじめ示した「十枚ほどの英文の書きもの」によれば「日本の教育はすべて軍事教育のために存在したかのような論旨になる」。そこで海後は「この注文の通りには答えられない」と考えざるを得なかった、と記している。「どう考えても日本が軍事のための教育を長い間行っていたので今次の戦争を起こしたというような論旨は正しいとは言えない。そのような誤った見解はとれないと考えると、それから後は楽しい毎日ではなかった」。

このような経緯を知っておけば、記録に盛られた海後と検察官との間の緊張に満ちた質疑応答の背景が、よりよく理解できるのではあるまいか。法廷という場所であるから、それは「丁々発止の論争」というようなものではなかった。裁判長を介しての厳しい対話劇に近い。証人の答えにいら立って次々に詰問する検察官が展開する〈戦前教育はすべて軍国主義のために存在した〉という全称命題に対し〈歴史はそのようなくりではとらえられない〉と、冷静に、かつ、ぶれることなく回答する海後との間の応酬が、繰り広げられている。

第三に、そのような経過の挙句、遂に検察官をして「此ノ時ニ当リマシテ此ノ証人ヲ敵性アルモノト宣言シ、検察側ノ証人デハアリマスガ、検察側自ラ此ヲ弾劾（します）」とまで言わせることになった。自伝で記しているが、海後は英語会話ができたから、こうした発言を通訳される前から聞き取っていたに違いない。だが右の発言に対して判事側は「是ハ非常ニ重大ナ問題デアッテ、其ノ前ニ熟考スベキデアル」と申し渡している。これに応じたか、検察官もいったんは矛を収めている。しかし重ねて、戦争中の大学での教育が教授と学生の精神に与えた影響について、問いを重ねている。その答弁で、海後は、大学の教師としての経験に即して次のように述べた。

「私自身ノ考ヘヲ申シマスナラバ、私自身ハ大東亜戦争完遂ノコトニ関シテハ、寧ロ如何ニシテ是ガ遂行セラルルカト云フコトニ関シマシテ、私自身ノ学問、或ハ教育ニ対スル様々ナ仕事ヲヨリ発展スルヤウニ現ハシタイト云フ風ニ私自身ハ考ヘテ生活ヲシテ居リマシタ」。

「大東亜戦争完遂」と「私自身ノ学問、或ハ教育ニ関スル様々ナ仕事」を「発展スルヤウニ現ハシタイ」という叙述は、やや意味がとりにくい。〈自分の学問や教育活動が戦争にいかに役立つかを考えてきた〉という平明な意味なのかも知れない。しかし〈戦争の完遂をもちろん望んだけれども、それがどのように完遂されるかが重要だと考え、その完遂のされ方について自分自身の学問・教育活動がよりよく生かされるようにと考えて生活してきた〉という二段構えの回顧のようにも考えられる。前者を学問・教育による戦争支援論とすれば、後者は戦争と学問・教育との併進論というべきものである。生前の海後の口癖から推すと、後者に近かったのではないかと推察される。いずれにせよ、先に述べた出廷要請からは相当に逸脱した答弁であり、国際軍事裁判の法廷という場からすれば、どちらも戦争犯罪の告白にひとしかったように思われる。

そもそも証人として喚問されたということは、戦争犯罪に関して「問題なし」という判定がすでに下っているにひとしかったのではなかろうか。そのようにいわば「安全」な地位にあったにもかかわらず、海後がこのように一切自己弁明をせず、見方によっては潔い告白をしたのは何故か。

それは国家への忠誠意識から出たのではない、と筆者は考える。ある学問意識すなわち〈自分が「戦争のよりよい遂行のために役立つなら」というつもりで学問・教育の発展に貢献しようとしたのは事実である。だとすればこの答弁の文脈でそのことを述べるのは当然の務めである〉という意識と倫理的誠実さとが、以上のような「告白」をさせたのではあるまいか。言いかえれば、動機は保身ではなく、アカデミズムに徹するという意識が一連の答弁を生んだのではないか、というのが筆者の観察である。

検察官が最後に答弁を促した「教授と学生に対する戦時下教育の影響如何」という問いに対して、海後は、彼らの間には、国家至上主義的な即応と、批判意識をもってする対応との両者があった、と答えている。その上で、自分は前者に入るという文脈で、冷静に前記の「告白」を行なったのであった。

検察官の質問はここまでで打ち切りとなり、あとは菅原裕弁護人（被告荒木貞夫＝元陸軍大将、文部大臣の弁護人）からの質問に移ったが、著者の答弁のトーンは検察官に答えた時と変わるところはなかった。

この出廷の体験と著者の対応、そして質疑応答の内容を総合的にどのようにとらえるかについて、筆者としては特に対応の一貫性に着目して以上のように考えるが、著者の学問意識の根源は何か、証言における近代学校教育発展史のとらえ方についてどう評価するか等について今後もなお多様な評価が生じうるであろう。

なお、著者のこの日の証言（口絵参照）については新聞等は大きく紙面を割いて報道した。ただし記事のほとんどは、〈海後証人が戦前日本の軍国主義化の支えとなったことを証言した〉という文脈で構成されていた。他方、出廷動機が消極的だったにもかかわらず、この報道は、戦後海後が高名な少壮教育学者として知られるようになることを大いに助けたと言われる。これが事実なら、報道と出廷動機とは、やはりパラドキシカルな関係に立ったことになる。

補章「教育勅語をめぐって」――解説

寺﨑 昌男

二〇一七年に入って、関西のある私立幼稚園で、教育勅語の徳目パラグラフを高く評価し、園児たちに暗誦させ斉唱させていることが大きく報じられた。さらに内閣総理大臣の夫人がこのような指導方針を高く評価しているとも報道され、教育勅語なるものの内容や性格に注目が集まった。こうした動向について正確に判断することも意図して、著者による二編の文章を収めることとした。なお読者の便宜のため、章末に教育勅語の全文写真を掲載しておいた。

ふつう行き渡っている版は、戦中まですべての学校に「下賜」された「謄本」と称する印刷方式のもので、天皇の署名（宸署と言われた）の代わりに「御名御璽」と記されていた。しかし少数の官立学校等に下賜されたものには「睦仁」という署名と印璽（御璽または玉璽）が記されていた。収録したのはこの方式による版のもので、著者が手配して撮影したものである。一部の教育関係者が高く評価するパラグラフは、この本文中第六行目の「爾（なんじ）臣民父母ニ孝ニ」以下「一旦緩急アレハ義勇公ニ奉シ」云々のところまでの節である。

「教育勅語」

一九六八年、著者六七歳の時の論説である。

当時朝日新聞は、明治百年記念祭を目前にして「日本近代史の栄光と悲惨」がどのように現代につながっているかを考えることを趣旨として、一連のトピックを取り上げ特集していた（一〇月一九日から二四日までの夕刊に掲載）。「教育勅語」はその四番目のトピックであり、それより前のトピックは「草莽隊」（原口清）「徴兵令」（鹿野政直）「秩父困民党」（色川大吉）、であり、教育勅語の次の「野麦峠」（塩田庄兵衛）で終わっている。教育勅語は、徴兵令や野麦峠とともに、おそらく「悲惨」の側に立つトピックであったと見られる。

一九六八年といえば世間は高度経済成長のただなかにあったが、大学では紛争が本格化しつつあり、この連載の最中の一〇月二一日には、「国際反戦デー」に同調して全国六六校の大学で学生たちが授業放棄を行ったと新聞は報じている。

本文の内容では短いスペースの中に教育勅語の起草、修正、完成の経緯が、簡潔かつ明晰な筆致で述べられている。特に前記の国会決議について「〔勅語は〕主権在君、神話的国体観に基づくものであって、基本的人権をそこない国際信義に対して疑義を残していることにあるとした」という要約は、要を得て行き届いたものであった。

また起草過程の叙述を通じて、山県有朋・井上毅による「軍事思想」と「憲法による国体思想」との結合や、元田永孚と井上との間の儒教的倫理観と市民道徳論との相克などの重要な諸点が指摘されている。これらは著者の長年の研究から生み出された論述である。教育勅語の成立過程については『著作集』第一〇巻を参照されたい。

「戦後教育改革の思想」

「教育勅語と教育基本法（改正前の旧教育基本法）を比べて論じることを通じて戦後改革の意義を論じて

いただきたい」というのが、この対談の掲載誌『季刊 教育法』編集部の希望であった。対談が行われた一九七七年早春には著者は体調がすぐれず、この種の依頼をすべて断っていたが、ほかならぬ教育勅語に深く関係するテーマであり、対談でよければということでようやく承諾した。対談の相手に指名されて、筆者(寺﨑)も緊張したのを覚えている。

一読して分かるように、話の重点は教育基本法三十年を記念してその立法の経過と意義を明らかにすることにあり、教育勅語論ではない。しかし教育に関する根本理念を戦後教育の出発点で決めていった教育基本法が、いったいどのような意味で清新なものだったかを見るためには、どうしても教育勅語の再認識が必要になる。対談における著者の発言は、いわば教育勅語論をネガ面として現像された戦後教育改革論であった。教育勅語論の側を中心に見ていこう。

著者は第一に指摘する。教育勅語はあくまで徳育の基礎と根拠をどこに認めるかという問題から出発して作られたものであり、学校教育のあり方や生涯にわたる学習等のすべてを規定した文書ではなかった、教育基本法もまた教育勅語があげた内容そのものを逐語的に批判して作られたものではなかった、と。戦前の教育観は道徳教育をまずは基本として考えたという点で特殊なものであった、という著者の判断が、その前提にあったと見られる。この判断の基礎には、元田永孚の考え、すなわち学問の目的は徳の育成以外にはないという学問観への著者の研究があったと見られる(『著作集』第三巻所収「元田永孚」参照)。それは戦後の教育観とは異質なものであり、従って両者の安易な「比較」はできない、というのが、著者の第一の主張であった。

第二に、戦後に新しい勅語を天皇からの詔書のかたちで出してもらおうという「アメリカ教育使節団ニ協力スベキ日本教育家ノ委員会」報告書の方針に対しては、戦前からの徳育至上の教育観に連なるものではないかという理由から、強く疑問を示している。

第三に、「では教育理念をどのような形式で決めたらよいか」という占領軍当局者の質問に対して「法律でよいのではないか」と答えたと回想している。これが決定的な影響を持ったとすれば、極めて重要な教育基本法成立史証言である。

このほか、六・三制の学校制度が自主的に、かつ国民からの歓迎に支えられて出発したこと、「高校全入」は、のちに作られた理念ではなく当初からのものであったという指摘など、今日では周知のことかもしれないがこの対談の発表当時には極めて新鮮であった指摘が、多く盛り込まれている。

原拠一覧

Ⅰ　戦後カリキュラム論の出発

『教育文化』にみる戦後教育改革

「教育に於ける民主的なるもの」『教育文化』五巻一号、目黒書店、一九四六年一月、一四〜二一頁
巻頭言「農村のもつ教育魅力」『教育文化』五巻二号、目黒書店、一九四六年二月、二頁
巻頭言「入試制度の民主化」『教育文化』五巻三号、目黒書店、一九四六年三月、二頁
巻頭言「破って出る力」『教育文化』五巻四号、目黒書店、一九四六年四月、二頁
「教育使節会議風景聞書」『教育文化』五巻四号、目黒書店、一九四六年四月、二〇〜二一頁［水木一郎名で執筆］
巻頭言「手の教育理論」『教育文化』五巻五号、目黒書店、一九四六年五月、二頁
巻頭言「二年生の政治教育」『教育文化』五巻六号、目黒書店、一九四六年六月、巻頭
巻頭言「教育に於ける人間」『教育文化』五巻七号（七・八月合併号）、目黒書店、一九四六年八月、二〜三頁
巻頭言「集団性の再認」『教育文化』五巻九号、目黒書店、一九四六年九月、巻頭
巻頭言「江戸方角から地理初歩へ」『教育文化』五巻一〇号、目黒書店、一九四六年一〇月、巻頭
巻頭言「生活化の二方向」『教育文化』五巻一一号、目黒書店、一九四六年一一月、巻頭
巻頭言「解放の次を」『教育文化』五巻一二号、目黒書店、一九四六年一二月、巻頭
「これからの教育展望」『教育文化』六巻二・三号（二・三月合併号）目黒書店、一九四六年三月、二〜八頁
巻頭言「生活による規定性」『教育文化』六巻五号、目黒書店、一九四六年五月、巻頭

『日本教育』『明日の学校』にみるカリキュラム論

「戦後建設への教育構造」『日本教育』五巻一号、国民教育図書、一九四五年一〇月、六〜七頁
「教科書の新しい性格」『日本教育』六巻七号、国民教育図書、一九四六年一二月、六〜九頁
「新しい学科課程の編成」『日本教育』七巻一号、国民教育図書、一九四七年五月、六〜一四頁

「明日の学校への待望」『明日の学校』七巻三号（『日本教育』改題『明日の学校』創刊号）、国民教育図書、一九四七年九月、一～五頁
「郷土を建設する芸能と技術」『芸能学習』七巻六号、国民教育図書、一九四八年一月、一～五頁
「生活からの内容編成」『明日の学校』八巻一号、国民教育図書、一九四八年六月、一四～一九頁

『新教育の進路』の歴史的意味

「自由研究の在り方」成蹊小学校教育研究所『生活教育研究』一集、小学館、一九四七年五月、三～一〇頁
「教育の地域社会計画」東京文理科大学内教育社会学会『社会と学校』二巻四号、金子書房、一九四八年四月、一～六頁
「生活経験からの学習」新日本教育文化研究所（東京書籍内）『教育復興』二号、一九四八年一〇月、二四～二九頁
「人間は如何に形成されるか」『人間形成』一巻一号、山王書房、一九四八年一〇月、四～一二頁

教育改革研究の進展をめざして

「学校の新しい体制」『新教育』一巻二号、新教育社、一九四六年八月、七～一〇頁
「教育歴史性への探求」『教育社会』二巻三号、西荻書店、一九四七年三月、二～四頁
「社会科教育（上）」民族文化調査会編『社会圏』二巻二号、青山書店、一九四八年二月、六〇～六三頁
「社会科教育（下）」民族文化調査会編『社会圏』二巻三号、青山書店、一九四八年三月、五八～六三頁
「川口市実態調査による社会科教材編成」民族文化調査会編『社会調査の理論と実際』青山書店、一九四八年七月、一八八～一九二頁
「教育の地域社会計画」千葉県教育研究所『千葉教育』二号、一九四八年一一月、一～六頁

わが国のカリキュラム改造運動のために

「序文」海後宗臣監修東大カリキュラム研究会著『日本カリキュラムの検討』明治図書、一九五〇年七月、一～八頁

Ⅱ　教育実践研究と附属学校

「東大附属創立の意味」『東大附属論集』第一一号、東京大学教育学部付属学校、一九六九年三月、三一～四六頁

Ⅲ　日本の近代教育

「教育史」（未公刊）

「教育史」（原稿）斉藤利彦 所蔵

北支に於ける教育建設に就いて

「北支に於ける教育建設に就いて」（原稿）公益財団法人中央教育研究所 所蔵

「北支に於ける教育建設に就いて・説明書」（原稿）公益財団法人中央教育研究所 所蔵

戦前・戦中期の雑誌論文

「弘道館と現代教育」『日本公論』第二十巻第四号、日本公論社、一九四三年四月（増大号）、二三一～二八頁

「本土戦場化と文教体制」『公論』第八巻第六号、第一公論社、一九四五年六月、一二～一四頁

証言――極東国際軍事裁判速記録

「極東国際軍事裁判速記録 第十三号」極東国際軍事裁判所、一九四六年（証言日：六月一八日）、一〇五～一一七頁

補章　「教育勅語」をめぐって

「教育勅語　日本近代史の素顔〈4〉」朝日新聞、一九六八年一〇月二三日（夕刊）、九面

「戦後教育改革の思想」『季刊教育法』二三号（春季号）、エイデル研究所、一九七七年四月、八八～九四頁

海後宗臣《かいごときおみ》　略年譜

一九〇一（明治三四）年　水戸市に生まれる
一九二〇（大正九）年　茨城県立水戸中学校卒業
一九二三（大正一二）年　第五高等学校卒業
一九二六（大正一五）年　東京帝国大学文学部教育学科卒業
　　　　大学院（文学部）進学。のち併せて助手に就任
一九二八（昭和三）年　大学院修了
一九三二（昭和七）年　国民精神文化研究所員（研究部員）に就任
一九三六（昭和一一）年　東京帝国大学文学部助教授に転任
一九四一（昭和一六）年　教育学第二講座を担任
一九四七（昭和二二）年　東京帝国大学教授に昇任
　　　　五二年三月東京大学教育学部長（～五五年三月）、五七年三月再任（～五九年三月）
一九五四（昭和二九）年　教育史講座を担任
一九五八（昭和三三）年　日本教育学会会長就任（～七三年）
一九六二（昭和三七）年　停年により東京大学を退職（五月、名誉教授）
一九七二（昭和四七）年　中央教育研究所理事長に就任
一九七六（昭和五一）年　叙勲（勲二等旭日重光章）
一九八七（昭和六二）年　逝去（八六歳）

主な編著書

『海後宗臣著作集』（全一〇巻　東京書籍）
『日本教科書大系　近代編』（全二七巻　講談社）
『教科書でみる近代日本の教育』（共著　東京書籍）

編者紹介

寺﨑 昌男《てらさき まさお》

一九三二年、福岡県に生まれる。東京大学大学院教育学科研究科博士課程修了。教育学博士。

東京大学教授、立教大学教授、桜美林大学大学院教授を経て、現在各大学名誉教授、日本教育学会元会長。教育史学会元代表理事。

著書に『日本における大学自治制度の成立』、『東京大学の歴史』、『大学の自己改革とオートノミー』、『教科書でみる近現代日本の教育』（共著）他。

斉藤 利彦《さいとう としひこ》

一九五三年、福島県に生まれる。東京大学大学院教育学研究科博士課程修了。博士（教育学）。

学習院大学にて講師、助教授を経て、現在同大学教授。

著書に『競争と管理の学校史 明治後期中学校教育の展開』、『作家太宰治の誕生「天皇」「帝大」からの解放』、『明人天皇と平和主義』他。

越川 求《こしかわ もとむ》

一九五三年、千葉県に生まれる。東京大学教育学部卒業後、埼玉県公立中学校教諭。

立教大学大学院文学研究科教育学専攻博士後期課程修了。博士（教育学）。

現在千葉県立保健医療大学准教授。

著書に『戦後日本における地域教育計画論の研究―矢口新の構想と実践―』。

海後宗臣《かいごときおみ》 教育改革論集《きょういくかいかくろんしゅう》 ―カリキュラム・教育実践《きょういくじっせん》・歴史《れきし》―

2018年2月9日 第1刷発行

著者―海後宗臣《かいごときおみ》

編者―寺﨑昌男《てらさきまさお》・斉藤利彦《さいとうとしひこ》・越川《こしかわ》 求《もとむ》

発行者―千石雅仁

発行所―東京書籍株式会社
東京都北区堀船2-17-1 〒114-8524
営業03-5390-7531／編集03-5390-7455
https://www.tokyo-shoseki.co.jp

印刷・製本―図書印刷株式会社

装幀―金子 裕（東京書籍AD）

DTP―株式会社明昌堂

ISBN978-4-487-81007-9 C3037